Johann Joachim Quantzens,
Königl. Preußischen Kammermusikus,
Versuch einer Anweisung
die
Flöte traversiere
zu spielen;
mit verschiedenen,
zur Beförderung des guten Geschmackes
in der praktischen Musik
dienlichen Anmerkungen
begleitet,
und mit Exempeln erläutert.

Nebst XXIV. Kupfertafeln.

Dritte Auflage.

Breslau, 1789.
bey Johann Friedrich Korn dem ältern,
im Buchladen nächst dem K. Ober= Zoll= und Accisamte auf dem großen Ringe.

Johann Joachim Quantzens,
Königl. Preußischen Kammermusikus,
Versuch einer Anweisung
die
Flöte traversiere
zu spielen;
mit verschiedenen,
zur Beförderung des guten Geschmackes
in der praktischen Musik
dienlichen Anmerkungen
begleitet,
und mit Exempeln erläutert.

Nebst XXIV. Kupfertafeln.

Dritte Auflage.

Breslau, 1789.
bey Johann Friedrich Korn dem ältern,
im Buchladen nächst dem K. Ober- Zoll- und Accisamte auf dem großen Ringe.

Johann Joachim Quantz

Versuch einer Anweisung die Flöte traversiere zu spielen.

Facsimile of 1789 edition.

This edition first published Breslau, 1789.

Republished Travis & Emery 2009.

Published by
Travis & Emery Music Bookshop
17 Cecil Court, London, WC2N 4EZ, United Kingdom.
(+44) 20 7240 2129
neworders@travis-and-emery.com

Hardback: ISBN10: 1-906857-39-3   ISBN13: 978-1-906857-39-4
Paperback: ISBN10: 1-906857-40-7   ISBN13: 978-1-906857-40-0

Johann Joachim Quantz. (1697-1773). Flautist and Composer.

He studied under his uncle and then J.A. Fleischhack. He then continued his training in Germany, Italy, France and England. His career took him to Dresden until 1741 and to work for Frederick the Great in Berlin.

This book is of great interest to those keen to understand performance practice in the eighteenth century.

More details available from
- Stanley Sadie: The New Grove Dictionary of Music and Musicians.
- http://en.wikipedia.org/wiki/Johann_Joachim_Quantz
- Quantz's autobiography. Herrn Johann Joachim Quantzens Lebenslauf von ihm selbst entworfen.

© Travis & Emery 2009.

Dem
Allerdurchlauchtigsten
Großmächtigsten
Fürsten und Herrn,
HERRN
Friederich,
Könige in Preußen;
Markgrafen zu Brandenburg;
Des heiligen Römischen Reichs Erzkämmerern
und Churfürsten;
Souverainen und Obersten Herzoge
von Schlesien;
Souverainen Prinzen von Oranien, Neufchatel und
Valengin, wie auch der Grafschaft Glaz;
In Geldern, zu Magdeburg, Cleve, Jülich, Berg, Stettin, Pommern, der Cassuben und Wenden, zu Mecklenburg, auch zu Crossen
Herzoge;
Burggrafen zu Nürnberg;
Fürsten zu Halberstadt, Minden, Camin, Wenden, Schwerin,
Razeburg, Ostfriesland und Moeurs;
Grafen zu Hohenzollern, Ruppin, der Mark, Ravensberg, Hohenstein, Tecklenburg, Lingen, Schwerin, Bühren und Lehrdam;
Herrn zu Ravenstein, der Lande Rostock, Stargard, Lauenburg,
Bütow, Arlay und Breda.

Meinem allergnädigsten Könige und Herrn.

Allerdurchlauchtigster
Großmächtigster König,
Allergnädigster König und Herr,

Eurer Königlichen Majestät darf ich hiermit, in tiefster Unterthänigkeit, gegenwärtige Blätter widmen; ob sie zwar, zum Theil, nur die Anfangsgründe eines Instruments in sich fassen, welches Dieselben zu so besonderer Vollkommenheit gebracht haben.

Der Schutz, und die hohe Gnade, welche Eure Königliche Majestät den Wissenschaften überhaupt, und der Tonkunst insbesondere angedeihen lassen, machen mir Hoffnung, daß Eure

Eure Königliche Majestät denselben Schatz auch meinen Bemühungen nicht versagen, sondern vielmehr dasjenige, was ich zum Dienste der Musik, nach meinen geringen Kräften, hierinne entworfen habe, ein gnädiges Auge finden lassen werden.

Dieses ist die unterthänigste Bitte, welche mit dem allergetreuesten Wunsche für die Erhaltung Dero Geheiligten Person verknüpfet,

Allerdurchlauchtigster
Großmächtigster König,
Allergnädigster König und Herr,
Eurer Königlichen Majestät,

alleruntertänigster gehorsamster Knecht,
Johann Joachim Quantz.

Vorrede.

Ich liefere hiermit den Liebhabern der Musik eine Anweisung die Flöte traversiere zu spielen. Ich habe mich bemühet, von den ersten Anfangsgründen an, alles deutlich zu lehren, was zu Ausübung dieses Instruments erfodert wird.

Ich habe mich deswegen auch in die Lehren vom guten Geschmacke in der praktischen Musik etwas weitläuftig eingelassen. Und ob ich zwar dieselben hauptsächlich nur auf die Flöte traversiere angewendet habe: so können sie doch auch allen denen nützlich seyn, welche so wohl vom Singen, als von Ausübung anderer Instrumente Werk machen, und sich eines guten musikalischen Vortrages befleißigen wollen. Es darf nur ein jeder, dem daran gelegen ist, das, was sich für seine Stimme, oder

sein

Vorrede.

sein Instrument schicket, heraus nehmen, und sich zu Nutzen machen.

Weil die gute Wirkung einer Musik, von demjenigen, der sich mit einer Haupt= oder concertirenden Stimme hören läßt, nicht allein abhängt; sondern die begleitenden Instrumentisten das Ihrige auch dabey in Acht zu nehmen haben: so habe ich ein besonderes Hauptstück beygefüget; in welchem ich zeige, wie Hauptstimmen gut begleitet werden müssen.

Ich glaube nicht hierdurch in allzugroße Weitläuftigkeiten verfallen zu seyn. Denn da ich nicht blos einen mechanischen Flötenspieler, sondern auch mit demselben zugleich, einen geschickten Musikverständigen zu ziehen bemühet bin: so muß ich suchen, nicht allein seine Lippen, Zunge und Finger in gehörige Ordnung zu bringen; sondern auch seinen Geschmack zu bilden, und seine Beurtheilungskraft zu schärfen. Eine Erkenntniß der Art, gut zu accompagniren, ist ihm hauptsächlich nöthig: nicht allein weil ihn selbst diese Verrichtung öfters treffen kann; sondern auch, weil er seine Anfoderungen an die, so ihn, wenn er sich hören lassen soll, begleiten und unterstützen, zu kennen berechtiget ist.

Aus oben angezeigten Ursachen ist auch das letzte Hauptstück hergeflossen. Ich zeige darinn, wie ein Musikus und eine Musik beurtheilet werden müsse. Das eine kann einem angehenden Tonkünstler gleichsam zum Spiegel dienen, nach welchem er sich selbst untersuchen, und das Urtheil abnehmen kann, welches billige und vernünftige Kenner über ihn fällen dürften. Das andere wird ihm

bey

Vorrede.

bey der Wahl der Stücke, die er spielen will, eine Richtschnur seyn können, und ihn vor der Gefahr, Schlacken für Gold zu ergreifen, bewahren.

Doch diese sind noch nicht die Ursachen alle, die mich bewogen haben, die beyden letzteren Hauptstücke hinzuzufügen. Ich habe schon oben gesaget, daß alle Tonkünstler, die sich mit Hauptstimmen hören lassen, in gewisser Art Nutzen aus dieser Anweisung ziehen können. Mein Buch wird also, wie ich hoffe, noch allgemeineren Vortheil schaffen, wenn diejenigen Instrumentisten, denen das Accompagnement vorzüglich obliegt, auch darinne einen Unterricht finden, was sie in Acht zu nehmen haben, wenn sie gut accompagniren wollen. Angehende Componisten werden im letzten Capitel einen Schattenriß finden, nach welchem sie die auszuarbeitenden Stücke anlegen können.

Ich will aber hiermit durchaus nicht Männern, die sich sowohl in der Composition, als in der Ausführung, allgemeinen Beyfall erworben haben, Gesetze vorschreiben. Nein: ich lege vielmehr ihre, und ihrer Werke Verdienste, die sie von so vielen Andern unterscheiden, hier gleichsam Stück vor Stück an den Tag; und gebe dadurch jungen Leuten, die sich der Tonkunst widmen, Anleitung, wie sie es anfangen müssen, wenn sie dergleichen berühmten Männern nachzufolgen, und in ihre Fußstapfen zu treten Lust haben.

Sollte ich, an einigen Orten, von der vorhabenden Materie etwas ausgeschweifet seyn, und zuweilen eine kleine Digression begangen zu haben scheinen: so hoffe ich, man werde dieselbe der Absicht, die ich habe, die

Vorrede.

noch bey der Musik im Schwange gehenden Fehler zu verbessern, und dem Plane den ich mir vorgesetzet, nämlich verschiedene, zur Beförderung des guten Geschmackes in der praktischen Musik dienliche Anmerkungen, nach Befinden, mit einzustreuen, zu gute halten.

Zuweilen scheine ich etwas dictatorisch zu sprechen, und meine Sätze, ohne Anführung weiterer Beweise, durch ein bloßes: **MAN MUß** zu befestigen. Man beliebe hierbey zu bedenken, daß es theils zu weitläuftig, theils auch nicht allezeit möglich seyn würde, in Sachen, die größten Theils auf den Geschmack ankommen, demonstrative Beweise zu führen. Wer meinem Geschmacke, den ich doch durch lange Erfahrung und Nachsinnen zu läutern eifrig bemühet gewesen bin, nicht trauen will; dem steht frey, das Gegentheil von dem, was ich lehre, zu versuchen, und sich alsdenn das zu erwählen, was ihm das beste zu seyn scheint.

Doch will ich mich auch eben nicht ganz für untrüglich halten. Wird mich jemand mit Vernunft und Bescheidenheit eines andern überführen; so werde ich der erste seyn, der ihm Beyfall giebt, und seine Sätze annimmt. Ich werde deswegen nicht nachlassen, den Materien, die ich abgehandelt habe, selbst immer weiter nachzudenken; und was ich noch zuzusetzen finden möchte, kann vielleicht mit der Zeit, in besonders gedruckten Beyträgen, an das Licht treten. Alsdenn will ich zugleich die Anmerkungen guter Freunde, die ich mir hiermit ausbitte, wenn ich sie gegründet zu seyn befinde, entweder mir zu Nutzen machen, oder beantworten. Wer sich aber nur mit unerheblichen Kleinigkeiten aufhalten, oder nur aus Lust zu tadeln etwas

wider

Vorrede.

wider mich vorbringen sollte, mit dessen Beantwortung werde ich mich gar nicht bemühen. In Wortstreite mich einzulassen, bin ich vornehmlich durchaus nicht willens.

Ob ich gleich in diesem Versuche, so weit er die Flöte traversiere angeht, alles, was zu derselben Erlernung nöthig ist, gesaget zu haben glaube; so begehre ich doch keinesweges zu behaupten, daß jemand dadurch die Flöte von sich selbst, ohne weitere Anweisung, und ohne einen Lehrmeister dabey zu haben, erlernen könne. Ich habe deswegen, weil ich allezeit noch einen Lehrmeister dabey voraussetze, unterschiedenes von den allerersten Anfangsgründen der Musik aussengelassen; und bin nur bey demjenigen etwas weitläuftig gewesen, wo ich entweder gewisse Vortheile zu entdecken, oder sonst etwas zu erinnern gefunden habe. Oefters kann dem einen etwas zu weitläuftig oder überflüßig zu seyn scheinen, welches der andere kaum für hinlänglich erachtet. Deswegen habe ich auch manche Sachen, die so wohl zu dem einen, als zu dem andern Hauptstücke gehören, wenn es anders ohne Weitläuftigkeit hat geschehen können, lieber zweymal sagen, als die Geduld einiger meiner Leser, durch öfteres Nachschlagen, um einer Kleinigkeit willen, ermüden wollen.

Wenn ich mich in dieser Schrift zuweilen einiger ausländischer Wörter bediene; so geschieht es in der Absicht, um desto leichter verstanden zu werden. Deutsche Uebersetzungen der musikalischen Kunstwörter sind noch nicht allenthalben eingeführet, auch noch nicht allen Tonkünstlern bekannt. So lange also, bis dieselben üblicher und allgemeiner werden, habe ich noch die gewöhnlichen

Vorrede.

aus fremden Sprachen entlehneten Kunstwörter beybehalten müssen.

Weil vieles in dieser Abhandlung, ohne die Exempel dabey zu haben, nicht so gut möchte verstanden werden können: so werden meine Leser wohl thun, wenn sie die in Kupfer gestochenen Tabellen besonders wollen einbinden lassen; um sie immer bey der Hand zu haben, und desto bequemer gegen einander halten zu können.

Im übrigen zweifele ich nicht an einer geneigten Aufnahme dieser meiner Bemühungen, und dieser Rechenschaft, welche ich zugleich dadurch öffentlich, von der Anwendung meiner bisherigen Nebenstunden, ablege.

Berlin,
geschrieben im September
1752.

Quantz.

Versuch einer Anweisung
die
Flöte traversiere
zu spielen.

Ex gemm. antiqv.

Einleitung.

Von den Eigenschaften, die von einem, der sich der Musik widmen will, erfordert werden.

1. §.

Ehe ich noch meine Anweisung die Flöte zu spielen, und bey dieser Gelegenheit zugleich ein guter Musikus zu werden, anfange; finde ich für nöthig, denen, die die Musik zu studiren, und durch dieselbe nützliche Mitglieder des gemeinen Wesens zu werden gedenken, zu Gefallen, eine Anleitung zu geben, nach welcher sie sich untersuchen können, ob sie auch mit allen, einem rechtschaffenen Musikus nöthigen Eigenschaften begabet sind: damit sie sich, in der

Wahl dieser Lebensart nicht irren; und, wenn dieselbe übel getroffen worden, Schaden und Schande zu befürchten haben mögen.

2. §.

Ich rede aber hier nur von solchen, welche eigentlich die Musik zu ihrem Hauptwerke machen, und in derselben mit der Zeit vortrefflich werden wollen. Wer hingegen die Musik nur als ein Nebenwerk, zu seinem Vergnügen, treiben will, von dem wird zwar in diesem Stücke nicht so viel, als von jenen gefodert: doch, wofern er sich alles, was hier und in folgendem gesaget werden wird, zu Nutze machen kann und will; wird es ihm desto mehr Ehre und Vergnügen bringen.

3. §.

Die Wahl der Lebensart, und der Entschluß, diese oder jene, und folglich auch die Musik zu ergreifen, muß mit großer Behutsamkeit angestellt werden. Die wenigsten Menschen haben das Glück derjenigen Wissenschaft oder Profeßion gewidmet zu werden, wozu sie von Natur am allermeisten aufgeleget sind. Oefters rühret dieses Uebel aus Mangel der Erkenntniß, von Seiten der Eltern oder Vorgesetzten, her. Diese zwingen nicht selten die Jugend zu dem, woran sie, die Vorgesetzten, selbst nur einen Gefallen haben; oder sie glauben diese oder jene Wissenschaft oder Profeßion bringe mehr Ehre, oder größere Vortheile, als eine andere; oder sie verlangen, daß die Kinder eben dasjenige erlernen sollen, wovon die Eltern Werk machen; und zwingen sie also eine Sache zu ergreifen, wozu sie, die Kinder, weder Lust noch Geschicke haben. Man darf sich also nicht wundern, wenn die außerordentlichen Gelehrten, und die besonders hervorragenden Künstler so rar sind. Gäbe man aber auf die Neigung junger Leute fleißig Achtung; suchte man zu erforschen, womit sie sich aus eignem Antriebe am allermeisten zu beschäftigen pflegen; ließe man ihnen die Freyheit, selbst zu wählen, wozu sie die größte Lust zeigen: so würden sowohl mehr nützliche, als glückliche Leute in der Welt gefunden werden. Denn daß mancher sogenannter Gelehrter, oder Künstler, sich kaum zu einem gemeinen Handwerker geschicket hätte: mancher Handwerker hingegen, ein Gelehrter, oder geschickter Künstler hätte werden können, wenn anders bey beyden die rechte Wahl getroffen worden wäre; bedarf wohl keines Beweises. Mir selbst ist ein Beyspiel von zween Tonkünstlern bekannt, die zu gleicher Zeit, vor ohngefähr vierzig Jahren, bey einem Meister gelernet haben und deren beyder Väter

Schmiede

Einleitung.

Schmiede gewesen sind. Der eine wurde von seinem Vater, welcher Vermögen hatte, und nicht wollte, daß sein Sohn ein gemeiner Handwerker werden sollte, der Musik gewidmet. Von Seiten des Vaters wurden keine Kosten gesparet. Es wurden noch mehrere Meister gehalten, um den Sohn zugleich neben andern Instrumenten, auch in der Wissenschaft des Generalbasses, und in der Composition zu unterrichten. Ob nun der Lehrling gleich viel Lust zur Musik bezeigte, und allen Fleiß anwendete; so blieb er doch nur ein ganz gemeiner Musikus, und würde sich zu seines Vaters Handwerke viel besser, als zur Musik geschickt haben. Der andere wurde hingegen von seinem Vater, der nicht so viel Vermögen als jener hatte, dem Schmiedehandwerke bestimmet. Es würde auch solches unfehlbar erfüllet worden seyn, wenn er nicht durch das frühzeitige Absterben seines Vaters, die Freyheit erlanget hätte, sich selbst nach seinem eigenen Gefallen eine Lebensart zu erwählen. Zu dem Ende wurde ihm von seinen Anverwandten viererley vorgeschlagen, nämlich, ob er ein Schmidt, oder ein Schneider, oder ein Musikus werden wollte, oder ob er Lust zum Studiren hätte; weil von jeder Art, unter seinen Anverwandten, sich einige befanden. Weil er aber zur Musik die größte Neigung bey sich verspürete, so ergriff er auch glücklicher Weise diese Wissenschaft, und kam zu obengemeldetem Meister in die Lehre. Was ihm hier an guter Anweisung, und am Vermögen andere Meister zu halten, abgieng; das ersetzte sein Talent, Lust, Begierde und Fleiß, ingleichen die glückliche Gelegenheit, bald an solche Orte zu kommen, wo er viel gutes hören konnte, und des Umgangs vieler braven Musikverständigen theilhaftig wurde. Hätte sein Vater noch ein paar Jahre länger gelebet; so hätte dieser Schmidtssohn auch ein Schmidt werden müssen: folglich würde sein Talent zur Musik seyn vergraben worden; und seine nachher verfertigten musikalischen Werke, würden niemals das Licht erblicket haben. Ich geschweige vieler andern Exempel, da es nämlich Leute gegeben hat, welche zwar die Hälfte ihrer Lebensjahre auf die Musik gewendet, und Profeßion davon gemacht, sich aber erst in ihrem männlichen Alter auf eine andere Wissenschaft gelegt haben, in welcher es ihnen ohne sonderliche Anweisung besser gelungen ist, als in der Musik. Wären nun diese Leute gleich in der Jugend zu demjenigen angehalten worden, was sie nachhero erst ergriffen haben; so hätten sie unfehlbar die größten Künstler werden müssen.

4. §. Das

Einleitung.

4. §.

Das erste was zu einem, der ein guter Musikus werden will, erfordert wird, ist: ein besonders gutes Talent, oder Naturgaben. Wer sich auf die Composition legen will, muß einen muntern und feurigen Geist, der mit einer zärtlichen Empfindung der Seele verknüpft ist; eine gute Vermischung der sogenannten Temperamente, in welchen nicht zu viel Melancholie ist; viel Einbildungs= Erfindungs= Beurtheilungs= und Entscheidungskraft; ein gut Gedächtniß; ein gutes und zartes Gehör; ein scharfes und fertiges Gesicht: und einen gelehrigen, alles bald und leicht fassenden Kopf, besitzen. Wer sich auf ein Instrument legen will, muß außer vielen von obengemeldeten Gemüthskräften, auch nach eines jeden Instruments Eigenschaft, noch mit unterschiedenen Leibesgaben ausgerüstet seyn. Zum Exempel: ein Blasinstrument, und insonderheit die Flöte, erfordert einen vollkommen gesunden Körper; eine offne starke Brust; einen langen Athem; gleiche Zähne, die weder zu lang noch zu kurz sind; nicht aufgeworfene und dicke, sondern dünne, glatte und feine Lippen, die weder zu viel noch zu wenig Fleisch haben, und den Mund ohne Zwang zuschließen können; eine geläufige und geschickte Zunge; wohlgestalte Finger, die weder zu lang, noch zu kurz, noch zu dickfleischig, noch zu spitzig, sondern die mit starken Nerven versehen sind: und eine offene Nase, um den Athem sowohl leicht zu schöpfen, als von sich zu geben. Ein Sänger muß mit dem Blasinstrumentisten die starke Brust, den langen Athem und die fertige Zunge; ein Saiten= und Bogeninstrumentist aber, die geschickten Finger und starken Nerven gemein haben; der erstere muß über dieses noch mit einer schönen Stimme, der letztere aber mit geläufigen Gelenken der Hände und Arme begabet seyn.

5. §.

Finden sich nun diese guten Eigenschaften bey einem Menschen; so ist er zwar überhaupt zur Musik geschickt: allein, da die Naturgaben so verschieden sind, und selten alle, in so reichem Maaß, bey einem Menschen einzukehren pflegen: so wird sich immer befinden, daß einer zu diesem, der andere zu jenem mehr aufgelegt ist. Z. E. Es kann einer ein gutes Naturell zur Composition haben; zu Handhabung der Instrumente aber nicht geschickt seyn: ein anderer kann viel Geschicklichkeit zu Instrumenten besitzen; zur Composition aber gar keine Fähigkeit haben: ein anderer hat mehr Naturell zu diesem, als zu jenem Instrumente: ein anderer hat zu allen Instrumenten; ein anderer zu keinem einzigen Geschicklichkeit.

lichkeit. Wer aber so wohl zur Setzkunst, als zum Singen und den Instrumenten zugleich, das gehörige Talent hat; von diesem kann man eigentlich, im genauesten Verstande sagen, daß er zur Musik gebohren sey.

6. §.

Nun wird erfordert, daß ein jeder, ehe er sich in der Musik zu etwas entschließet, recht erforsche, wozu sich sein Talent am meisten neiget. Geschähe dieses allezeit mit rechtem Bedacht; so würde die Unvollkommenheit in der Musik nicht so groß seyn, als sie zur Zeit noch ist, und vielleicht noch ferner seyn wird. Denn wer sich in der Musik auf etwas leget, wozu er die Gaben nicht hat; der bleibt bey aller guten Anweisung und Bemühung doch nur immer ein mittelmäßiger Musikus.

7. §.

Zu einem geschickten und gelehrten Musikus wird nun, wie aus obengesagtem erhellet, ein besonder Talent erfordert. Unter dem Worte: geschickten Musikus, verstehe ich einen guten Sänger oder Instrumentisten: ein gelehrter Musikus hingegen heißt bey mir, einer der die Composition gründlich erlernet hat. Weil man aber nicht lauter Helden in der Musik nöthig hat; und auch ein mittelmäßiger Musikus einen guten Ripienisten oder Ausführer der Ausfüllungsstimmen abgeben kann: so ist zu merken, daß zu einem, der auf nichts weiter sein Absehen gerichtet hat, als einen tüchtigen Ripienisten vorzustellen, ein so besonder Talent eben nicht erfodert werde: Denn wer einen gesunden Körper, und gerade und gesunde Gliedmaßen hat; dabey aber nur nicht dumm, oder blödes Verstandes ist; der kann das, was man in der Musik mechanisch nennet, und was eigentlich zu einem Ripienisten erfodert wird, durch vielen Fleiß erlernen. Alles was hierbey zu wissen nöthig ist, z. E. das Zeitmaaß; die Geltung und Eintheilung der Noten, und was sonst mit diesen verknüpfet ist; der Bogenstrich auf Saiteninstrumenten, und der Zungenstoß, Ansatz, und Fingerordnung auf blasenden Instrumenten, kann durch Regeln, welche man deutlich und vollständig erklären kann, begriffen werden. Daß es so viele giebt, die weder von dem einen noch von dem andern rechte Begriffe haben, ist der meisten eigene Schuld: und muß man sich daher wundern, wenn mancher Musikus das, was er in einer Zeit von zwey bis drey Jahren hätte fassen können, noch in seinem männlichen Alter schuldig bleibt; ohngeachtet es ihm an Gelegenheit dazu zu gelangen nicht gemangelt hätte. Man wolle aber, aus dem was ich oben gesaget habe, keinesweges eine Geringschätzung guter Ripienisten zu erzwingen suchen.

Einleitung.

Wie viele sind nicht unter diesen, welche Talent haben, fleißig sind, und sich vor andern hervorthun, auch öfters würdig und fähig wären, einem Orchester mit Nutzen vorzustehen; dabey aber das Unglück empfinden müssen, aus Eifersucht, Geldbegierde, und unzählichen andern Ursachen unterdrücket und verhindert zu werden, daß ihr Talent zu keiner Reife gelangen kann. Nur diejenigen, welche bey ihrer Lust zur Musik, keine ausnehmenden Gaben dazu besitzen, können sich dieses zum Troste merken, daß wenn ihnen auch die Natur nicht gestattet, große Lichter der Musik zu werden; sie dennoch, wenn sie nur gute Ripienisten abzugeben sich bemühen, sehr nützliche Leute seyn können. Wem aber eine ganz hölzerne und unempfindliche Seele, ganz plumpe Finger, und gar kein gut musikalisches Gehör zu Theil worden ist, der thäte besser, wenn er anstatt der Musik eine andere Wissenschaft erlernete.

8. §.

Wer in der Musik vortrefflich werden will, muß ferner eine unermüdete unaufhörliche Lust, Liebe, und Begierde, weder Fleiß noch Mühe zu ersparen, und alle, bey dieser Lebensart vorkommenden Beschwerlichkeiten, standhaft zu ertragen, bey sich empfinden. Die Musik giebt selten solche Vortheile, als andere Wissenschaften geben: und sollte es auch noch einigen dabey glücken, so ist doch solches Glück mehrentheils der Unbeständigkeit unterworfen. Die Veränderung des Geschmacks, das Abnehmen der Kräfte des Leibes, die verfliegende Jugend, der Verlust eines Liebhabers, von welchem das Glück vieler Musikverständigen abhänget, sind alle vermögend, den Wachsthum der Musik zu verhindern. Die Erfahrung bestätiget dieses zur Gnüge; wenn man nur etwas über ein halbes Jahrhundert zurückdenket. Wie viele Veränderungen sind nicht in Deutschland in Ansehung der Musik vorgefallen? An wie viel Höfen, in wie viel Städten ist nicht ehedem die Musik im Flor gewesen, so daß so gar daselbst eine gute Anzahl geschickter Leute erzogen worden; wo in gegenwärtigen Zeiten in diesem Punkte nichts als Unwissenheit herrschet. An den meisten Höfen, welche ehemals noch, theils mit sehr berühmten, theils mit ziemlich geschickten Leuten versehen gewesen, nimmt es itziger Zeit leider überhand, daß die ersten Stellen in der Musik, mit solchen Menschen besetzet werden, die in einer guten Musik kaum die letzten Plätze verdienten; mit Leuten, denen das Amt zwar bey Unwissenden, die sich durch den Titel blenden lassen, einiges Ansehen zu wege bringt; welche aber weder dem Amte Ehre machen, noch der Musik Vortheil schaffen,

noch

Einleitung.

noch das Vergnügen derer, von denen ihr Glück abhängt, befördern. Die Musik, ob sie gleich eine unergründliche Wissenschaft ist, hat doch nicht das Glück, so wie andere, theils höhere, theils ihr gleiche Wissenschaften, öffentlich gelehrt zu werden. Die finstern Köpfe unter den neuen Weltweisen halten es nicht, wie die Alten, für eine Nothwendigkeit, dieselbe zu wissen. Bemittelte Leute begeben sich selten dazu; und Arme haben nicht das Vermögen gleich Anfangs gute Meister zu halten, und an solche Orte zu reisen, wo Musik von gutem Geschmacke im Schwange geht. Jedoch, an einigen Orten hat die Musik schon angefangen wieder empor zu kommen. Sie hat daselbst schon wieder ihre hohen Kenner, Beschützer, und Beförderer erhalten. Ihre Ehre fängt schon an, durch diejenigen aufgeklärten Weltweisen, welche sie den schönen Wissenschaften wieder zuzählen, auch von dieser Seite hergestellet zu werden. Der Geschmack an diesen schönen Wissenschaften, wird in Deutschland absonderlich, immer mehr und mehr aufgeheitert und ausgebreitet. Wer was rechtschaffenes gelernet hat, findet allezeit sein Brod.

9. §.

Wer Talent und Lust zur Musik hat, muß um einen guten Meister in derselben bekümmert seyn. Es würde zu weitläuftig seyn, wenn ich von den Meistern in allen Arten der Musik hier handeln wollte. Deswegen werde ich mich nur, um ein Beyspiel zu geben, bey dem aufhalten, der zur Erlernung der Flöte erfordert wird. Es ist wahr, dieses Instrument ist seit dreißig bis vierzig Jahren, absonderlich in Deutschland sehr üblich worden. Man leidet nicht mehr, wie anfangs, da es empor kam, an solchen Stücken Mangel, wodurch ein Scholar die gehörige Geschicklichkeit, so dieses Instrument, in Ansehung der Zunge, der Finger, des Ansatzes, erfordert, mit leichter Mühe erlangen könnte. Dem ungeachtet giebt es noch sehr wenige, die dasselbe nach seiner Eigenschaft, und rechten Art, zu spielen wissen. Scheint es nicht, als wenn die meisten der heutigen Flötenspieler, zwar Finger und Zungen, aber keine Köpfe hätten? Es ist unumgänglich nöthig, daß derjenige, der auf diesem Instrumente etwas rechtschaffenes zu erlernen gedenket, einen guten Meister habe: und ich verlange denselben auch bey einem, der sich dieser meiner Anweisung bedienen will, noch ausdrücklich. Allein, wie viel giebt es denn derer, welchen man den Namen der Meister mit Rechte beylegen kann? Sind nicht die meisten wenn man sie genau betrachtet, in Ansehung der Wissenschaft, selbst noch Scholaren? Wie können denn

diejeni=

diejenigen die Musik verbessern, die selbst noch in der Unwissenheit stecken? Finden sich auch ja einige, die das Instrument gut, oder zum wenigsten leidlich spielen; so fehlet es doch noch vielen an der Gabe, das, was sie selbst wissen, andern beyzubringen. Es ist möglich, daß einer, der zwar gut spielet, doch schlecht zu informiren wisse. Ein anderer kann vielleicht besser informiren, als selbst spielen. Nun ist ein Scholar nicht fähig einen Meister zu beurtheilen, ob er gut oder schlecht unterrichte: deswegen ist es ein Glück, wenn er zufälliger Weise den besten erwählet. Wie aber ein Meister beschaffen seyn müsse, wenn er gute Scholaren ziehen soll, ist zwar schwer, ausführlich zu bestimmen; doch wird man es aus folgendem Verzeichnisse der Fehler, die er vermeiden muß, ohngefähr abnehmen können: und ein Anfänger thut wohl, wenn er sich bey unpartheyischen Leuten, die aber in die Musik Einsicht haben, deswegen Raths erholet. Ein Meister, der von der Harmonie nichts versteht, und nur ein bloßer Instrumentist ist; der seine Wissenschaft nicht gründlich, und durch richtige Grundsätze erlernt hat; der von dem Ansatze, der Fingerordnung, dem Athemholen und Zungenstoße, keinen richtigen Begriff hat: der weder die Paßagien im Allegro, noch die kleinen Auszierungen und Feinigkeiten im Adagio deutlich und rund zu spielen weis; der keinen annehmlichen und deutlichen Vortrag, und überhaupt keinen feinen Geschmack hat; der, um die Flöte rein zu spielen, von dem Verhältnisse der Töne keine Erkenntniß besitzet; der das Zeitmaaß nicht in der äußersten Strenge zu beobachten weis; der nicht die Einsicht hat, einen simpeln Gesang an einander hangend zu spielen, und die Vorschläge, pincemens, battemens, flattemens, doublez und Triller an gehörigen Orten anzubringen; der bey einem Adagio, dessen Gesang trocken, das ist, ohne Auszierungen geschrieben ist, nicht, so wie es der Gesang und die Harmonie erfordert, die willkührlichen Manieren zuzusetzen, und nebst den Manieren, durch das abwechselnde forte und piano, Schatten und Licht zu unterhalten fähig ist; ein Meister, der nicht jede Sache, so dem Scholaren noch schwer zu begreifen fällt, deutlich und gründlich zu erklären im Stande ist: sondern demselben nur alles nach dem Gehöre, und durch das Nachahmen, wie man etwa einen Vogel abzurichten pfleget, beyzubringen sucht; ein Meister, der dem Lehrlinge schmeichelt, und alle Fehler übersieht; der nicht Geduld hat, dem Scholaren eine Sache öfters zu zeigen, und sie wiederholen zu lassen; der nicht solche Stücke, die sich von Zeit zu Zeit für des Untergebenen Fähigkeit schicken, zu wählen, und

jedes

Einleitung.

jedes Stück in seinem Geschmacke zu spielen weis; der die Scholaren aufzuhalten suchet; der nicht die Ehre dem Eigennutz, die Beschwerlichkeit der Bequemlichkeit, und den Dienst des Nächsten der Eifersucht und Misgunst vorzieht; überhaupt, der nicht das Wachsthum der Musik zu seinem Endzwecke hat; ein solcher Meister, sage ich, kann keine guten Scholaren ziehen. Findet man aber einen Meister, dessen Scholaren nicht nur reinlich und deutlich spielen, sondern auch im Zeitmaaße recht sicher sind: so hat man gegründete Ursache, sich von diesem Meister gute Hofnung zu machen.

10. §.

Ein großer Vortheil ist es für einen der sich mit Nutzen auf die Musik legen will, wenn er **gleich im Anfange** einem guten Meister in die Hände geräth. Einige haben das schädliche Vorurtheil, es sey nicht nöthig, zur Erlernung der Anfangsgründe gleich einen guten Meister zu haben. Sie nehmen öfters aus Sparsamkeit den wohlfeilsten, und folglich nicht selten einen solchen, der selbst noch nichts weis: da denn ein Blinder dem andern den Weg weiset. Ich rathe das Gegentheil an. Man nehme gleich beym Anfange den besten Meister, den man nur bekommen kann; sollte man demselben auch zwey oder dreymal mehr bezahlen müssen, als andern. Es wird erstlich in der Folge nichts mehr kosten: zum andern ersparet man sowohl Zeit, als Mühe. Bey einem guten Meister kann man es in einem Jahre weiter bringen, als bey einem schlechten vielleicht in zehn Jahren.

11. §.

Ob nun zwar, wie hier gezeiget worden, an einem guten Meister, der seine Lehrlinge gründlich unterweisen kann, sehr vieles liegt: so kommt doch fast noch mehr auf den Scholaren selbst an. Denn man hat Exempel, daß gute Meister oftmals schlechte Scholaren; schlechte Meister hingegen gute Scholaren gezogen haben. Man weis, daß sich viele brave Tonkünstler bekannt gemacht, die eigentlich keinen andern Meister gehabt haben, als ihr großes Naturell, und die Gelegenheit viel Gutes zu hören; die aber durch Mühe, Fleiß, Begierde und beständiges Nachforschen weiter gekommen sind, als manche, die von mehr als einem Meister unterrichtet worden. Deswegen wird von einem Scholaren ferner: ein besonderer Fleiß und Aufmerksamkeit erfordert. Wem es hieran fehlet, dem ist zu rathen, sich mit der Musik gar nicht zu beschäftigen; in sofern er sein Glück dadurch zu machen gedenket. Wer Faulheit, Müßiggang,

oder

oder andere unnütze Dinge mehr als die Musik liebet, der hat sich keinen besondern Fortgang zu versprechen. Viele, welche sich der Musik widmen, versehen es in diesem Stücke. Sie verabscheuen die damit verknüpften Beschwerlichkeiten. Sie möchten wohl gerne geschickt werden: den gehörigen Fleiß aber wollen sie nicht anwenden. Sie glauben, die Musik führe nichts als lauter Vergnügen mit sich; es sey nur ein Spielwerk dieselbe zu erlernen; und brauche weder Kräfte des Leibes noch der Seele; es gehöre weder Wissenschaft noch Erfahrung dazu: und komme nur blos auf die Lust und ein gutes Naturell an. Es ist wahr, Naturell und Lust sind die ersten Gründe, auf welche eine gründliche Wissenschaft gebauet werden muß. Allein um dieses Gebäude völlig aufzuführen, wird eine gründliche Anweisung, und von Seiten des Lernenden viel Fleiß und Nachdenken unumgänglich erfordert. Hat ein Lehrbegieriger das Glück, gleich anfangs einen guten Meister angetroffen zu haben; so muß er ein vollkommenes Vertrauen zu ihm fassen. Er muß nicht widerspenstig, sondern in allem folgsam seyn, daß er das, was ihm sein Meister aufgiebt, nicht nur in währender Lection mit allem Eifer und Begierde auszuüben und nachzumachen suche: sondern er muß solches auch vor sich allein, mit vielem Fleiß oftmals wiederholen; und sofern er etwas nicht recht begriffen, oder vergessen haben sollte, muß er den Meister bey der folgenden Lection darum befragen. Ein Lehrbegieriger muß sich nicht verdrießen lassen, wenn er wegen einerley Sache öfter ermahnet wird; sondern er muß solche Erinnerungen für ein übles Merkmaal seiner Unachtsamkeit, und für des Meisters Schuldigkeit; den Meister selber aber, der ihn so öfters verbessert, für den besten halten. Er muß deswegen auf seine Fehler wohl Achtung geben: denn wenn er solche zu erkennen anfängt, hat er schon halb gewonnen. Erfodert es aber die Nothwendigkeit, daß der Meister ihn über einerley Sache öfters verbessern muß, so kann er gewiß versichert seyn, daß er es in der Musik nicht weit bringen wird: weil er darinne unzählige Dinge zu erlernen hat, die ihm kein Meister zeigen wird, noch zeigen kann; sondern die er gleichsam abstehlen muß. Dieser erlaubte Diebstahl macht eigentlich die größten Meister. Dasjenige was ihm öfters verwiesen worden, muß er nicht eher verlassen, bis er es so spielen kann, wie es der Meister verlanget. Er muß dem Meister nicht vorschreiben, was für Stücke er ihm aufgeben soll: denn der Meister muß am besten wissen, was dem Scholaren vortheilhaft seyn kann. Hat er, wie

ich

Einleitung.

ich voraussetze, das Glück gehabt, einen guten Meister zu treffen, muß er denselben so lange zu erhalten suchen, als er einer Unterweisung nöthig hat. Es ist nichts schädlicher, als wenn ein Scholar sich bald bey diesem bald bey jenem Meister in die Unterweisung begiebt. Denn wegen des verschiedenen Vortrages und der verschiedenen Art zu spielen, macht dieses bey einem Anfänger Verwirrung; indem derselbe, so zu sagen, allezeit von neuem wieder anfangen muß. Es sind zwar viele, die sich was besonderes daraus machen, wenn sie, von vielen großen Meistern gelernet zu haben, sich rühmen können; allein man findet selten, daß sie auch zugleich von denselben vieles profitiret haben. Denn wer von einem Meister zum andern läuft, dem gefällt es bey keinem; und er hat zu keinem ein Vertrauen: zu wem man aber kein Vertrauen hat, dessen Lehrsätze pflegt man nicht gerne anzunehmen. Hat man aber einmal zu einem guten Meister ein rechtes Vertrauen gefasset, und läßt ihm die gehörige Zeit, seine Wissenschaft offenbar zu machen; so wird man, wenn man dabey die wahre Begierde hat zu einer Vollkommenheit zu gelangen, von Zeit zu Zeit immer mehr Vortheile entdecken, die man vorher einzusehen nicht fähig gewesen, die aber zu weitern Nachforschen Gelegenheit geben.

12. §.

Dieses weitere Nachforschen muß sich auch ein angehender Musikus theuer empfohlen seyn lassen. Auch der Fleiß macht es noch nicht allein aus. Man kann ein gutes Naturell, gute Anweisung, großen Fleiß, gute Gelegenheit viel schönes zu hören, haben, und doch immer mittelmäßig bleiben. Man kann viel componiren, viel singen, und viel spielen, ohne in der Erkenntniß und Geschicklichkeit zuzunehmen. Denn alles was in der Musik ohne Nachdenken und ohne Ueberlegung, gleichsam nur zum Zeitvertreib geschieht, ist ohne Nutzen. Ein Fleiß also, der eine brennende Liebe und unersättliche Begierde zur Musik zum Grunde hat, muß mit einem beständigen und eifrigen Nachforschen, und reifem Nachdenken und Untersuchen verknüpfet werden. Es muß ein edler Eigensinn dabey herrschen, welcher nicht erlaubet, daß man sogleich in allen Stücken mit sich selbst zufrieden sey; sondern immer vollkommener zu werden trachte. Denn wer die Musik nur auf das Gerathewohl, nicht als eine Wissenschaft, sondern nur als ein Handwerk treiben will, der wird lebenslang ein Stümper bleiben.

Einleitung.

13. §.

Bey dem Bemühen weiter zu kommen, muß sich aber nicht etwan eine Ungedulb einschleichen; daß man Lust bekäme da anzufangen, wo andere aufhören. Einige begehen diesen Fehler. Sie erwählen entweder solche schwere Stücke zu ihrer Uebung, denen sie noch nicht gewachsen sind, und wodurch sie sich gewöhnen, die Noten zu überruscheln, und undeutlich vorzutragen: oder sie wollen vor der Zeit galant thun, und verfallen auf allzuleichte Stücke, welche weiter keinen Vortheil geben, als dem Gehöre zu schmeicheln: Diejenigen Stücke hingegen, die den musikalischen Verstand schärfen, die Einsicht in die Harmonie befördern, den Bogenstrich, Zungenstoß, Ansatz, und Finger geschickt machen; die zum Notenlesen, Eintheilung der Noten, und zur Erlernung des Zeitmaaßes bequem sind; die aber nicht sogleich die Sinne so kitzeln wie jene; solche Stücke, sage ich, verabsäumen sie, und halten sie wohl gar für einen Zeitverlust: ungeachtet man ohne solche Stücke, weder einen guten Vortrag, noch einen guten Geschmack in der Ausführung erlangen kann.

14. §.

Eine große Hinderniß des Fleißes und weitern Nachdenkens ist es, wenn man sich zu viel auf sein Talent verläßt. Die Erfahrung lehret, daß man unter denjenigen, welche besonders gute Naturgaben besitzen, mehr Unwissende antrifft, als unter denen, die ihrem mittelmäßigen Talente durch Fleiß und Nachdenken zu Hülfe gekommen sind. Manchen gereichet das besondere gute Naturell mehr zum Schaden als zum Vortheile. Wer davon Beweis verlanget, der betrachte nur die meisten Componisten nach der Mode, itziger Zeit. Wie viele findet man unter ihnen, die die Setzkunst nach den Regeln erlernet haben? Sind nicht die meisten fast pure Naturalisten? Wenn es hoch kömmt, so verstehen sie etwan den Generalbaß; und glauben es sey in einer so tiefsinnigen Wissenschaft, als die Composition ist, nichts mehr zu wissen nöthig, als daß man nur so viel Einsicht besitze, verbotene Quinten und Octaven zu vermeiden, und etwan einen Trummelbaß, und zu demselben eine oder zwo magere Mittelstimmen dazu zu setzen: das übrige sey eine schädliche Pedanterey, die nur am guten Geschmacke und am guten Gesange hindere. Wenn keine Wissenschaft nöthig, und das pure Naturell hinlänglich wäre; wie kömmt es denn, daß die Stücke von erfahrnen Componisten mehr Eindruck machen, allgemeiner werden, und sich länger im Crevit erhalten, als die von selbst gewachsenen Naturalisten; und daß eines jeden guten Componisten erstere

Ausar=

Ausarbeitungen, den letztern nicht beykommen? Ist dieses dem puren Naturell, oder zugleich der Wissenschaft zuzuschreiben? Das Naturell wird mit angebohren; und die Wissenschaft wird durch gute Unterweisung, und durch fleißiges Nachforschen erlernet: beydes aber gehört zu einem guten Componisten. Durch den Operstyl hat zwar der Geschmack zu, die Wissenschaft aber abgenommen. Denn weil man geglaubt hat, daß zu dieser Art Musik, mehr Genie und Erfindung, als Wissenschaft der Setzkunst erfordert würde; auch weil dieselbe gemeiniglich bey den Musikliebhabern mehr Beyfall findet, als eine Kirchen= oder Instrumental-Musik: so haben sich mehrentheils, die jungen und selbst gewachsenen Componisten in Italien damit am ersten beschäftiget: um sowohl bald einen Credit zu erlangen, als auch in kurzer Zeit vor Meister, oder, nach ihrer Art, Maestri zu paßiren. Es hat aber die unzeitige Bemühung nach diesem Titel verursachet, daß die meisten Maestri niemals Scholaren gewesen, indem sie anfänglich keine richtigen Grundsätze erlernet haben, und nach erhaltenem Beyfall der Unverständigen, sich der Unterweisung nun schämen. Deswegen ahmet einer dem andern nach, schreibt seine Arbeit aus, oder giebt wohl gar fremde Arbeit für seine eigene aus, wie die Erfahrung lehret: zumal wenn dergleichen Naturalisten sich genöthiget finden, ihr Glück in fremden Landen zu suchen; und die Erfindungen nicht im Kopfe, sondern im Koffer mit sich führen. Haben sie auch allenfalls noch die Fähigkeit etwas aus ihrem Kopfe zu erfinden, ohne sich mit fremden Federn zu schmücken; so wenden sie doch selten die gehörige Zeit an, die ein so weitläuftiges Werk, als eine Oper ist, erfodert: sondern es wird oftmals für eine besondere Geschicklichkeit gehalten, wenn einer die Fähigkeit besitzet, in zehn oder zwölf Tagen ein ganz Singespiel hinzuschmieren; und nur darauf bedacht ist, daß es, wenn es auch weder schön noch vernünftig seyn sollte, doch zum wenigsten etwas neues sey. Es läßt sich aber sehr leicht begreifen, was in solcher Eil für gutes hervorgebracht werden könne. Die Gedanken müssen ja, so zu sagen, nur in der Luft erschnappet werden, wie etwan ein Raubthier einen Vogel erhaschet. Wo bleibt da die Ordnung, der Zusammenhang, und die Säuberung der Gedanken? Endlich ist es denn auch dahin gekommen, daß gegenwärtig in Italien nicht mehr so viel vortrefliche Componisten anzutreffen sind, als vormals. Fehlet es aber an erfahrnen Componisten: wie kann da der gute Geschmack erhalten, oder fortgepflanzet werden? Wer da weis, was zu einer vollkommenen Oper gehöret, der wird gestehen

hen müssen, daß ein solches Werk nicht einen Anfänger, sondern einen erfahrnen Componisten, und mehr Zeit als wenige Tage erfordert. Allein die Componisten haben mehrentheils das Unglück, daß, wenn sie anfangen vernünftig zu schreiben, und das Wilde und Freche abzulegen, man sie beschuldigt, sie hätten das Feuer verlohren; sie hätten sich erschöpfet; sie dächten nicht mehr so sinnreich; sie wären arm an Erfindung. Es kann seyn, daß solches bey vielen eintrifft: wollte man aber die Sache genau untersuchen, so würde man finden, daß dergleichen Unglück nur den oben beschriebenen Componisten wiederfährt, welche die Setzkunst niemals gründlich erlernet haben. Denn wo kein guter Grund vorhanden ist; da kann auch das Gebäude nicht lange Bestand haben. Ist aber Talent, Wissenschaft und Erfahrung mit einander vereiniget, so wird daraus ein solcher Brunnen, der nicht leicht zu erschöpfen ist. Es wird ja in allen Handlungen, in allen Wissenschaften, und Profeßionen die Erfahrung so sehr geachtet: warum denn nicht auch in der Musik, und insonderheit in der Composition? Wer da glaubet, daß es in derselben nur auf ein Gerathewohl und auf einen blinden Einfall ankomme, der irret sich sehr, und hat von dieser Sache nicht den geringsten Begriff. Die Erfindungen und Einfälle sind zwar zufällig, und können durch Anweisung nicht erlanget werden: die Säuberung und Reinigung, die Wahl und Vermischung der Gedanken aber, sind nicht zufällig; sondern sie müssen durch Wissenschaft und Erfahrung erlernet werden: und diese sind eigentlich das Hauptwerk, wodurch sich der Meister vom Schüler unterscheidet, und woran es noch einer großen Anzahl von Componisten mangelt. Die Regeln der Composition, und was zum Satze gehöret, kann ein jeder erlernen; ohne eben allzuviel Zeit darauf zu wenden. Der Contrapunkt behält seine unveränderlichen Regeln, so lange als vielleicht Musik seyn wird: Die Säuberung, Reinigung, der Zusammenhang, die Ordnung, die Vermischung der Gedanken hingegen, erfodern fast bey einem jeden Stücke neue Regeln. Es pfleget also denenjenigen, die sich auf das Ausschreiben legen, oft fehl zu schlagen: so daß man bald merken kann, ob die Gedanken aus einem einzigen Kopfe ihren Ursprung haben; oder ob sie nur auf eine mechanische Art zusammen gesetzet worden sind.

15. §.

In vorigen Zeiten wurde die Setzkunst nicht so gering geachtet, wie in gegenwärtigen: Es wurden aber auch nicht so viel Stümper in derselben

Einleitung.

ben angetroffen, als itzo. Die Alten glaubten nicht, daß man die Setzkunst ohne Unterweisung lernen könnte. Man hielte, den Generalbaß zu wissen, für nöthig, aber nicht für zulänglich, die Composition dadurch ohne weitere Anweisung, zu erlernen. Es waren nur wenige, die sich mit der Composition zu schaffen machten; und die, so es unternahmen, bemüheten sich dieselbe gründlich zu erlernen. Heut zu Tage aber, will fast ein jeder, der nur etwas mittelmäßiges auf einem Instrumente zu spielen weis, zu gleicher Zeit auch die Composition erlernet haben. Hierdurch kommen eben so viele Misgeburten zur Welt; so daß es kein Wunder seyn würde, wenn die Musik mehr ab, als zunähme. Denn, wenn die gelehrten und erfahrnen Componisten nach und nach abgehen; wenn die neuern, wie itzo von vielen geschieht, sich auf das pure Naturell verlassen, und die Regeln der Setzkunst zu erlernen für überflüßig, oder wohl gar dem guten Geschmacke, und guten Gesange, für schädlich halten; wenn der, an sich selbst vortrefliche, Opernstyl gemisbrauchet, und in Stücke eingemischet wird, wohin er nicht gehöret, so daß, wie in Welschland bereits geschieht, die Kirchen= und die Instrumentalmusiken nach demselben eingerichtet werden, und alles nach Opernarien schmecken muß: so hat man gegründete Ursachen zu befürchten, daß die Musik ihren vorigen Glanz nach und nach verlieren dürfte; und daß es mit dieser Kunst bey den Deutschen, und bey andern Völkern, endlich ergehen möchte, wie es mit andern verlohrnen Künsten ergangen ist. Die Italiener haben in vorigen Zeiten den Deutschen allezeit den Ruhm beygeleget, daß, wenn sie auch nicht so viel Geschmack besäßen, sie doch die Regeln der Setzkunst gründlicher verstünden, als ihre Nachbarn. Sollte nun die deutsche Nation, bey welcher der gute Geschmack in den Wissenschaften sich immer weiter ausbreitet, sich nicht bestreben, einem Vorwurfe, der ihr, wenn ihre angehenden Componisten die Unterweisung und ein fleißiges Nachforschen verabsäumen, und sich dem puren Naturelle ganz und gar anvertrauen, vielleicht mit der Zeit gemacht werden könnte, vorzubeugen; und sollte sie sich nicht bemühen, den Ruhm ihrer Vorfahren zu erhalten? Denn nur dadurch, wenn ein hervorragendes Naturell, durch gründliche Anweisung, durch Fleiß, Mühe, und Nachforschen unterstützet wird; nur dadurch, sage ich, kann ein besonderer Grad der Vollkommenheit erreichet werden.

16. §.

Es wolle niemand auf die Gedanken gerathen, als wenn ich verlangete, daß ein jedes musikalisches Stück nach den steifen Regeln des doppelten Contrapunkts, das ist, nach den Regeln, wie die Stimmen einzurichten sind, welche zugleich mit einander, auf eine wohlklingende Art, umgekehret, verwechselt, und versetzet werden sollen, abgemessen werden müßte. Nein, dieses wäre eine verwerfliche Pedanterey. Ich behaupte nur, daß ein jeder Componist solche Regeln zu wissen schuldig sey; die Künsteleyen aber da, wo es der gute Gesang erlaubet, so zu untermischen suchen müsse, daß weder am schönen Gesange, noch an der guten Ausnahme, irgend einiger Abbruch verspüret werde; und daß der Zuhörer keinen ängstlichen Fleiß dabey bemerke: sondern daß überall die Natur hervorleuchte. Das Wort: Contrapunkt, pfleget sonst bey denen, die nur dem bloßen Naturell zu folgen gedenken, mehrentheils einen widrigen Eindruck zu machen, und für überflüßige Schulfüchserey gehalten zu werden. Die Ursache ist, weil ihnen nur der Name, nicht aber die Eigenschaft und der Nutzen davon, bekant ist. Hätten sie nur eine kleine Erkenntniß davon erlanget; so würde ihnen dieses Wort nicht so fürchterlich klingen. Ich will eben keinen Lobredner aller Arten der doppelten Contrapunkte überhaupt abgeben: obgleich ein jeder davon, in gewisser Art, und zu rechter Zeit, seinen Nutzen haben kann. Doch kann ich auch nicht umhin, absonderlich dem Contrapunkt all' Ottava sein Recht wiederfahren zu lassen, und die genaue Kenntniß desselben, als eine unentbehrliche Sache, einem jeden angehenden Componisten anzupreisen: weil dieser Contrapunkt nicht nur bey Fugen und andern künstlichen Stücken höchst nöthig ist, sondern auch bey vielen galanten Nachahmungen und Verkehrungen der Stimmen treffliche Dienste thut. Daß aber die Alten in den musikalischen Künsteleyen sich zu sehr vertiefet haben, und zu weit darinne gegangen sind; so daß sie darüber das Nothwendigste in der Musik, ich meyne das Rührende und Gefällige, fast verabsäumet haben; ist andem. Allein, was kann der Contrapunkt dafür, wenn die Contrapunktisten mit demselben nicht recht umzugehen wissen, oder einen Misbrauch daraus machen; und wenn die Liebhaber der Musik, aus Mangel der Erkenntniß, keinen Geschmack daran finden? Haben es nicht alle übrigen Wissenschaften mit dem Contrapunkte gemein, daß man ohne die Kenntniß derselben, auch kein Vergnügen davon haben kann? Z. E. Wer kann sagen, daß er an der Trigonometrie, oder der Algebra Geschmack finde, wenn

Einleitung.

er gar nichts davon erlernet hat? Mit der Erkenntniß und Einsicht aber, wächst auch die Achtung und Liebe zu einer Sache. Vornehme Personen lassen ihre Kinder wohl nicht allemal in der Absicht in vielerley Wissenschaften unterrichten, um Werk davon zu machen: sondern es geschieht vielmehr deswegen, daß sie in vielerley Wissenschaften eine Einsicht erlangen sollen, um bey Gelegenheit davon sprechen zu können. Wären nun alle Musikmeister auch zugleich Musikverständige; wüßten sie ihren Untergebenen von einer künstlichen Musik richtige Begriffe beyzubringen; ließen sie dieselben beyzeiten wohl ausgearbeitete Stücke spielen, und erkläreten ihnen den Inhalt davon: so würden sie die Liebhaber nicht nur nach und nach an solche Arten von Musik gewöhnen; sondern die Liebhaber würden auch überhaupt mehr Einsicht in die Musik erlangen, und mehr Vergnügen daran finden. Die Musik würde dadurch in eine größere Achtung kommen, als sie nicht ist: und die wahren Tonkünstler würden für ihre Arbeit mehr Dank verdienen. Da aber die meisten Liebhaber die Musik nur mechanisch erlernen: so fällt dieser Vortheil weg; und die Musik bleibt in desto größerer Unvollkommenheit: weil es sowohl an guten Meistern, als an folgsamen Scholaren fehlet.

17. §.

Will man wissen, was denn nun eigentlich der Gegenstand des weitern Nachforschens seyn soll; so dienet zur Antwort: Wenn ein angehender Componist die Regeln der Harmonie, welche, ob es wohl vielen an der Kenntniß derselben fehlet, doch nur, wie gesagt, das wenigste und leichteste in der Composition sind, gründlich erlernet hat; so muß er sich befleißigen, eine gute Wahl und Vermischung der Gedanken, nach der Absicht eines jeden Stückes, vom Anfange bis ans Ende desselben, zu treffen; die Gemüthsbewegungen gehörig auszudrücken; einen fließenden Gesang zu erhalten; in der Modulation zwar neu, doch natürlich, und im Metrum richtig zu seyn; Licht und Schatten beständig zu unterhalten; seine Erfindungen in eine gemäßigte Länge einzuschränken; in Ansehung der Abschnitte, und der Wiederholungen der Gedanken, keinen Misbrauch zu begehen; sowohl für die Stimme als Instrumente bequem zu setzen; in der Singmusik nicht wider das Sylbenmaaß, noch weniger wider den Sinn der Worte zu schreiben; und sowohl von der Singart, als von den Eigenschaften eines jeden Instruments, eine hinlängliche Erkenntniß zu erlangen. Ein Sänger oder Instrumentist aber muß sich angelegen seyn lassen, der Stimme oder des Instruments vollkommen mächtig zu werden; die Verhältnisse der Töne kennen zu lernen; in Haltung des Zeitmaaßes und im Notenlesen recht fest zu werden; die Harmonie zu erlernen, und vornehmlich, alles was zu einem guten Vortrage erfodert wird, recht in Ausübung zu bringen.

18. §.

Wer sich in der Musik hervor zu thun wünschet; der muß die Erlernung derselben nicht zu spät anfangen. Wer sich in solchen Jahren dazu begiebt, wenn die Gemüthskräfte nicht mehr im Wachsthume, oder wenn der Hals oder die Finger nicht mehr biegsam sind; und also keine rechte Fertigkeit erlangen können, weder die Triller, und die kleinen feinen Auszierungen oder Propretäten, noch die Passagien rund und deutlich zu machen: der wird nicht sonderlich weit kommen.

19. §.

Ein Musikus muß sich ferner nicht mit allzuvielen andern Dingen beschäftigen. Fast eine jede Wissenschaft erfodert ihren eigenen Mann. Es ist zwar hier keinesweges die Meynung, als ob es eine Unmöglichkeit sey, in mehr als einer Wissenschaft zugleich, vortrefflich zu seyn. Es wird aber ein gleichsam außerordentliches Talent dazu erfodert, dergleichen die Natur nur selten hervorbringt. Viele versehen es hierinne. Einige haben die Begierde alles zu erlernen, und fallen, ihrer veränderlichen Gemüthsbeschaffenheit zufolge, von einer Sache auf die andere; bald auf dieses, bald auf jenes Instrument; bald auf die Composition; bald auf andere Dinge außer der Musik; und erlernen, wegen ihrer Wankelmuth, weder eins noch das andere aus dem Grunde. Einige, die sich anfänglich etwa einer der höhern Wissenschaften widmen, treiben die Musik viele Jahre als ein Nebenwerk. Sie können nicht die gehörige Zeit, so die Musik erfodert, darauf wenden; und haben weder Gelegenheit noch Mittel gute Meister zu halten, oder etwas gutes zu hören. Oefters lernen sie nichts mehr als etwa Noten lesen; und durch einige Schwierigkeiten, ohne guten Vortrag und Geschmack, ihren Zuhörern einen blauen Dunst vor die Augen zu malen: und sofern sie das Glück haben, im Lande der Blinden einäugige Könige zu werden, und einigen Beyfall zu erhalten; gerathen sie, aus Mangel der Erkenntniß, leicht auf den falschen Wahn, als ob sie wegen ihrer übrigen Wissenschaften, vor andern Tonkünstlern, die zwar nicht auf hohen Schulen studiret, aber doch mehr Musik als sie erlernet haben, einen Vorzug verdieneten. Einige treiben die Musik blos aus Mangel des Unterhalts, ohne den geringsten

Einleitung.

Gefallen daran zu haben. Andere haben die Musik in ihrer Jugend mehr durch eigene Uebung, als durch richtige Grundsätze erlernet. Bey erwachsenen Jahren schämen sie sich des Unterrichts, oder glauben keiner Anweisung mehr benöthigt zu seyn. Deswegen lassen sie sich nicht gerne verbessern, sondern wollen vielmehr unter dem Namen der Liebhaber Lob verdienen. Füget es aber das Schicksal endlich nicht, daß sie durch ihre andern Wissenschaften zu einer Beförderung gelangen; so ergreifen sie aus Noth die Musik; mehrentheils aber bleiben sie, wegen des Verlustes der Zeit, die sie auf andere Wissenschaften haben wenden müssen; aus Mangel des Talents, welches zu andern Wissenschaften nicht hinreichend gewesen, und nun vielleicht zur Musik noch weniger zulänglich ist; oder aus Vorurtheil und falscher Einbildung, welche von andern keine Verbesserung ertragen kann, von der einen Seite nur halbe Gelehrte; von der andern aber, kaum halbe Musikverständige. Denn wer zum Studiren keine hinlänglichen Naturgaben besitzt; der hat deren vielleicht noch weniger zur Musik. Doch aber, hat ein solcher, der zugleich vom Studiren Werk machet, ein zureichendes Talent zur Musik, und wendet bey dieser eben den Fleiß an, wie er bey jenem gethan hatte: so hat er nicht nur vor andern Tonkünstlern einen Vortheil voraus; sondern er kann auch in der Musik überhaupt mehr Nutzen stiften, als andere: welches mit vielen Beyspielen dargethan werden kann. Denn wer da weis, wie viel Einfluß die Mathematik, sammt denen unter ihrem Bezirke stehenden Wissenschaften, die Weltweisheit, die Dichtkunst, und die Redekunst, in die Musik haben; der wird gestehen müssen, daß die Musik nicht nur einen größern Umfang habe, als viele glauben: sondern auch, daß der bey den meisten Musikverständigen verspürte Mangel obenbemeldeter Wissenschaften, die größte Hinderniß an weiterem Fortkommen, und die Ursache sey, warum die Musik noch nicht zu einer größern Vollkommenheit gebracht worden ist. Wie kann es aber anders seyn: da diejenigen, so die Theorie besitzen, selten in der Ausübung stark sind: und die, so sich in der Ausübung hervorthun, selten Meister in der Theorie abgeben können? Ist es möglich die Musik, bey so gestallten Sachen zu einiger Vollkommenheit zu bringen? Es ist demnach nöthig, jungen Leuten, die sich auf die Musik legen, ernstlich anzurathen, daß sie sich bemühen möchten, wenn ihnen auch die Zeit nicht erlaubet, sich in allen Studien zu üben, dennoch in den obengemeldeten Wissenschaften, und hiernächst auch, in einigen der ausländischen Sprachen, keine Fremdlinge zu bleiben. Und wer sich die Composition zu seinem Augenmerke erwählet; dem wird eine gründliche Einsicht in die Schauspielkunst nicht undienlich seyn.

20. §.

Die Eigenliebe wohl zu ordnen und im Zaume zu halten, soll das letzte seyn, welches ich einem, der in der Musik weit zu kommen wünschet, anrathe. Ist eine unmäßige und übel geordnete Eigenliebe überhaupt sehr schädlich; indem sie leichtlich den Verstand verdunkeln, und an der wahren Erkenntniß hinderlich seyn kann: so ist sie es gewiß auch bey der Musik; und zwar dieses um so viel mehr, je mehr sie sich bey dieser einzuschleichen pfleget. Sie findet bey der Musik mehr Nahrung als bey andern Profeßionen, bey welchen man sich nicht, wie bey dieser, mit einem bloßen Bravo abspeisen, und aufgeblasen machen läßt. Wie viel Unordnungen hat sie nicht schon in der Musik angerichtet? Man gefällt sich anfangs meistentheils selbst mehr, als andern. Man ist schon zufrieden, wenn man nur etwa zur Noth eine Stimme mitspielen kann. Man läßt sich durch das unzeitige und überflüßige Loben verblenden; und nimmt es wohl gar für einen verdienten Lohn an. Man will durchaus keinen Widerspruch, keine Erinnerungen oder Verbesserungen leiden. Sollte jemand sich dergleichen etwan aus Noth, wenn es geschehen muß, oder aus guter Meynung unterfangen: so hält man denjenigen, der so verwegen ist, augenblicklich für einen Feind. Man schmeichelt sich oftmals, bey einer sehr geringen Erkenntniß, doch sehr vieles zu wissen, und suchet sich wohl über solche zu erheben, von denen man noch lernen könnte. Ja, was noch mehr ist, man verachtet wohl gar dieselben, aus Eifersucht, Neid und Misgunst. Sollte es aber genau untersuchet werden, so bestehet solches vermeynte Wissen, bey vielen, nur aus einer Marktschreyerey, nämlich: daß man etwan einige Kunstwörter aus theoretischen Schriften ins Gedächtniß gefasset hat; oder daß man von den musikalischen Kunststücken zwar ein wenig zu reden, solche aber nicht zu machen weis. Hierdurch kann man sich nun zwar bey Unwissenden einiges Ansehen erwerben; bey Musikverständigen aber, steht man in Gefahr, lächerlich zu werden: weil man denen Handwerkern gleichet, die zwar das Handwerkszeug zu nennen, aber schlecht zu gebrauchen wissen. Wie es denn verschiedene Menschen giebt, welche von einer Kunst oder Wissenschaft zwar vieles zu reden im Stande sind: in der That aber, viel weniger in der Ausübung zeigen können, als vielleicht andere,

Einleitung.

andere, welche weit weniger mit Worten davon pralen. Hat man es vielleicht endlich noch durch eine gute Anweisung dahin gebracht, daß man einigen Beyfall verdienet; so rechnet man sich sogleich unter die Anzahl der Virtuosen; und glaubet schon die erste Stufe des Parnasses überstiegen zu haben. Man schämet sich dahero eines fernern Unterrichts; oder hält denselben für unnöthig. Man verläßt den Meister in der besten Zeit, oder in der Blüte des Wachsthums. Man suchet nicht das Urtheil erfahrner Leute sich zu Nutze zu machen; sondern man bleibt lieber in der Unwissenheit stecken, als daß man sich ein wenig herablassen wollte, um noch Lehren anzunehmen. Und wenn man auch allenfalls noch jemanden um diesen oder jenen Zweifel befraget: so geschieht es doch oft mehr in der Absicht gelobet zu werden, als die Wahrheit zu hören. Wer wollte endlich alle das Unheil erzählen, welches eine verkehrte Eigenliebe anrichten kann. Es sey mir genug dargethan zu haben, daß sie, ob sie auch gleich eine falsche Zufriedenheit wirket, dennoch eine der größten Hindernisse am Wachsthum in der Musik sey.

21. §.

Zum Beschluße muß ich noch einigen, die sich durch das Vorurtheil, als ob das Blasen auf der Flöte der Brust oder Lunge schädlich sey, zur Nachricht sagen: daß solches nicht nur nicht schädlich, sondern vielmehr zuträglich und vortheilhaft sey. Die Brust wird dadurch mehr und mehr eröfnet und stärker gemachet. Ich könnte, wenn es nöthig wäre, mit Exempeln beweisen, daß einige junge Leute, die einen sehr kurzen Athem hatten, und kaum fähig waren ein paar Tacte in einem Athem zu spielen, es endlich durch das Blasen der Flöte, in einigen Jahren, dahin gebracht haben, daß sie mehr als zwanzig Tacte in einem Athem zu spielen vermögend worden. Es ist also daraus zu schließen, daß das Blasen auf der Flöte der Lunge eben so wenig schade, als das Reuten, Fechten, Tanzen und Laufen. Man muß es nur nicht misbrauchen; und weder bald nach der Mahlzeit blasen, noch sogleich aufs Blasen, wenn die Lunge noch in einer starken Bewegung ist, einen kalten Trunk thun. Daß die Trompete eine stärkere Lunge, und noch weit mehr Kräfte des Leibes erfodere, als die Flöte; wird niemand in Abrede seyn. Dem ungeachtet zeiget die Erfahrung, daß Leute, so sich mit der Trompete abgeben, mehrentheils ein sehr hohes Alter erreichen. Ich weis mich selbst, von meiner Jugend an, zu erinnern, daß ein junger Mensch, von sehr schwacher Leibesbeschaffenheit, ein Trompeter worden;

und auf diesem Instrumente, nicht nur sich sehr fleißig geübet, sondern es auch ziemlich weit gebracht hat. Dieser ist nicht nur bis itzo noch am Leben; sondern befindet sich auch wohl, und bey guten Kräften. Daß aber die Ausübung der Flöte, oder der Trompete, so wie die vorhin erwähnten Leibesübungen, einen gesunden Körper erfodere, und keinen, der schon die Schwindsucht hat, weder heile, noch ihm sonst anzurathen sey: wird auch nicht geläugnet. Ich habe schon oben angeführet, daß zu einem jeden Musikus überhaupt, er spiele welches Instrument er wolle, kein schwacher oder siecher, sondern ein vollkommen gesunder Körper, und ein munterer und aufgeweckter Geist erfordert werde: weil beyde gemeinschaftlich wirken müssen,

Das I. Hauptstück.
Kurze Historie und Beschreibung der Flöte traversiere.

1. §.

Bey fabelhaften und ungewissen Erzählungen vom Ursprunge der Flöten so in die quer vor den Mund gehalten werden, will ich mich nicht aufhalten. Weil wir keine ganz sichere Nachricht davon haben; so kann es uns gleich viel seyn, ob der Phrygische König Mydas, oder ein anderer, dieselben erfunden habe. Ob ein ausgehöhlter, oben abgebrochener Stamm eines Holunderstrauchs, in welchem an der Seite eine kleine Oefnung eingefaulet gewesen; darauf just der Zug des Windes getroffen; oder sonst was anders zu dieser Erfindung den ersten Anlaß gegeben habe; kann ich gleichfalls nicht entscheiden.

2. §.

Daß aber in den Abendländern, die Deutschen die ersten gewesen, welche den Grund zur Flöte traversiere nebst vielen andern Blasinstrumenten, wo nicht von neuem geleget, doch zum wenigsten wieder hervorgesuchet haben; ist außer allem Zweifel. Die Engländer nennen dieses Instrument deswegen: the German Flute, (die deutsche Flöte.) Die Franzosen benennen es ebenfalls la Flûte alemande. (s. Principes de la Flûte Traversiere, ou de la Flûte alemande, par Mr. Hotteterre le Romain.)

3. §.

Michael Prätorius nennet diese Flöte, in seinem Theatro Instrumentorum, welches 1620, zu einer Zeit, wo noch keine von den itzo daran befindlichen Klappen üblich war, in Wolfenbüttel gedrucket worden: die **Querflöte**. Dasjenige Instrument aber, welches noch heut zu Tage bey den Soldaten zur Trommel gebrauchet wird, nennet er zum Unterschied: die Schweitzerpfeiffe.

4. §.

Es ist also die Flöte traversiere vor diesem nicht so, wie itzo, beschaffen gewesen. Weil die, zu dem halben Tone Dis, unentbehrliche Klappe daran fehlete; konnte man darauf nicht aus allen Tonarten spielen. Ich habe selbst eine von dieser Art in Händen, welche in Deutschland, vor ohngefähr sechzig Jahren verfertiget worden, und welche eine Quarte tiefer steht, als die gewöhnlichen. Die Franzosen sind die ersten gewesen, welche dieses Instrument, durch Beyfügung einer Klappe brauchbarer gemacht haben, als es bey den Deutschen vor diesem nicht war.

5. §.

Die eigentliche Zeit, wenn diese Verbesserung geschehen, und wer der Urheber davon sey, ist nicht wohl gewiß zu bestimmen: ungeachtet ich mir alle Mühe gegeben habe, es zuverläßig zu erfahren. Vermuthlich ist es noch kein Jahrhundert her: und ohne Zweifel ist diese Verbesserung in Frankreich zu eben der Zeit unternommen worden, da man die Schallmey in den Hoboe, und den Bombard in den Basson verwandelt hat.

6. §.

Der erste, der sich auf der verbesserten Flöte traversiere, in Frankreich, besonders hervor gethan, berühmt und beliebt gemacht hat, ist der, wegen gewisser besondern Schicksale, merkwürdige **Philibert**. Hierauf kam: **la Barre**, und **Hotteterre le Romain**. Diesen folgeten **Büffardin** und **Blavet**; brachten es aber in der Ausübung viel weiter als ihre Vorfahren.

7. §.

Wie nun diese itzt erzählten französischen Tonkünstler die ersten gewesen sind, so dieses Instrument nach seinen Eigenschaften gut gespielet haben: so haben es die Deutschen von ihnen, und zwar in der verbesserten Gestalt, nämlich mit der einen Klappe, seit ohngefähr funfzig oder sechzig Jahren her, wieder bekommen. Der besondere Beyfall, und die

und Beschreibung der Flöte traversiere.

große Neigung, so die Deutschen allezeit gegen die Blasinstrumente geheget haben, hat verursachet, daß die Flöte traversiere nunmehr in Deutschland eben so allgemein worden, als sie in Frankreich ist.

8. §.

Bis hieher hatte die Flöte noch immer nur eine Klappe. Nachdem ich aber nach und nach die Eigenschaften dieses Instruments einsehen lernete; befand ich, daß immer noch ein kleiner Mangel der Reinigkeit gewisser Töne vorhanden war: welchem aber auf keine andere Art, als durch Zusetzung der zweyten Klappe, abgeholfen werden konnte. Ich habe also diese zweyte Klappe im Jahr 1726. hinzugefüget.* Und also ist hieraus diejenige Flöte traversiere entstanden, deren Abbildung man Tab. I. Fig. 1. sehen kann.

* Die Ursache dieser zweyten Klappe erkläre ich weitläuftiger im 8. §. des III. Hauptstückes.

9. §.

In den alten Zeiten bestund die Flöte traversiere nur aus einem Stücke, wie die noch heut zu Tage übliche Schweitzerpfeiffe, oder die sogenannte Querpfeiffe der Soldaten: nur war sie eine Octave tiefer als die letztere. Als aber in Frankreich die eine Klappe hinzugefüget wurde, um die Flöte, so wie andere Instrumente, zur Musik brauchbarer zu machen: so bekam diese Flöte zugleich, nicht nur von außen eine bessere Gestalt; sondern sie wurde auch, um mehrerer Bequemlichkeit willen, in drey Stücken getheilet, nämlich: ein Kopfstück, worinnen sich das Mundloch befindet; ein Mittelstück mit sechs Löchern; und das Fußgen, woran die Klappe zu finden ist. Diese drey Stücken würden auch zulänglich gewesen seyn: wenn man aller Orten einerley Stimmung hätte. Weil aber der Ton, nach welchem man stimmet, so sehr verschieden ist; daß nicht nur in einem jeden Lande, sondern auch mehrentheils in einer jeden Provinz und Stadt, eine andere Stimmung, oder herrschender Ton eingeführet ist; zugeschweigen, daß der Clavicymbal, an eben demselben Orte, durch unachtsame Stimmer, bald hoch, bald tief gestimmet wird: so hat man, vor ohngefähr dreyßig Jahren, die Flöte mit mehrern Mittelstücken versehen. Man hat zu dem Ende das lange Mittelstück, mit sechs Löchern, in zween Theile getheilet; um die Flöte bequemer bey sich tragen zu können: und anstatt eines, und zwar des obersten Stückes von diesen zween Theilen, hat man zwey bis drey verfertiget, welche, weil immer eines kürzer als das andere seyn muß, sich damals ohngefähr um

einen

einen halben Ton von einander unterschieden; denn die Länge oder Kürze der Flöte verursachet, daß der Ton entweder tiefer oder höher wird. Konnte man damit noch nicht stimmen, weil öfters das eine Stück zu tief, das andere hingegen zu hoch war; so mußte man das höchste Mittelstück aus dem Kopfe der Flöte um etwas auszuziehen. Allein, da der Unterschied dieser Mittelstücken zu groß war, und man folglich die Mittelstücken weiter ausziehen mußte, als die Structur der Flöte erlaubet, indem sie dadurch falsch wird: so hat man endlich das Mittel gefunden, noch mehrere Mittelstücken hinzuzufügen, deren jedes, von dem andern, in der Stimmung, nicht mehr als um ein Komma, oder ein Neuntheil eines ganzen Tones, unterschieden ist. Sechs Mittelstücken machen also etwas mehr, als einen großen halben Ton aus: welches auch der Bau der Flöte, ohne Nachtheil der reinen Stimmung erlaubet: und sollte es die Noth erfodern: so könnten wohl noch ein paar Mittelstücken mehr hinzugefüget werden.

10. §.

In dem Kopfstücke der Flöte, zwischen dem Deckel desselben, und dem Mundloche, ist ein Pfropf von Kork zu befinden, welchen man nach Belieben hin und her schieben kann. Dieser Pfropf ist in der Flöte unentbehrlich; und thut in derselben eben die Wirkung, welche die Stimme, oder das unter dem Stege aufrecht stehende Hölzgen, in der Violine machet. Diese verursachet entweder einen guten oder schlechten Ton; nachdem sie recht oder unrecht gesetzet wird: und jener, wenn er entweder zu tief hinein gedrücket, oder zu weit heraus gezogen wird; ist nicht nur am guten Tone, sondern auch an der reinen Stimmung überhaupt, hinderlich.

11. §.

Wenn die Flöte, durch die Mittelstücken, verkürzet oder verlängert wird; so würden sie, wenn der Pfropf allezeit an einem Orte stehen bleiben sollte, die reine Stimmung der Octaven verlieren. Es muß deswegen dieser Pfropf, zu einem jeden kürzern Stücke, weiter von dem Mundloche zurück gezogen; hingegen zu jedem längern Stücke, näher zu dem Mundloche hinein gedrücket werden. Um dieses desto bequemer bewerkstelligen zu können, ist nöthig, daß man an dem Pfropfe eine an ihm und dem Deckel der Flöte zugleich befestigte Schraube habe: als welche so wohl zu dem Ausziehen als Hineindrücken desselben dienet.

12. §.

12. §.

Will man wissen ob der Pfropf an seinem rechten Orte stecke; so probire man das tiefe D. gegen das mittelste und höchste D. Sind diese zwo Octaven gegen einander rein: so hat es seine Richtigkeit. Ist aber das höchste D. zu hoch, und das tiefe folglich zu tief; so ziehe man den Pfropf um so viel zurück, bis sie rein werden. Ist hingegen das höchste D. zu tief, und das tiefe zu hoch; so drücke man den Pfropf um so viel tiefer hinein, bis beyde Octaven rein stimmen.

13. §.

Vom Ausziehen der Mittelstücken ist zu merken, daß man darinne nicht zu weit gehen darf: sonst wird das eingestrichene C, und der Triller sowohl auf demselben, als auf dem Cis, zu hart. Deswegen ist nöthig, daß die Mittelstücken, wie schon oben gesaget worden, nicht mehr als um ein Komma von einander unterschieden seyn dürfen: oder man müßte den inwendigen leeren Raum, mit einem Ringe, der so dick als der Zapfen wäre, ausfüllen. Das Ausziehen der Stücken darf nirgends anders als nur allein am dicken Ende, welches in das Kopfstück geht, geschehen. Denn wenn es am dünnen Ende, oder zwischen dem untersten Ende und dem Füßgen geschieht; so wird wegen der Löcher, welche durch die weitere Entfernung von einander, die folgenden Töne erhöhen, die ganze Flöte verstimmet.

14. §.

Vor nicht gar langer Zeit, ist eine Erfindung zum Vorschein gekommen, vermöge welcher man das Füßgen der Flöte aus zwey Stücken gemacht hat, welche man, wie eine Nadelbüchse, um einen halben Zoll auseinander ziehen, und wieder zusammen schieben, folglich das Füßgen länger oder kürzer machen kann. Das Ausziehen geschieht unter den Löchern worauf die Klappen liegen. Die Absicht soll seyn, daß das Füßgen zu einem jeden kürzern Mittelstücke, etwas kürzer werden solle; und die Flöte also, vermittelst der sechs Mittelstücken, um einen ganzen Ton höher oder tiefer gemacht werden könne. Diese Erfindung, wenn sie Stich hielte, würde ihren Werth haben. Da aber durch die Verkürzung des Füßgens, nur das D. höher wird; die folgenden Töne, als: Dis, E, F, G, u. s. w. aber, mehrentheils in ihrer Stimmung bleiben, und sich nicht mit dem D. zugleich, im gehörigen Verhalte erhöhen: so folget daraus, daß die Flöte zwar um einen ganzen Ton höher, aber auch, nur das erste Stück ausgenommen, durch und durch falsch wird. Diese Erfindung ist also aus diesen, und denen im vorigen §. angeführten Gründen, als höchst schädlich und nachtheilig, zu verwerfen. Sie dienet zu weiter nichts, als daß man aus Sparsamkeit, mit einer übelgestimmten Flöte, zur Noth dasjenige verrichten könnte, wozu sonst zwo verschiedene Flöten, nämlich eine hohe und tiefe, nöthig wären. Wer sich aber dieser Erfindung bedienen wollte, der würde in Gefahr stehen, sich das Gehör sehr zu verderben: und der Urheber verräth sich, daß er weder den Verhalt der Töne versteht, noch ein gut musikalisch Gehör hat.

15. §.

An dem Kopfstücke lässet sich eine dergleichen Verkürzung und Verlängerung besser, als an dem Füßgen, anbringen. Man theile nämlich das Kopfstück in zween Theile, und mache an dem untersten Theile einen etwas längern Zapfen, als der am Mittelstücke ist. Diesen stecke man in den obersten Theil des Kopfes; so wird man den Kopf, ohne Nachtheil der Stimmung, kürzer und länger machen, und den durch die vorhin gemeldete Erfindung vergebens gesuchten Vortheil bequem erreichen können. Ich habe hiervon selbst die Probe gemacht, und sie bewährt gefunden.

16. §.

Vor ohngefähr dreyßig Jahren haben einige der Flöte, in der Tiefe, noch einen Ton mehr, nämlich das C, beyfügen wollen. Sie machten deswegen das Füßgen um so viel länger, als zu einem ganzen Tone erfodert wird, und setzten, um das Cis zu haben, noch eine Klappe hinzu. Weil aber solches sowohl der reinen Stimmung, als auch dem Tone der Flöte selbst nachtheilig zu seyn geschienen; so ist diese vermeynte Verbesserung wieder erloschen, und nicht allgemein worden.

17. §.

Außer der gewöhnlichen Flöte traversiere hat man noch unterschiedene andere, wiewohl nicht so gewöhnliche, entweder größere oder kleinere Arten von Flöten. Es giebt tiefe Quartflöten; Flöten d'amour; kleine Quartflöten, u. s. w. Die erstern sind um eine Quarte; die zweyten um eine kleine Terze tiefer; die dritten aber um eine Quarte höher, als die gewöhnliche Flöte traversiere. Unter diesen sind die Flöten d'amour noch die besten. Alle aber kommen sie zur Zeit der ordentlichen Flöte traversiere, an Reinigkeit und Schönheit, nicht bey. Wer im übrigen auf einer von diesen außerordentlichen Arten sich üben will, der kann, wenn er sich nur einen andern Schlüssel der Noten einbildet, sie im übrigen alle so wie die gewöhnliche Flöte traversiere handhaben.

18. §.

18. §.

Die Materie woraus die Flöten verfertiget werden, ist hartes Holz von unterschiedener Art, als: Buchsbaum, Ebenholz, Königsholz, Lignum sanctum, Granatille, u. s. w. Der Buchsbaum ist das allgemeinste und dauerhafteste Holz zu Flöten. Das Ebenholz aber giebt den schönsten und hellesten Ton. Wer den Ton der Flöte kreischend, rauh, und unangenehm machen will; der kann sie, wie einige versuchet haben, mit Messing ausfüttern.

19. §.

Weil sich in der Flöte, wenn sie geblasen wird, Feuchtigkeiten ansetzen, welche ihr schädlich sind; so muß sie öfters, mit einem an ein Stöckgen festgemachten Lappen, sorgfältig gereiniget werden. Und damit sich die Feuchtigkeiten nicht in das Holz einziehen können: muß man sie zuweilen mit Mandelöl einschmieren.

Das II. Hauptstück.
Von Haltung der Flöte, und Setzung der Finger.

1. §.

Um mich hierbey deutlich erklären zu können, wird nöthig seyn, daß ich die Finger durch Ziffern andeute: damit man bey der, in der I. Tabelle abgezeichnet befindlichen Flöte, ohne Weitläuftigkeit ersehen könne, von welchen Fingern ich rede. Ich bezeichne also den Zeigefinger der linken Hand mit 1; die zween folgenden mit 2. 3; der kleine Finger dieser Hand wird nicht gebrauchet. Den Zeigefinger der rechten Hand bemerke ich mit 4; die zween folgenden mit 5. 6. Die Ziffern 7. und 8. sind dem kleinen Finger der rechten Hand gewidmet. Wenn er mit 7. benennet ist, berühret er die kleine, und wenn er mit 8. bezeichnet ist, die krumme Klappe. Auf eben diese Weise werden inskünftige, bey der Fingerordnung, (Application) **und allen übrigen Stellen, die**

Finger angedeutet werden: nur ist zu merken, daß die mit 1. bis 6. bezeichneten Finger die Löcher der Flöte zudecken; die mit 7. und 8. bemerkten aber, die Klappen niederdrücken, und folglich die Löcher aufmachen.

2. §.

Wenn die Flöte ungezwungen gehalten und gespielet werden soll; so müssen, wenn man dieselbe zusammen schraubet, die Löcher der beyden Mittelstücken, mit dem Loche, welches durch die krumme Klappe bedecket wird, in gerader Linie stehen: damit man mit dem kleinen Finger der rechten Hand, beyde Klappen bequem erreichen könne. Das Kopfstück muß, aus der geraden Linie, um so viel nach dem Munde einwärts gedrehet werden, als ohngefähr der Durchschnitt des Mundlochs austrägt.

3. §.

Den Daumen der linken Hand setze man, dem mit 2. bezeichneten Finger, fast gerade gegen über; und zwar die Spitze vom Daumen einwärts gebogen. Die Flöte lege man zwischen den Ballen und das zweyte Glied des 1. Fingers, so, daß wenn man den ersten Finger krumm auf die Flöte leget, derselbe das oberste Loch bequem bedecken könne. Auf diese Weise wird man die Flöte, wenn man sie an den Mund setzet, nicht allein mit dem 1. Finger und dem linken Daumen, welcher das Gegengewicht ausmacht, ohne Hülfe der andern Finger, oder der rechten Hand, bequem an den Mund drücken, und fest halten; sondern auch mit einem jeden Finger der linken Hand, ohne Zuthun der rechten, Triller schlagen können.

4. §.

Was die rechte Hand anlanget, so setze man den Daumen derselben, krumm und auswärts gebogen, mit der Spitze unter den 4. Finger. Die übrigen Finger aber, so wohl dieser, als der linken Hand, setze man krumm eingebogen auf die Löcher; doch nicht mit den Spitzen: sonst würde man die Löcher nicht so zumachen können, daß keine Luft heraus gienge. Das Krummbeugen der Finger aber dienet darzu, daß man dadurch mehr Kräfte hat, die Triller geschwind und egal zu schlagen.

5. §.

Den Kopf muß man beständig gerade, doch ungezwungen, in die Höhe halten: damit der Wind im Steigen nicht verhindert werde. Die Arme muß man ein wenig auswärts in die Höhe halten, doch den linken mehr als den rechten; und sie ja nicht an den Leib drücken: damit man nicht genöthiget werde, den Kopf nach der rechten Seite zu, schief zu halten; als welches nicht allein eine üble Stellung des Leibes verursachet,

der Flöte, und Setzung der Finger.

sondern auch im Blasen selbst hinderlich ist: indem die Kehle dadurch zusammen gedrücket wird, und das Athemholen, nicht, wie es soll, mit einer Leichtigkeit geschehen kann.

6. §.

Die Flöte muß man allezeit fest an den Mund drücken; nicht aber mit der Hand bald ein= bald auswärts drehen: als wodurch der Ton entweder tiefer, oder höher wird.

7. §.

Die Finger muß man gerade über den Löchern halten; und sie niemals, weder enger zusammen ziehen, noch weiter auseinander dehnen: um keine unnöthigen und weitläuftigen Bewegungen damit zu machen. Deswegen muß man den rechten Daumen allezeit an einerley Ort setzen; nicht, die Flöte damit zu halten, als wozu nur der linke bestimmet ist: sondern damit auch die übrigen Finger dadurch ihren festen Platz behalten, und desto leichter auf die Löcher treffen können. Wie man denn überhaupt die Nerven ein wenig anspannen muß, um die Triller egal und brillant zu schlagen.

8. §.

Es ist auch nöthig auf die Finger sehr fleißig Achtung zu geben; damit man sich nicht gewöhne, dieselben im währenden Spielen hoch aufzuheben, oder einen höher als den andern zu erheben: weil es widrigenfalls unmöglich ist, die Passagien sehr geschwind, rund, und deutlich vorzutragen; welches doch eines der vornehmsten Stücke im Spielen ist. Doch müssen die Finger auch nicht allzunahe über die Löcher, sondern zum wenigsten um die Breite eines kleinen Fingers in die Höhe gehalten werden: damit die Helligkeit und Reinigkeit des Tones nicht verhindert werde.

9. §.

Man hüte sich, mit der rechten Hand, bey Haltung der Flöte, der linken zu Hülfe zu kommen; noch mehr, den kleinen Finger, um die Flöte fest zu halten, auf einer von den Klappen liegen zu lassen, wenn sie geschlossen seyn soll. Diesen Fehler habe ich bey sehr vielen, die von diesem Instrumente Werk machen, wahrgenommen. Es ist aber dieses eine schädliche Gewohnheit. Denn, wenn man in geschwinden Passagien, wo eine Hand um die andere wechselsweise arbeitet, bey dem ein= und zweygestrichenen E, und bey dem ein= und zweygestrichenen F, (siehe die Fingerordnung der Flöte) den kleinen Finger auf der Klappe liegen läßt,

läßt, und sie folglich offen behält; so werden diese Töne dadurch um ein Komma, oder ein Neuntheil eines Tones zu hoch: welches aber dem Gehöre kein Vergnügen macht. Zu dem zweygestrichenen Fis, G, A, B, H, schadet das Eröffnen der Klappe nichts.

Das III. Hauptstück.
Von der Fingerordnung oder Application, und der Tonleiter oder Scala der Flöte.

1. §.

Weil ich bey dem folgenden Hauptstücke, welches vom Ansatze handelt, an einigen Orten schon eine Kenntniß der Fingerordnung voraussetzen muß; ohne welche man die allda gegebenen Regeln nicht würde ausüben können: so befinde ich für nöthig, hier zuvörderst die Fingerordnung, und zwar diejenige, der ich mich selbst bediene, und die ich als die beste finde, mitzutheilen.

2. §.

Die Namen der Haupttöne* sind, wie bekannt: C, D, E, F, G, A, H.** Diese werden durch alle Octaven wiederholet. Zween unter ihnen nämlich F gegen E, und C gegen H, sind halbe, die übrigen aber ganze Töne. Die auf der Flöte vorkommende tiefere Octave, ist diejenige, in welcher man, um sie von der höhern zu unterscheiden, bey der Benennung, über die Buchstaben einen Strich zu setzen, und sie: die eingestrichenen, zu benennen pfleget. In der folgenden Octave setzet man zween Striche über die Buchstaben, und benennet sie: die zweygestrichenen. In der darauf folgenden Octave setzet man drey Striche über die Buchstaben, und giebt ihnen den Namen: dreygestrichene. Diese Art die Töne zu benennen hat von der deutschen Tabulatur, die vor Alters bey dem Claviere üblich war, ihren Ursprung genommen. Diese sieben Töne werden auf einem System von fünf Linien, welches bey der Flöte mit dem G Schlüssel auf der zweyten Linie bezeichnet wird,

wird, durch die Noten vorgestellet: so daß die Note eines Tones immer eine Linie, und die Note des darauf folgenden Tones den Raum daneben besitzt. Folglich steht das eingestrichene D als der tiefste gewöhnliche Ton der Flöte, auf dem Raume unter der untersten Linie. Hierauf folgen die andern wechselsweise auf der Linie und dem Raume, bis zu dem zweygestrichenen G. Zu den darüber liegenden Tönen, pfleget man, wenn sie vorkommen, immer eine Linie mehr zu ziehen, und folglich auch einen Raum mehr zu machen, und also bis zu der äußersten Höhe zu verfahren. Siehe Tab. I. Fig. 1.

* Ich nenne sie deswegen Haupttöne, weil sie zuerst üblich gewesen sind, und weil sie sich auf dem System von 5 Linien, auf welches man die Noten setzt, ehe es noch durch die Versetzungszeichen verändert wird, als solche darstellen.

** Ich werde mich durch dieses ganze Buch, bey Benennung der Töne, der großen deutschen Anfangsbuchstaben bedienen, und wo es nöthig, die Octave worinne sie stehen mit Worten anzeigen. Es geschieht theils der Bequemlichkeit des Druckes wegen; theils um an einigen Orten keine Verwirrung anzurichten.

3. §.

Zwischen den ganzen Tönen dieser sieben Haupttöne, liegen noch fünf andere Töne, welche den Raum zwischen diesen Haupttönen in zwo, obgleich an einigen Orten ungrade Hälften theilen; und deswegen, im Verhalt gegen den darunter oder darüber liegenden Hauptton, große oder kleine halbe Töne* ausmachen. Eben wegen dieser Ungleichheit werden sie auf zweyerley Art benennet, auf zweyerley Art im Schreiben angedeutet, und auf zweyerley Art, nach der reinen Stimmung, angegeben. Sie erhalten im Deutschen ihre Benennung durch zwo, den Haupttönen angehengte Sylben: es oder is; und werden zwar auf der Linie oder dem Raume des Hauptones; doch aber, entweder mit einem Erniedrigungs- oder Erhöhungszeichen angedeutet. Steht einer dieser Töne einen halben Ton unter dem Hauptone; so hänget man den Buchstaben des Hauptones die Sylbe: es an; und setzet der Note ein rundes b vor, welches man das **Erniedrigungszeichen** betittelt. Dieses verursachet, daß man allezeit den halben Ton unter dem Hauptone greifen muß. Bey der Benennung mit der Sylbe: es leiden das A und E eine Ausnahme, als welchen nur das bloße s angehänget wird; und der halbe Ton unter dem H, heißt gemeiniglich nur B. Ihre Benennungen sind also folgende: **Des, Es, Ges, As, B.**

terschied dieser halben Töne breitet sich alsdenn, wenn sie unter die Haupttöne vermischet werden, nothwendig auch auf die beyden in der natürlichen Scala befindlichen halben Töne aus; folglich entsteht daraus noch das Ces, und Fes: s. Tab. I. Fig. 2. Soll man aber den halben Ton über dem Hauptton nehmen; so setzet man der Note des Haupttones, **ein doppeltes Kreuz, oder Diäsis** vor: welches man das Erhöhungszeichen nennet: und bey der Benennung dieser Töne, wird dem Buchstaben des Haupttons die Sylbe: **is** angehänget; folglich heißen sie: **Cis, Dis, Fis, Gis, Ais.** Hierzu gesellen sich noch aus obigen Ursachen das **Eis** und **His.** s. Tab. I. Fig. 3. Vor dem Fis und Cis befindet sich zuweilen **ein großes einfaches Kreuz,** s. Tab. I. Fig. 3. die vierte und neunte Note. Dieses erhöhet den Hauptton um zween kleine halbe Töne: und weil derselbe alsdenn schon um einen halben Ton erhöht ist; so bedienet man sich dieses einfachen Kreuzes, um nicht Verwirrung anzurichten, und zwey doppelte Kreuze vor eine Note zu setzen. Der erste verwandelt sich sowohl auf dem Claviere als auf der Flöte ins G, und der zweyte ins D. Folglich könnte der erste G fis, und der zweyte D cis genennet werden: weil meines Wissens noch keine Benennung davon bekannt ist. Wenn aber ein Hauptton um zween kleine halbe Töne erniedriget werden soll, wie bey dem B und Es zuweilen vorkommen kann: dazu hat man noch kein eigenes Zeichen festgesetzet. Einige Componisten bedienen sich bey dieser Gelegenheit anstatt zweyer runden b, eines etwas größern runden b. Diese Töne werden auf der Flöte wie der unter dem erniedrigten halben Tone befindliche Hauptton gegriffen, als B wie A, und Es wie D. Dafern die Tonart erfodert, daß einer oder der andere Hauptton, beständig erniedriget oder erhöhet werde: so werden zur Bequemlichkeit des Schreibens, das b, und das Kreuz, gleich zu Anfange des Stückes, im ersten System, vor die Linien oder Räume gesetzet welche zu erhöhen oder zu erniedrigen sind. Soll einer von diesen erniedrigten oder erhöheten Haupttönen, wieder in seine vorige Stelle gesetzet werden, so bedienet man sich eines gewissen Zeichens, welches man **das b quadrat, das eckigte b, das Wiederrufungszeichen,** oder auch, weil es einen versetzten Hauptton wieder an seinen Ort setzet, **das Wiederherstellungszeichen,** nennet, und welches also gestaltet ist: s. Tabelle XXI. Fig. 3. den zweyten Tact.

* Es ist wahr, die Benennung der großen und kleinen halben Töne, scheint einigen Widerspruch in sich zu enthalten. Denn zween Theile eines Ganzen, welche

sich

sich nicht vollkommen gleich sind, und bey denen die Theilung nicht gerade aufgeht, können im genauesten Verstande nicht Hälften genennet werden. Inzwischen ist doch diese Benennung seit langen Zeiten eingeführet: und ich glaube, daß ich ohne dieselbe nicht so leicht würde verstanden werden. Ich hoffe also, daß man diese kleinen vermeynten Undinger so lange werde mit durchschleichen lassen, bis eine genauere und bestimmtere Benennung wird allgemein worden seyn.

4. §.

Wie nun alle diese Töne auf der Flöte gegriffen werden müssen, dieses kann man aus der ersten Tabelle, und derselben 1. 2. 3. Figur ersehen. Bey Fig. 1. sind die Haupt= oder diatonischen Töne; bey Fig. 2. die Töne so durch das runde b; und bey Fig. 3. die Töne so durch die Kreuze angedeutet werden, und welche man chromatische und enharmonische nennet, anzutreffen. Die Ziffern so sich unter den Noten befinden, zeigen, wie schon im vorigen Hauptstücke gemeldet worden, die Finger an, welche bey jedem Tone die erforderlichen Löcher bedecken müssen. Wo, anstatt der Ziffern, Querstriche stehen, bleiben die Löcher offen. Der mit 7. und 8. bemerkte kleine Finger eröffnet die ihm zugehörigen Klappen, da wo die Ziffer steht; wo aber ein Strich besindlich ist, läßt er sie unberührt. Wenn auf das zweygestrichene His das Cis folget, s. Tab. I. Fig. 3. darf man nur den fünften Finger aufheben; so wird das Cis vollkommen rein. Dieses His kann man auch bey andern Gelegenheiten mit dem 2. 3. 4. 5. und 7. Finger nehmen, und das erste Loch halb bedecken. Doch ist das erste besser als das letztere. Man darf sich also nur bey der in dieser Tabelle abgezeichneten Flöte, die Ziffern, welche bey jedem Loche stehen, bemerken; so wird man gleich sehen können, welche Finger, bey jeder Note, müssen gebrauchet werden.

Sollte das dreygestrichene F bey Fig. 1. nicht willig ansprechen, kann man das fünfte Loch halb bedecken.

Das dreygestrichene ordentliche Cis bey Fig. 3. mit dem 2. 3. 4. und 7. Finger ist ein wenig zu hoch. Bedecket man aber das erste Loch halb, oder nimmt das gedachte Cis mit den 2. 3. 4. 6. und 7. Finger, so ist es rein: doch findet dieser Griff nur bey langsamer Bewegung statt. Das außerordentliche dreygestrichene Cis, bey welchem alle Löcher offen bleiben, ist hingegen zu tief: weswegen man die Flöte auswärts drehen muß.

5. §.

Man wird hieraus also ersehen, daß die durch das b angedeuteten Töne um ein Komma höher sind, als wenn sie mit dem Kreuze geschrieben werden.

36 **Das III. Hauptstück. Von der Fingerordnung.**

werden. Folglich müssen die zwischen D. und E. und die zwischen G und A liegenden Tonarten, wenn sie die kleine Terze bey sich haben; und die zwischen C und D liegende, wenn sie die große bey sich hat, als welche zuweilen mit dem b, zuweilen mit dem Kreuze geschrieben werden, auf unterschiedene Art gegriffen werden, so daß Des um ein Komma höher ist als Cis; Es um ein Komma höher als Dis; und As um ein Komma höher als Gis.

6. §.

Einige Töne können auf mehr als eine Art gegriffen werden. Z. E. Das dreygestrichene C und D. kann man auf dreyerley Art nehmen, s. Tab. I. Fig. 1; das zweygestrichene B auf zweyerley Art, s. Fig. 2; das ein= und zweygestrichene Fis, und das dreygestrichene Cis auf zweyerley Art, s. Tab. I. Fig. 3. Die erstere Art bleibt allezeit die gewöhnliche und gemeinste: der zweyten und dritten Art hingegen bedienet man sich außerordentlicher Weise, um gewisse Passagien leichter und bequemer spielen zu können. Z. E. Wollte man in den Passagien s. Tab. II. (a) sich des ordentlichen B bedienen; so würde solches, wegen des dabey vorkommenden As und C, eine große Schwierigkeit verursachen. Nimmt man aber das B auf die außerordentliche Weise; so kann man dieselbe Passagie, in der größten Geschwindigkeit, rein und deutlich herausbringen. Zu den springenden Noten E C und D C bey (b) ist die zweyte Art von C leichter, als die erste und dritte. Bey (c) hingegen ist die dritte Art vom C leichter, als die erste und zweyte. Es giebt Flöten, welche dieses C noch auf eine andere Art, nämlich mit dem dritten Finger und der Klappe angeben können. Dieses ist sehr bequem, wenn man etliche stufenweis auf= oder absteigende Noten, in der Geschwindigkeit zu spielen hat, bey denen das B C und D in der Höhe vorkommen. Die Passagie bey (d) würde in der Geschwindigkeit mit dem ordentlichen Cis nicht können herausgebracht werden. Nimmt man aber die zweyte Art, so ist sie ganz leicht. Bey (e) kann man das D auf die zweyte, und bey (f) auf die dritte Art nehmen. Bey (g) kann man bey den ersten drey Figuren das B mit dem 1. und 3. Finger; bey der vierten Figur aber, mit dem 1. 3. 4. und 6. Finger nehmen; und den Wind zum B ein wenig mäßigen: weil es sonst zu hoch ist. Man versuche das Gegentheil; so wird man finden, daß diese Art von Passagien mit der gewöhnlichen Fingerordnung nicht herauszubringen sind.

7. §. Diese

7. §.

Diese wenigen Exempel können zu weiterer Untersuchung Anlaß geben. Man muß nur allezeit auf die Vermischung der Noten Acht haben, und alsdenn diejenige Art der Fingerordnung erwählen, welche wegen Bewegung der Hände die wenigsten Finger erfordert. Z. E. Wollte man in der Passagie bey (a) das B auf die ordentliche Art nehmen; so würden vom C zu B sechs, und vom As zu B vier Finger in Bewegung gebracht. Nimmt man aber das B auf die zweyte Art, so kömmt sowohl bey dem ersten als letzten nur ein Finger in Bewegung: folglich hat man dadurch bey der Geschwindigkeit einen großen Vortheil. Man untersuche die übrigen Passagien, bey (b) (c) (d) (e) (f) (g) so wird man dieselbe Bequemlichkeit finden. Das zweyte oder außerordentliche Fis wird mehr in langsamen und cantabeln, als geschwinden Gängen gebrauchet. Man trifft es vornehmlich an, wenn solche Noten, s. Tab. II. (h) oder (i) sie mögen steigend oder fallend seyn, auf einander folgen. Denn das ordentliche Fis ist auf der Flöte, sowohl gegen das Gis, als das E mit dem Kreuze, zu tief. Giebt aber die Flöte dieses Fis ohne Klappe nicht an, so muß man die große Klappe dazu ausmachen, und den Wind mäßigen. Mit diesem außerordentlichen Fis muß man, wenn man es einmal hat hören lassen, so lange fortfahren, als ein Stück in der Tonart E dur, Cis moll, Fis moll, Gis moll, H dur, und Fis dur bleibt. Man darf an dergleichen Stellen nicht, bald das ordentliche, bald das außerordentliche Fis nehmen. Aendert sich aber die Tonart, so daß das Gis ins G verwandelt wird, so muß man das ordentliche Fis wieder nehmen, und es zum erstenmale etwas höher als sonst angeben, bis das Gehör desselben wieder gewohnt wird.

8. §.

Die Ursache, welche mich veranlasset hat, der Flöte noch eine Klappe, welche vorhin nicht gewesen ist, hinzuzufügen, rühret von dem Unterschiede der großen und kleinen halben Töne her. Wenn eine Note auf eben derselben Linie, oder auf eben demselben Zwischenraume durch ein Kreuz erhöhet, s. Tab. II. (k), oder durch ein b erniedriget wird, s. (l); so besteht der Unterschied zwischen dieser und dem Haupttone, aus einem kleinen halben Tone. Wenn hingegen eine Note auf der Linie, die andere aber eine Stufe höher steht, und durch ein b erniedriget wird, s. (m): oder wenn eine Note auf der Linie steht, und durch ein Kreuz erhöhet wird; die andere aber auf dem Zwischenraume, eine Stufe höher ist, und natürlich bleibt, f. (n): so beträgt der Unterschied zwischen diesen beyden Noten, einen großen halben Ton. Der große halbe Ton hat fünf Kommata, der kleine aber hat deren vier. Folglich muß Es um ein Komma höher seyn, als Dis. Hätte man nur eine Klappe auf der Flöte, so müßten beyde das Es und das Dis, wie auf dem Claviere, da man sie auf einem Taste greift, schwebend gestimmet werden: so daß weder das Es zu dem B, als Quinte von unten; noch das Dis zu dem H, als große Terze von oben, rein stimmen würden. Um nun diesen Unterschied zu bemerken, und die Töne in ihrem Verhältniß rein zu greifen, war nöthig, der Flöte noch eine Klappe hinzuzufügen. Diesem zu Folge werden die halben Töne, so das b gegen die Haupttöne machet, anders gegriffen, als die, welche durch das Kreuz angedeutet werden. Z. E. Das eingestrichene B wird anders gegriffen als Ais; das zweygestrichene C anders, als His; das zweygestrichene Des (bey welchem die Flöte auswärts gedrehet wird) anders als Cis; das Fes anders als E; das zweygestrichene Ges anders, als Fis; das zweygestrichene As (mit der kleinen Klappe) anders, als dasselbe Gis (mit der großen Klappe); das dreygestrichene Ces anders, als das zweygestrichene H, u. s. w. Es ist zwar wahr, dieser Unterschied kann auf dem Claviere, wo man alle diese Töne, die hier unterschieden sind, auf einem Taste greift, und sich nur durch die Schwebung derselben helfen muß, nicht gemacht werden. Dem ungeachtet aber, da er doch in der Natur der Töne gegründet ist; da ihn Sänger und Bogeninstrumentisten, ohne Mühe beobachten können: so ist es billig, denselben auch auf der Flöte anzubringen; welches ohne die zweyte Klappe nicht geschehen kann. Wer das musikalische Gehör recht ins Feine bringen will, dem ist eine Erkenntniß davon nöthig. Vielleicht wird mit der Zeit auch der Nutzen davon noch größer.

9. §.

Ungeachtet ich den Gebrauch dieser zwo Klappen schon vor etlichen und zwanzig Jahren bekannt gemacht habe; so ist er doch bisher noch nicht allgemein worden. Vielleicht haben nicht alle den Nutzen davon eingesehen: vielleicht haben sie sich eine große Schwierigkeit im Spielen dabey vorgestellet. Weil aber die krumme Klappe zu nichts als denen Tab. II. (q) befindlichen vier Noten, wenn nämlich ein Kreuz davor steht, gebrauchet wird; die kleine hingegen, zu allen übrigen, natürlichen, erhöheten oder erniedrigten Tönen, zu welchen nur sonst eine Klappe nöthig

thig ist, dienet: so wird man sehen können, daß diese eingebildete Schwierigkeit nicht viel auf sich hat.

10. §.

Daß die krumme Klappe oben auf, in gerader Linie mit den Löchern; die kleine Klappe aber gleich daneben, gegen den kleinen Finger gesetzet werden müsse; wird man aus der, in der ersten Tabelle abgezeichneten Flöte, ersehen können. Spielet aber jemand links, so muß die Krümme von der großen Klappe auf die andere Seite gebeuget, und die kleine Klappe auch dahin gesetzet werden: und zwar so, daß man beyde Klappen mit dem kleinen Finger bequem erreichen könne; es sey auf der einen oder der andern Seite. Deswegen muß der Hacken von der krummen Klappe nicht zu lang seyn, sondern nur so, daß zwar die krumme Klappe fast die Breite eines kleinen Fingers länger sey, als die kleine; nicht aber vor derselben vorstehe: damit man die kleine niederdrücken könne, ohne die krumme zu berühren. Machet man aber die krumme Klappe mit zween Hacken, wie die C Klappe an dem Hoboe; und setzet auf der andern Seite auch eine kleine Klappe: so kann eine solche Flöte, von einem jeden, er spiele rechts oder links, gebrauchet werden.

11. §.

Um die Löcher bey den zwo Klappen rein zu stimmen, muß man zu der kleinen, die Terze G, und die Quinte B versuchen: s. Tab. II. (o) und zu der krummen das H und Fis, zu welchen dieses Dis die große Terze macht. s. (p).

12. §.

Weil die Fingerordnung auf der Flöte traversiere viel Aehnlichkeit mit der auf der Hoboe hat: so glauben viele, daß ein jeder, der den Hoboe spielet, die Flöte traversiere von sich selbst erlernen könne: und daher kommen so viele unrichtige Ordnungen der Finger, und ungeschickte Arten des Ansatzes. Diese beyden Instrumente aber, sind, wie jeder leicht abnehmen kann, ihren Eigenschaften nach gar sehr von einander unterschieden: man muß sich also durch das angeführte Vorurtheil, nicht verführen lassen.

Das IV. Hauptstück.
Von dem Ansatze,
(Embouchure.)

1. §.

Die Structur der Flöte hat eine Aehnlichkeit mit der Luftröhre; und die Bildung des Tones in der Flöte, ist der Bildung des Tones in der menschlichen Luftröhre ähnlich. Die Menschenstimme wird durch das Herausstoßen der Luft aus der Lunge, und durch die Bewegung des Kopfes der Luftröhre gewirket. Die verschiedene Stellung der Theile des Mundes, als des Gaumen, des Zapfens, der Wangen, der Zähne, der Lippen, ingleichen auch der Nase, machet, daß der Ton auf verschiedene Art, entweder gut oder schlecht, hervorgebracht wird. Wenn man die Oeffnung der Luftröhre, vermittelst der dazu gehörigen Muskeln erweitert, und also die fünf Knorpel, aus welchen der Kopf der Luftröhre besteht, unterwärts zieht; wobey gedachter Kopf zugleich etwas kürzer wird: wenn man ferner dabey die Luft etwas langsam aus der Lunge heraus stößt: so entsteht daraus ein tiefer Ton; welcher desto tiefer ist, je mehr sich die Oeffnung der Luftröhre erweitern läßt. Wenn man hingegen die Oeffnung der Luftröhre durch Hülfe anderer hierzu bestimmter Muskeln zusammen zieht, und die oben gedachten fünf Knorpel des Kopfes derselben sich folglich in die Höhe geben, wodurch die Luftröhre etwas enger und länger wird; wenn man zugleich die Luft mit mehrerer Geschwindigkeit aus der Lunge heraus treibt: so entsteht daraus ein hoher Ton: und je enger diese Oeffnung wird, je höher ist der Ton. Wenn man die Zunge an den Gaumen drücket; oder wenn man die Zähne einbeißet, daß der Mund nicht genug geöffnet ist: so wird dadurch der Ton verhindert, und nehmen daher die Hauptfehler des Singens, nämlich die sogenannte Gurgel= und Nasenstimme ihren Ursprung.

2. §.

Auf der Flöte wird der Ton durch die Bewegung der Lippen, nachdem man dieselben, bey der Herausstoßung des Windes in das Mundloch
der

der Flöte, mehr oder weniger zusammen zieht, gebildet. Der Mund und seine Theile aber können ebenfalls den Ton auf vielerley Art verändern. Man hat sich also dabey ebenfalls, von allen hier möglichen Fehlern, welche weiter unten angezeiget werden sollen, zu hüten; damit man nicht auch die obengemeldeten Fehler einiger Menschenstimmen nachahme.

3. §.

Ueberhaupt ist auf der Flöte der Ton (sonus) der allergefälligste, welcher mehr einem Contraalt als Sopran; oder welcher denen Tönen, die man bey dem Menschen die Bruststimme nennet, ähnlich ist. Man muß sich, so viel als möglich ist, bemühen, den Ton derjenigen Flötenspieler zu erreichen, welche einen hellen, schneidenden, dicken, runden, männlichen, doch dabey angenehmen Ton, aus der Flöte zu ziehen wissen.

4. §.

Vieles kömmt dabey auf das Instrument selbst an; ob solches auch wegen des Tones die gehörige Aehnlichkeit mit der Menschenstimme in sich hat. Fehlet es hieran: so ist kein Mensch vermögend, durch die Geschicklichkeit der Lippen, den Ton zu verbessern: so wenig ein guter Sänger seine von Natur schlechte Stimme schön machen kann. Einige Flöten geben einen starken und dicken; andere einen schwachen und dünnen Ton von sich. Die Stärke und Helligkeit des Tones rühret von der Beschaffenheit des Holzes, wenn es nämlich dicht oder compact, hart und schwer ist. Der dicke und männliche Ton rühret von der inwendigen Weite der Flöte, und von der proportionirlichen Dicke des Holzes her. Der dünne schwache Ton entspringt von dem Gegentheile; wenn nämlich das Holz pores und leicht, der inwendige Bau der Flöte enge, und die Flöte schwach von Holze ist. Die Reinigkeit der Octaven rühret nur allein von dem inwendigen Baue her, welcher jedoch auch zur Schönheit und Annehmlichkeit des Tones viel beyträgt. Wenn die Flöte zu sehr verjünget zugeht: so werden die hohen Töne gegen die tiefen zu hoch. Ist aber die inwendige Weite zu wenig verjünget: so werden die hohen Töne gegen die tiefen zu tief. Das Mundloch muß ebenfalls gut geschnitten seyn. Die reine Stimmung von einem Tone zum andern, kömmt auf einen festen und sichern Ansatz, und auf ein gut musikalisch Gehör an; auch daß man die Verhältniß der Töne wohl verstehe. Wer bey dieser Erkenntniß die Flöte auch zugleich gut spielet, der ist im Stande, eine gute und reingestimmte Flöte zu machen. Weil aber dieses den meisten Flötenmachern fehlet; so ist es nicht nur was rares, einer guten Flöte habhaft zu werden; sondern auch dadurch, bey öfterm Spielen, ein gutes Gehör zu erlangen. Es ist demnach ein großer Vortheil für einen Flötenspieler, wenn derselbe die Einsicht selbst Flöten zu verfertigen, oder wenigstens abzustimmen, besitzt. Eine neue Flöte schwindet durch das Blasen zusammen, und verändert sich mehrentheils an ihrem inwendigen Baue; folglich muß sie wieder nachgebohret werden, um die Reinigkeit der Octaven zu erhalten. Man hat vor alten Zeiten eine irrige Meynung gehabt, wenn man geglaubet, daß nur ein schlechter, nicht aber ein guter Spieler ein Instrument verderben, oder durch das Blasen falsch machen könne: da doch das Holz sowohl bey dem einen, als bey dem andern sich verändert; man mag stark oder schwach, die Töne rein oder falsch spielen. Ueberhaupt hat eine ausgespielte Flöte, in so fern sie an sich gut, und rein abgestimmet ist, allezeit einen Vorzug vor einer neuen. Hat nun jemand eine Flöte von allen hier erzählten guten Eigenschaften; so ist er glücklich; denn ein gutes und rein gestimmtes Instrument ist halb gespielet.

5. §.

Oefters aber liegt es dem ungeachtet mehr am Spieler, als am Instrumente. Wenn viele Personen, einer nach dem andern, auf eben demselben Instrumente spielen; so wird man finden, daß ein jeder einen besondern Ton, so sich von andern unterscheidet, hervorbringt. Dieses aber rühret alsdenn nicht von dem Instrumente, sondern von dem der es spielet, her. Mancher besitzt die Gabe sowohl die Stimme als auch die Sprache anderer Menschen nachzumachen. Wenn man es aber genau untersuchet, so findet man dennoch, daß es nicht die Stimme selbst, sondern nur eine Nachahmung ist. Hieraus folget, daß sowohl eine besondere Stimme, als auch ein besonderer Ton auf Instrumenten, in einem jeden Menschen von Natur liegen müsse, welche er nicht gänzlich verändern kann. Ich will nicht in Abrede seyn, daß man durch vielen Fleiß, und genaues Aufmerken, den Ton ändern, und die Aehnlichkeit mit dem Ton eines andern in etwas erlangen könne; zumal wenn es gleich vom Anfange geschieht; doch weis ich aus eigener Erfahrung, daß wenn auch zwo Personen viele Jahre mit einander spielen, dennoch des einen sein Ton von dem andern immer etwas unterschieden bleibt. Solches zeiget sich nicht nur bey der Flöte allein; nicht nur bey allen Instrumenten deren Ton durch den Ansatz und den Bogenstrich hervorgebracht wird: sondern

sondern auch sogar der Clavicymbal und die Laute sind davon nicht aus=
geschlossen.

6. §.

Es wird ein jeder erfahren, daß man den Ansatz auf der Flöte nicht allezeit überein, und gleich gut hat; sondern daß der Ton immer einmal heller und angenehmer ist, als das anderemal. Bisweilen ändert sich der Ton in währendem Spielen, wenn die Schärfe des Randes von dem Mundloche, auf der Lippe, einen tiefern Eindruck gemachet hat; bis= weilen ändert er sich nicht. Dieses rühret also von der Beschaffenheit der Lippen her. Die Witterung, gewisse Speisen und Getränke, eine in= nerliche Hitze, und andere Zufälle mehr, können sehr leicht die Lippen auf eine Zeitlang verderben; daß sie entweder zu hart, oder zu weich, oder auch aufgeschwollen sind. Bey diesen Umständen ist weiter nichts als die Geduld, und Vermeidung derer Dinge, so hierinne schädlich seyn können, anzurathen.

7. §.

Man kann also hieraus abnehmen, daß es keine leichte Sache sey, vom Ansatze gewisse und bestimmte Regeln zu geben. Mancher bekömmt solchen durch eine natürliche Fähigkeit ganz leicht; mancher mit vieler Mühe; mancher fast gar nicht. Auf die natürliche Beschaffenheit und das Gewächs der Lippen und Zähne kömmt hierbey viel an. Wenn die Lippen sehr dick, die Zähne aber kurz und ungleich sind; so verursachet solches viel Schwierigkeit. Dem ungeachtet will ich mich bemühen davon so viel zu sagen, als möglich ist.

8. §.

Wenn man die Flöte an den Mund setzet, so ziehe man erst die Bak= ken ein, damit die Lippen glatt werden. Hierauf setze man die Ober= lippe über das Mundloch, an den Rand desselben. Die Unterlippe drü= cke man an die obere; und ziehe die untere alsdenn von oben an dem Mundloche herunter, bis man fühlet, daß der unterste Rand des Mund= loches fast mitten auf dem Rothen der Unterlippe sich befindet; und das Loch, nachdem die Flöte vorher von der Oberlippe etwas abgewendet worden, von der Unterlippe halb bedecket wird. Die Luft muß im Bla= sen, halb in das Mundloch, und halb über dasselbe weggehen; damit die Schärfe des Mundloches dieselbe zerschneide: denn eben hierdurch wird der Klang verursachet. Wenn aber das Loch zu weit offen bleibt; so wird der Ton zwar stark, aber dabey unangenehm und hölzern; bedecket man es hingegen, mit der Unterlippe zu viel, und hält den Kopf dabey nicht in die Höhe; so wird der Ton zu schwach, und nicht hell genug. Das allzufeste Zusammendrücken der Lippen und Zähne machet den Ton zischend; durch das überflüßige Ausdehnen des Mundes und der Kehle wird er dumpfig.

9. §.

Das Kinn und die Lippen müssen sich im Blasen beständig, nach dem Verhalte der steigenden und fallenden Noten, vor- oder rückwärts bewegen. Von dem zweygestrichenen D an, bis an das eingestrichene D, müssen die Lippen nach und nach zurück an die Zähne gezogen, und der Lippen Oeffnung etwas länger und weiter gemachet werden: damit man in der Tiefe einen dicken und schneidenden Ton herausbringen könne. Von dem zweygestrichenen D bis in das dreygestrichene D, muß das Kinn und beyde Lippen, nach und nach, vorwärts von den Zähnen abgeschoben werden; doch so, daß die Unterlippe gegen der obern ein wenig vorstehe, und die Oeffnung der Lippen etwas schmäler und enger werde. Man drücke die Lippen aber nicht zu fest auf einander; damit das Zischen der Luft nicht gehöret werde.

10. §.

Wer sehr dicke Lippen hat, der thut wohl, wenn er den Ansatz um ein klein wenig mehr auf der linken Seite suchet; nicht aber ganz mitten auf den Lippen: denn der Wind bekömmt alsdenn mehr Schärfe, wenn er zur linken des Mundlochs in den Winkel gebracht wird; wie solches die Erfahrung besser, als man es beschreiben kann, zeiget.

11. §.

Ich will eine Richtschnur geben, wie viel man bey einer jeden Octave, das Kinn und die Lippen zurück zu ziehen, oder vorwärts zu schieben hat. Man betrachte das abgezeichnete Mundloch (Embouchure) s. Tab. II. Fig. 2. welches zugleich die gehörige Größe, so es auf der Flöte haben muß, darstellet. In demselben wird man vier Querlinien erblicken. Die zweyte Linie von unten zeiget die Mitte, und wie weit das Mundloch, zu dem zweygestrichenen D, mit der Lippe bedecket werden müsse. Die unterste Linie weiset, wie weit man beyde Lippen auf dem Mundloche zurückziehen müsse, wenn man das eingestrichene D angeben will. Die dritte Linie zeiget, wie weit man die Lippen zu dem dreygestrichenen D vorwärts zu schieben habe. Und die vierte Linie, wo der Zwischenraum nur halb so viel beträgt, lehret, wie weit man die Lippen zu dem dreygestrichenen G noch weiter vorwärts schieben müsse, als es sonst zum dreygestrichenen D nöthig ist. Die Oeffnung des Mundloches bleibt alsdenn nicht größer, als hier der Raum zwischen der vierten Linie und dem Cirkel ausweiset. Weil die Bewegung der Lippen durch eine Octave keine größere Weite einnimmt, als der Raum zwischen den hier befindlichen Linien ausmachet: so ist auch nicht möglich, die dazwischen vorkommenden sechs Töne, mit eigenen Linien zu bezeichnen. Man muß solche vielmehr durch die Beurtheilungskraft, und das Gehör zu treffen bemühet seyn.

12. §.

Wenn man nun anfangen will sich den Ansatz zu machen, und obengedachtermaßen die Flöte so an die Lippen gesetzet hat, daß das Mundloch bis an die zweyte Linie, das ist halb, bedecket ist: so blase man auf solche Art, ohne die Finger auf die Löcher zu setzen, so lange in demselben Ansatze, bis die Unterlippe so zu sagen müde wird; und der unterste Rand des Mundloches einen Eindruck auf derselben gemachet hat. Diesen Eindruck von der Schärfe des Randes verändere man weder seitwärts, noch in gerader Linie: damit man das Gefühl bekomme, denselben Ort gleich wieder zu finden; um den Ton, ohne viel Mühe, bald angeben zu können. Auf diese Art wird sich das zweygestrichene D hören lassen. Man spiele hierauf, in der ersten Octave, die Töne nach einander unterwärts, bis in das eingestrichene D, und ziehe die Lippen nebst dem Kinn, bey jedem Tone, nach oben angezeigtem Verhalt, zurück, bis an die unterste Linie. Alsdenn kehre man es um, und spiele dieselben Töne wieder nach einander aufwärts, bis an das vorige zweygestrichene D; und schiebe die Lippen nebst dem Kinn eben so vorwärts, wie man solche vorher zurückgezogen hatte. Mit dieser Uebung unterhalte man sich so lange, bis man diese Töne alle nacheinander sicher heraus bringen kann.

13. §.

Von da an spiele man die folgenden hohen Töne, bis in das dreygestrichene D; und schiebe dabey das Kinn und die Lippen vorwärts, von den Zähnen ab, bis an die dritte Linie; in eben dem Verhalt, wie in der tiefen Octave bis an die zweyte Linie, geschehen. Ferner schiebe man das Kinn und die Lippen von der dritten Linie noch weiter vorwärts, bis an die vierte Linie: so werden die dreygestrichenen Töne, bis an das G, ganz gemächlich zur Ansprache gebracht werden können. Doch kann

kann dieses letztere nicht eher verlanget werden, als bis man die ersten zwo Octaven, schon mit einer Leichtigkeit, heraus zu bringen fähig ist.

14. §.

Bey denen im vorigen § gemeldeten Tönen darf der Wind keinesweges verstärket oder verdoppelt werden: wie Mr. Vaucanson, in seinem mechanischen Flötenspieler, irrig lehret; indem er vorgiebt, daß man die Octaven, auf der Flöte traversiere, nicht anders als auf solche Art, heraus bringen könne. Sie müssen vielmehr durch das Zusammenpressen der Luft in dem Mundloche der Flöte, welches aus dem Vorwärtsschieben des Kinns und der Lippen entsteht, gewirket werden: und ist jenes also eine ganz falsche und schädliche Meynung. Das Gegentheil erhellet auch daraus, weil man in der Höhe mit dem Athem länger aushalten kann, als in der Tiefe; und also unmöglich mehr Wind drauf gehen kann. Ich gebe zu, daß die Art des Herrn Vaucanson, bey einer Flöte, so durch eine Maschine gespielet wird, nöthig sey: weil hier die Bewegungen der Lippen eingeschränket sind. Ich weis aber auch aus der Erfahrung, daß bey solchen mechanischen Flötenspielern, die Regel, daß die tiefen Töne stark, und die hohen hingegen schwach gespielet werden müssen, nicht beobachtet wird. Sollten nun die Octaven durch die Stärke und Verdoppelung des Windes herausgebracht werden; so würde folgen, daß die hohen Töne stärker, als die tiefen angeblasen werden müßten: welches aber wider die Eigenschaft der Flöte ist, und die hohen Töne überaus rauh und unangenehm machet. Man muß sich also dadurch auf keinen Irrweg verführen lassen.

15. §.

Es ist wahr; es giebt viele Flötenspieler, so wider diese Regeln handeln. Dieses fließt aus dem schlechten Ansatze, den sie haben: daß sie nämlich das Mundloch nicht bis an die Hälfte mit der Lippe bedecken; sondern dasselbe zu weit offen lassen: wodurch sie des Vortheils beraubet werden, in den tiefen Tönen die Lippen zurück zu ziehen, und in den hohen Tönen dieselben genugsam vorwärts zu schieben. Weil also das Mundloch zu weit offen ist: so müssen sie die hohen Töne, aus Noth, durch stärkeres Blasen heraus zwingen. Sie wissen auch nichts von der nöthigen Bewegung des Kinns und der Lippen; sondern lassen dieselben beständig unbeweglich stehen: da doch das Reinspielen der Flöte von dieser Bewegung großen Theils abhängt. Durch mehrere oder wenigere Oeffnung des Mundloches, kann man die Flöte, einen viertheil, einen

Von dem Ansatze.

halben, oder auch wohl einen ganzen Ton tiefer und höher spielen: und in der Flöte muß der innerliche Bau so beschaffen seyn, daß die Octaven etwas über sich schweben; damit man, wenn man selbige nach dem Gehöre rein spielen will, verbunden sey, die tiefen Töne stärker, die höhern aber schwächer anzublasen; um die über sich schwebenden Octaven, zu ihrer vollkommenen Reinigkeit zu bringen: welches aber auf keine andere Art, als durch die Bewegung des Kinns und der Lippen geschehen kann. Wird das Mundloch mit der Unterlippe so viel bedecket, als zu den hohen Tönen nöthig ist: so kann man die tiefen weder stark noch rein spielen. Zieht man aber die Lippe so weit zurück, als es die tiefen Töne erfodern; und spielet ohne Bewegung des Kinns und der Lippen in den hohen Tönen: so fällt man in den oben schon angezeigten Fehler, nämlich den Ton pfuschend, dumpfig, und überhaupt für dieses Instrument zu stark, und zu unangenehm zu machen.

16. §.

Weil diese Regeln von den wenigsten Flötenspielern gehörig beobachtet werden; so sind viele der Meynung, es liege am Instrumente selbst: welches doch nicht ist. Es ist zwar wahr, daß die Flöte, in einigen chromatischen Tonarten, gewisse Unvollkommenheiten an sich hat. Besitzt der Spieler aber einen guten Ansatz, ein gutes musikalisches Gehör, eine richtige Fingerordnung, und eine hinlängliche Erkenntniß des Verhalts der Töne: so kann diesem Fehler leicht abgeholfen werden.

17. §.

Es ist oben gesaget worden, daß die Octaven auf der Flöte nicht durch die Stärke und Verdoppelung des Windes; sondern durch das Vorwärtsschieben des Kinns und der Lippen hervorgebracht werden müssen. Die Flöte hat auch hierinne mit der Menschenstimme einige Aehnlichkeit. Die Stimme besteht aus zweyerley Arten, aus der Bruststimme, und aus dem Falset, oder Fistel. Durch die letztere Art, bey welcher der Kopf der Luftröhre noch mehr zusammen gedrücket wird, kann man, ohne sich Gewalt anzuthun, in der Höhe einige Töne mehr, als mit der Bruststimme möglich ist, herausbringen. Die Italiäner, und einige andere Nationen vereinigen dieses Falset mit der Bruststimme, und bedienen sich dessen, bey dem Singen, mit großem Vortheile; Bey den Franzosen aber ist es nicht üblich: weswegen sich dieser ihr Singen, in den hohen Tönen, öfters in ein unangenehmes Schreyen verwandelt: und eben die Wirkung thut, als wenn man auf der Flöte das Mundloch

nicht

nicht genugsam bedecket, und die hohen Töne durch stärkeres Blasen herauszwingen will. Die Bruststimme ist die natürliche; deren man sich auch im Reden bedienet *. Das Falset aber ist gekünstelt, und wird nur im Singen gebrauchet. Es nimmt allda seinen Anfang, wo die Bruststimme ihr Ende hat: Obwohl der Kopf der Luftröhre, auch bey der Bruststimme, wenn man in die Höhe geht, bey jedem Grade etwas enger und länger wird: so wird er doch bey dem Falset, um ein merkliches mehr zusammengezogen, und dabey so in die Höhe gehalten. Die Luft wird zwar nicht stärker, doch etwas geschwinder aus der Lunge herausgetrieben. Der Ton aber wird etwas weniges schwächer, als bey der natürlichen Stimme.

* Aus diesem Grunde haben erfahrne Componisten zu einer Regel festgesetzet, daß man nicht ohne Noth, oder andere besondere Umstände, in Arien, noch weniger aber im Recitativ, dem Sänger außer der Bruststimme Worte auszusprechen gebe: besonders wenn die Selbstlauter u oder i darinne vorkommen. Denn die Stellung des Mundes, bey Aussprechung dieser beyden Selbstlauter, kann bey den meisten Sängern, mit der Stellung der Luftröhre bey dem Gebrauche des Falsets, sich nicht anders, als mit gewisser Unbequemlichkeit, vergleichen.

18. §.

Wie nun bey den Falsettönen die Oeffnung der Luftröhre enge wird: so wird auf der Flöte durch das Vorwärtsschieben der Lippen und des Kinns, das Mundloch enger: so daß dadurch, wenn man einen tiefen Ton vorher angegeben hat, die hohe Octave alsdenn, ohne mit der Zunge anzustoßen, anspricht. Man könnte die tiefe Octave der Flöte mit der Bruststimme; die hohe aber mit dem Falset vergleichen. Ueberhaupt kömmt also die Flöte auch hierinne mit der Menschenstimme überein, daß, so wie bey dieser, die Oeffnung der Luftröhre, wenn man die Töne auf- oder unterwärts singt, nach Proportion der Intervalle entweder zusammen gedrücket, oder auseinander gedehnet werden muß: also auch bey jener, bey steigenden Tönen, durch das Vorwärtsschieben und Zusammendrücken der Lippen und des Kinns, die Oeffnung des Mundloches enger; bey fallenden Tönen aber, durch das Zurück- und Auseinanderziehen der Lippen, weiter gemacht wird. Denn ohne diese Bewegung werden die hohen Töne zu stark, die tiefen zu schwach, und die Octaven unrein.

19. §.

Will man eine Uebung machen, um die Octaven auf der Flöte rein angeben zu lernen: so setze man die Flöte an den Mund, daß das

Von dem Ansatze.

Mundloch von der Lippe bis an die zweyte Linie bedecket wird; und ziehe hernach die Lippen und das Kinn bis an die unterste Linie zurück, und stoße das eingestrichene D an. Man blase mit einerley Stärke; und indem man den 1. Finger zu dem zweygestrichenen D aufmachen will, schiebe man die Lippen und das Kinn zugleich vorwärts bis an die zweyte Linie: so wird man finden, daß das zweygestrichene D von sich selbst anspricht. Dieses wiederhole man so oft, bis man fühlen lernet, wie weit man die Lippen und das Kinn vorwärts schieben müsse. Bey der D Octave läßt es sich am leichtesten ausüben: weil die Oeffnung des ersten Fingers es in etwas erleichtert. Man versuche es daher um einen Ton höher, nämlich von dem eingestrichenen E zum zweygestrichenen. Hier müssen die Lippen nebst dem Kinn etwas weniger als bis an die unterste Linie gezogen, und zu der Octave etwas über die zweyte Linie vorwärts geschoben werden. Nach diesem Verhalte, der im 11. §. gelehret worden, verfahre man mit allen Tönen, so noch eine Octave über sich haben. Das Exempel Tab. II. Fig. 3. kann hierbey zum Muster dienen, und durch die Versetzung in allen Tonarten gebrauchet werden.

20. §.

Das dreygestrichene E ist eigentlich der höchste brauchbare Ton, welchen man zu allen Zeiten angeben kann. Bey den übrigen noch höhern kömmt es auf einen besonders guten Ansatz an. Wer dünne und schmale Lippen hat, dem wird die Höhe desto leichter. Mit dicken Lippen hingegen, hat man in der Tiefe einen Vortheil. Weis man aber nur die gehörige Weite der Fortschiebung der Lippen auf dem Mundloche, welche die gegebenen Regeln mit den Linien zeigen, sicher zu finden; so wird es nicht mehr schwer fallen, alle Töne, sowohl in der Höhe als Tiefe, anzugeben.

21. §.

Es versteht sich also von sich selbst, daß die Lippen, bey Tönen, die stufenweise auf= oder absteigen, sich nur nach und nach bewegen; bey springenden Noten aber, sich, nachdem es die Sprünge mit sich bringen, mehr oder weniger bewegen müssen: damit sie jederzeit, den jedem Tone auf dem Mundloche bestimmten Ort, sicher treffen mögen. Besonders merke man, daß die Töne in der tiefen Octave allezeit stärker, als die in der hohen gespielet werden müssen. Dieses ist bey springenden Passagien absonderlich wohl zu beobachten.

G 22. §. Um

22. §.

Um die Octaven anzugeben, ist also keine Verstärkung des Windes nöthig. Will man aber einen Ton, es sey in der Höhe oder Tiefe, stärker oder schwächer angeben; so merke' man, daß die Verstärkung des Windes, und das Zurückziehen der Lippen, von dem Orte, den sie bey jedem Tone auf dem Mundloche einzunehmen haben, den Ton höher; die Mäsigung des Windes, und das Vorschieben der Lippen hingegen, den Ton tiefer mache. Will man demnach eine lange Note schwach angeben, und sie darauf in der Stärke des Tones wachsen lassen: so muß man anfangs die Lippen um so viel zurück ziehen, oder die Flöte auswärts drehen, daß der Ton, mit den andern Instrumenten, in einerley Stimmung bleibt. In währendem stärker Blasen, schiebe man die Lippen vorwärts, oder drehe die Flöte einwärts: widrigenfalls würde der Ton anfänglich zu tief, und zuletzt zu hoch werden. Will man aber eben denselben Ton wieder schwach endigen: so muß man auch die Lippen, in gehörigem Verhalte wieder zurück ziehen; oder die Flöte auswärts drehen.

23. §.

Die Flöte hat den Naturfehler, daß einige mit Kreuzen bezeichnete Töne, nicht ganz rein, sondern daß etliche davon ein wenig zu tief, etliche ein wenig zu hoch sind. Denn bey Abstimmung der Flöte hat man darauf zu sehen, daß hauptsächlich die natürlichen Töne nach ihrer Verhältniß rein gestimmet werden. Man muß also, so viel als möglich ist, suchen, durch Hülfe des Ansatzes, und nach dem Gehöre, die mangelhaften rein zu spielen. Es ist zwar schon im vorigen Hauptstücke etwas davon erwähnet worden: damit man aber wisse, auf welche man am meisten Achtung zu geben habe; so will ich solche hier namhaft machen.

Das ein- und zweygestrichene E mit dem Kreuze; das ein- und zweygestrichene außerordentliche Fis; ingleichen das zweygestrichene Gis und As, sind zu hoch. Deswegen muß man den Wind mäßigen, und die Flöte einwärts drehen.

Das ein- und zweygestrichene ordentliche Fis, ist zu tief; muß also durch das Auswärtsdrehen, oder die Verstärkung des Windes erhöhet werden.

Das zweygestrichene D und E mit dem Erniedrigungszeichen sind zu tief. Hierbey muß man die Flöte um ein merkliches auswärts drehen.

Zu dem tiefen F, welches der schwächste Ton auf der Flöte, und auf den meisten Flöten wegen eines unvermeidlichen Mangels ihrer innerlichen

Structur zu hoch ist, muß man die Flöte einwärts drehen, und die Oberlippe ein wenig einwärts schieben.

Wenn man in einem Stücke wechselsweise sachte und stark spielet; so muß man zu dem erstern die Flöte so viel auswärts, und zu dem letztern um so viel einwärts drehen, als das Schwachblasen erniedriget, und das Starkblasen erhöhet.

24. §.

Wenn man nun diese Erinnerungen alle wohl in Acht nimmt; so wird man niemals weder zu hoch noch zu tief spielen; sondern die Flöte wird allezeit rein seyn; welches aber außer dem nicht geschehen kann. Und so fern man sich die großen Terzen, so etwas über sich schweben müssen, im Gehöre recht bekannt machet; so kann man sehr leicht hinter diese Vortheile kommen.

25. §.

Mit Bewegung der Brust kann man dem Tone in der Flöte auch viel helfen. Sie muß aber nicht mit einer Heftigkeit, nämlich zitternd; sondern mit Gelassenheit geschehen. Thäte man das Gegentheil, so würde der Ton zu rauschend werden. Eine proportionirliche Oeffnung der Zähne und des Mundes, und Ausdehnung der Kehle, verursachen einen dicken, runden, und männlichen Ton. Das Hin- und wiederziehen der Lippen machet den Ton zugleich schwebend und annehmlich. Man hüte sich, in der zweyten Octave, die Oberlippe der untern vorzuschieben.

26. §.

Endlich ist noch zu merken, daß, wenn man die Flöte mäßigen, und etwas schwächer spielen will, wie es im Adagio erfodert wird, man das Mundloch ein wenig mehr, als oben gelehret worden, mit der Lippe bedecken müsse. Weil aber die Flöte hierdurch etwas tiefer wird: so ist eben nöthig, daß man, an dem in dem Kopfstücke befindlichen Pfropfe, eine Schraube habe; vermittelst welcher man denselben, um die Flöte so viel zuerhöhen, als das schwächer Spielen, und die mehrere Bedeckung des Loches austrägt, aus seiner ordentlichen Lage, um einen guten Messerrücken breit, tiefer in die Flöte hineindrücken könne: s. den 10. 11. 12. §. des I Hauptstücks. Hierdurch wird die Flöte um so viel verkürzet, und folglich höher: und man kann auf solche Art, mit den übrigen Instrumenten, allezeit in einerley Stimmung bleiben.

Das V. Hauptstück.
Von den Noten, ihrer Geltung, dem Tacte, den Pausen, und den übrigen musikalischen Zeichen.

1. §.

Wie die Noten auf fünf nahe übereinander gesetzete Horizontallinien geschrieben werden; und was vor dieselben, zum Gebrauche der Flöte, für ein Schlüssel angewendet wird, habe ich im III. Hauptstücke, und dessen 2. §. angezeiget. Ich erinnere hier noch beyläufig, daß es überhaupt **neunerley musikalische Schlüssel** giebt. Diese werden in drey Classen eingetheilet, in den **G Schlüssel;** den **C Schlüssel;** und den **F Schlüssel.** Die erste Classe von diesen machet, daß die Linie, worauf einer steht, allezeit das eingestrichene G ist: Der C Schlüssel machet die Linie, worauf er steht, allezeit zum eingestrichenen C: und der F Schlüssel die seinige allezeit zum ungestrichenen F. Bey der Flöte hat man eigentlich nur die Classe der G Schlüssel zu kennen nöthig. Es sind zweyerley Arten des G Schlüssels, nämlich der französische, und der oben angezeigte italiänische Schlüssel. Der letztere wird auch der gewöhnliche Violinschlüssel genennet. Der erstere steht auf der untersten Linie; und gilt bey der Flöte mehrentheils nur in seinem Lande.

2. §.

Wer sich die viererley Arten des C Schlüssels, und die dreyerley Arten des F Schlüssels, als welche theils zu den Noten der Singstimmen, theils zu anderer Instrumente ihren gebrauchet werden, die aber, des Transponirens wegen, einem Flötenspieler zu wissen nicht ganz undienlich sind, näher bekannt machen will; der kann solche mit leichter Mühe entweder aus mündlicher Unterweisung, oder aus andern Büchern, die von den Anfangsgründen der Musik handeln, erlernen.

3. §.

Die Gestalt und den Gebrauch der Versetzungszeichen, vermittelst welcher man, so bald sie zu Anfange des Systems von fünf Linien gesetzet werden,

den Pausen, und den übrigen musikalischen Zeichen.

werden, die Tonarten unterscheiden kann, habe ich gleichfalls im III. Hauptst. 3. §. angezeiget.

4. §.

Die **Tonart** ist wie bekannt zweyerley, die harte, und die weiche, welche man insgemein **Dur**, und **Moll** benennet. Noch genauer könnte man sie, wie im Lateinischen, die **größere** und **kleinere** Tonart betiteln. Die Tonart Dur hat die große, und die Tonart Moll, die kleine Terze in ihrem Accord.

5. §.

Jeder Durton ist dem eine kleine Terze unter ihm liegenden Molltone, in Ansehung der Töne, die in seiner Tonleiter vorkommen, und folglich auch der Versetzungszeichen, gleich. Z. E. C dur dem A moll; F dur dem D moll; u. s. w. Man findet die Vorzeichnungen dieser Tonarten Tab. II. Fig. 4. Die Grundtöne dieser harten und weichen Tonarten, welche einander gleich sind, stehen immer übereinander. Die oberste Note ist die Grundnote vom Durtone, und die unterste die Grundnote vom Molltone.

6. §.

Jede harte Tonart hat die große Secunde, die große Terze, die ordentliche Quarte, die reine Quinte, die große Sexte, und die große Septime, von dem Grundtone an über sich gerechnet, in ihrer Tonleiter. Jede weiche Tonart hat die große Secunde, die kleine Terze, die ordentliche Quarte, die reine Quinte, die kleine Sexte, und die kleine Septime, von dem Grundtone an über sich gerechnet, in ihrer Tonleiter. Bey dem C dur und A moll liegen alle diese Töne, in der diatonischen Scala: bey den übrigen Tonarten aber nicht. Deswegen müssen, bey jeder Tonart, entweder so viel Kreuze oder so viel b vorgezeichnet werden, als nöthig ist, die gedachten Tonleitern zu bilden. Vom C dur und A moll, bis ins Ges dur und Es moll, werden die immer eine Quarte über den vorigen liegenden Tonarten, welche, so wie die eine Quarte unter jeder liegende Tonart, entweder hart oder weich sind, in ihrer Vorzeichnung, allezeit mit einem b vermehret: und vom C dur und A moll an, bis ins Fis dur und Dis moll, bekommen die eine Quinte über den vorigen liegende Tonarten, immer ein Kreuz mehr, als die vorigen. Man sehe ihre Abbildung. Tab. II. Fig. 4.

7. §.

In vorigen Zeiten, da man die Tonleitern der Tonarten aus lauter diatonischen Tönen zusammen setzete, und folglich, bey manchen weichen

G 3   Tonarten

Tonarten, die Sexte groß; bey andern wieder die Secunde klein seyn mußte, wie zum Exempel bey der Dorischen und der Phrygischen Tonart: D, und E moll; da man ferner die Tonarten um einen oder mehrere Töne transponirete, und ihre Tonleitern beybehielt: so folgete daraus, daß bisweilen ein Kreuz, bisweilen ein b weniger vorgezeichnet wurde, als itzo üblich ist; und daß weiter keine, als die Jonische und Aeolische Tonart, C dur und A moll, so wohl für sich, als wenn sie transponiret wurden, mit unsern heutigen Tonleitern überein kamen. Wollte man, wie einige Componisten vor nicht gar langer Zeit noch gethan haben, dieser Art der alten Vorzeichnungen, bey den nach neuer Art eingerichteten Modulationen nachahmen; so würde man sich im Schreiben viel unnöthige Mühe machen; weil man die b, und Kreuze nachhero, bey einer jeden Note, wo es nöthig wäre, insbesondere vorsetzen müßte.

8. §.

Wenn man die **Geltung der Noten**, die Tab. II. Fig. 6. vorgestellet zu sehen ist, sich leicht eindrücken will; so stelle man sich die runde weiße Note ohne Strich, so im gemeinen geraden Tacte einen ganzen Tact gilt, als ein Ganzes vor, s. Fig. 6. (a). Eine weiße Note mit einem Striche, deren zwo auf einen Tact gehen, stelle man sich als die Hälfte dieses Ganzen vor, s. (b). Eine schwarze ohne Querstrich, die man ein Viertheil nennet, und deren vier auf einen Tact gehen, als ein Viertheil dieses Ganzen, s. (c). Bey den übrigen, als: Achttheilen, s. (d), Sechzehntheilen, s. (e), Zwey und dreyßigtheilen, s. (f), zeiget der Name schon, den wie vielsten Theil des Ganzen sie ausmachen; und daß, so wie sie hier auf einander folgen, immer eine die Hälfte der vorhergehenden beträgt, und also, der Geltung nach, noch einmal so klein ist. Man pfleget sie nach den Querstrichen, mit denen sie versehen sind, auch ein=zwey=und dreygeschwänzte Noten zu nennen. Ein jeder Querstrich vermehret die Anzahl der Noten in einem Tacte, noch um einmal so viel, und machet folglich die Zeit ihrer Währung noch um einmal so geschwind. Noch geschwindere Noten sind demnach die vier= und fünfgeschwänzten; diese kommen aber niemals in großer Anzahl vor. Wenn der geschwänzten Noten mehrere auf einander folgen, so werden solche zu zwoen, vieren, oder achten zusammen gestrichen; welches man alsdenn Figuren nennet. s. Tab. II. Fig. 6. (d) (e) (f).

9. §. Wenn

den Pausen, und den übrigen musikalischen Zeichen.

9. §.

Wenn ein **Punct** hinter einer Note steht, so gilt derselbe noch halb so viel als die vorhergehende, oder eben so viel als die folgende Note. s. Tab. II. Fig. 7.

10. §.

Die **Pausen**, so anstatt der Noten vorkommen, bedeuten daß man so lange stillschweigen müsse, als es die Geltung einer jeden, nach ihrem Zeitmaaße, erfodert. Die Geltung aber ist so wie folget: Ein dicker Strich, der den Raum zwischen drey Linien berühret, gilt vier Tacte, wie die Noten darunter zeigen, s. Tab. II. Fig. 9. (a). Ein dicker Strich zwischen zwo Linien gilt zweene Tacte; s. (b). Ein dicker Strich unter einer Linie gilt einen ganzen Tact, s. (c). Der, so über der Linie steht, gilt einen halben Tact, s. (d). Die übrigen Pausen, s. (e) gelten so viel als die darunter stehenden Noten, nämlich: Viertheile, Achttheile, Sechzehntheile, und Zwey und dreyßigtheile. Hinter diese letztern Arten der Pausen pfleget man zuweilen Puncte zu setzen, welche so wie bey den Noten, ebenfalls halb so viel als die vorhergehenden Pausen gelten, s. (f). Es geschieht aber dieses nur meistentheils aus Bequemlichkeit, um nicht zwo Pausen nach einander zu setzen. Eine Generalpause oder **Fermate**, oder Ruhezeichen ist, wenn über einer Pause ein halber Cirkel, mit einem Puncte darunter steht. Hier halten alle Stimmen nach Belieben still; ohne sich an die Regel des Tactes zu binden. s. (g). Man besehe hierbey des XVII. Hauptst. 7. Abschn. 43. §.

11. §.

Die richtige Abmessung und Eintheilung langsamer und geschwinder Noten, heißt der **Tact:** (la mesure) so wie hingegen das Zeitmaaß (le mouvement) die Gesetze der langsamen und geschwinden Bewegung des Tactes ausmachet.

12. §.

Der Tact überhaupt ist zweyerley: **gerader** und **ungerader**. Der gerade läßt sich wieder in gleiche Theile zertheilen; bey dem ungeraden aber ist die Theilung ungleich. Den ungeraden pfleget man insgemein **Tripeltact** zu nennen. Wenn ein Tact zu Ende ist, pfleget man, im Schreiben, zwischen die Noten einen **Verticalstrich** zu setzen: also machen so viel Noten, als sich zwischen zweenen dieser Striche befinden, nach dem, zu Anfange eines Stückes, hinter den Versetzungs-

56 Das V. Hauptstück. Von den Noten, dem Tacte,

tzungszeichen gesetzeten Tactzeichen einen Tact aus, von welcher Art er auch sey. s. Tab. II. Fig. 6.

13. §.

Der gerade Tact ist wieder zweyerley: Viervierteiltact, und Zweyviertheiltact. Der Viervierteiltact, welchen man auch den **gemeinen geraden**, oder schlechten Tact zu benennen pfleget, wird zu Anfange eines Stückes mit einem großen C angedeutet: Der Zweyviertheiltact hingegen mit $\frac{2}{4}$. Bey dem Viervierteiltacte ist wohl zu merken, daß, wenn durch das C ein Strich geht, wie Tab. II. Fig. 10. zu sehen ist, solcher Strich bedeute, daß alsdenn die Noten, so zu sagen, eine andere Geltung bekommen, und noch einmal so geschwind gespielet werden müssen, als sonst, wenn das C keinen Durchstrich hat. Man nennet diese Tactart: **alla breve**, oder **alla Capella**. Weil aber bey der itztgemeldeten Tactart, von vielen, aus Unwissenheit, Fehler begangen werden: so ist einem jeden anzurathen, diesen Unterschied sich wohl bekannt zu machen. Denn diese Tactart ist im galanten Styl itziger Zeit üblicher, als sie in vorigen Zeiten gewesen ist.

14. §.

Der Tripeltact ist von verschiedener Art, wie hier die übereinander gesetzeten Ziffern zeigen, als: $\frac{3}{1}$. Dreyeintheil: $\frac{3}{2}$. Dreyzweytheil: $\frac{3}{4}$ Dreyviertheil; $\frac{6}{4}$ Sechsviertheil; $\frac{3}{8}$ Dreyachttheil; $\frac{6}{8}$ Sechsachttheil; $\frac{9}{8}$ Neunachttheil; $\frac{12}{8}$ Zwölfachttheiltact. u. s. w.

15. §.

Es giebt eine Art von Figuren, wo drey gleiche Noten zusammengestrichen werden, und folglich dem Tripeltacte ähnlich sehen; sie kommen aber sowohl in gerader als ungerader Tactart vor. Man nennet diese Figuren: **Triolen**. Hier machen drey eingeschwänzte Noten ein Viertheil, s. Tab. II. Fig. 7. (l); drey zweygeschwänzte ein Achttheil, s. (m); drey dreygeschwänzte ein Sechzehntheil, s. (n); wie die darüber befindlichen Noten ausweisen. Man pfleget auch wohl, zum Ueberfluß, die Ziffer 3 darüber zu setzen; wie bey (l) zu sehen ist.

16. §.

Da ich nunmehr die Geltung der Noten und Pausen, ingleichen die verschiedenen Tactarten gewiesen habe; so wird noch nöthig seyn, zu zeigen, wie jede Note und Pause in den Tact gehörig eingetheilet werden müsse, und wie man dieses auf eine leichte Art erlernen könne. Die meisten sehen solches als etwas leichtes an, und glauben, daß man es durch

Uebung

Uebung nach und nach erlerne. Weil es aber vielen, die sich doch lange Zeit damit abgegeben haben, noch daran fehlet, so folget daraus, daß es nicht eines der leichtesten Dinge in der Musik seyn müsse. Es hängt von dieser Erkenntniß viel ab, um ein Stück wohlklingend vorzutragen: und wer sie nicht bey Zeiten durch richtige Grundsätze erlanget, der bleibt in einer beständigen Ungewißheit: findet auch öfters bey Kleinigkeiten, so ihm nicht täglich vorkommen, einen Anstoß. Es ist nicht zu lángnen, daß ein mündlicher Unterricht, wenn er gründlich ist, hierbey bessere Dienste thue, als eine schriftliche Anweisung. Weil es aber auch vielen, die andere unterweisen sollen, in diesem Puncte an der rechten Lehrart fehlen könnte: so will ich hier eine Methode zeigen.

17. §.

Man gewöhne sich erstlich, mit der Spitze des Fußes gleiche Schläge zu machen, wozu man den Pulsschlag an der Hand zur Richtschnur nehmen kann. Alsdenn theile man den gemeinen geraden, oder Vierviertheiltact, nach Anleitung des Pulsschlages, mit dem Fuße in Achttheile ein. Bey dem ersten Schlage stoße man die weiße Note ohne Strich, s. Tab. II. Fig. 6. (a) mit der Zunge an, und unterhalte den Ton so lange, bis man in Gedanken, nach dem Schlage des Fußes, 1. 2. 3. 4. 5. 6. 7. 8. gezählet hat: so wird dieser Tact seine gehörige Zeit bekommen. Man fahre fort in dieser Art mit dem Fuße zu schlagen, und zähle bey der ersten weißen Note mit einem Striche, s. (b) 1. 2. 3. 4; bey der zweyten ebenfalls: 1. 2. 3. 4: so wird es mit diesen zweenen halben Tacten auch seine Richtigkeit haben. Bey den Viertheilen, s. (c), kommen zweene Schläge auf jede Note. Bey den Achttheilen, s. (d), kömmt auf jede Note ein Schlag. Bey den Sechzehntheilen, s. (e), kommen zwo Noten auf einen Schlag: und wenn man das Aufheben des Fußes sowohl als das Niederschlagen desselben zählet; so theilet solches die Sechzehntheile völlig ein. Bey den Zwey und dreyßigtheilen, s. (f), kommen zwo Noten zum Niederschlage, und zwo zum Aufheben.

18. §.

Diese Eintheilung in acht Schläge, kann in allen langsamen Stücken, nachdem es das Zeitmaaß erfodert, zur Regel genommen werden. In geschwinden Stücken aber, kann man den gemeinen geraden Tact in vier Theile, allwo denn das Niederschlagen und Aufheben des Fußes Achttheile ausmachen; den Tripeltact aber, in drey Theile eintheilen.

19. §.

Im Allabrevetacte bekommen die halben Tacte so viel Zeit, als im gemeinen geraden Tacte die Viertheile haben; und die Viertheile so viel, als im gemeinen Tacte die Achttheile einnehmen: folglich werden nur die halben Tacte mit dem Fuße markiret.

20. §.

Die weiße Note mit dem Puncte, s. Tab. II. Fig. 7. (a), bekömmt sechs Schläge mit dem Fuße; und die darauf folgende schwarze Note, zweene Schläge. Die schwarze Note mit dem Puncte, s. (b), bekömmt drey Schläge; und die folgende nur einen Schlag.

21. §.

Bey den Achttheilen, Sechzehntheilen, und Zwey und dreyßigtheilen, mit Puncten, s. (c) (d) (e), geht man, wegen der Lebhaftigkeit, so diese Noten ausdrücken müssen, von der allgemeinen Regel ab. Es ist hierbey insonderheit zu merken: daß die Note nach dem Puncte, bey (c) und (d) eben so kurz gespielet werden muß, als die bey (e); es sey im langsamen oder geschwinden Zeitmaaße. Hieraus folget, daß diese Noten mit Puncten bey (c) fast die Zeit von einem ganzen Viertheile; und die bey (d) die Zeit von einem Achttheile bekommen: weil man die Zeit der kurzen Note nach dem Puncte eigentlich nicht recht genau bestimmen kann. Dieses deutlicher zu begreifen, spiele man die untersten Noten bey (f) und (g) langsam, doch ein jedes Exempel nach seinem gehörigen Zeitmaaße, nämlich das bey (d) noch einmal so geschwind, als jenes bey (c); und das bey (e) noch einmal so geschwind, als das bey (d): und stelle sich in Gedanken die obersten Noten mit Puncten vor. Nachher kehre man solches um; spiele die obersten Noten; und halte eine jede Note mit dem Puncte so lange, bis die Zeit von den untersten Noten mit den Puncten verflossen ist. Die Noten mit den Puncten mache man eben so kurz, als die darunter befindliche viergeschwänzte Note es erfodert. Auf diese Art wird man sehen, daß die obersten Noten mit den Puncten bey (f), die Zeit von drey Sechzehntheilen, und einem Zwey und dreyßigtheile mit einem Puncte bekommen: und daß die bey (g) die Zeit von einem Sechzehntheile und einem punctirten Zwey und dreyßigtheile; die bey (h) aber, weil bey den untersten Noten zweene Puncte stehen, und die folgenden Noten noch einmal geschwänzet sind, nur die Zeit von einem Zwey und dreyßigtheile, nebst anderthalbem Puncte, erhalten.

22. §. Diese

22. §.

Diese Regel ist ebenfalls zu beobachten, wenn in der einen Stimme Triolen sind, gegen welche die andere Stimme punktirte Noten hat, s. (i). Man muß demnach die kurze Note nach dem Punkte nicht mit der dritten Note von der Triole, sondern erst nach derselben anschlagen. Widrigenfalls würde solches dem Sechsachttheil- oder Zwölfachttheiltacte ähnlich klingen, (k). Beyde Arten aber müssen doch sehr verschieden seyn: indem eine eingeschwänzte Triole, ein Viertheil; eine zweygeschwänzte, ein Achttheil; und eine dreygeschwänzte, ein Sechzehntheil ausmachen: wie die darüber stehenden einzelnen Noten, bey (l) (m) und (n) ausweisen: Da hingegen, im Sechsachttheil- und Zwölfachttheiltacte, drey eingeschwänzte Noten ein Viertheil und ein Achttheil machen, s. (k). Wollte man nun, diese, unter Triolen befindlichen, punktirten Noten alle nach ihrer ordentlichen Geltung spielen: so würde der Ausdruck davon nicht brillant und prächtig, sondern sehr lahm und einfältig seyn.

23. §.

Mit den Noten Fig. 8, wo der Punkt hinter der zweyten Note steht, hat es wegen der Länge des Punktes, und der Kürze der ersten Note, eine Gleichheit, mit den oben gemeldeten punktirten Noten. Sie stehen nur umgekehrt. Die Noten D und C bey (a) müssen eben so kurz seyn, als die bey (c), es sey im langsamen oder geschwinden Zeitmaaße. Mit den zwo geschwinden Noten bey (b) und (d) verfährt man auf gleiche Weise; und bekommen hier zwo Noten nicht mehr Zeit, als dort eine. Bey (e) und (f) werden die Noten nach den Punkten eben so geschwind und präcipitant gespielet, als die vor den Punkten, bey (b) und (d). Je kürzer man die ersten Noten bey (a) (b) (c) (d) machet: je lebhafter und frecher ist der Ausdruck. Je länger man hingegen bey (e) und (f) die Punkte hält: je schmeichelnder und annehmlicher klingen diese Arten von Noten.

24. §.

Von den Pausen ist bereits gesaget worden, daß man da wo sie stehen so lange stillschweige, als die Zeit ihrer Geltung erfodert. Von einem oder mehr Tacten, wird nicht nöthig seyn, eine Erklärung zu machen, weil man sich nur nach dem Tactschlage richten darf. s. Fig. 9. (a) (b) (c). Hat man aber einen halben Tact zu pausiren; so zähle man, nach dem Schlage des Fußes, wie bey einer weißen Note: 1. 2. 3. 4.

und stoße mit dem fünften Schlage die folgende Note an, s. (h). Bey einem Viertheile zähle man: 1. 2, und stoße die folgende Note mit dem dritten Schlage an, s. (i). Bey einem Achttheile sage man: 1, und stoße die Note mit dem zweyten Schlage an, s. (k). Bey einem Sechzehntheile sage man auch: 1, und stoße die Note mit dem Aufheben des Fußes an, s. (l). Bey einem Zwey und dreyßigtheile sage man ebenfalls: 1. Weil aber hier zwo Noten im Niederschlage, und zwo im Aufheben des Fußes kommen; so muß die Note nach der Pause noch im Niederschlage angestoßen werden. s. (m).

25. §.

Hat man sich nun im langsamen Zeitmaaße auf diese Art genugsam geübet; so spiele man diese Exempel immer ein wenig geschwinder, bis man einige Fähigkeit erlanget hat, ein mehreres zu unternehmen. Endlich wird die Eintheilung der Noten einem so geläufig werden, daß man des Schlagens des Tactes mit dem Fuße, ganz und gar wird entbehren können.

26. §.

Eine genaue und gewisse Bestimmung der verschiedenen Arten des Zeitmaaßes findet man im XVII. Hauptstücke, und dessen VII. Abschnitte vom 45. bis 59. §.

27. §.

Der **Wiederholungszeichen** giebt es unterschiedene Gattungen. Wenn zweene gerade Striche, ohne Punkt, neben einander stehen, s. Fig. 5. (b); so bedeuten sie, daß zwar das Stück aus zweenen Theilen bestehe, und der erste Theil desselben wiederholet werden müsse; doch nicht eher, als bis das Stück vom Anfange bis zum Ende gespielet worden. Alsdenn wird der erste Theil noch einmal bis an die zweene Striche, oder, welches einerley ist, bis an die vorhergehende Note, über welcher ein halber Cirkel mit dem Punkte steht, s. (a), wiederholet. Bey solchen Stücken schreibt man, zu Ende des zweyten Theils: **Da Capo.** Wenn hinter einem Striche vier Punkte stehen, s (c), so bedeuten sie, daß die folgenden Noten, von da an, bis an einen andern Strich der die Punkte vor sich hat, zu wiederholen sind. Man pfleget auch wohl, über solche zu wiederholende Noten, das Wörtchen; bis, zu schreiben. Wenn neben zweenen Strichen auf einer jeden Seite zweene Punkte stehen, s. (d), so bedeuten sie, daß das Stück aus zweenen Theilen bestehe; und daß ein jeder Theil zweymal wiederholet werden müsse. Wenn aber zuletzt ein

oder

oder zween halbe Cirkel mit Punkten stehen, s. (e); so bedeuten sie daß das Stück allda schließe. Das Zeichen auf dem E, s. (f), heißet der Custos; und zeiget den Ort an, auf welchem die erste Note der folgenden fünf Linien steht.

Das VI. Hauptstück.
Vom Gebrauche der Zunge, bey dem Blasen auf der Flöte.

1. §.

Die Zunge ist eigentlich das Mittel, wodurch die Töne auf der Flöte lebhaft vorgetragen werden können. Sie ist zur musikalischen Aussprache höchst nöthig; und verrichtet eben das, was der Bogenstrich bey der Violine thut. Es unterscheidet sich dadurch ein Flötenspieler von dem andern: so daß, wenn ihrer etliche ein Stück wechselsweise spielen, man dasselbe, wegen des unterschiedenen Vortrages, öfters kaum mehr kennen kann. Dieses rühret nun mehrentheils vom rechten oder unrechten Gebrauche der Zunge her. Es ist wahr, daß auch an den Fingern viel gelegen ist. Sie sind nicht nur nöthig, um die Höhe oder Tiefe jedes Tones zu bestimmen, und die Intervalle von einander zu unterscheiden; sondern auch, um jeder Note ihre gehörige Zeit zu geben. Sie können aber doch der Lebhaftigkeit des Vortrages nicht so behülflich seyn, als es die Zunge ist. Denn diese muß den Ausdruck der Leidenschaften, in allen Stücken, er mag prächtig oder traurig, lustig oder annehmlich, oder wie er sonst wolle, seyn, beleben.

2. §.

Um nun vermittelst der Zunge, und des durch dieselbe ausgestoßenen Windes, den Ton in der Flöte recht zur Ansprache zu bringen, muß man, nach Beschaffenheit der zu spielenden Noten, in währendem Blasen gleichsam gewisse Sylben aussprechen. Diese Sylben sind von dreyerley Art. Die eine ist: ti oder di; die andere: tiri; und die dritte: did'll.

Die letztere Art pfleget man die **Doppelzunge** zu nennen, so wie hingegen die erstere Art: die **einfache Zunge** genennet wird. Von jeder Art, sowohl wie sie zu erlernen, als zu gebrauchen ist, soll in einem besondern Abschnitte gehandelt werden. Und weil der Gebrauch der Zunge auf dem Hoboe und dem Basson, mit dem auf der Flöte viel gemein hat; so will ich, zum Nutzen derer, welche die genannten Instrumente spielen, in einem Anhange zeigen, wie sie die Zunge dabey zu gebrauchen, und was sie sonst noch besonders zu bemerken haben.

Des VI. Hauptstücks
I. Abschnitt.
Vom Gebrauche der Zunge mit der Sylbe: ti oder di.

1. §.

Weil einige Noten hart, andere hingegen weich angestoßen werden müssen: so ist zu merken, daß bey kurzen, gleichen, lebhaften und geschwinden Noten, das **ti** gebrauchet wird. Bey langsamen, auch wohl lustigen, doch dabey annehmlichen und unterhaltenen Melodien hingegen, muß man das **di** brauchen. Im Adagio brauchet man allezeit das **di**; ausgenommen bey punktirten Noten, zu welchen das **ti** nöthig ist. Diejenigen so der Obersächsischen Mundart gewohnt sind, haben sich hierbey besonders in Acht zu nehmen, um das **t** und **d** nicht mit einander zu vermengen.

2. §.

Man nennet das **ti** einen Zungenstoß. Um diesen zu machen, muß man die Zunge, an beyden Seiten fest an den Gaumen drücken, und die Spitze derselben krumm, und in die Höhe, vorn nahe bey den Zähnen anlegen: damit der Wind aufgehalten oder gespannet werde. Wenn nun der Ton angegeben werden soll; so ziehet man nur die Spitze der Zunge vorn vom Gaumen weg; der hintere Theil der Zunge aber bleibt

Vom Gebrauch der Zunge mit der Sylbe ti oder di.

am Gaumen: und durch dieses Wegziehen geschieht der Stoß vom aufgehaltenen Winde; nicht aber durch das Stoßen der Zunge selbst, wie viele irrig glauben.

3. §.

Einige haben die Art, daß sie die Zunge zwischen die Lippen setzen, und den Stoß durch das Zurückziehen derselben machen. Dieses halte ich für falsch. Denn dadurch wird, besonders in der Tiefe, der dicke, runde, und männliche Ton verhindert: die Zunge muß auch eine allzuweitläuftige Bewegung, vor= oder rückwärts, machen; welches an der Geschwindigkeit hinderlich ist.

4. §.

Um einem jeden Tone, von der Tiefe bis in die Höhe seinen gehörigen Ausdruck zu geben, muß man mit dem Zungenstoße, eben so, wie mit den Lippen und dem Kinne verfahren, nämlich: wenn man von dem tiefsten Tone an, die Töne nach der Reihe bis an die hohen spielet; muß man, bey dem tiefsten, die Zunge um einen guten Daumen breit von den Zähnen rückwärts, krumm an den Gaumen setzen; den Mund weit auseinander dehnen; und bey einem jeden höhern Tone, mit der Zunge immer ein wenig mehr vorwärts an den Gaumen stoßen; auch den Mund immer enger zusammen drücken. Dieses setze man fort, bis in das höchste H, allwo die Zunge ganz nahe an die Zähne kömmt. Von dem höchsten C aber an, muß man mit der Zunge nicht mehr krumm sondern gerade, zwischen den Zähnen an die Lippen stoßen. Man versuche das Gegentheil, und ziehe die Zunge bey dem höchsten Tone weit zurück; oder stoße mit derselben bey dem tiefsten Tone zwischen die Zähne: so wird man finden, daß die Höhe pfuschend klingt, auch nicht gut anspricht; die Tiefe hingegen schwach und dünne wird.

5. §.

Will man die Noten sehr kurz machen; so muß man das ti gebrauchen, da die Spitze der Zunge gleich wieder an den Gaumen zurück springen muß; um den Wind aufs neue zu spannen. Man kann dieses am besten merken, wenn man, ohne zu blasen, etliche ti ti ti ti geschwind hinter einander ausspricht.

6. §.

Bey langsamen und unterhaltenen (nourissanten) Noten, darf der Stoß nicht hart seyn: weswegen man alsdenn das di anstatt des ti brauchet. Hierbey ist zu merken, daß, so wie bey dem ti die Spitze der Zunge gleich wieder an den Gaumen springt; dieselbe hingegen, bey dem di, mitten im Munde frey bleiben muß: damit der Wind nicht verhindert werde, den Ton zu unterhalten.

7. §.

Wenn die Achttheile im Allegro Sprünge ausmachen, so haben sie ti. Folgen aber andere Noten darauf, welche stufenweise auf- oder niederwärts gehen; sie mögen aus Achttheilen, Viertheilen, oder weißen Noten bestehen: so wird das di gebrauchet, s. Tab. III. Fig. 1. Stehen Striche über den Viertheilen: so bleibt das ti. s. Tab. III. Fig. 2. Findet sich ein Vorschlag bey einer Note, so wird derselbe mit eben der Art Zunge gestoßen, wie die vorhergehenden Noten; sie mögen hart oder weich seyn. s. Tab. III Fig. 3 und 4.

8. §.

Es ist eine allgemeine Regel, daß zwischen dem Vorschlage, und der Note die vor ihm hergeht, ein kleiner Unterschied seyn müsse; absonderlich wenn beyde Noten auf einerley Tone stehen: damit man den Vorschlag deutlich hören könne. Die Zunge muß also nach Anstoßung der vorhergehenden Note, gleich wieder an den Gaumen springen; wodurch der Wind aufgehalten, die Note kürzer, und also der Vorschlag deutlicher wird.

9. §.

Bey geschwinden Passagien thut die einfache Zunge keine gute Wirkung, weil die Noten dadurch alle einander gleich werden; welche doch, dem guten Geschmacke gemäß, etwas ungleich seyn müssen. s. XI. Hauptstück 11. §. Man kann sich also dabey der zwo andern Arten des Zungengebrauchs bedienen, nämlich des tiri zu punctirten Noten, und zu Passagien von mäßiger Geschwindigkeit; des did'll aber zu sehr geschwinden Passagien.

10. §.

Nicht alle Noten dürfen mit der Zunge gestoßen werden: sondern wenn ein Bogen über zwo oder mehr Noten steht; so muß man dieselben schleifen. Es ist demnach zu merken, daß nur die Note, bey welcher der Bogen anfängt, gestoßen werden muß: die übrigen aber, die sich unter dem Bogen befinden, werden an dieselbe geschleifet; wobey alsdenn die Zunge nichts zu thun hat. Es wird auch, ordentlicher Weise, bey schleifenden Noten nicht ti sondern di gebrauchet, s. Tab. III. Fig. 5. Steht aber ein Strich über der vor dem Bogen hergehenden Note;

Vom Gebrauche der Zunge mit der Sylbe ti oder di.

so bekömmt sowohl dieselbe, als auch die folgenden: ti, s. Fig. 6. Wenn der Bogen bey der zweyten Note anfängt, und die im Niederschlage an die im Aufheben geschleifet wird; so spiele man dieselben wie bey Fig. 7. zu sehen ist. Geschieht dieses aber im geschwinden Zeitmaaße; so nimmt man ti anstatt di.

11. §.

Wenn über Noten die auf einerley Tone stehen, ein Bogen befindlich ist, s. Fig. 8; so müssen selbige durch das Hauchen, mit Bewegung der Brust, ausgedrücket werden. Stehen aber über solchen Noten zugleich Puncte, s. Fig. 9; so müssen diese Noten viel schärfer ausgedrücket, und, so zu sagen, mit der Brust gestoßen werden.

12. §.

Es ist nicht wohl möglich, weder den Unterschied zwischen ti und di, von welchem doch der Ausdruck der Leidenschaften ziemlichen Theils abhängt; noch die vielerley Arten des Zungenstoßes, mit Worten völlig zu bestimmen. Inzwischen wird doch die eigene Ueberlegung einen jeden überzeugen, daß, so wie zwischen schwarz und weiß sich noch verschiedene Zwischenfarben befinden; also auch zwischen hart und weich, mehr als ein Grad der Mäßigung statt finden müsse. Folglich kann man auch mit der Zunge das ti und di auf vielerley Arten ausdrücken. Es kömmt nur darauf an, daß man suche die Zunge geschickt genug zu machen, um die Noten, nach ihrer Beschaffenheit, bald härter, bald weicher stoßen zu können: welches sowohl durch das geschwindere oder langsamere Wegziehen der Zunge vom Gaumen; als durch das stärkere oder schwächere Blasen des Windes gewirket wird.

13. §.

An einem großen Orte, wo es schallet, und die Zuhörer weit entfernet sind, muß man die Noten, mit der Zunge, überhaupt mehr und schärfer markiren, als an einem kleinen Orte; besonders wenn etliche Noten auf einerley Tone vorkommen: sonst klingen dieselben, als wenn sie nur mit der Brust gehauchet würden.

Des VI. Hauptstücks.
II. Abschnitt.
Vom Gebrauche der Zunge mit dem Wörtchen: tiri.

1. §.

Diese Art hat bey Passagien von mäßiger Geschwindigkeit ihren guten Nutzen: besonders weil dabey die geschwindesten Noten allezeit etwas ungleich gespielet werden müssen. s. XI. Hauptst. 11. §.

2. §.

Wie die Sylbe **ti** mit der Zunge auszudrücken sey, habe ich bereits im vorigen Abschnitte gezeiget. Bey der Art wovon hier gehandelt wird, kömmt noch das **ri** dazu. Man muß suchen den Buchstaben **r** recht scharf auszusprechen. Dieses thut im Gehör eben die Wirkung, als wenn man bey der einfachen Zunge das **di** brauchet: ob es gleich demjenigen der selbst spielet, nicht so vorkömmt.

3. §.

Bey Noten mit Puncten ist dieses **tiri** unentbehrlich; denn es drücket die punctirten Noten viel schärfer und lebhafter aus, als keine andere Art des Zungengebrauches vermögend ist.

4. §.

Bey diesem Wörtchen **tiri** fällt der Accent auf die letzte Sylbe; das **ti** ist kurz, und das **ri** lang. Das **ri** muß also allezeit zu der Note im Niederschlage gebrauchet werden: das **ti** aber zu der Note im Aufheben. Das **ri** kömmt also in vier Sechzehntheilen allezeit zu der ersten und dritten; das **ti** aber zu der zweyten und vierten Note.

5. §.

Da man aber niemals mit **ri** anfangen kann; so muß man die ersten zwo Noten mit **ti** stoßen. Bey den übrigen von dieser Art Noten fährt man mit **tiri** fort, bis eine Veränderung, entweder in Noten, oder durch Pausen geschieht. Folgende Exempel werden zeigen, wie diese Art Noten

mit

Vom Gebrauche der Zunge mit dem Wörtchen tiri. 67

mit der Zunge ausgesprochen werden müssen, s. Tab III Fig. 10. 11. und 12. Wenn anstatt der ersten Note eine Pause steht, wie bey dem letzten dieser Exempel zu ersehen ist, so setzet man das tiri fort. Da aber hier bey dem zweyten Viertheile die Punkte aufhören, und die zwo dreygeschwänzten Noten: E, F, im Aufheben kommen: so hat eine jede ti. Das folgende G im Niederschlage hat ri; und weil selbiges keinen Punkt neben sich hat, und also mit dem folgenden F gleich ist: so bekömmt das folgende mit dem Punkte ti anstatt ri.

6. §.

Im Tripeltacte hat es gleiche Bewandniß, s. Tab. III. Fig. 13. und 14. Wenn im $\frac{3}{4}$, $\frac{3}{8}$, $\frac{6}{8}$, $\frac{9}{8}$, oder $\frac{12}{8}$ Tacte, in einer Figur von drey Noten, die erste einen Punkt hinter sich hat, wie solches in Giquen vorkömmt: so haben die zwo ersten Noten ti, und die letzte ri, s. Tab. III. Fig. 15. 16. 17. und 18.

7. §.

Bey Noten ohne Punkt kann, anstatt des ti, das di gebrauchet werden. Denn in Passagien erlaubet die Geschwindigkeit nicht das ti auszusprechen: es würde ferner dem Gehöre unangenehm fallen: und endlich würden auch die Noten allzu ungleich werden. Doch behält die erste allezeit ti, und die übrigen diri. Folgen auf Sechzehntheile springende Achttheile; so brauche man ti: und bey denen die stufenweise gehen, di; s. Fig. 19. und 20.

8. §.

Würde erfordert daß die Passagien geschwinder gespielet werden müßten, als man das diri aussprechen kann: so muß man entweder die dritte und vierte, oder die erste und zweyte schleifen, s. Fig. 21. und 22. Die letztere Art, wo die erste und vierte Note ti, die dritte aber ri hat, ist am meisten anzupreisen: weil man dieselbe bey verschiedenen Arten der Passagien, sowohl in springenden als gehenden Noten brauchen kann. Durch das Schleifen der zweyten Note erholet sich auch die Zunge; und kann, ohne sich zu ermüden, desto länger ausdauern: da sie hingegen bey der Art, wo man das diri beständig fortsetzet, bald müde, und an der Geschwindigkeit verhindert wird. Man sehe hiervon die Beyspiele Tab. III. Fig. 23. 24. 25. 26. 27. 28. 29.

9. §.

Die letzte Art bey Fig. 29. ist im Tripeltacte zur Geschwindigkeit die bequemste, doch muß man sich überhaupt nach den springenden Noten richten. Wenn auf eine Note zwo geschwindere folgen; so können die zwo ersten di, und die dritte ri haben. Eben so verhält es sich mit drey gleichen Achttheilen, oder Triolen. s. Tab. III. Fig. 30. 31. 32. 33. und 34.

Des VI. Hauptstücks
III. Abschnitt.
Vom Gebrauche der Zunge mit dem Wörtchen: did'll, oder der sogenannten Doppelzunge.

1. §.

Die Doppelzunge wird nur zu den allergeschwindesten Passagien gebrauchet. So leicht sie so wohl mündlich gezeiget, als durch das Gehör begriffen werden kann: so schwer fällt es, sie schriftlich zu lehren. Das Wörtchen did'll, welches man dabey ausspricht, sollte aus zwo Sylben bestehen. In der zweyten ist aber kein Selbstlauter: also kann sie weder didel noch dili, sondern nur did'll genennet werden; wobey man den Selbstlauter, der in der zweyten Sylbe stehen sollte, verbeißet. Dieses d'll aber kann mit der Spitze der Zunge nicht ausgesprochen werden, wie das di.

2. §.

Wie das di gemachet werden müsse, habe ich im ersten Abschnitte dieses Hauptstücks gezeiget. Ich beziehe mich also hier darauf. Will man nun das did'll aussprechen; so sage man erstlich di: und indem die Spitze der Zunge vorn an den Gaumen springt, so ziehe man geschwind die Mitte der Zunge, auf beyden Seiten, ein wenig vom Gaumen niederwärts ab: damit der Wind, auf beyden Seiten, die Quere zwischen den Zähnen herausgehe. Dieses Wegziehen wird also den Stoß der zweyten Sylbe d'll geben; welche man aber, ohne das vorhergehende di niemals allein auszusprechen vermag. Man spreche hierauf dieses did'll etliche

Vom Gebrauche der Zunge mit dem Wörtchen did'll.

etlichemal geschwind hinter einander aus; so wird man besser hören, wie es klingen soll, als ich es schriftlich ausdrucken kann.

3. §.

Im Gebrauche ist das **did'll** das Gegentheil vom **tiri**. Denn so wie der Accent bey **tiri** auf der zweyten Sylbe liegt; so fällt derselbe bey **did'll** auf die erste, und kömmt allezeit auf die Note im Niederschlage, oder auf die sogenannte **gute Note**.

4. §.

Will man dieses **did'll** ausüben lernen; so ist nöthig, daß man anfänglich etliche Noten auf einerley Tone spiele; ohne Bewegung der Finger; und zwar in der Mitte der Tonleiter; denn diese Art der Zunge will beym Anfange, dem Tone, oder dem Ansatze etwas hinderlich seyn. Folgender Noten kann man sich Anfangs bedienen: und wird das **did'll** in währendem Blasen so ausgesprochen, wie es sich unter den Noten befindet, s Tab. IV. Fig. 1. Dieses Exempel übe man so lange, bis man es durch alle Töne deutlich machen kann. Hierauf setze man noch ein paar Noten zu, s. Tab. IV. Fig. 2. Und wenn man diese recht in Uebung gebracht hat; so nehme man einige Noten stufenweise, s. Fig. 3. 4. 5. und 6.

5. §.

Hierbey muß man sehr wohl Acht haben, daß die Zunge nicht geschwinder gehe als die Finger: welches Anfangs mehrentheils zu geschehen pfleget. Man muß vielmehr suchen, die erste Note mit **di** allezeit ein wenig anzuhalten, die zweyte mit **d'll** hingegen, etwas kürzer zu machen. Denn durch das geschwinde Wegziehen der Zunge, bekömmt das **d'll** einen schärfern Stoß.

6. §.

Ich hoffe daß zu Erlernung dieser Zunge obige Beyspiele hinreichend seyn werden. Die folgenden sollen zeigen, wie man sich derselben bey allerhand Passagien bedienen könne.

7. §.

Wenn die Passagien in einerley Geltung der Noten, und ohne große Sprünge fortdauern: so behält die erste Note im Niederschlage allezeit **di**, und die zweyte **d'll**, u. s. w. wie Fig. 7. ausweiset.

8. §.

Steht anstatt der erstern Note eine Pause; so müssen die zwo erstern darauf folgenden Noten mit ti angestoßen werden. Die übrigen aber nehmen wieder di an, s. Fig. 8.

9. §.

Stehen die zwo erstern Noten auf einem Orte; so werden die drey erstern mit ti gestoßen. Sind es aber die zwo letztern; so wird die dritte mit di, und die vierte mit ti gestoßen, s. Fig. 9. und 10.

10. §.

Machet die letzte Note einen Sprung in die Höhe; so kann dieselbe auch mit ti gestoßen werden, s. Fig. 11.

11. §.

Wenn die erste der geschwinden Noten an eine vorhergehende lange gebunden ist, oder wenn an deren Stelle ein Punkt steht, so muß man dieselbe mit der Brust hauchen, und anstatt di, hi sagen, s. Fig. 12. und 13. Man kann aber auch die beyden Noten nach dem Punkte mit ti anstoßen, s. Fig. 14.

12. §.

In den folgenden Erempeln will ich suchen, von denen Passagien, wo eine Veränderung der Zungen erfordert wird, die nöthigsten anzuführen. Weil aber unmöglich ist, alle vorfallenden Passagien hieher zu setzen; so muß ich das übrige dem eigenen Nachsinnen eines jeden überlassen.

13. §.

Aus den Exempeln von der 15. bis zur 24. Figur der IV. Tabelle, und auf der V. Tab. von der 1 bis zu der 11 Figur, kann man sehen, daß entweder die weiten Sprünge in die Höhe, oder Tiefe, oder die Pausen, oder wenn zwo Noten auf einem Tone stehen, wo die Wiederholung des ti nöthig ist, die Ursache zur Veränderung der Zunge abgeben.

14. §.

Bey drey gleichen Noten, sie mögen entweder als Triolen, oder im Sechsachttheiltacte, und denen ihm ähnlichen Tactarten vorkommen, ist zu beobachten, daß die zwo erstern Noten allezeit did'll, und die dritte di bekömmt: die Intervalle mögen auch seyn, wie sie wollen; s. Tab. V. Fig. 12 und 13. Machet aber die zweyte Note einen sehr großen Sprung in die Tiefe; so muß man der ersten: di, und den zwo letztern: did'll geben, s. Fig. 14. Steht anstatt der ersten Note eine Pause; so giebt man den zwo folgenden Noten: did'll, s. Fig. 15.

15. §. Die

15. §.

Die erste Note einer jeden Figur, es mag diese aus drey, oder vier, oder sechs Noten bestehen, muß man allezeit ein klein wenig anhalten: um die Zunge mit den Fingern in gleicher Bewegung zu erhalten; damit jede Note ihr gehöriges Zeitmaaß bekomme.

16. §.

Die geschwinden Noten, deren viere, oder mehrere auf einerley Tone vorkommen, dienen zur Probe, ob man die Doppelzunge recht ausübe, das ist, ob die zweyte Note eben so scharf, als die erste, gestoßen werde. Fehlet es noch hieran; so kann man auch die rollenden Passagien nicht brillant und lebhaft genug vortragen.

Des VI. Hauptstücks
Anhang.
Einige Anmerkungen zum Gebrauche des Hoboe, und des Bassons.

1. §.

Weil der Hoboe und der Basson, wenn man die Fingerordnung und den Ansatz ausnimmt, in einigen Stücken mit der Flöte traversiere einerley Eigenschaft im Spielen haben: so können die, welche eines dieser beyden Instrumente handhaben, sich nicht nur diese Anweisung von dem Gebrauche der zweyerley Arten des Zungenstoßes mit ti und tiri; sondern auch überhaupt die ganze Lehre von der Flöte, so weit sie nicht die Fingerordnung, und den Ansatz betrifft, zu Nutzen machen.

2. §.

Man bemerke nur, bey dem Zungenstoße mit ti, daß man, weil das Rohr zwischen die Lippen genommen wird, anstatt die Spitze der Zunge, wie bey der Flöte geschieht, krumm zu machen, und oben an den Gaumen zu drücken, die Zunge vielmehr gerade ausstrecken müsse. Mit der Spitze derselben machet man die Oeffnung des Rohres zu, um den

72 Des VI. Hauptstücks Anhang. Einige Anmerkungen.

Wind zu spannen, oder aufzuhalten. Das Zurückziehen der Zunge aber verursachet ebenfalls den Stoß, so wie bey der Flöte.

3. §.

Der Bassonist hat vor dem Hoboisten noch diesen Vortheil, daß er auch die Doppelzunge mit did'll, so wie der Flötenist, gebrauchen kann. Nur ist zu merken, daß auf dem Basson, die entfernten Sprünge von der Tiefe in die Höhe, nicht, wie auf der Flöte, geschleifet werden können: diejenigen ausgenommen, welche das ungestrichene C nicht überschreiten. Es müssen vielmehr die Töne, in welche man aus der untersten Octave springt, alle gestoßen werden. In der zweyten Octave, nämlich von dem ungestrichenen D an, kann man wohl noch einige springende Noten schleifen; doch müssen selbige auch nicht das ungestrichene A überschreiten: wofern es anders nicht durch ein besonders gutes Rohr, und sehr festen Ansatz bewerkstelliget werden kann.

4. §.

Was den Ton auf diesen beyden Instrumenten anbetrifft: so kömmt dabey vieles auf ein gut Rohr an; ob solches von gutem und reifem Holze gemachet ist; ob es sein gehöriges Gewölbe hat; ob es weder zu breit noch zu schmal, weder zu lang noch zu kurz ist; ob es weder zu dicke noch zu dünne geschabet worden. Ist das Rohr vorn zu breit und zu lang; so werden die hohen Töne gegen die untersten zu tief: ist es aber zu schmahl und zu kurz; so werden dieselben zu hoch. Wen nun gleich dieses alles wohl beobachtet worden ist; so liegt dem ungeachtet noch das meiste an den Lippen, und an der Art wie das Rohr zwischen dieselben genommen wird. Man muß die Lippen weder zu viel, noch zu wenig zwischen die Zähne einbeissen. Ist das erstere; so wird der Ton dumpfig: geschieht aber das letztere; so wird derselbe zu schmetternd und prallend.

5. §.

Einige, besonders die Bassonisten, haben die Art, daß sie das Rohr etwas schief zwischen die Lippen nehmen; um die hohen Töne desto leichter zu haben. Dieses verursachet aber nicht allein einen schlechten und pfuschenden Ton; sondern es machet auch, daß man das unangenehme Pfeifen des Windes, welcher an der Seite des Rohres heraus geht, öfters von weitem hören kann. Es ist also viel besser, daß man das Rohr ganz platt zwischen die Lippen nehme: um einen schwebenden und angenehmen Ton aus dem Instrumente zu ziehen.

6. §.

zum Gebrauche des Hoboe, und des Bassons. 73

6. §.

Bey Haltung dieser beyden Instrumente, muß man bedacht seyn, mit dem Leibe eine natürliche und gute Stellung zu machen. Die Arme halte man vom Leibe ab, und strecke sie vorwärts: damit man den Kopf nicht unterwärts hängen dürfe; als wodurch die Kehle zusammen gedrücket, und das Athemholen gehemmet wird. In einem Orchester muß der Hoboist sein Instrument, so viel möglich, in die Höhe halten. Denn wofern er dasselbe unter das Pulpet stecket; so verlieret sich die Stärke des Tones.

Das VII. Hauptstück.
Vom Athemholen, bey Ausübung der Flöte.

1. §.

Den Athem zu rechter Zeit zu nehmen, ist bey Blasinstrumenten, so wie beym Singen eine sehr nöthige Sache. Durch dessen Misbrauch, welchen man doch bey vielen wahrnimmt, werden Melodien, welche an einander hängen sollen, öfters zerrissen; die Composition wird verstümmelt; und der Zuhörer eines Theils von seinem Vergnügen beraubet. Es ist eben so schlimm, wenn man etliche Noten, die zusammen gehören, zertrennet; als wenn man im Lesen, ehe der Sinn aus ist, oder gar zwischen einem Worte von zwo oder drey Sylben, Athem holen wollte. Das letztere geschieht zwar im Lesen nicht; das erstere aber im Blasen sehr oft.

2. §.

Da aber auch nicht allemal möglich ist, alles was zusammen gehöret, in einem Athem zu spielen: weil entweder die Composition nicht immer mit gehöriger Behutsamkeit dazu eingerichtet ist; oder weil der, welcher sie ausführet, nicht Fähigkeit genug besitzt, den Athem zu sparen: so will ich hier einige Exempel anführen, aus welchen man wird abnehmen können, bey was für Noten am füglichsten Athem könne genommen werden. Hieraus ziehe man sich in der Folge allgemeine Regeln.

K 3. §. Die

Das VII. Hauptstück.

3. §.

Die geschwindesten Noten von einerley Geltung, in einem Stücke, müssen etwas ungleich gespielet werden; wie solches im XI. Hauptstücke, und dessen 11. §. weitläuftiger abgehandelt wird, welches man hierbey nachlesen wolle. Hieraus fließet die Regel, daß man den Athem zwischen einer langen und kurzen Note nehmen müsse. Niemals darf es nach einer kurzen, vielweniger nach der letzten Note im Tacte geschehen: denn man mag dieselbe auch so kurz stoßen als man will; so wird sie doch durch das Athemholen lang. Hiervon werden die Triolen ausgenommen, wenn sie stufenweise auf- oder niederwärts gehen, und sehr geschwind gespielet werden müssen. Bey diesen erfodert es öfters die Nothwendigkeit, nach der letzten Note im Tacte Athem zu nehmen. Findet sich aber nur ein Sprung von einer Terze, u. d. g. so kann es zwischen dem Sprunge geschehen.

4. §.

Wenn ein Stück mit einer Note im Aufheben des Tactes anfängt; die Anfangsnote mag nun die letzte Note im Tacte seyn, oder es mag vor derselben noch eine Pause im Niederschlage stehen: oder wenn eine Cadenz gemachet worden, und sich ein neuer Gedanke anfängt: so muß man bey Wiederholung des Hauptsatzes, oder beym Anfange des neuen Gedanken, vorher Athem holen; damit die Endigung des vorigen, und der Anfang des folgenden, von einander gesondert werden.

5. §.

Hat man eine Note von einen oder mehr Tacten auszuhalten; so kann man vor der haltenden Note Athem holen, wenn auch gleich eine kurze Note vorher geht. Wenn an dieselbe lange Note noch ein Achttheil gebunden ist, und auf diese zwey Sechzehntheile, und wieder eine gebundene Note folgen, s. Tab. V. Fig. 16; so kann man aus dem ersten Achttheile zwey Sechzehntheile, doch auf eben demselben Tone, machen, s. Tab. V. Fig. 17; und zwischen denselben den Athem nehmen. Auf gleiche Art kann man bey allen gebundenen Noten, (Ligaturen), sie mögen Viertheile, Achttheile, oder Sechzehntheile seyn, so oft es nöthig ist, verfahren. Folget aber auf diese Bindung nach der halben Note, weiter keine andere mehr, s. Fig. 18; so kann man nach der, an die lange gebundenen Note, Athem holen, ohne sie in zwo Noten zu zertheilen.

6. §. Um

Vom Athemholen, bey Ausübung der Flöte.

6. §.

Um lange Paſſagien zu ſpielen, iſt nöthig, daß man einen guten Vorrath von Athem langſam in ſich ziehe. Man muß zu dem Ende den Hals und die Bruſt weit ausdehnen; die Achſeln in die Höhe ziehen; den Athem in der Bruſt, ſo viel als möglich iſt, aufzuhalten ſuchen; und ihn alsdenn ganz ſparſam in die Flöte blaſen. Findet man ſich aber dennoch genöthiget, zwiſchen geſchwinden Noten Athem zu holen: ſo muß man die Note, nach welcher es geſchehen ſoll, ſehr kurz machen; den Athem in der Geſchwindigkeit nur bis an die Gurgel ziehen; und die folgenden zwo oder drey Noten etwas übereilen: damit der Tact nicht aufgehalten werde, und auch keine Note verlohren gehe. Glaubet man aber im Voraus, nicht im Stande zu ſeyn, die Paſſagie in einem Athem auszuſpielen; ſo thut man wohl, wenn man es nicht aufs äußerſte ankommen läßt, ſondern bey Zeiten mit Vortheil Athem holet. Denn je öfter man in der Geſchwindigkeit Athem nimmt; je unbequemer wird derſelbe, und je weniger hilft er.

7. §.

Aus folgenden Exempeln, von der 9. Figur an, bis zu Ende der V. Tabelle, wird man deutlich ſehen können, bey was für Noten man am füglichſten Athem holen könne. Es ſind allezeit diejenigen, über welchen ein Strich ſteht. Doch verſteht ſich von ſelbſt, daß man nicht allezeit, ſo oft dergleichen Noten vorkommen, ſondern nur alsdenn, wenn es die Noth erfodert, Athem holen müſſe.

8. §.

Ob dieſes nun gleich bey dem erſten, zweyten, dritten, und letzten Viertheile eines jeden Tactes geſchehen kann; ſo iſt es doch allezeit beſſer bey dem erſten Viertheile, und zwar nach deſſen erſten Note: Es wäre denn, daß die erſten vier Noten ſtufenweiſe giengen, die folgenden aber ſprängen. Denn bey weiten Intervallen ſchicket ſich das Athemholen am beſten.

9. §.

Man mache ſich die Exempel von der 16. Figur der V. Tabelle an, bis zu Ende derſelben, recht bekannt; ſo wird man daraus den Athem am rechten Orte nehmen lernen; und dadurch ſich bey allen vorkommenden Paſſagien helfen zu können, mit der Zeit fähig werden.

10. §.

Wenn es der Raum erlaubete, verdienete dieſe Materie vom Athemholen wohl, mit noch mehrern Exempeln erläutert zu werden: weil ſowohl

Sänger, als Blasinstrumentisten hierinne so häufige Fehler begehen. Allein wer wollte alle Fälle bestimmen, wo man öfters mit einem Athem nicht so lange aushalten kann, als es wohl seyn sollte. Die Ursachen davon sind so verschieden, daß es nicht allemal möglich ist zu sagen, ob der Componist, oder der Ausführer, oder der Ort wo man singt oder spielet, oder die Furcht, welche eine Beklemmung der Brust verursachet, Schuld daran seyn, daß man nicht allemal den Athem zu rechter Zeit nehmen kann. So viel ist gewiß, daß man, wenn man vor sich allein singt oder spielet, zum wenigsten, wo nicht zweymal, doch noch einmal so viel in einem Athem heraus bringen kann, als wenn man in Gegenwart vieler Zuhörer singen oder spielen muß. Im letztern Falle ist es nun nöthig, daß man sich aller möglichen Kunstgriffe zu bedienen wisse, welche nur immer die Einsicht in die Ausführungskunst hier darreichet. Man bemühe sich also, vollkommen einsehen und begreifen zu lernen, was einen Musikalischen Sinn ausmache, und folglich zusammenhängen müsse. Man hüte sich eben so sorgfältig, das, was zusammen gehöret, zu zertrennen; als man sich in Acht nehmen muß, das, was mehr als einen Sinn in sich begreift, und folglich von einander abzusondern ist, kettenweis zusammen zu hängen: denn hierauf kömmt ein großer Theil des wahren Ausdrucks in der Ausführung, an. Diejenigen Sänger und Blasinstrumentisten, welche nicht fähig sind, den Sinn des Componisten einzusehen, (derer giebt es aber eine große Menge,) sind immer der Gefahr ausgesetzet, hier Fehler zu begehen, und ihre Schwäche zu verrathen. Ueberhaupt aber haben die Saiteninstrumentisten, in diesem Stücke, einen großen Vortheil vor jenen voraus; wofern sie sich nur nach der oben erfoderten Einsicht bestreben, und sich durch die schlechten Beyspiele dererjenigen, die alles, ohne Unterschied, auf eine leyernde Art zusammen hängen, nicht verführen lassen wollen.

Das VIII. Hauptstück.
Von den Vorschlägen, und den dazu gehörigen kleinen wesentlichen Manieren.

1. §.

Die Vorschläge (Ital. appeggiature, Franz. ports de voix) sind im Spielen so wohl ein Zierrath, als eine nothwendige Sache. Ohne dieselben würde eine Melodie öfters sehr mager und einfältig klingen. Soll eine Melodie galant aussehen; so kommen immer mehr Consonanzen als Dissonanzen darinne vor. Wenn der erstern viele nach einander gesetzet werden, und nach einigen geschwinden Noten eine consonirende lange folget: so kann das Gehör dadurch leicht ermüdet werden. Die Dissonanzen müssen es also dann und wann gleichsam wieder aufmuntern. Hierzu nun können die Vorschläge viel beytragen; weil sie, wenn sie vor der Terze oder Sexte vom Grundtone an gerechnet, stehen, sich in Dissonanzen, als Quarten und Septimen verwandeln; durch die folgende Note aber, ihre gehörige Auflösung bekommen.

2. §.

Sie werden durch ganz kleine Nötchen angedeutet, um sie mit den ordentlichen Noten nicht zu verwirren; und bekommen ihre Geltung von den Noten, vor denen sie stehen. Es liegt eben nicht viel daran, ob sie mehr als einmal, oder gar nicht geschwänzet sind. Doch werden sie mehrentheils nur einmal geschwänzet. Die zweymal geschwänzten pfleget man nur vor solchen Noten zu gebrauchen, denen an ihrem Zeitmaaße nichts abgebrochen werden darf. Z. E. Bey zwo oder mehr langen Noten, sie mögen Viertheile oder halbe Tacte seyn, wenn sie auf einerley Tone vorkommen, s. Tab. VI. Fig. 25. werden diese kleinen zweymal geschwänzeten Noten, sie mögen von unten oder von oben zu nehmen seyn, ganz kurz ausgedrücket, und anstatt der Hauptnoten im Niederschlage angestoßen, u. d. m.

3. §.

Die Vorschläge sind eine Aufhaltung der vorigen Note. Man kann sie also, nach Befinden der Stelle wo die vorige Note steht, sowohl von oben,

oben, als von unten nehmen; s. Tab. VI. Fig. 1. und 2. Wenn die vorhergehende Note um eine oder zwey Stufen höher steht, als die folgende, vor welcher sich der Vorschlag befindet: so wird der Vorschlag von oben genommen, s. Tab. VI. Fig. 3. Steht aber die vorhergehende Note tiefer als die folgende: so muß auch der Vorschlag von unten genommen werden, s. Fig. 4; und wird mehrentheils zur None, welche sich in die Terze; oder zur Quarte, welche sich in die Quinte über sich auflöset.

4. §.

Man muß die Vorschläge mit der Zunge weich anstoßen; und wenn es die Zeit erlaubet, an der Stärke des Tones wachsen lassen; die folgende Note aber etwas schwächer dran schleifen. Diese Art der Auszierungen wird der **Abzug** genennet, und hat von den Italiänern ihren Ursprung.

5. §.

Es giebt zweyerley Arten der Vorschläge. Einige werden als anschlagende Noten, oder im Niederschlage; andere als durchgehende Noten, oder im Aufheben des Tactes angestoßen. Man könnte die ersten: **anschlagende**, die andern aber: **durchgehende Vorschläge** benennen.

6. §.

Die durchgehenden Vorschläge finden sich, wenn einige Noten von einerley Geltung durch Terzensprünge unter sich gehen, s. Tab. IV. Fig. 5. Sie werden im Spielen ausgedrücket wie bey Fig. 6. zu sehen ist. Die Punkte werden lange gehalten, und die Noten wo der Bogen anfängt, nämlich: die zweyte, vierte und sechste, werden angestoßen. Man muß diese Art nicht mit denen Noten verwechseln, wo hinter der zweyten ein Punkt steht, und welche fast eben dieselbe Melodie ausdrücken, s. Fig. 7. In dieser Figur kommen die zweyte, vierte, und die folgenden kurzen Noten, als Dissonanzen gegen den Baß, in den Niederschlag; sie werden im Spielen auch frech und lebhaft vorgetragen: da hingegen die Vorschläge, wovon hier die Rede ist, einen schmeichelnden Ausdruck verlangen. Wollte man nun die kleinen Noten bey Fig. 5. lang machen, und in der Zeit der folgenden Hauptnote anstoßen: so würde dadurch der Gesang ganz verändert werden, und so klingen, wie bey Fig 8. zu ersehen ist. Dieses würde aber der französischen Spielart, aus welcher diese Vorschläge herstammen, und folglich dem Sinne ihrer Erfinder, welcher in diesem Stücke einen fast allgemeinen Beyfall erhalten hat, zuwider seyn. Oefters finden sich auch zweene Vorschläge vor einer Note, da der erste durch eine

und den kleinen wesentlichen Manieren.

eine kleine, der andere aber durch eine mit zum Tacte gerechnete Note ausgedrücket wird; dergleichen bey den Einschnitten vorkommen, s. Fig. 9. Die kleine Note wird also ebenfalls kurz angestoßen, und in die Zeit der vorigen Note im Aufheben gerechnet. Man spielet die Noten bey Fig. 9. so, wie bey Fig. 10. zu ersehen ist.

7. §.

Anschlagende, oder in den Niederschlag treffende Vorschläge, findet man vor einer langen Note im Niederschlage, die auf eine kurze im Aufheben folgt, s. Tab. VI. Fig. 11. Hier wird der Vorschlag halb so lange gehalten, als die darauf folgende Hauptnote, und wird gespielet, wie bey Fig. 12. zu ersehen ist.

8. §.

Steht ein Punct bey der durch den Vorschlag auszuzierenden Note, so theilet sie sich in drey Theile. Davon bekömmt der Vorschlag zweene Theile, die Note selbst aber nur einen Theil, nämlich so viel als der Punct austrägt. Die Noten bey Fig. 13. werden folglich gespielet, wie bey Fig. 14. zu ersehen ist. Diese, und die im vorigen §. gegebene Regeln, sind allgemein; die Noten mögen seyn von welcher Art sie wollen; und die Vorschläge mögen höher oder tiefer stehen, als die darauf folgenden Noten.

9. §.

Wenn im Sechsachttheil- oder Sechsviertheiltacte, zwo Noten auf einem Tone an einander gebunden sind, und die erste einen Punct hinter sich hat, wie in Giquen vorkömmt: so werden die Vorschläge so lange gehalten, als die erste Note mit dem Puncte gilt, s. Fig. 15 und 17. Sie werden gespielet wie bey Fig. 16 und 18. zu ersehen ist; und gehen also von der vorigen Regel ab. Man hat in Ansehung dieser Vorschläge, diese Tactarten nicht als ungeraden, sondern als geraden Tact anzusehen.

10. §.

Wenn über Noten, so gegen die Grundstimme Dissonanzen machen, es mag die übermäßige Quarte, oder die falsche Quinte, oder die Septime, oder die Secunde seyn, Triller stehen, s. Fig. 19. 20. 21. 22; so muß der Vorschlag vor dem Triller ganz kurz seyn, um nicht die Dissonanzen in Consonanzen zu verwandeln. Z. E. man hielte bey Fig. 21. den Vorschlag A halb so lange, als das darauf folgende Gis mit dem Triller: so würde man anstatt der Septime F zu Gis, die Sexte F zu A, und folglich keine Dissonanz mehr hören; welches man aber, um nicht die Schön-

heit

§. 11.

Folget nach einer Note eine Pause, so bekömmt der Vorschlag, wenn es anders die Nothwendigkeit des Athemholens nicht verhindert, die Zeit von der Note; die Note aber die Zeit von der Pause. Die drey Arten Noten bey Fig. 23., werden also gespielet, wie bey Fig. 24. in der Folge zu sehen ist.

§. 12.

Es ist nicht genug, die Vorschläge in ihrer Art und Eintheilung spielen zu können, wenn sie vorgezeichnet sind. Man muß auch selbige an ihren Ort zu setzen wissen, wenn sie nicht geschrieben sind. Um solches zu erlernen, nehme man dieses zur Regel: Wenn nach einer, oder etlichen **kurzen** Noten, im Niederschlage, oder Aufheben des Tactes, eine **lange** Note folget, und in consonirender Harmonie liegen bleibt; so muß vor der langen, um den gefälligen Gesang beständig zu unterhalten, ein Vorschlag gemachet werden. Die vorhergehende Note wird zeigen, ob er von oben oder unten genommen werden müsse.

§. 13.

Ich will ein klein Exempel geben, welches die meisten Arten der Vorschläge in sich hält, s. Fig. 26. Will man sich von der Nothwendigkeit, und der guten Wirkung der Vorschläge überzeugen; so spiele man dieses Exempel erstlich mit den dabey befindlichen Vorschlägen; hernach ohne dieselben. Man wird den Unterschied des Geschmackes sehr deutlich wahrnehmen. Zugleich wird man aus diesem Exempel ersehen, daß die Vorschläge meistentheils vor solchen Noten stehen, welche geschwindere Noten entweder vor, oder nach sich haben: und daß auch, bey dem größten Theile der Triller, Vorschläge erfodert werden.

§. 14.

Aus den Vorschlägen fließen noch einige andere kleine Auszierungen, diese sind: der **halbe Triller**, s. Tab. VI. Fig. 27 und 28; das **Pincé**, (der Mordant) s. Fig. 29 und 30.; und das Doublé oder der **Doppelschlag**, s. Fig. 31. welche in der französischen Spielart, um ein Stück brillant zu spielen, üblich sind. Die halben Triller sind von zweyerley Art, s. Fig. 27 und 28. und können anstatt des simpeln Abzugs den Vorschlägen von oben angehänget werden. Die Pincez sind gleichfalls zweyerley

zweyerley; sie können, so wie die Doublez, den Vorschlägen von unten angehänget werden.

15. §.

Die battements, s. Fig. 32 und 33. können bey springenden Noten, wo keine Vorschläge statt finden, angebracht werden; um die Noten lebhaft und schimmernd (brillant) zu machen. Das erste muß auf der Flöte durch einen Schlag mit dem Finger, und einem Stoß der Zunge zugleich, geschehen; und kann sowohl bey geschwinden als langsamen Noten angebracht werden. Das andere schicket sich besser zu etwas langsamen, als zu geschwinden Noten: doch müssen die dreygeschwänzten Noten in der größten Geschwindigkeit gemachet werden: weswegen man den Finger nicht hoch aufheben darf.

16. §.

Diese Auszierungen oder Manieren, welche ich im 14 und 15. §. beschrieben habe, dienen, nach Beschaffenheit eines Stückes zur Aufmunterung und Fröhlichkeit: die simpeln Vorschläge hingegen, zur Erweichung und Traurigkeit. Weil nun die Musik die Leidenschaften bald erregen, bald wieder stillen soll; so erhellet daraus der Nutzen und die Nothwendigkeit dieser Manieren, bey einem natürlichen simpeln Gesange.

17. §.

Will man nun diese im 14 und 15. §. beschriebene Manieren, bey dem Exempel Tab. VI. Fig. 26, mit den puren Vorschlägen untermischen, und nach ihnen anbringen: so kann es bey denen Noten, worüber die Buchstaben stehen, nach folgender Anleitung geschehen. Die Manier bey Fig. 27. kann bey den Noten unter (c) (d) (f) (i) und (n) angebracht werden. Die bey Fig. 28. schicket sich unter die Note (k). Die bey Fig. 29. mache man bey den Noten unter (g) und (m). Die bey Fig. 30. lasse man bey (e); die bey Fig. 31. aber, bey (b) hören. Die bey Fig. 32. kann man den Noten unter (a) und (l); und die bey Fig. 33. der Note unter (h) zugesellen. Es versteht sich von selbst, daß die Manieren an jedem Orte in den Ton versetzet werden müssen, welchen die Vorschläge zu erkennen geben.

18. §.

Bey dieser Vermischung der simpeln Vorschläge mit den kleinen Manieren, oder französischen Propretäten, wird man finden, daß der Gesang durch die letztern viel lebhafter und schimmernder wird, als ohne dieselben. Man muß nur diese Vermischung mit einer vernünftigen Beurtheilung unternehmen. Denn hiervon hängt ein ansehnlicher Theil des guten Vortrages ab.

19. §.

Einige begehen, so wie mit den willkührlichen Auszierungen, also auch mit den hier beschriebenen Vorschlägen, und übrigen wesentlichen Manieren, viel Misbrauch. Sie lassen, so zu sagen, fast keine Note, wo es nur irgend die Zeit, oder ihre Finger gestatten, ohne Zusatz hören. Sie machen den Gesang entweder durch überhäufte Vorschläge und Abzüge zu matt; oder durch einen Ueberfluß von ganzen und halben Trillern, Mordanten, Doppelschlägen, battements, u. d. gl. zu bunt. Sie bringen dieselben öfters bey Noten an, wobey doch ein nur halb gesundes musikalisches Gehör begreift, daß sie sich nicht hinschicken. Hat etwan ein berühmter Sänger, in einem Lande, eine mehr als gemeine Annehmlichkeit bey Anbringung der Vorschläge: Gleich fängt die Hälfte der Sänger seiner Nation an zu heulen; und auch den lebhaftesten Stücken, durch ihr abgeschmacktes Wehklagen, das Feuer zu benehmen: und hierdurch glauben sie den Verdiensten jenes berühmten Sängers nahe zu kommen, wo nicht gar, sie zu übertreffen. Es ist wahr, die oben beschriebenen Zierrathen sind zum guten Vortrage höchstnöthig. Dessen ungeachtet muß man doch sparsam mit ihnen umgehen; wenn man des Guten nicht zu viel thun will. Die rareste und schmackhafteste Speise machet uns Ekel, wenn wir ihrer zu viel genießen müssen. Eben so geht es mit den Auszierungen in der Musik; wenn man mit denselben zu verschwenderisch umgeht, und das Gehör zu überschütten suchet. Ein prächtiger, erhabener und lebhafter Gesang, kann durch übel angebrachte Vorschläge niedrig und einfältig; ein trauriger und zärtlicher Gesang hingegen, durch überhäufte Triller und andere kleine Manieren zu lustig und zu frech gemachet, und die vernünftige Denkart des Componisten verstümmelt werden. Hieraus nun ist zu ersehen, daß die Auszierungen sowohl ein Stück, wo es nöthig ist, verbessern, als auch, wenn sie zur Unzeit kommen, verschlimmern können. Diejenigen, welche sich den guten Geschmack zwar wünschen, ihn aber nicht besitzen, fallen am leichtesten in dieses Versehen. Aus Mangel der zärtlichen Empfindung, wissen sie mit dem simpeln Gesange nicht umzugehen. Ueber der edlen Einfalt wird ihnen, so zu sagen, die Zeit zu lang. Wer nun dergleichen Fehler nicht begehen will; der gewöhne sich bey Zeiten, weder zu simpel, noch zu bunt, zu singen oder zu spielen; sondern das Simple mit dem Brillanten immer zu vermischen. Mit den

kleinen

und den kleinen wesentlichen Manieren.

kleinen Auszierungen gehe er um, wie man mit dem Gewürze bey den Speisen zu thun pfleget; und nehme den, an jeder Stelle herrschenden Affect, zu seiner Richtschnur: so wird er weder zu viel noch zu wenig thun, und niemals eine Leidenschaft in die andere verwandeln.

Das IX. Hauptstück.
Von den Trillern.

1. §.

Die Triller geben dem Spielen einen großen Glanz; und sind, so wie die Vorschläge, unentbehrlich. Wenn ein Instrumentist, oder Sänger, alle Geschicklichkeit besäße, welche der gute Geschmack in der Ausführung erfordert; er könnte aber keinen guten Triller schlagen: so würde seine ganze Kunst unvollkommen seyn. Dem einen kömmt hierinne die Natur zu statten: der andere muß den Triller durch vielen Fleiß erlernen. Manchem gelingt er mit allen Fingern: manchem nur mit etlichen: und manchem bleibt der Triller Zeitlebens ein Stein des Anstoßes; welches vermuthlich mehr von der Beschaffenheit der Nerven, als von dem Willen des Menschen abhängt. Man kann aber durch Fleiß vieles daran ersetzen und verbessern: wenn man nur nicht wartet, ob der Triller von sich selbst kommen wolle; sondern bey Zeiten, wenn die Finger noch im Wachsthume sind, die gehörige Mühe anwendet, und denselben zur Vollkommenheit zu bringen suchet.

2. §.

Nicht alle Triller dürfen in einerley Geschwindigkeit geschlagen werden: sondern man muß sich hierinne so wohl nach dem Orte wo man spielet, als nach der Sache selbst, die man auszuführen hat, richten. Spielet man an einem großen Orte, wo es sehr schallet; so wird ein etwas langsamer Triller bessere Wirkung thun, als ein geschwinder. Denn durch den Wiederschall geräth die allzugeschwinde Bewegung der Töne in eine Verwirrung, und folglich wird der geschwinde Triller undeutlich. Spielet man hingegen in einem kleinen oder tapezirten Zimmer, wo die Zuhörer nahe dabey stehen: so wird ein geschwinder Triller besser seyn, als ein langsamer. Man muß ferner zu unterscheiden wissen, was für Stücke man spielet; damit man nicht, wie viele thun, eine Sache mit der andern vermenge. In traurigen Stücken muß der Triller langsamer; in lustigen aber geschwinder geschlagen werden.

3. §.

Man muß aber die Langsamkeit und Geschwindigkeit hierinne nicht aufs äußerste treiben. Der ganz langsame Triller ist nur bey den Franzosen im Singen üblich; er tauget aber eben so wenig, als der ganz geschwinde zitternde, welchen die Franzosen chevroté (meckernd) nennen. Man darf sich nicht verführen lassen, wenn auch einige der größten und berühmtesten Sänger den Triller absonderlich auf die letztere Art schlügen. Manche halten diesen meckernden Triller, aus Unwissenheit, wohl gar für ein besonderes Verdienst; sie wissen aber nicht, daß ein mäßig geschwinder und gleichschlagender Triller viel schwerer zu erlernen ist, als der ganz geschwinde zitternde; welcher folglich vielmehr für einen Fehler gehalten werden muß.

4. §.

Der **Terzentriller**, da man anstatt des nächst über der Hauptnote liegenden Tones, die Terze anschlägt, ob er wohl vor Alters üblich war, auch heut zu Tage noch bey einigen italiänischen Violinisten und Hoboisten Mode ist, darf dennoch, weder im Singen, noch auf Instrumenten, (es müßte denn die Sackpfeife seyn) gebrauchet werden. Denn ein jeder Triller darf nicht mehr, als den Raum von einem ganzen oder halben Tone einnehmen; nachdem es nämlich die Tonart, und die Note, von welcher der Triller seinen Ursprung nimmt, erfordert.

5. §

Soll der Triller recht schön seyn; so muß er egal, oder in einer gleichen, und dabey mäßigen Geschwindigkeit, geschlagen werden. Auf Instrumenten müssen deswegen die Finger bey keinem Schlage höher, als bey dem andern, aufgehoben werden.

6. §.

Die rechte Geschwindigkeit eines ordentlichen guten Trillers genau zu bestimmen, dürfte wohl etwas schwer fallen. Doch glaube ich, daß es weder zu langsam noch zu geschwind seyn würde, wenn man einen **langen Triller**, der zum Schlusse vorbereitet, so schlüge, daß der Finger in der Zeit eines

eines Pulsschlages nicht viel mehr als **vier Bewegungen**, und folglich **acht** solche Noten machte, wie Tab. VII. Fig. 1. zu ersehen sind. In geschwinden und lustigen Stücken hingegen, können die kurzen Triller etwas geschwinder geschlagen werden. Man kann hier den Finger, in der Zeit eines Pulsschlages, noch ein= oder aufs höchste zweymal mehr aufheben. Doch findet diese letztere Art nur bey kurzen Noten, und wenn deren etliche auf einander folgen, statt.

Wegen der Geschwindigkeit der Triller überhaupt, könnte zum Ueberflusse noch bemerket werden, daß man sich deswegen nach der Höhe und Tiefe der Töne zu richten habe. Ich will die vier Octaven des Clavicymbals zur Richtschnur nehmen: und glaube, daß wenn man den Triller in der eingestrichenen Octave in der obenbeschriebenen Geschwindigkeit schlägt; man denselben in der zweygestrichenen Octave um etwas geschwinder, in der ungestrichenen aber, um so viel langsamer; und in der tiefsten Octave noch etwas langsamer, als in der ungestrichenen, schlagen könnte. Ich schlüße hieraus noch weiter, daß bey der Menschenstimme, der Sopran den Triller geschwinder als der Alt; und der Tenor und Baß denselben, in gehörigem Verhalte, langsamer als der Sopran und Alt, schlagen könnten. Die Triller auf der Violine, Bratsche, dem Violoncell und dem Contraviolon könnten mit den Trillern der vier Singstimmen übereinkommen. Auf der Flöte und dem Hoboe könnte der Triller so geschwind geschlagen werden, als ihn der Sopran schlägt; und der Triller auf dem Basson könnte mit dem Triller des Tenors einerley Geschwindigkeit haben. Ich stelle einem jeden frey, diese Meynung entweder anzunehmen oder zu verwerfen. Sollten dergleichen Subtilitäten von den wenigsten für etwas nützliches gehalten werden: so wird mir genug seyn, wenn auch nur einige wenige, welche einen feinen Geschmack, eine reife Beurtheilungskraft, und viel Erfahrung haben, mir hierinn nicht ganz und gar entgegen seyn werden.

7. §.

Jeder Triller nimmt von dem, vor seiner Note, entweder von oben oder von unten zu nehmenden, und im vorigen Hauptstücke erkläreten Vorschlage, seinen Anfang. Die Endigung jedes Trillers besteht aus zwo kleinen Noten, so nach der Note des Trillers folgen, und demselben in gleicher Geschwindigkeit angehänget werden: s. Tab. VII. Fig. 2. Sie werden der **Nachschlag** genennet. Dieser Nachschlag wird bisweilen durch eigene Noten ausgedrücket, s. Fig. 3. Findet sich aber nur die simple Note allein, s. Fig. 4; so versteht sich sowohl der Vor= als Nachschlag darunter: weil ohne diese der Triller nicht vollkommen und brillant genug seyn würde.

Das IX. Hauptstück.

8. §.

Der Vorschlag des Trillers ist zuweilen eben so geschwind, als die übrigen Noten, woraus der Triller besteht: Z. E. wenn ein neuer Gedanke, nach einer Pause, mit einem Triller anfängt. Dieser Vorschlag mag aber lang oder kurz seyn, so wird er doch allezeit mit der Zunge angestoßen: der Triller nebst seinem Nachschlage aber, werden an denselben geschleifet.

9. §.

Da die vorhaltenden Noten, oder Vorschläge des Trillers, von zweyerley Art sind, und sowohl aus ganzen, als halben Tönen bestehen können: bey der Flöte aber, das Aufheben des Fingers, dem Gehöre nach, mehrentheils einen ganzen Ton ausmachet: so wird erfodert, daß man bey denen aus halben Tönen bestehenden Trillern, den Athem spare, und den Finger gar nicht hoch aufhebe, doch aber geschwind schlage; damit man mit dem Gehöre nur einen halben Ton bemerke. Man muß also die vorhaltende Note fest im Gedächtnisse behalten, und sie mit vollem Winde angeben. Sobald man aber mit dem Finger schlagen will; muß man den Wind mäßigen, und mit dem Finger kaum vom Holze kommen.

10. §.

Ich will die vornehmsten Noten mit ihren Vorschlägen von halben Tönen, zu mehrerer Erläuterung, und damit man solche desto leichter fassen könne, hier beyfügen: Der Vorschlag F vor E, s. Fig. 5. würde sich durch allzuhohes Aufheben des 5. Fingers in Fis verwandeln. Das Dis würde sich in E, s. Fig. 6; das C in Cis, s. Fig. 7; das B in H, s. Fig. 8; das As in A, s. Fig. 9; das A in H, s. Fig. 10, verwandeln: es sey in der Höhe oder Tiefe. Auf diese Art wären diese aus halben Tönen bestehenden Triller alle falsch. Will man aber der vorher gegebenen Regel folgen: so können alle rein geschlagen werden. Ob diese Anmerkung gleich vielen Flötenspielern unbekannt zu seyn scheint; so halte ich sie doch für sehr nothwendig. Ohne diese Reinigkeit im Spielen kann das Gehör nicht vollkommen befriediget werden. Es ist dem Verhalte der Töne zuwider: und die Flöte ist durch diesen Fehler ihrer Ausüber, so gar bey vielen Musikverständigen, welche die Eigenschaften und Schwierigkeiten dieses Instruments nicht einsehen, in den Miscredit gefallen, als ob man sie nicht reiner spielen könne, als von den meisten bisher geschehen ist. Denen, welchen an reiner Ausübung dieses Instruments gelegen ist, zum Dienste, habe ich dieses hier anmerken wollen. Die eigene Uebung wird einen jeden noch zu mehrerer Erkenntniß führen können.

Von den Trillern.

11. §.

Mit was für einem Finger, jeder Triller, durch die ganze Tonleiter, auf der Flöte geschlagen werden müsse; kann man Tab. VII. Fig. 22. 23 und 24. ersehen. Die Ziffern so unter den Noten stehen, zeigen den Finger an, welcher bey jedem Tone schlagen muß. Ich setze hierbey voraus, daß man, ehe man die Triller lernen will, schon wissen müsse, mit welchen Fingern jeder Ton, nach Anleitung der I. Tabelle, zu greifen ist.

Bey dem Triller auf dem zweygestrichenen D muß man mit dem 1. Finger ein wenig Luft machen; so wird der Triller heller und brillanter.

12. §.

Einige Triller lassen sich nicht, durch Ziffern allein, deutlich genug erklären. Ich will also hier insbesondere zeigen, auf was für Art jeder davon geschlagen werden müsse.

Bey dem Triller auf dem zweygestrichenen C, s. Fig. 11, stoße man erstlich den Vorschlag D an; man lasse die Finger 2. 3. 5. 6. liegen, und schlage mit 4. den Triller. Zum Nachschlage hebe man alle Finger zugleich auf; und lasse, in eben der Geschwindigkeit des Trillers, die zwo kleinen Noten H, C, nach einander hören. Steht vor dem kleinen Nötchen ein b, s. Fig. 12; so muß man bey dem Vorschlage die Flöte auswärts, unter dem Triller aber einwärts drehen, und den Athem mäßigen: damit nicht aus dem halben Tone ein ganzer werde. Zum Nachschlage B, C, hebe man die rechte Hand, und den 2. Finger auf; 3. lasse man liegen, und mache 1. zu und auf; nachdem mache man 2. zu: so höret man zuletzt das C allein.

Bey dem dreygestrichenen C-Triller, s. Fig. 13, mache man das erste Loch halb, 2 und 3. aber ganz zu; 7. bleibt offen; mit 4 und 5. schlage man zugleich; 6. macht den Nachschlag. Man kann diesen Triller noch auf eine andere Art schlagen, nämlich: man mache, nach dem Vorschlage D, 4. 5. 6. zu, und schlage mit 4. und 5. zugleich: 1. machet den Nachschlag.

Bey dem dreygestrichenen D ohne Vorschlag, s. Fig. 14, mache man 1. halb, 2. und 3. aber ganz zu; die kleine Klappe bleibt offen; mit 3. schlage man, und lasse es zuletzt liegen; 4. und 5. zugleich machen den Nachschlag. Dieser Triller, und der auf dem dreygestrichenen E, können nur im Nothfalle gebrauchet werden: weil sie beyde, auf der Flöte, nicht aus ganzen, sondern nur halben Tönen, bestehen können.

Bey

Bey dem zweygestrichenen **Des**, s. Fig. 15, nehme man erst Es, und lasse die rechte Hand liegen; 1. mache man halb zu, und schlage mit 2 und 3. zugleich; zuletzt hebe man alle Finger zugleich auf, und mache mit 1. den Nachschlag.

Mit dem zweygestrichenen **Cis**=Triller, s. Fig. 16, verfährt man eben so: außer daß anstatt der kleinen Klappe die große genommen wird. Diese zweene Triller kommen überhaupt wenig vor; weil sie sehr hart klingen; besonders der erste. Wenn man aber, unter währendem Triller, den kleinen Finger ein wenig in die Höhe zieht; daß die Klappe etwas näher auf das Loch kömmt: so spricht der Triller leicht an.

Bey dem eingestrichenen **His**, s. Fig. 17, lege man nach dem Vorschlage 2. 3. 4. 5. 6. zu, und schlage mit 4; zuletzt hebe man alle diese Finger wieder auf, und mache mit 1. den Nachschlag. Unter dem Triller muß man den Athem mäßigen, damit nicht anstatt Cis, das D gehöret werde.

Bey dem eingestrichenen **Fis**, s. Fig. 18, wird wegen des vorschlagenden Gis der Triller mit dem 3. Finger geschlagen; in der Octave höher ebenfalls.

Bey Fig. 19. aber, wird, weil vor der folgenden Note E ein Kreuz steht, das zweygestrichene Fis mit 1. 2. 3. - 5. 6. 8. gegriffen, und mit 3. geschlagen. In der Octave tiefer machet man es eben so, die Klappe ausgenommen. Doch ist solches nur im Adagio zu gebrauchen: und muß alsdann die Flöte bey dem Fis, sowohl einwärts gedrehet, als der Athem gemäßiget werden. Im Allegro wird dieser Triller geschlagen, wie bey Fig. 18.

Wenn der Triller sowohl auf dem ein= als zweygestrichenen **E** seinen Ursprung vom Fis hat; so wird er nicht mit 5. sondern mit 4. geschlagen. Weil aber dieser Triller, so wie der Fis=Triller bey Fig. 18. fast in die Terze geht: so muß man sehr geschwind schlagen, und die Finger nicht hoch aufheben.

Bey dem zweygestrichenen **Cis**, s. Fig. 20, stoße man den Vorschlag an; 4. 5. 6. lasse man liegen, und schlage mit 2. und 3. zugleich. Nachdem hebe man alle Finger auf, und mache mit 1. den Nachschlag.

Bey dem zweygestrichenen **His**, s. Fig. 2 , greife man den Vorschlag Cis mit 2. 3. 4. -7; zum Triller mache man noch 5. und 6. zu; und schlage entweder mit 5, oder mit 4 und 5. zugleich, welches gleich viel ist. 1. machet den Nachschlag; wobey aber die übrigen Finger alle liegen bleiben.

13. §.

Wenn nach dem Triller ein Schluß (Cadenz) folget, es sey in der Mitte, oder am Ende des Stückes: so findet nach dem Nachschlage des Trillers, vor der Schlußnote, kein Vorschlag mehr statt; absonderlich, wenn

wenn die Note des Trillers um eine Stufe höher, als die Schlußnote steht. Z.E. Man schlüge den Triller über dem zweygestrichenen D, um in C zu schließen; und machte vor dieser Schlußnote den Vorschlag D: so würde solches nicht nur einfältig klingen; sondern man würde sich auch hierinne dem musikalischen Pöbel gleich stellen: weil dieser Fehler, von keinem, der seinen Geschmack ins Feine gebracht hat, begangen wird.

Das X. Hauptstück.
Was ein Anfänger, bey seiner besondern Uebung, zu beobachten hat.

1. §.

Ich habe bereits gesaget, und wiederhole es hier noch einmal, daß ein Anfänger, der die Flöte traversiere gründlich zu erlernen gedenket, neben dieser meiner Anweisung, noch des mündlichen Unterrichts eines guten Meisters nöthig habe. Die schriftliche Anweisung zeiget wohl einen richtigen Weg, wie man eine Sache erlernen soll; sie verbessert aber die Fehler nicht, welche bey der Ausübung, absonderlich im Anfange, häufig begangen werden. Der Anfänger selbst wird deren nicht allezeit gewahr: und wenn sie nicht von dem Meister beständig angemerket werden; so werden sie bey dem Lernenden zur Gewohnheit und endlich zur andern Natur. Es kostet alsdenn in der Folge mehr Mühe und Fleiß, sich des Bösen wieder zu entschlagen, als das Gute anzunehmen. Weis aber ein Lehrbegieriger sich bey seiner besondern Uebung nicht zu helfen; hat er das, so ihn sein Meister gelehret, entweder nicht recht begriffen, oder gar wieder vergessen; wären etwan, zum Unglücke, gar die Grundsätze seines Meisters nicht richtig: so kann er sich durch gegenwärtige Anweisung aus seinem Irrthume reissen, und auf dem rechten Wege bleiben. Zu dem sind in einer jeden Wissenschaft, die nicht pur mit dem Verstande allein gefasset werden muß, sondern zu der auch die äusserlichen Sinne, und die Glieder, das ihrige beytragen müssen, einige sogenannte Handgriffe höchst nöthig.

2. §.

Ich will erstlich das nothwendigste von dem, was ich größten Theils in den vorigen Hauptstücken weitläufig erkläret habe, hier in der Kürze wiederholen:

holen: damit man solches mit desto größerer Bequemlichkeit beysammen finden, öfter überlesen, und also desto leichter ins Gedächtniß fassen könne.

3. §.

Ein Anfänger muß des linken Daumen eingedenk seyn, um die Flöte damit fest zu halten. Die Flöte muß er fest an den Mund drücken. Er muß sich hüten, daß er den kleinen Finger, sowohl beym tiefen als beym mittelsten E und F, auf der Klappe nicht liegen lasse. Er gewöhne sich nicht, aus Nachläßigkeit, einen oder den andern Finger der rechten Hand, bey denen Tönen, welche die linke allein greift, auf den Löchern liegen zu lassen.

Die Finger muß er weder ungleich, noch gar zu hoch aufheben. Ob man es hierinne recht mache, kann man am besten bemerken, wenn man bey Ausübung der Passagien, wo beyde Hände wechselsweise zu thun haben, sich vor den Spiegel stellet. Doch dürfen die Finger auch nicht gar zu nahe über die Löcher gehalten werden: sonst werden die Töne nicht nur zu tief und unrein; sondern ihr Klang wird auch pfuschend.

Die Flöte muß nicht bald ein bald auswärts gedrehet werden: sonst wird der Ton entweder tiefer, oder höher, als er seyn soll.

Den Kopf darf man in währendem Spielen nicht vorwärts herunter hängen; als wodurch das Mundloch gar zu sehr bedecket, und der Wind im Steigen verhindert wird.

Die Arme müssen ein wenig vom Leibe ab: und in die Höhe gehalten werden.

Ein Anfänger muß sich hüten, daß er mit dem Kopfe, Leibe, oder Armen keine unnöthigen und ängstlichen Geberden mache: als welches, ob es gleich zur Hauptsache nicht gehöret, dennoch bey den Zuhörern einen Ekel verursachen kann.

Die Töne muß er, nach der Fingerordnung, sowohl rein greifen, als auch rein anblasen.

Auf die Bewegung des Kinns und der Lippen, bey steigenden und fallenden Noten, muß er wohl Acht haben

Er muß die Flöte in den hohen Tönen, nach gehörigem Verhalte schwach, und in den tiefen, besonders bey springenden Passagien, stark anblasen.

In Ansehung der Stärke des Tones, muß er sich überhaupt in Acht nehmen, daß er niemals ein Stück in der äussersten Stärke oder Schwäche spiele: damit er allezeit den Vortheil behalte, wenn es erfodert wird,

bey seiner besondern Uebung zu beobachten hat.

bey dem Forte noch ein Fortissimo, und bey dem Piano noch ein Pianissimo ausdrücken zu können. Dieses kann durch nichts anders, als durch die Verstärkung oder Mäßigung des Windes geschehen. Immer in einerley Farbe zu spielen, würde endlich einen Ekel verursachen.

Die Bewegung der Brust oder Lunge muß er nicht faul gewöhnen; sondern den Wind, durch eine abwechselnde Verstärkung und Mäßigung, immer in Lebhaftigkeit zu unterhalten suchen: zumal im Allegro.

Mit dem Athemholen muß er niemals bis aufs äußerste warten; noch weniger zur unrechten Zeit Athem nehmen. Widrigenfalls würde er jeden Gesang, der an einander hangen soll, zertrennen, und unverständlich machen.

Mit dem Fuße muß er allezeit den Tact markiren, nämlich in langsamen Stücken die Achttheile, und in geschwinden die Viertheile.

Die Zunge muß immer mit den Fingern übereinkommen, und ja nicht faul oder schläfrig gewöhnet werden. Denn hiervon hängt die Lebhaftigkeit und Deutlichkeit des Vortrages ab. Deswegen muß die Zunge mit ti am meisten geübet werden.

In den Passagien muß er nicht nur auf die Noten, sondern auch insonderheit auf die dazu gehörigen Finger denken; damit er nicht die Finger in der Zeit aufhebe, wenn er die Löcher bedecken soll. Wenn man noch nicht genug im Notenlesen und im Tacte geübet ist, fällt man leicht in diesen Fehler.

Er muß niemals ein Stück geschwinder spielen, als er im Stande ist, solches in einerley Tempo auszuführen; sondern die Noten deutlich ausdrücken, und was die Finger nicht gleich machen können, öfters wiederholen.

4. §.

Auf alle die hier angeführten Dinge muß auch der Meister, währender Lection, insbesondere fleißig Achtung geben; damit er dem Scholaren nichts übersehe, und dieser sich nicht dergleichen Fehler angewöhne. Deswegen muß sich der Meister, dem Scholaren, im Spielen, zur rechten Hand setzen, um alles desto leichter bemerken zu können.

5. §.

Für einen Anfänger ist nöthig, daß er zu Uebung des Ansatzes, der Zunge, und der Finger, erstlich ganz kleine und leichte Stücke erwähle: damit das Gedächtniß nicht mehr beschweret werde, als die Zunge, und die Finger. Solche Stücke können aus leichten Tönen, als:

G dur, C dur, A moll, F dur, H moll, D dur, und E moll gesetzet seyn. Hat er aber Ansatz, Zunge und Finger zu einiger Fähigkeit gebracht; so kann er alsdenn unternehmen aus schwerern Tönen zu spielen: Z. E. aus dem A dur, E dur, H dur, Cis moll, B dur, G moll, C moll, Dis dur, F moll, B moll, und As dur. Diese Töne werden zwar einem Anfänger etwas schwer zu seyn scheinen: er wird es aber doch nicht so sehr empfinden, weil ihm noch alles schwer vorkömmt; als wenn er erst nach langer Zeit, wenn er schon eine Fertigkeit im Spielen erlanget hat, aus gedachten Tönen zu spielen unternehmen wollte: indem er sich alsdenn einer neuen Schwierigkeit, die ihn vielleicht auf lange Zeit davon abhalten dürfte, unterwerfen muß.

6. §.

Um die einfache Zunge mit ti zu egalen Stößen zu gewöhnen, sind solche Stücke am leichtesten, die in einerley Art von springenden Noten bestehen, es mögen Achttheile oder Sechzehntheile, im geraden, oder im Sechsachttheil- oder Zwölfachttheiltacte, wie in Giquen vorkömmt, seyn.

7. §.

Zur Zunge mit tiri schicken sich hingegen die punktirten Noten besser, als die von gleicher Geltung: wie die Exempel bey dem II. Abschnitte des VI. Hauptstücks bezeigen. Man muß also dergleichen Stücke, sowohl im geraden als ungeraden Tacte, auch Giquen, und Canarieen, zur Uebung vornehmen.

8. §.

Wenn ein Anfänger nun, sowohl in den Fingern, als auch im Notenlesen zu einiger Fertigkeit gelanget ist; so kann er hierauf die Doppelzunge mit did'll desto mehr treiben: um solche, nach den schon gegebenen Regeln, durch einige schwerere und längere Passagien, zu mehrerer Vollkommenheit zu bringen. Hierzu muß er sich anfangs leichte Passagien, so mehr stufenweise als springend gesetzet sind, aus Solo und Concerten aussuchen, und selbige erst langsam, hernach aber immer etwas geschwinder spielen; um die Zunge und Finger mit einander zu vereinigen.

9. §.

Um aber zu verhüten, daß die Zunge, ihrer natürlichen Neigung nach, nicht vor den Fingern voraus gehe, muß die Note, worzu bey der Doppelzunge das di kömmt, allezeit ein wenig angehalten, und markiret werden. s. VI. Hauptstück, III. Abschnitt, 5. und 15. §. Man markire

bey seiner besondern Uebung zu beobachten hat.

also, im gemeinen geraden Tacte: die erste von vier Sechzehntheilen; bey Triolen: die erste Note von dreyen; bey Zwey und dreyßigtheilen: die erste von achten; im Allabreve: die erste von vier Achttheilen; im Tripeltacte, die Noten mögen Achttheile oder Sechzehntheile seyn: die erste im Niederschlage. Dieses ist nicht nur das Mittel die Zunge in Ordnung zu erhalten: sondern es dienet auch dazu, daß man sich nicht angewöhne zu eilen; welches im Spielen ein großer Fehler ist: und wodurch öfters verursachet wird, daß die Hauptnoten des Gesanges, nicht wie sie sollen, in die gehörige Zeit der dazu gesetzeten Grundnote treffen: welches, wie leicht zu erachten, eine sehr üble Wirkung thun muß.

10. §.

Damit die Zunge und die Finger zu rechter Fertigkeit gelangen mögen, muß ein Anfänger, eine geraume Zeit, nichts anders als solche Stücke spielen, die in lauter schweren, springenden und rollenden Passagien bestehen; sowohl aus Moll als aus Durtönen. Die Triller muß er durch alle Töne täglich üben, um sie jedem Finger geläufig zu machen. Wofern er diese beyden Stücke unterläßt, wird er niemals in den Stand kommen, ein Adagio reinlich und nett zu spielen. Denn zu den kleinen Manieren wird eine größere Geschwindigkeit erfodert, als zu den Passagien selbst.

11. §.

Es ist keinem Anfänger zu rathen, sich vor der Zeit mit galanten Stücken, oder gar mit dem Adagio einzulassen. Die wenigsten Liebhaber der Musik erkennen dieses; sondern die meisten haben eine Begierde da anzufangen, wo andere aufhören, nämlich mit Concerten und Solo, worinn das Adagio mit vielen Manieren, welche sie doch noch nicht begreifen, ausgezieret wird. Sie halten wohl denjenigen Meister, welcher hierinne freygebiger ist, als ein anderer, für den besten. Sie gehen aber hierdurch eher hinter sich, als vor sich; und müssen öfters, wenn sie sich schon viele Jahre gemartert haben, wieder von vorn, nämlich die ersten Gründe zu erlernen, anfangen. Hätten sie anfänglich die gehörige Geduld, welche zu dieser Wissenschaft erfodert wird; so würden sie in ein paar Jahren weiter kommen, als sonst in vielen.

12. §.

Es ist deswegen auch übel gethan, wenn ein Anfänger, ehe er sich noch eine Sicherheit im Tacte und im Notenlesen zuwege gebracht hat, sich öffentlich will hören lassen. Denn durch die Furcht, welche aus der

Ungewißheit entsteht, wird er sich viele Fehler angewöhnen, wovon er sich nicht so leicht wieder befreyen kann.

13. §.

Nachdem sich nun ein Anfänger eine geraume Zeit, auf die oben beschriebene Art, mit der Zunge, den Fingern, und im Tacte geübet hat; so nehme er solche Stücke vor, die mehr singend sind, als die obengedachten, und wo sich sowohl Vorschläge als Triller anbringen lassen: damit er einen Gesang cantabel und nourissant, das ist mit unterhaltener Melodie, spielen lerne. Hierzu sind die französischen, oder die in diesem Geschmacke gesetzten Stücke viel vortheilhafter, als die italiänischen. Denn die Stücke im französischen Geschmacke sind meistentheils charakterisiret, auch mit Vorschlägen und Trillern so gesetzet, daß fast nichts mehr, als was der Componist geschrieben hat, angebracht werden kann. Bey der Musik nach italiänischem Geschmacke aber, wird vieles der Willkühr und Fähigkeit dessen der spielet, überlassen. In diesem Betrachte ist auch die französische Musik, wie sie in ihrem simpeln Gesange mit Manieren geschrieben ist, wenn man nur die Passagien ausnimmt, sklavischer und schwerer auszuführen, als nach itziger Schreibart die italiänische. Jedoch da zur Ausführung der französischen, weder die Wissenschaft des Generalbasses, noch eine Einsicht in die Composition erfodert wird; da im Gegentheil dieselbe zur italiänischen höchst nöthig ist: und zwar wegen gewisser Gänge, welche in der letztern mit Fleiß sehr simpel und trocken gesetzet werden, um dem Ausführer die Freyheit zu lassen, sie nach seiner Einsicht und Gefallen mehr als einmal verändern zu können, um die Zuhörer immer durch neue Erfindungen zu überraschen: so ist auch dieser Ursachen wegen, einem Anfänger nicht zu rathen, sich vor der Zeit, ehe er noch einige Begriffe von der Harmonie erlanget hat, mit Solo nach dem italiänischen Geschmacke einzulassen; wofern er sich nicht selbst an seinem Wachsthume hinderlich seyn will.

14. §.

Er nehme also, nach der im vorigen §. gegebenen Anweisung, wohl ausgearbeitete, und von gründlichen Meistern verfertigte Duetten und Trio, worinnen Fugen vorkommen, zur Uebung vor, und halte sich eine geraume Zeit dabey auf. Es wird ihm zum Notenlesen, zu Haltung des Tactes, und zum Pausiren sehr dienlich seyn. Vorzüglich will ich Telemanns, im französischen Geschmacke gesetzte Trio, deren er viele schon vor dreyßig und mehrern Jahren verfertiget hat, wofern man ihrer, weil sie nicht in Kupfer gestochen sind, habhaft werden kann, zu dieser Uebung vorschlagen. Es scheint zwar die sogenannte gearbeitete Musik, und besonders die Fugen, itziger Zeit, sowohl bey den meisten Tonkünstlern, als Liebhabern, gleichsam als eine Pedanterey in die Acht erkläret zu seyn: vielleicht weil nur wenige den Werth und den Nutzen derselben einsehen. Ein Lehrbegieriger aber muß sich durch Vorurtheile nicht davon abschrecken lassen; er kann vielmehr versichert seyn, daß ihm diese Bemühung zu seinem größten Vortheile gereichen werde. Denn kein vernünftiger Musikus wird läugnen, daß die gute sogenannte gearbeitete Musik eines von den Hauptmitteln sey, welches sowohl zur Einsicht in die Harmonie, als zur Wissenschaft, einen natürlichen und an sich guten Gesang, gut vorzutragen und noch schöner zu machen, den Weg bahne. Man lernet auch hierdurch beym ersten Anblicke treffen, oder wie man saget, vom Blatte (à livre ouvert) spielen: wozu ein anderer, durch bloße einfache melodiöse Stücke, so das Gedächtniß leicht fassen kann, nicht so bald gelangen, sondern lange Zeit ein Sklave des Auswendiglernens verbleiben wird. Ein Flötenist hat zumal weniger Gelegenheit vom Blatte spielen zu lernen, als ein anderer Instrumentist: denn die Flöte wird, wie bekannt, mehr zum Solo, und zu concertirenden, als zu Ripienstimmen gebrauchet. Es ist ihm also zu rathen, wofern er die Gelegenheit darzu haben kann, auch bey öffentlichen Musiken die Ripienstimme mit zu spielen.

15. §.

Bey Ausübung der Duetten, Trio, u. d. gl. wird einem Anfänger sehr nützlich seyn, wenn er wechselsweise bald die erste, bald die zweyte Stimme spielet. Durch die zweyte Stimme lernet er nicht nur, wegen der Imitationen, dem Vortrag seines Meisters am besten nachzuahmen; sondern er gewöhnet sich auch nicht an das Auswendiglernen, welches am Notenlesen hinderlich ist. Er muß das Gehör beständig auf die so mit ihm spielen, besonders auf die Grundstimme richten: wodurch er die Harmonie, den Tact, und das Reinspielen der Töne desto leichter wird erlernen können. Wofern er aber dieses verabsäumet, bleibt sein Spielen allezeit mangelhaft.

16. §.

Es wird einem Anfänger ein großer Vortheil zuwachsen, wenn er sich in den Passagien die Arten der Transpositionen, in welchen ein Tact mit dem andern eine Aehnlichkeit hat, wohl bekannt machet. Denn hierdurch kann man öfters eine Fortsetzung derselben, von etlichen Tacten, voraus wissen, ohne jede Note besonders anzusehen: welches bey einer großen Geschwindigkeit nicht allezeit möglich ist.

17. §.

Hat sich nun ein Anfänger eine geraume Zeit mit Passagien, und gearbeiteten Stücken geübet; die Zunge und die Finger geläufig, und das, was ich bisher gelehret habe, sich so bekannt gemacht, daß es ihm gleichsam zur andern Natur geworden: so kann er alsdenn einige im italiänischen Geschmacke gesetzte Solo und Concerten vornehmen; doch solche, in denen das Adagio nicht gar zu langsam geht, und die Allegro mit kurzen und leichten Passagien gesetzet sind. Er suche den simpeln Gesang im Adagio, mit Vorschlägen, Trillern, und kleinen Manieren, so wie in den beyden vorigen Hauptstücken gelehret worden, auszuzieren; und fahre damit so lange fort, bis ihm der Gebrauch davon geläufig wird, und er im Stande ist einen simpeln Gesang, ohne vielen willkührlichen Zusatz, proper und gefällig zu spielen. Scheint ihm aber diese Art der Auszierung, bey manchem Adagio, das etwan sehr platt und trocken gesetzet ist, nicht zulänglich zu seyn; so will ich ihn auf das XIII und XIV. Hauptstück, von den willkührlichen Veränderungen, und von der Art das Adagio zu spielen, verwiesen haben, woraus er sich mehrern Rath wird erholen können.

18. §.

Hierbey wird er zu desto größerer Vollkommenheit gelangen, wenn er nebst der Flöte, wo nicht die Setzkunst, doch zum wenigsten die Wissenschaft des Generalbasses erlernet. Hat er Gelegenheit die Singkunst entweder vor, oder wenigstens gleich mit der Flöte zu erlernen: so will ich ihm dieses besonders anrathen. Er wird dadurch desto leichter einen guten Vortrag im Spielen erlangen; und bey vernünftiger Auszierung eines Adagio, wird ihm die Einsicht in die Singkunst besonders großen Vortheil geben. Er wird also nicht ein purer Flötenspieler allein bleiben; sondern dadurch sich auch den Weg bahnen, mit der Zeit ein Musikus, in eigentlichem Verstande, zu werden.

19. §.

Damit aber ein Anfänger auch von dem Unterschiede des Geschmackes in der Musik einen allgemeinen Begriff erlangen möge, ist nicht genug, daß er nur Stücke, so für die Flöte gesetzet sind, in Uebung bringe: er muß sich vielmehr auch verschiedener Nationen und Provinzen ihre charakterisirten Stücke bekannt machen; und jedes davon in seiner Art
spielen

bey seiner besondern Uebung zu beobachten hat. 97

spielen lernen. Dieses wird ihm mit der Zeit mehr Vortheil schaffen, als er gleich im Anfange einzusehen vermögend ist. Die Verschiedenheit der charakterisirten Stücke findet sich bey der französischen und deutschen Musik mehr, als bey der italiänischen, und einigen andern. Die italiänische Musik ist weniger als alle andere, die französische aber fast gar zu viel eingeschränket: woraus vielleicht fließet, daß in der französischen Musik das Neue mit dem Alten öfters eine Aehnlichkeit zu haben scheint. Doch ist die französische Art im Spielen nicht zu verachten: sondern einem Anfänger vielmehr anzurathen, ihre Propretät und Deutlichkeit, mit der italiänischen Dunkelheit im Spielen, welche mehrentheils durch den Bogenstrich, und den überflüßigen Zusatz von Manieren, worinne die italiänischen Instrumentisten zu viel, die Franzosen überhaupt aber zu wenig thun, verursachet wird, zu vermischen. Sein Geschmack wird dadurch allgemeiner werden. Der allgemeine gute Geschmack aber ist nicht bey einer einzelnen Nation, wie zwar jede sich desselben schmeichelt, anzutreffen: man muß ihn vielmehr durch die Vermischung, und durch eine vernünftige Wahl guter Gedanken, und guter Arten zu spielen, von verschiedenen Nationen zusammen tragen, und bilden. Jede Nation hat in ihrer musikalischen Denkart sowohl etwas angenehmes, und gefälliges, als auch etwas widerwärtiges. Wer nun das Beste zu wählen weiß; den wird das Gemeine, Niedrige und Schlechte nicht irre machen. Im XVIII. Hauptstücke werde ich hiervon weitläuftiger handeln.

20. §.

Ein Anfänger muß deswegen auch suchen, so viel gute Musiken, welche einen allgemeinen Beyfall finden, anzuhören, als er nur immer kann. Hierdurch wird er sich den Weg zum guten Geschmacke in der Musik, sehr erleichtern. Er muß suchen nicht allein von einem jeden guten Instrumentisten, sondern auch von guten Sängern zu profitiren. Er muß sich deswegen erstlich die Töne wohl ins Gedächtniß fassen; und wenn er z. E. jemanden auf der Flöte spielen höret, muß er sogleich den Hauptton, woraus gespielet wird, bemerken; um die folgenden desto leichter beurtheilen zu können. Um zu wissen ob er den Ton errathen habe, kann er zuweilen auf die Finger des Spielenden sehen. Es wird ihm dieses Errathen jeder Töne noch leichter werden, wenn er sich zuweilen, von seinem Meister, ganz kleine und kurze Passagien vorspielen läßt; um solche, ohne auf desselben Finger zu sehen, nachzumachen: und hiermit muß er so lange fortfahren, bis er im Stande ist, alles was er höret, gleich nachzu-

N spielen.

spielen. Auf diese Art wird er also das Gute, so er von einem und dem andern höret, nachahmen, und sich zu Nutze machen können. Noch leichter wird ihm dieses werden, wenn er zugleich von dem Claviere und der Violine etwas versteht: weil doch selten eine Musik ohne die gedachten Instrumente aufgeführet wird.

21. §.

Von guten musikalischen Stücken sammle sich ein Anfänger so viel, als er nur immer haben kann, und nehme sie zu seiner täglichen Uebung vor: so wird sich auch dadurch sein Geschmack, nach und nach, auf eine gute Art bilden; und er wird das Böse vom Guten unterscheiden lernen. Wie jedes Stück, wenn es gut seyn soll, beschaffen seyn müsse, davon wird man im XVIII Hauptstücke dieser Anweisung die nöthigsten Nachrichten finden. Ein Anfänger thut wohl, wenn er lauter Stücke zu seiner Uebung erwählet, die dem Instrumente gemäß, und von solchen Meistern verfertiget worden sind, deren Verdienste man an mehr als einem Orte kennet. Er darf sich nicht daran kehren, ob ein Stück ganz neu, oder schon etwas alt ist. Es sey ihm genug, wenn es nur gut ist. Denn nicht alles, was neu ist, ist deswegen auch zugleich schön. Er hüte sich vornehmlich für den Stücken der selbst gewachsenen Componisten, welche die Setzkunst weder durch mündliche, noch durch schriftliche Anweisung erlernet haben: denn darinne kann weder ein Zusammenhang der Melodie, noch richtige Harmonie anzutreffen seyn. Die meisten laufen auf einen Mischmasch von entlehnten und zusammen geflickten Gedanken hinaus. Viele von diesen selbst gewachsenen Componisten machen nur die Oberstimme selbst, die übrigen lassen sie sich von andern dazu setzen. Es ist demnach leicht zu erachten, daß weder eine ordentliche Verbindung der Gedanken, noch eine ordentliche Modulation beobachtet worden sey; und daß folglich die übrigen Stimmen, an vielen Orten, haben hinein gezwungen werden müssen. Auch den Stücken der neuangehenden Componisten ist in diesem Puncte nicht allzuviel zu trauen. Hat aber einer die Setzkunst ordentlich, und zwar von einem solchen, der die Fähigkeit hat andere zu unterweisen, erlernet, und versteht vierstimmig rein zu setzen; so kann man zu seinen Arbeiten ein besseres Vertrauen fassen.

22. §.

Ein Anfänger muß sich besonders befleißigen, daß er alles was er spielet, es mögen geschwinde Passagien im Allegro, oder Manieren im Adagio, oder noch andere Noten seyn, deutlich, und rund spielen lerne.

bey seiner besondern Uebung zu beobachten hat.

Hierunter wird verstanden: daß man nicht über die Noten weg stolpere; und etwan anstatt eines Fingers, deren zweene oder drey zugleich aufhebe, oder niederlege: und also etliche Noten verschlucke: sondern daß jede Note durch das ganze Stück, nach ihrer wahren Geltung, und nach dem rechten Zeitmaaße gespielet werde. Kurz, er muß sich bemühen einen guten Vortrag, wovon in den folgenden Hauptstücken weitläuftiger gehandelt werden wird, zu erlangen. Dieser gute Vortrag ist das Nöthigste, aber auch das Schwereste im Spielen. Fehlet es hieran, so bleibt das Spielen, es mag auch so künstlich und verwundernswürdig scheinen, als es immer will, doch allezeit mangelhaft; und der Spieler erlanget niemals den Beyfall der Kenner. Deswegen muß ein Anfänger sein Spielen mit einer beständigen Aufmerksamkeit verknüpfen, und Acht haben, ob er auch jede Note so höre, wie er sie mit den Augen sieht, und wie ihre Geltung und Ausdruck es erfodert. Das Singen der Seele, oder die innerliche Empfindung giebt hierbey einen großen Vortheil. Ein Anfänger muß demnach suchen, nach und nach diese Empfindung bey sich zu erwecken. Denn sofern er von dem, was er spielet, nicht selbst gerühret wird; so hat er nicht allein von seiner Bemühung keinen Nutzen zu hoffen; sondern er wird auch niemals jemand andern durch sein Spielen bewegen: welches doch eigentlich der Endzweck seyn soll. Nun kann zwar dieses von keinem Anfänger in einer Vollkommenheit gefodert werden; weil derselbe noch zu viel auf die Finger, die Zunge, und den Ansatz zu denken hat: auch mehr Zeit als ein paar Jahre dazu gehören. Dem ungeachtet muß doch ein Anfänger sich bey Zeiten bemühen daran zu gedenken; um in keine Kaltsinnigkeit zu verfallen. Er muß sich bey seinen Uebungen immer vorstellen, er habe solche Zuhörer vor sich, die sein Glück befördern können.

23. §.

Die Zeit, wie lange ein Anfänger täglich zu spielen nöthig hat, ist eigentlich nicht zu bestimmen. Einer begreift eine Sache leichter, als ein anderer. Es muß sich also hierinne ein jeder nach seiner Fähigkeit, und nach seinem Naturelle richten. Doch ist zu glauben, daß man auch hierinne entweder zu viel, oder zu wenig thun könne. Wollte einer, um bald zu seinem Zwecke zu gelangen, den ganzen Tag spielen: so könnte es nicht nur seiner Gesundheit nachtheilig seyn; sondern er würde auch, vor der Zeit, sowohl die Nerven als die Sinne abnutzen. Wollte er es aber bey einer Stunde des Tages bewenden lassen: so möchte der Nutzen sehr spät erfolgen. Ich halte dafür, daß es weder zu viel, noch zu wenig, wenn ein Anfänger zwo Stunden Vormittags, und eben so viele Nachmittags, zu seiner Uebung aussetzete: aber auch unter währender Uebung, immer ein wenig ausruhete. Wer es aber endlich dahin gebracht hat, daß er alle vorkommende Passagien, ohne Mühe, reinlich und deutlich heraus bringen kann: für den ist zu seinen besondern Uebungen eine Stunde des Tages zulänglich; um den Ansatz, die Zunge, und die Finger in gehöriger Ordnung zu erhalten. Denn durch das überflüßige Spielen, zumal wenn man schon gewisse Jahre erreichet hat, entkräftet man den Leib; man nutzet die Sinne ab; und verliehret die Lust und Begierde eine Sache mit rechtem Eifer auszuführen. Durch das allzulange anhaltende Schlagen der Triller, werden die Nerven der Finger steif; so wie ein Messer schartigt wird, wenn man es immerfort schleift, ohne zuweilen damit zu schneiden. Wer sich nun in allem diesem zu mäßigen weis, der genießet den Vortheil, die Flöte einige Jahre länger, als sonst zu spielen.

Das XI. Hauptstück.

Vom guten Vortrage im Singen und Spielen überhaupt.

1. §.

Der musikalische Vortrag kann mit dem Vortrage eines Redners verglichen werden. Ein Redner und ein Musikus haben sowohl in Ansehung der Ausarbeitung der vorzutragenden Sachen, als des Vortrages selbst, einerley Absicht zum Grunde, nämlich: sich der Herzen zu bemeistern, die Leidenschaften zu erregen oder zu stillen, und die Zuhörer bald in diesen, bald in jenen Affect zu versetzen. Es ist vor beyde ein Vortheil, wenn einer von den Pflichten des andern einige Erkenntniß hat.

2. §.

Man weis, was bey einer Rede ein guter Vortrag für Wirkung auf die Gemüther der Zuhörer thut; man weis auch, wie viel ein schlechter

ter Vortrag der schönsten Rede auf dem Papiere schadet; man weis nicht weniger, daß eine Rede, wenn sie von verschiedenen Personen, mit eben denselben Worten gehalten werden sollte, doch immer von dem einen besser oder schlimmer anzuhören seyn würde, als von dem andern. Mit dem Vortrage in der Musik hat es gleiche Bewandniß: so daß, wenn ein Stück entweder von einem oder dem andern gesungen, oder gespielet wird, es immer eine verschiedene Wirkung hervorbringt.

3. §.

Von einem Redner wird, was den Vortrag anbelanget, erfordert, daß er eine laute, klare und reine Stimme, und eine deutliche und vollkommen reine Aussprache habe: daß er nicht einige Buchstaben mit einander verwechsele, oder gar verschlucke: daß er sich auf eine angenehme Mannigfaltigkeit in der Stimme und Sprache befleißige: daß er die Einförmigkeit in der Rede vermeide; vielmehr den Ton in Sylben und Wörtern bald laut bald leise, bald geschwind bald langsam hören lasse: daß er folglich bey einigen Wörtern, die einen Nachdruck erfodern, die Stimme erhebe, bey andern hingegen wieder mäßige: daß er jeden Affect mit einer verschiedenen, dem Affecte gemäßen Stimme ausdrücke; und daß er sich überhaupt nach dem Orte, wo er redet, nach den Zuhörern, die er vor sich hat, und nach dem Innhalte der Reden, die er vorträgt, richte, und folglich, z. E. unter einer Trauerrede, einer Lobrede, einer scherzhaften Rede, u. d. gl. den gehörigen Unterschied zu machen wisse; daß er endlich eine äußerliche gute Stellung annehme.

4. §.

Ich will mich bemühen, zu zeigen, daß alles dieses auch bey dem guten musikalischen Vortrage erfodert werde; wenn ich vorher von der Nothwendigkeit dieses guten Vortrages, und von den Fehlern, so dabey begangen werden, noch etwas werde gesaget haben.

5. §.

Die gute Wirkung einer Musik hängt fast eben so viel von den Ausführern, als von dem Componisten selbst ab. Die beste Composition kann durch einen schlechten Vortrag verstümmelt, eine mittelmäßige Composition aber durch einen guten Vortrag verbessert, und erhoben werden. Man höret öfters ein Stück singen oder spielen, da die Composition nicht zu verachten ist, die Auszierungen des Adagio den Regeln der Harmonie nicht zuwider sind, die Passagien im Allegro auch geschwind genug gemachet werden; es gefällt aber dem ungeachtet den wenigsten. Wenn es aber ein anderer auf eben demselben Instrumente, mit eben denselben Manieren, mit nicht größerer Fertigkeit spielete, würde es vielleicht von dem einen besser, als von dem andern gefallen. Nichts als die Art des Vortrages kann also hieran Ursache seyn.

6. §.

Einige glauben, wenn sie ein Adagio mit vielen Manieren auszustopfen, und dieselben so zu verziehen wissen, daß oftmals unter zehn Noten kaum eine mit der Grundstimme harmoniret, auch von dem Hauptgesange wenig zu vernehmen ist; so sey dieses gelehrt. Allein sie irren sich sehr, und geben dadurch zu erkennen, daß sie die wahre Empfindung des guten Geschmackes nicht haben. Sie denken eben so wenig auf die Regeln der Setzkunst, welche erfodern, daß jede Dissonanz nicht nur gut vorbereitet werden, sondern auch ihre gehörige Auflösung bekommen, und also dadurch erst ihre Annehmlichkeit erhalten müsse; da sie außerdem ein übellautender Klang seyn und bleiben würde. Sie wissen endlich nicht, daß es eine größere Kunst sey, mit wenigem viel, als mit vielem wenig zu sagen. Gefällt nun ein dergleichen Adagio nicht, so liegt abermals die Schuld am Vortrage.

7. §.

Die Vernunft lehret, daß wenn man durch die bloße Rede von jemanden etwas verlanget, man sich solcher Ausdrücke bedienen müsse, die der andere verstehet. Nun ist die Musik nichts anders, als eine künstliche Sprache, wodurch man seine musikalischen Gedanken dem Zuhörer bekannt machen soll. Wollte man also dieses auf eine dunkele oder bizarre Art, die dem Zuhörer unbegreiflich wäre, und keine Empfindung machte, ausrichten: was hülfe alsdenn die Bemühung, die man sich seit langer Zeit gemachet hätte, um für gelehrt angesehen zu werden? Wolte man verlangen, daß die Zuhörer lauter Kenner und Musikgelehrte seyn sollten, so würde die Anzahl der Zuhörer nicht sehr groß seyn: man müßte sie denn unter den Tonkünstlern von Profession, wiewohl nur einzeln aufsuchen. Das schlimmste würde dabey seyn, daß man von diesen den wenigsten Vortheil zu hoffen hätte. Denn sie können allenfalls nichts anders thun, als durch ihren Beyfall die Geschicklichkeit des Ausführers den Liebhabern zu erkennen geben. Wie schwerlich und selten aber geschieht dieses! weil die meisten mit Affecten und absonderlich mit Eifersucht so eingenommen sind, daß sie nicht allemal das Gute von ihres gleichen einsehen, noch es andern gern bekannt machen mögen. Wüßten aber auch alle Liebhaber so viel,

im Singen und Spielen überhaupt.

als ein Musikus wissen soll; so fiele der Vortheil gleichfalls weg: weil sie alsdenn wenig oder gar keine Tonkünstler von Profession mehr nöthig hätten. Wie nöthig ist also nicht daß ein Musikus jedes Stück deutlich und mit solchem Ausdruck vorzutragen suche, daß es sowohl den Gelehrten als Ungelehrten in der Musik verständlich werden, und ihnen folglich gefallen könne.

8. §.

Der gute Vortrag ist nicht allein denen, die sich nur mit Haupt- und concertirenden Stimmen hören lassen, sondern auch denenjenigen, die nur Ripienisten abgeben, und sich begnügen jene zu begleiten, unentbehrlich; und jeder hat in seiner Art, ausser den allgemeinen, noch besondere Regeln zu beobachten nöthig. Viele glauben, wenn sie vielleicht im Stande sind, ein studirtes Solo zu spielen, oder eine ihnen vorgelegte Ripienstimme, ohne Hauptfehler vom Blatte weg zu treffen, man könne von ihnen weiter nichts mehr verlangen. Allein ich glaube daß ein Solo willkührlich zu spielen leichter sey, als eine Ripienstimme auszuführen, wo man weniger Freyheit hat, und sich mit Vielen vereinigen muß, um das Stück nach dem Sinne des Componisten auszudrücken. Hat nun einer keine richtigen Grundsätze im Vortrage; so wird er auch der Sache niemals eine Gnüge leisten können. Es wäre deswegen nöthig, daß ein jeder geschickter Musikmeister, besonders ein Violinist, dahin sähe, daß er seine Scholaren nicht eher zum Solospielen anführete, bis sie schon gute Ripienisten wären. Die hierzu gehörige Wissenschaft bahnet ohne dem den Weg zum Solospielen: und würde manch abgespieltes Solo den Zuhörern deutlicher und annehmlicher in die Sinne fallen, wenn der Ausführer desselben es so gemachet hätte, wie man in der Malerkunst zu thun pfleget, da man erstlich die richtige Zeichnung des Gemäldes machen lernen muß, ehe man an die Auszierungen gedenket. Allein die wenigsten Anfänger können die Zeit erwarten. Um bald unter die Anzahl der Virtuosen gerechnet zu werden, fangen sie es öfters verkehrt, nämlich beym Solospielen an; und martern sich mit vielen ausgekünstelten Zierrathen und Schwierigkeiten, denen sie doch nicht gewachsen sind; und dadurch sie doch vielmehr den Vortrag verwirrt, als deutlich machen lernen. Oefters sind auch wohl die Meister selbst Schuld daran; wenn sie zeigen wollen, daß sie im Stande sind, den Scholaren in kurzer Zeit einige Solo beyzubringen: welches ihnen aber, in Fall diese als Ripienisten sollen gebrauchet werden, nicht allezeit viel Ehre machet. Den guten Vortrag,

den

den die Ripienisten insbesondere zu beobachten haben, findet man im XVII. Hauptstücke dieser Anweisung weitläuftig erkläret.

9. §.

Der Vortrag ist fast bey keinem Menschen wie bey dem andern, sondern bey den meisten unterschieden. Nicht allezeit die Unterweisung in der Musik, sondern vielmehr auch zugleich die Gemüthsbeschaffenheit eines jeden, wodurch sich immer einer von dem andern unterscheidet, sind die Ursachen davon. Ich setze den Fall, es hätten ihrer viele bey einem Meister, zu gleicher Zeit, und durch einerley Grundsätze die Musik erlernet; sie spieleten auch in den ersten drey oder vier Jahren in einerley Art. Man wird dennoch nachher erfahren, daß wenn sie etliche Jahre ihren Meister nicht mehr gehöret haben, ein jeder einen besondern Vortrag, seinem eigenen Naturelle gemäß, annehmen werde; so ferne sie nicht pure Copeyen ihres Meisters bleiben wollen. Einer wird immer auf eine bessere Art des Vortrages verfallen, als der andere.

10. §.

Wir wollen nunmehr die vornehmsten Eigenschaften des guten Vortrages überhaupt untersuchen. Ein guter Vortrag muß zum ersten: **rein und deutlich seyn.** Man muß nicht nur jede Note hören lassen, sondern auch jede Note in ihrer reinen Intonation angeben; damit sie dem Zuhörer alle verständlich werden. Keine einzige darf man auslassen. Man muß suchen, den Klang so schön als möglich herauszubringen. Vor dem Falschgreifen muß man sich mit besonderm Fleiße hüten. Was hierzu der Ansatz und der Zungenstoß auf der Flöte beytragen kann, ist oben gelehret worden. Man muß sich hüten, die Noten zu schleifen, welche gestoßen werden sollen; und die zu stoßen, welche man schleifen soll. Es darf nicht scheinen, als wenn die Noten zusammen klebeten. Den Zungenstoß auf Blasinstrumenten, und den Bogenstrich auf Bogeninstrumenten, muß man jederzeit, der Absicht, und der vermittelst der Bogen und Striche geschehenen Anweisung des Componisten gemäß, brauchen: denn hierdurch bekommen die Noten ihre Lebhaftigkeit. Sie unterscheiden sich dadurch von der Art der Sackpfeife, welche ohne Zungenstoß gespielet wird. Die Finger, sie mögen sich auch so ordentlich und munter bewegen, als sie immer wollen, können die musikalische Aussprache für sich allein nicht ausdrücken, wo nicht die Zunge oder der Bogen, durch gehörige, und zu der vorzutragenden Sache geschickte Bewegungen, das ihrige, und zwar das meiste darzu beytragen. Gedanken, welche an einander
hangen

im Singen und Spielen überhaupt.

hangen sollen, muß man nicht zertheilen: so wie man hingegen diejenigen zertheilen muß, wo sich ein musikalischer Sinn endiget, und ein neuer Gedanke, ohne Einschnitt oder Pause anfängt; zumal wenn die Endigungsnote vom vorhergehenden, und die Anfangsnote vom folgenden Gedanken, auf einerley Tone stehen.

11. §.

Ein guter Vortrag muß ferner: **rund und vollständig seyn.** Jede Note muß in ihrer wahren Geltung, und in ihrem rechten Zeitmaaße ausgedrücket werden. Würde dieses allezeit recht beobachtet, so müßten auch die Noten so klingen, wie sie der Componist gedacht hat: weil dieser nichts ohne Regeln setzen darf. Nicht alle Ausführer kehren sich hieran. Sie geben öfters, aus Unwissenheit, oder aus einem verdorbenen Geschmacke, der folgenden Note etwas von der Zeit, so der vorhergehenden gehöret. Die ausgehaltenen und schmeichelnden Noten müssen mit einander verbunden; die lustigen und hüpfenden aber abgesetzet, und von einander getrennet werden. Die Triller und die kleinen Manieren müssen alle rein und lebhaft geendiget werden.

12. §.

Ich muß hierbey eine nothwendige Anmerkung machen, welche die Zeit, wie lange jede Note gehalten werden muß, betrifft. Man muß unter den **Hauptnoten,** welche man auch: **anschlagende,** oder, nach Art der Italiäner, **gute Noten** zu nennen pfleget, und unter den **durchgehenden,** welche bey einigen Ausländern **schlimme** heißen, einen Unterschied im Vortrage zu machen wissen. Die Hauptnoten müssen allezeit, wo es sich thun läßt, mehr erhoben werden, als die durchgehenden. Dieser Regel zu Folge müssen die geschwindesten Noten, in einem jeden Stücke von **mäßigem Tempo,** oder auch im **Adagio,** ungeachtet sie dem Gesichte nach einerley Geltung haben, dennoch ein wenig ungleich gespielet werden; so daß man die anschlagenden Noten einer jeden Figur, nämlich die erste, dritte, fünfte, und siebente, etwas länger anhält, als die durchgehenden, nämlich, die zweyte, vierte, sechste, und achte: doch muß dieses Anhalten nicht so viel ausmachen, als wenn Puncte dabey stünden. Unter diesen geschwindesten Noten verstehe ich: die Viertheile im Dreyzweytheiltacte; die Achttheile im Dreyviertheil- und die Sechzehntheile im Dreyachttheiltacte; die Achttheile im Allabreve; die Sechzehntheile oder Zwey und dreyßigtheile im Zweyviertheil- oder im gemeinen geraden Tacte: doch nur so lange, als keine Figuren von noch geschwin-

geschwindern oder noch einmal so kurzen Noten, in jeder Tactart mit untermischet sind; denn alsdenn müßten diese letztern auf die oben beschriebene Art vorgetragen werden. Z. E. Wollte man Tab. IX. Fig. 1. die acht Sechzehntheile unter den Buchstaben (k) (m) (n) langsam in einerley Geltung spielen; so würden sie nicht so gefällig klingen, als wenn man von vieren die erste und dritte etwas länger, und stärker im Tone, als die zweyte und vierte, hören läßt. Von dieser Regel aber werden ausgenommen: erstlich die geschwinden Passagien in einem sehr geschwinden Zeitmaaße, bey denen die Zeit nicht erlaubet sie ungleich vorzutragen, und wo man also die Länge und Stärke nur bey der ersten von vieren anbringen muß. Ferner werden ausgenommen: alle geschwinden Passagien welche die Singstimme zu machen hat, wenn sie anders nicht geschleifet werden sollen: denn weil jede Note von dieser Art der Singpassagien, durch einen gelinden Stoß der Luft aus der Brust, deutlich gemachet und markiret werden muß; so findet die Ungleichheit dabey keine Statt. Weiter werden ausgenommen: die Noten über welchen Striche oder Puncte stehen, oder von welchen etliche nach einander auf einem Tone vorkommen; ferner wenn über mehr, als zwo Noten, nämlich, über vieren, sechsen, oder achten ein Bogen steht; und endlich die Achttheile in Giquen. Alle diese Noten müssen egal, das ist, eine so lang, als die andere, vorgetragen werden.

13. §.

Der Vortrag muß auch: **leicht und fließend seyn.** Wären auch die auszuführenden Noten noch so schwer: so darf man doch dem Ausführer diese Schwierigkeit nicht ansehen. Alles rauhe, gezwungene Wesen im Singen und Spielen muß mit großer Sorgfalt vermieden werden. Vor allen Grimassen muß man sich hüten, und sich, so viel als möglich ist, in einer beständigen Gelassenheit zu erhalten suchen.

14. §.

Ein guter Vortrag muß nicht weniger: **mannigfaltig seyn.** Licht und Schatten muß dabey beständig unterhalten werden. Wer die Töne immer in einerley Stärke oder Schwäche vorbringt, und, wie man saget, immer in einerley Farbe spielet; wer den Ton nicht zu rechter Zeit zu erheben oder zu mäßigen weis, der wird niemanden besonders rühren. Es muß also eine stetige Abwechselung des Forte und Piano dabey beobachtet werden. Wie dieses bey jeder Note ins Werk gerichtet werden müsse, will ich, weil es eine Sache von großer Nothwendigkeit ist, zu Ende des XIV. Hauptstücks, durch Exempel zeigen.

15. §. Der

im Singen und Spielen überhaupt.

15. §.

Der gute Vortrag muß endlich: **ausdrückend, und jeder vorkommenden Leidenschaft gemäß seyn.** Im Allegro, und allen dahin gehörigen muntern Stücken muß Lebhaftigkeit; im Adagio, und denen ihm gleichenden Stücken aber, Zärtlichkeit, und ein angenehmes Ziehen oder Tragen der Stimme herrschen. Der Ausführer eines Stückes muß sich selbst in die Haupt= und Nebenleidenschäften, die er ausdrücken soll, zu versetzen suchen. Und weil in den meisten Stücken immer eine Leidenschaft mit der andern abwechselt; so muß auch der Ausführer jeden Gedanken zu beurtheilen wissen, was für eine Leidenschaft er in sich enthalte, und seinen Vortrag immer derselben gleichförmig machen. Auf diese Art nur wird er den Absichten des Componisten, und den Vorstellungen, so sich dieser bey Verfertigung des Stückes gemacht hat, eine Gnüge leisten. Es giebt selbst verschiedene Grade der Lebhaftigkeit oder der Traurigkeit. Z. E. Wo ein wütender Affect herrschet, da muß der Vortrag weit mehr Feuer haben, als bey scherzenden Stücken, ob er gleich bey beyden lebhaft seyn muß: und so auch bey dem Gegentheile. Man muß sich auch mit dem Zusatze der Auszierungen, mit denen man den vorgeschriebenen Gesang, oder eine simple Melodie, zu bereichern, und noch mehr zu erheben suchet, darnach richten. Diese Auszierungen, sie mögen nothwendig oder willkührlich seyn, müssen niemals dem in der Hauptmelodie herrschenden Affecte widersprechen; und folglich muß das Unterhaltene und Gezogene, mit dem Tändelnden, Gefälligen, Halblustigen und Lebhaften, das Freche mit dem Schmeichelnden, u. s. w. nicht verwirret werden. Die Vorschläge machen die Melodie an einander hangend, und vermehren die Harmonie; die Triller und übrigen kleinen Auszierungen, als: halbe Triller, Mordanten, Doppelschläge und battemens, muntern auf. Das abwechselnde Piano und Forte aber, erhebt theils einige Noten, theils erreget es Zärtlichkeit. Schmeichelnde Gänge im Adagio dürfen im Spielen mit dem Zungenstoße und Bogenstriche nicht zu hart; und hingegen im Allegro, lustige und erhabene Gedanken, nicht schleppend, schleifend, oder zu weich angestoßen werden.

16. §.

Ich will einige Kennzeichen angeben, aus denen zusammen genommen, man, wo nicht allezeit, doch meistentheils wird abnehmen können, was für ein Affect herrsche, und wie folglich der Vortrag beschaffen seyn ob er schmeichelnd, traurig, zärtlich, lustig, frech, ernsthaft, u. s. w.

seyn müsse. Man kann dieses erkennen 1) aus den Tonarten, ob solche hart oder weich sind. Die harte Tonart wird gemeiniglich zu Ausdrückung des Lustigen, Frechen, Ernsthaften, und Erhabenen: die weiche aber zur Ausdrückung des Schmeichelnden, Traurigen, und Zärtlichen gebrauchet; s. den 6. §. des XIV. Hauptstücks. Doch leidet diese Regel ihre Ausnahmen: und man muß deswegen die folgenden Kennzeichen mit zu Hülfe nehmen. Man kann 2) die Leidenschaft erkennen; aus den vorkommenden Intervallen, ob solche nahe oder entfernet liegen, und ob die Noten geschleifet oder gestoßen werden sollen. Durch die geschleiften und nahe an einander liegenden Intervalle wird das Schmeichelnde, Traurige, und Zärtliche; durch die kurz gestoßenen, oder in entfernten Sprüngen bestehenden Noten, ingleichen durch solche Figuren, da die Punkte allezeit hinter der zweyten Note stehen, aber, wird das Lustige und Freche ausgedrücket. Punktirte und anhaltende Noten drücken das Ernsthafte und Pathetische; die Untermischung langer Noten, als halber und ganzer Tacte, unter die geschwinden, aber, das Prächtige und Erhabene aus. 3) Kann man die Leidenschaften abnehmen: aus den Dissonanzen. Diese thun nicht alle einerley, sondern immer eine vor der andern verschiedene Wirkungen. Ich habe dieses im VI. Abschnitte des XVII. Hauptstücks weitläuftig erkläret, und mit einem Exempel erläutert. Weil aber diese Erkenntniß nicht den Accompagnisten allein, sondern auch einem jeden Ausführer zu wissen unentbehrlich ist, so will ich mich hier auf den 13. und folgende bis zum 17. §. des gedachten Abschnittes beziehen. Die 4) Anzeige des herrschenden Hauptaffects ist endlich das zu Anfange eines jeden Stückes befindliche Wort, als: Allegro, Allegro non tanto, — assai, — di molto, — moderato, Presto, Allegretto, Andante, Andantino, Arioso, Cantabile, Spiritoso, Affettuoso, Grave, Adagio, Adagio assai, Lento, Mesto, u. a. m. Alle diese Wörter, wenn sie mit gutem Bedachte vorgesetzet sind, erfodern jedes einen besondern Vortrag in der Ausführung: zugeschwiegen, daß, wie ich schon gesaget habe, jedes Stück von oben bemeldeten Charakteren, unterschiedene Vermischungen von pathetischen, schmeichelnden, lustigen, prächtigen, oder scherzhaften Gedanken in sich haben kann, und man sich also, so zu sagen, bey jedem Tacte in einen andern Affect setzen muß, um sich bald traurig, bald lustig, bald ernsthaft, u. s. w. stellen zu können; welche Verstellung bey der Musik sehr nöthig ist. Wer diese Kunst recht ergründen kann, dem wird es nicht leicht an dem Beyfalle der Zuhörer fehlen,

im Singen und Spielen überhaupt.

fehlen, und sein Vortrag wird also allezeit **rührend** seyn. Man wolle aber nicht glauben, daß diese feine Unterscheidung in kurzer Zeit könne erlernet werden. Von jungen Leuten, welche gemeiniglich hierzu zu flüchtig und ungeduldig sind, kann man sie fast gar nicht verlangen. Sie kömmt aber mit dem Wachsthume der Empfindung und der Beurtheilungskraft.

17. §.

Es muß sich ein jeder hierbey auch nach seiner angebohrnen Gemüthsbeschaffenheit richten, und dieselbe gehörig zu regieren wissen. Ein flüchtiger und hitziger Mensch, der hauptsächlich zum Prächtigen, Ernsthaften, und zu übereilender Geschwindigkeit aufgeleget ist, muß beym Adagio suchen, sein Feuer, so viel als möglich ist, zu mäßigen. Ein trauriger und niedergeschlagener Mensch hingegen thut wohl, wenn er, um ein Allegro lebhaft zu spielen, etwas von jenes seinem überflüßigen Feuer anzunehmen suchet. Und wenn ein aufgeräumter oder sanguinischer Mensch, eine vernünftige Vermischung der Gemüthsbeschaffenheiten der beyden vorigen bey sich zu machen weis, und sich nicht durch die ihm angebohrne Selbstliebe und Gemächlichkeit, den Kopf ein wenig anzustrengen, verhindern läßt: so wird er es im guten Vortrage, und in der Musik überhaupt, am weitesten bringen. Bey wem sich aber von der Geburt an eine so glückliche Mischung des Geblüts befindet, die von den Eigenschaften der drey vorigen, von jeder etwas an sich hat, der hat alle nur zu wünschenden Vortheile zur Musik: denn das Eigenthümliche ist allezeit besser, und von längerer Dauer, als das Entlehnte.

18. §.

Ich habe oben gesaget, daß man durch den Zusatz der Manieren die Melodie bereichern, und mehr erheben müsse. Man hüte sich aber, daß man den Gesang dadurch nicht überschütte, oder unterdrücke. Das allzu bunte Spielen kann eben sowohl, als das allzu einfältige, dem Gehöre endlich einen Ekel erwecken. Man muß deswegen nicht nur mit den willkührlichen Auszierungen, sondern auch mit den wesentlichen Manieren, nicht zu verschwenderisch, sondern sparsam umgehen. Absonderlich ist dieses in sehr geschwinden Passagien, wo die Zeit ohnedem nicht viel Zusatz erlaubet, zu beobachten: damit dieselben nicht undeutlich und widerwärtig werden. Einige Sänger, denen der Triller nicht schwer zu machen wird, sollte er auch nicht allemal der beste seyn, haben diesen Fehler des allzuhäufigen Trillerns stark an sich.

19. §.

Ein jeder Instrumentist muß sich bemühen, das Cantabile so vorzutragen, wie es ein guter Sänger vorträgt. Der Sänger hingegen muß im Lebhaften, das Feuer guter Instrumentisten, so viel die Singstimme dessen fähig ist, zu erreichen suchen.

20. §.

Dieses sind also die allgemeinen Regeln des guten Vortrages im Singen und Spielen überhaupt. Ich will nun dieselben auf die Hauptarten der Stücke besonders anwenden. Hieraus werden die folgenden drey Hauptstücke, vom Allegro, von den willkührlichen Veränderungen, und vom Adagio, bestehen. Auch das XVII. Hauptstück von den Pflichten der Accompagnisten, wird großen Theils hieher gehören. Ich will alles mit Exempeln erläutern, und dieselben, so viel als möglich seyn wird, erklären.

21. §.

Der schlechte Vortrag ist das Gegentheil von dem, was zum guten Vortrage erfodert wird. Ich will seine vornehmsten Kennzeichen, damit man sie desto leichter mit einander übersehen, und folglich desto sorgfältiger vermeiden könne, hier in der Kürze zusammen fassen. Der Vortrag also ist schlecht: wenn die Intonation unrein ist, und der Ton übertrieben wird; wenn man die Noten undeutlich, dunkel, unverständlich, nicht articuliret, sondern matt, faul, schleppend, schläfrig, grob, und trocken vorträgt; wenn man alle Noten ohne Unterschied schleifet oder stößt; wenn das Zeitmaaß nicht beobachtet wird, und die Noten ihre wahre Geltung nicht bekommen; wenn die Mänieren im Adagio zu sehr verzogen werden, und nicht mit der Harmonie übereintreffen; wenn man die Manieren schlecht endiget, oder übereilet; die Dissonanzen aber weder gehörig vorbereitet, noch auflöset; wenn man die Passagien nicht rund und deutlich, sondern schwer, ängstlich, schleppend, oder übereilend und stolpernd machet, und mit allerhand Grimassen begleitet; wenn man alles kaltsinnig, in einerley Farbe, ohne Abwechselung des Piano und Forte singt oder spielet; wenn man den auszudrückenden Leidenschaften zuwider handelt; und überhaupt, wenn man alles ohne Empfindung, ohne Affect, und ohne selbst gerühret zu werden, vorträgt; so daß es das Ansehen hat, als wenn man in Commission für einen andern singen oder spielen müßte: wodurch aber der Zuhörer eher in eine Schläfrigkeit versetzet, als auf eine angenehme

Art unterhalten und belustiget wird; mithin froh seyn muß, wenn das Stück zu Ende ist.

Das XII. Hauptstück.
Von der Art das Allegro zu spielen.

1. §.

Das Wort: Allegro, hat im Gegensatze mit dem Adagio bey Benennung musikalischer Stücke, einen weitläuftigen Begriff: und werden in dieser Bedeutung vielerley Arten von geschwinden Stücken, als: Allegro, Allegro assai, Allegro die molto, Allegro non presto, Allegro ma non tanto, Allegro moderato, Vivace, Allegretto, Presto, Prestissimo, u. d. gl. verstanden. Wir nehmen es hier in dieser weitläuftigen Bedeutung, und verstehen darunter alle Arten von lebhaften und geschwinden Stücken. Wir kehren uns hier im übrigen nicht an die besondere Bedeutung, wenn es eine eigene Art der hurtigen Bewegung charakterisiret.

2. §.

Weil aber die oben erzählten Beywörter, von vielen Componisten, öfters mehr aus Gewohnheit, als die Sache selbst recht zu charakterisiren, und dem Ausführer das Zeitmaaß deutlich zu machen, hingesetzet werden: so können Fälle vorkommen, da man sich nicht allemal an dieselben binden darf; sondern vielmehr den Sinn des Componisten aus dem Inhalte zu errathen suchen muß.

3. §.

Der Hauptcharakter des Allegro ist Munterkeit und Lebhaftigkeit: so wie im Gegentheil der vom Adagio in Zärtlichkeit und Traurigkeit besteht.

4. §.

Die geschwinden Passagien müssen vor allen Dingen im Allegro rund, proper, lebhaft, articuliret, und deutlich gespielet werden. Die Lebhaftigkeit des Zungenstoßes, und die Bewegungen von Brust und Lippenpen, auf Blasinstrumenten; auf Bogeninstrumenten aber der Strich des Bogens, tragen hierzu viel bey. Auf der Flöte muß man mit der Zunge bald hart, bald weich stoßen; nachdem es die Arten der Noten erfodern: und der Stoß der Zunge muß jederzeit mit den Fingern zugleich gehen; damit nicht hie und da in Passagien etliche Noten ausgelassen werden. Man muß deswegen die Finger alle egal, und ja nicht zu hoch aufheben.

5. §.

Man muß sich bemühen, jede Note nach ihrer gehörigen Geltung zu spielen; und sich sorgfältig hüten, weder zu eilen noch zu zögern. Man muß, zu dem Ende, bey jedem Viertheile auf das Zeitmaaß gedenken; und nicht glauben, es sey schon genug, wenn man nur beym Anfange und der Endigung des Tactes mit den übrigen Stimmen zutreffe. Das Uebereilen der Passagien kann entstehen, wenn man, besonders bey steigenden Noten, die Finger zu geschwind aufhebt. Um dieses zu vermeiden, muß man die erste Note der geschwinden Figuren, ein wenig markiren, und anhalten; s. X. Hauptst. 9. §: um so vielmehr, da immer die Hauptnoten ein wenig länger, als die durchgehenden, gehöret werden müssen. Man kann zu dem Ende auch die Hauptnoten, worinne die Grundmelodie liegt, dann und wann mit Bewegung der Brust markiren. Wegen der Noten so unegal gespielet werden müssen, beziehe ich mich auf den 12. §. des vorigen Hauptstücks.

6. §.

Der Fehler des Eilens entsteht auch mehrentheils daraus, daß man auf den Zungenstoß nicht Achtung giebt. Einige stehen in den Gedanken, daß der Stoß zu eben der Zeit geschehe, wenn sie die Zunge an den Gaumen setzen. Sie heben also die Finger mit der Bewegung der Zunge auf; welches aber falsch ist: weil dadurch die Finger der Zunge zuvor kommen. Es muß demnach die Bewegung der Finger, mit dem Zurückziehen der Zunge, welches den Ton giebt, geschehen.

7. §.

Man muß sich besonders vorsehen, langsame und singende Noten, so zwischen Passagien eingeflochten sind, nicht zu übereilen.

8. §.

Man muß das Allegro nicht geschwinder spielen wollen, als man die Passagien, in einerley Geschwindigkeit, zu machen im Stande ist: damit man nicht genöthiget sey, einige Passagien, so etwan schwerer als andere sind, langsamer zu spielen, welches eine unangenehme Aenderung des Zeitmaaßes

Von der Art das Allegro zu spielen.

maaßes verursachet. Man muß deswegen das Tempo nach den schweresten Passagien fassen.

9. §.

Wenn in einem Allegro nebst den Passagien, so aus Sechzehntheilen oder Zwey und dreyßigtheilen bestehen, auch Triolen, welche einmal weniger geschwänzet sind, als die Passagien, mit untermischet sind: so muß man, in Ansehung der Geschwindigkeit, sich nicht nach den Triolen, sondern nach den Passagien selbst richten; sonst kömmt man im Zeitmaaße zu kurz: weil sechzehn gleiche Noten, in einem Tacte, mehr Zeit erfordern, als vier Triolen. Folglich müssen die letztern gemäßiget werden.

10. §.

Bey den Triolen muß man sich wohl in Acht nehmen, daß man sie recht rund und egal mache; nicht aber die zwo ersten Noten davon übereile: damit diese nicht klingen, als wenn sie noch einmal mehr geschwänzet wären; denn auf solche Art würden sie keine Triolen mehr bleiben. Man kann deswegen die erste Note einer Triole, weil sie die Hauptnote im Accorde ist, ein wenig anhalten: damit das Zeitmaaß dadurch nicht übertrieben, und der Vortrag folglich mangelhaft werde.

11. §.

Bey aller Lebhaftigkeit, so zum Allegro erfodert wird, muß man sich dessen ungeachtet niemals aus seiner Gelassenheit bringen lassen. Denn alles was übereilet gespielet wird, verursachet bey den Zuhörern eher eine Aengstlichkeit, als Zufriedenheit. Man muß nur allezeit den Affect, welchen man auszudrücken hat, nicht aber das Geschwindspielen zu seinem Hauptzwecke machen. Man könnte eine musikalische Maschine durch Kunst zubereiten, daß sie gewisse Stücke mit so besonderer Geschwindigkeit und Richtigkeit spielete, welche kein Mensch, weder mit den Fingern, noch mit der Zunge nachzumachen fähig wäre. Dieses würde auch wohl Verwunderung erwecken; rühren aber würde es niemals: und wenn man dergleichen ein paarmal gehöret hat, und die Beschaffenheit der Sache weis; so höret auch die Verwunderung auf. Wer nun den Vorzug der Rührung vor der Maschine behaupten will, der muß zwar jedes Stück in seinem gehörigen Feuer spielen: übermäßig übertreiben aber muß er es niemals; sonst würde das Stück alle seine Annehmlichkeit verlieren.

12. §.

Bey den kurzen Pausen, welche anstatt der Hauptnoten im Niederschlage vorkommen, muß man sich wohl in Acht nehmen, daß man die Noten nach ihnen nicht vor der Zeit anfange. Z. E. Wenn von vier Sechzehntheilen das erste zu pausiren ist; so muß man noch halb so lange als die Pause dem Gesichte nach gilt, warten: weil die folgende Note kürzer seyn muß, als die erste. Eben so verhält es sich mit den Zwey und dreyßigtheilen.

13. §.

Den Athem muß man immer zu rechter Zeit nehmen; auch denselben sorgfältig sparen lernen: damit man einen an einander hangenden Gesang durch unzeitiges Athemholen nicht zertrenne.

14. §.

Die Triller müssen bey lustigen Gedanken munter und geschwind geschlagen werden. Und wenn in den Passagien einige Noten stufenweise unterwärts gehen, und es die Zeit erlaubet, so kann man dann und wann, bey der ersten, oder dritten Note, halbe Triller anbringen: gehen aber die Noten aufwärts; so kann man sich der battements bedienen. Beyde Arten ertheilen den Passagien noch mehr Lebhaftigkeit und Schimmer. Doch muß man sie nicht misbrauchen, wenn man nicht einen Ekel verursachen will; s. das VIII. Hauptst. 19. §.

15. §.

Wie die Noten, welche vor Vorschlägen hergehen, von denselben abgesondert werden müssen, ist im VI. Hauptst. I. Abschnitt, 8. §. gelehret worden.

16. §.

Bey Passagien da die Hauptnoten aufwärts, und die durchgehenden aufwärts gehen, müssen die erstern etwas angehalten und markiret, auch stärker, als die letztern angegeben werden, weil die Melodie in den erstern liegt. Die letztern hingegen können an die erstern sachte angeschleifet werden.

17. §.

Je tiefer die Sprünge in Passagien sind; je stärker müssen die tiefen Noten vorgetragen werden; theils weil sie zum Accorde gehörige Hauptnoten sind; theils weil die tiefen Töne auf der Flöte nicht so schneidend und durchdringend sind, als die hohen.

18. §.

Lange Noten müssen durch das Wachsen und Abnehmen der Stärke des Tones auf eine erhabene Art unterhalten: die darauf folgenden geschwinden

Von der Art das Allegro zu spielen.

schwinden Noten aber, durch einen muntern Vortrag von jenen wieder unterschieden werden.

19. §.

Wenn auf geschwinde Noten unvermuthet eine lange folget, die den Gesang unterbricht; so muß dieselbe mit besonderm Nachdrucke markiret werden. Bey den folgenden Noten kann man die Stärke des Tones wieder etwas mäßigen.

20. §.

Folgen aber auf geschwinde Noten etliche langsame singende: so muß man sogleich das Feuer mäßigen, und die langsamen Noten mit dem darzu erfoderlichen Affecte vortragen; damit es nicht scheine, als ob einem die Zeit darüber lang würde.

21. §.

Schleifende Noten müssen so gespielet werden wie sie angedeutet sind: weil öfters darunter ein besonderer Ausdruck gesuchet wird. Hingegen müssen auch die, so den Zungenstoß verlangen, nicht geschleifet werden.

22. §.

Wenn in einem Allegro assai die zweygeschwänzten Noten, die geschwindesten sind: so müssen mehrentheils die Achttheile mit der Zunge kurz gestoßen, die Viertheile hingegen singend und unterhalten gespielet, werden*. In einem Allegretto aber, wo dreygeschwänzte Triolen vorkommen: müssen die Sechzehntheile kurz gestoßen, die Achttheile aber singend gespielet werden.

* Wenn von kurzen Noten, als Achttheilen oder Sechzehntheilen die Rede ist, daß sie gestoßen werden sollen: so versteht sich auf der Flöte allemal der harte Zungenstoß mit ti dabey. Bey langsamen singenden Noten aber wird der Zungenstoß mit di verstanden: welches ich ein für allemal erinnert haben will.

23. §.

Wenn der Hauptsatz, (Thema) in einem Allegro öfters wieder vorkömmt, so muß solcher durch den Vortrag von den Nebengedanken immer wohl unterschieden werden. Er mag prächtig oder schmeichelnd, lustig oder frech seyn; so kann er doch durch die Lebhaftigkeit oder Mäßigung der Bewegungen der Zunge, der Brust, und der Lippen, wie auch durch das Piano und Forte, dem Gehöre immer auf verschiedene Art empfindlich gemachet werden. Bey Wiederholungen thut überhaupt die Abwechselung mit dem Piano und Forte gute Dienste.

24. §. Die

Das XII. Hauptstück.

24. §.

Die Leidenschaften wechseln im Allegro eben sowohl, als im Adagio öfters ab. Der Ausführer muß sich also in eine jede zu versetzen, und sie gehörig auszudrücken suchen. Es ist demnach nöthig, daß man untersuche, ob in dem zu spielenden Stücke lauter lustige Gedanken vorkommen, oder ob auch andere Gedanken, von verschiedener Art, damit verknüpfet sind. Ist das erstere, so muß das Stück in einer beständigen Lebhaftigkeit unterhalten werden. Ist aber das letztere, so gilt die obige Regel. Das **Lustige** wird mit kurzen Noten, sie mögen, nachdem es die Tactart erfodert, aus Achttheilen, oder Sechzehntheilen, oder im Allabrevetacte aus Viertheilen bestehen, welche sowohl springend, als stufenweise sich bewegen, vorgestellet, und durch die Lebhaftigkeit des Zungenstoßes ausgedrücket. Das **Prächtige**, wird sowohl mit langen Noten, worunter die andern Stimmen eine geschwinde Bewegung machen, als mit punktirten Noten vorgestellet. Die punktirten Noten müssen von dem Ausführer scharf gestoßen, und mit Lebhaftigkeit vorgetragen werden. Die Punkte werden lange gehalten, und die darauf folgenden Noten sehr kurz gemachet, s. V. Hauptst. 21. und 22. §. Bey den Punkten können auch dann und wann Triller angebracht werden. Das **Freche** wird mit Noten, wo hinter der zweyten oder dritten ein Punkt steht, und folglich die ersten präcipitiret werden, vorgestellet. Hierbey muß man sich hüten, daß man sich nicht allzusehr übereile: damit es nicht einer gemeinen Tanzmusik ähnlich klinge. In der Concertstimme kann man es absonderlich, durch einen bescheidenen Vortrag etwas mäßigen, und angenehm machen. Das **Schmeichelnde**, wird durch schleifende Noten, welche stufenweise auf oder nieder gehen; ingleichen durch synkopirte Noten, bey denen man die erste Hälfte schwach angeben, die andere aber durch Bewegung der Brust und der Lippen verstärken kann, ausgedrücket.

25. §.

Die Hauptgedanken müssen von den untermischten wohl unterschieden werden, und sind eigentlich die vornehmste Richtschnur des Ausdruckes. Sind also mehr lustige, als prächtige oder schmeichelnde Gedanken in einem Allegro; so muß auch dasselbe hauptsächlich munter und geschwind gespielet werden. Ist aber die Pracht der Charakter der Hauptgedanken, so muß das Stück überhaupt ernsthafter ausgeführet werden. Ist die Schmeicheley der Hauptaffect, so muß mehr Gelassenheit herrschen.

26. §. Der

Von der Art das Allegro zu spielen.

26. §.

Der simple Gesang muß im Allegro, eben so wohl als im Adagio, durch Vorschläge, und durch die andern kleinen wesentlichen Manieren, ausgezieret und gefälliger gemacht werden: nachdem es jedesmal die vorkommende Leidenschaft erheischet. Das Prächtige leidet wenig Zusatz: was sich aber ja noch etwa dazu schicket, muß erhaben vorgetragen werden. Das Schmeichelnde erfodert Vorschläge, schleifende Noten, und einen zärtlichen Ausdruck. Das Lustige hingegen verlanget nett geendigte Triller, Mordanten, und einen scherzhaften Vortrag.

27. §.

Von willkührlichen Veränderungen leidet das Allegro nicht viel; weil es mehrentheils mit einem solchen Gesange, und solchen Passagien gesetzet wird, worinne nicht viel zu verbessern ist. Will man aber dennoch was verändern, so muß es nicht eher, als bey der Wiederholung geschehen; welches in einem Solo, wo das Allegro aus zwo Reprisen besteht, am füglichsten angeht. Schöne singende Gedanken aber, deren man nicht leicht überdrüßig werden kann, ingleichen brillante Passagien, welche an sich selbst eine hinreichende gefällige Melodie haben, darf man nicht verändern: sondern nur solche Gedanken, die eben keinen großen Eindruck machen. Denn der Zuhörer wird nicht so wohl durch die Geschicklichkeit des Ausführers, als vielmehr durch das Schöne, welches er mit Geschicklichkeit vorzutragen weis, gerühret. Kommen aber durch das Versehen des Componisten, allzuöftere Wiederholungen vor, welche leicht Verdruß erwecken können: so ist in diesem Falle der Ausführer befuget, solches durch seine Geschicklichkeit zu verbessern. Ich sage verbessern, aber ja nicht verstümmeln. Manche glauben, wenn sie nur immer verändern, so sey der Sache schon geholfen; ob sie gleich dadurch öfters mehr verderben, als gut machen.

Das XIII. Hauptstück.
Von den willkührlichen Veränderungen über die simpeln Intervalle.

1. §.

Der Unterschied zwischen einer nach dem italiänischen, und einer nach dem französischen Geschmacke gesetzten Melodie, ist, so weit dieser Unterschied sich auf die Auszierungen des Gesanges erstrecket, im X. Hauptstücke beyläufig gezeiget worden. Man wird daraus ersehen, daß die Melodie, von denen, so nach dem italiänischen Geschmacke componiren, nicht wie von den französischen Componisten geschiehet, mit allen Manieren dergestalt ausgeführet ist, daß nicht noch etwas könne dazu gesetzet, und verbessert werden: und daß es folglich außer denen im VIII. und IX. Hauptstücke gelehreten wesentlichen Manieren, noch andere Auszierungen giebt, welche von der Geschicklichkeit und dem freyen Willen des Ausführers abhängen.

2. §.

Fast niemand der, zumal außerhalb Frankreich, die Musik zu erlernen sich befleißiget, begnüget sich mit Ausführung der wesentlichen Manieren allein; sondern der größte Theil empfindet bey sich eine Begierde, die ihn Veränderungen oder willkührliche Auszierungen zu machen antreibt. Diese Begierde ist nun zwar an sich selbst nicht zu tadeln: doch kann sie, ohne die Composition oder wenigstens den Generalbaß zu verstehen, nicht erfüllet werden. Weil es aber den meisten an der dazu gehörigen Anweisung fehlet: so geht folglich die Sache sehr langsam zu; und es kommen dadurch viele unrichtige und ungeschickte Gedanken zum Vorscheine: so daß es öfters besser seyn würde, die Melodie so, wie sie der Componist gesetzet hat, zu spielen, als sie mehrentheils durch dergleichen schlechte Veränderungen zu verderben.

Veränderungen über die simpeln Intervalle.

3. §.

Diesem Misbrauche nun in etwas abzuhelfen, will ich denen, so es an der hierzu nöthigen Erkenntniß noch mangelt, eine Anleitung geben, wie man bey den meisten und allgemeinen Intervallen über simple Noten, auf vielerley Art, ohne wieder die Harmonie der Grundstimme zu handeln, Veränderungen machen könne.

4. §.

Zu dem Ende habe ich die meisten Arten der Intervalle, nebst dem darzu gehörigen Basse, in eine Tabelle gebracht; s. Tab. VIII.; auch die Harmonie dazu, über dem Basse beziffert: da man denn, nach den dabey befindlichen Nummern oder Figuren, in der Folge der Tabelle, die daraus natürlich fließenden Veränderungen, ganz deutlich wird ersehen, und solche nachgehends, in alle Tonarten, daraus man zu spielen hat, leichtlich versetzen können.

5. §.

Doch begehre ich nicht, durch diese wenigen Exempel, alle Veränderungen, so über die Intervalle zu finden möglich ist, erschöpfet zu haben: sondern ich gebe solches nur vor eine Anleitung für die Unwissenden aus. Wer so weit ist, daß er selbige gehörig anzubringen weis, dem wird alsdenn nicht schwer fallen, mehrere dergleichen zu erfinden.

6. §.

Weil aber diese Exempel, um Weitläuftigkeit zu vermeiden, nur mehrentheils in die Durtöne gesetzet, nichts desto weniger aber ebenfalls in den Molltönen zu gebrauchen sind: so ist nöthig, daß man diejenige Tonart, worinne moduliret wird, sich wohl bekannt mache; um sich die nöthigen b, oder Kreuze, welche nach Beschaffenheit der Tonart, vorgesetzet seyn müßten, gleich einbilden zu können: damit man bey den Versetzungen, nicht ganze Töne vor halbe, und halbe vor ganze nehme, und folglich wider die Verhältnisse der Tonarten verstoße. Man muß auch auf den Baß wohl Achtung geben: ob über der Grundnote die große oder kleine Terze statt finde: und wenn derselbe die Sexte gegen die Oberstimme hat, ob selbige groß oder klein sey; welches in Tab. XIII. bey Fig. 13. und in Tab. XIV. bey Fig. 14. mit mehrerm zu ersehen ist.

Die Exempel, so bey jeder Figur unter einen Bogen eingeschränkt sind, erfodern einerley Veränderungen; weil solche eben denselben Baß zum Grunde haben. Ausgenommen, wenn der Baß durch ein Kreuz erhöhet wird; denn alsdenn muß die Oberstimme dergleichen thun.

Man muß Achtung geben, ob die Bewegungen der Noten, im Einklange stehen bleiben; oder ob die Intervalle eine Secunde, Terze, Quarte, Quinte, Sexte, Septime, über oder unter sich, machen; welches bey dem ersten Tacte eines jeden Exempels zu ersehen ist; daß also die Intervalle, die Ursachen zu den Veränderungen geben.

7. §.

Ueberhaupt muß man bey den Veränderungen allezeit darauf sehen, daß die Hauptnoten, worüber man die Veränderungen machet, nicht verdunkelt werden. Wenn Veränderungen über Viertheilnoten angebracht werden: so muß auch mehrentheils die erste Note der zugesetzten eben so heißen, wie die simple: und so verfährt man bey allen Arten, sie mögen mehr oder weniger gelten, als ein Viertheil. Man kann auch wohl eine andre Note, aus der Harmonie des Basses erwählen, wenn nur die Hauptnote gleich wieder darauf gehöret wird.

8. §.

Lustige und freche Veränderungen, müssen in keine traurige und modeste Melodie eingemenget werden: oder man müßte suchen, solche durch den Vortrag angenehm zu machen; welches alsdenn nicht zu verwerfen ist.

9. §.

Die Veränderungen müssen nur allezeit erst unternommen werden, wenn der simple Gesang schon gehöret worden ist: sonst kann der Zuhörer nicht wissen, ob es Veränderungen seyn. Auch muß man keine wohlgesetzte Melodie, welche alles zureichende Gefällige schon in sich hat, verändern: es sey denn, daß man glaubete, sie noch zu verbessern. Wenn man was verändern will, so muß es auf eine solche Art geschehen, daß der Zusatz im Singenden noch gefälliger, und in den Passagien noch brillanter sey, als er an sich selbst geschrieben steht. Hierzu aber gehöret nicht wenig Einsicht und Erfahrung. Ohne die Setzkunst zu verstehen, kann man nicht einmal dazu gelangen. Wem es nun hieran fehlet, der thut immer besser, wenn er die Erfindung des Componisten seinen eigenen Einfällen vorzieht. Mit vielen auf einander folgenden geschwinden Noten ist es nicht allezeit ausgerichtet. Sie können wohl Verwunderung verursachen, aber nicht so leicht, wie die simpeln, das Herz rühren: welches doch der wahre Endzweck, und das schwereste in der Musik ist. Gleichwohl ist hierinne ein großer Misbrauch eingeschlichen. Deswegen rathe ich, sich in den Veränderungen nicht zu sehr zu vertiefen: sondern vielmehr sich zu befleißigen, einen simpeln Gesang, nobel, reinlich und nett zu spielen. Hängt man vor der Zeit, ehe man noch einigen Geschmack in der Musik erlanget hat, der Veränderungssucht allzusehr nach, so gewöhnet man die Seele dadurch so sehr an die vielen bunten Noten, daß sie endlich keinen simpeln Gesang mehr leiden kann. Es geht derselben in diesem Falle wie der Zunge. Wenn man diese einmal an stark gewürzte Speisen gewöhnet hat, so schmecket ihr keine sonst gesunde einfache Speise mehr. Wenn aber der noble simple Gesang denjenigen, so ihn vorträgt, selbst nicht rühret; so kann er auch bey den Zuhörern wenig Eindruck machen.

10. §.

Ungeachtet ich nun glaube, daß die meisten der in den hierzugehörigen Tabellen gegebenen Exempel deutlich genug sind, zu beweisen, wie vielfältig die Intervalle können verändert werden: so soll doch noch zum Ueberflusse, ein jedes Exempel nach seiner Art, in der Kürze, um es den Lehrbegierigen nützlicher und begreiflicher zu machen, besonders erkläret werden.

11. §.

Man nehme also die Exempel der Veränderungen, nebst dem darzu gehörigen Basse, aus den Tabellen, nach ihrer Ordnung zur Hand; um gleich nachzusehen, wie solche sowohl zu verstehen, als zu gebrauchen sind. Bey einem jeden Abschnitte, weisen die Numern auf die Exempel der simpeln Gänge, aus dem Anfange der Tabelle, so aus Viertheilnoten, und worüber verändert wird, bestehen. Die doppelt über einander gesetzten Noten ohne Strich, zeigen den Accord einer jeden zu verändernden Note; was selbige vor Intervalle, sowohl unter als über sich hat, und woraus die Veränderungen ihren Ursprung nehmen. Die Noten mit einem Striche in die Höhe, so sich in der Mitte der Accorde finden, sind die Hauptnoten des simpeln Gesanges. Die übrigen Noten, worüber die Buchstaben stehen, sind eigentlich die Veränderungen, über die Viertheilnoten zu Anfange eines jeden Exempels, wie folgendermaßen zu ersehen ist.

> Man merke hierbey, daß wenn ich, in Beschreibung der Hauptnoten des Accordes, die Intervalle, welche derselbe in sich hat, anführe; ich solche nicht nach dem Generalbasse von der Grundnote aus, rechne; sondern von der in der Oberstimme zu verändernden Note, entweder über oder unter sich, abzähle.
>
> Diejenigen, welche von der Harmonie und dem Generalbasse gar nichts verstehen, und nur nach dem Gehöre verändern müssen, als denen hauptsächlich zu Gefallen ich hier etwas weitläuftig bin, können sich die Intervalle auf der XVI. Tab. bey Fig. 27. 28. bekannt machen, damit sie solche zum wenigsten nach dem Gesichte finden können. Sie können solche aus der Distanz der Noten, die entweder an der Linie, oder dem Zwischenraume stehen, und wie weit die Sprünge gehen, ersehen.

ersehen. Von einem Zwischenraume auf den andern, ist eine Terze; vom Raume auf die zweyte Linie eine Quarte; bis auf den dritten Raum eine Quinte; vom Raume bis auf die dritte Linie eine Sexte; bis auf den vierten Raum eine Septime; vom Raume bis auf die vierte Linie eine Octave. Um sich diese Exempel recht einzudrücken, thut man wohl, wenn man dieselben einen Ton höher oder tiefer transponiret: da denn die Noten, so hier auf dem Raume stehen, alsdenn auf die Linien, und umgekehrt, die auf den Linien, auf den Raum kommen. Hierdurch kann man sich die Intervalle einer jeden Art leicht bekannt machen. Doch ist allezeit besser, dieselben vermittelst Erlernung des Generalbasses kennen zu lernen.

12. §.

Tab. IX. **Fig.** 1. Der Einklang leidet, wie hier zu sehen ist, keine andern Veränderungen, als die, welche im Accorde liegen; wenn nämlich der Baß auf der Grundnote stehen bleibt, oder stufenweise unterwärts geht. Hat aber der Baß melodische Noten, welche entweder springend oder stufenweise durch Achttheile oder Sechzehntheile, über oder unterwärts gehen: so kann von diesen Veränderungen keine andere gebrauchet werden als (a) (h) (s) (t) (u) um nicht übellautende Klänge zu verursachen.

13. §.

Fig. 2. Von diesen drey Noten, welche aus dem Grundtone C durch die Secunde D in die Terze E aufwärts gehen, hat die erste, in ihrem Accorde, die Terze und Quinte über, und die Quarte und Sexte unter sich, (welches letzte nur eine Wiederholung der Terze und Quinte ist.) Und weil der Accord aus dreyen Tönen, nämlich aus der Terze und Quinte über den Grundtone besteht; so geschieht die Wiederholung durch die Octave, entweder tiefer oder höher: welches ich ein vor allemal erinnert haben will. Die zweyte Note D, hat die Terze und Quinte, (welche Quinte die Grundnote des Basses ist,) unter, die Quarte und Sexte aber, über sich. Die dritte Note E, (als die Terze über dem Basse) hat Terze und Sexte sowohl über, als unter sich; und werden auf diese Art, die Veränderungen gemacht, wie (n) die obersten, und (z) die untersten Intervalle des Accords, zeigen.

14. §.

Fig. 3. Bey diesen dreyen unter sich gehenden Noten, hat es nicht gleiche Bewandniß: weil selbige in der Quinte über dem Basse anfangen, und stufenweise in die Terze gehen; da denn die erste Note D die Terze und Quinte, (welche Quinte die Grundnote im Basse ist,) unter, die Quarte und Sexte aber über sich hat. Die zweyte Note C hat die Terze,
kleine

kleine Quinte, und Septime (welche letzte die Grundnote des Basses ist,) unter, die übermäßige Quart, und Sexte aber, über sich. Die dritte Note H (als Terze über dem Basse,) hat die Terze und Sexte sowohl über, als unter sich. (v) s. Tab. X. zeiget die obersten, und (w) die untersten Intervalle des Accords an.

15. §.

Tab. X. **Fig.** 4. Ob gleich diese vier Noten, den dreyen, bey Fig. 2. ähnlich zu seyn scheinen: so machet doch der darunter befindliche Baß einen Unterschied; weil diese in der Terze, jene aber im Grundtone anfangen; allwo das Intervall bey der ersten Note, die Quarte unter sich, s. in Fig. 2. (e), dieses aber bey jeder Note, die Terze sowohl unter, als über sich hat, s. (a) (b); weswegen bey beyden nicht einerley Veränderungen statt finden. Die erste Note E hat also zu ihrem Accorde, sowohl die Terze und Sexte unter, als über sich. Die zweyte Note F hat die Terze und kleine Quinte unter, die übermäßige Quarte und Sexte über sich. Die dritte Note G hat die Terze und Quinte unter, die Quarte und Sexte über sich. Die vierte Note A hat die Terze über, die Terze, Quinte und Sexte unter sich: weil das Intervall von A ins H unterwärts eine Septime ausmachet, wovon bey Fig 13, ein mehreres berichtet werden soll.

16. §.

Fig. 5. Diese fünf unterwärts gehenden Noten, haben eben so wenig Gleichheit mit den dreyen bey Fig. 3, als die vorigen bey Fig. 4. mit denen bey Fig. 2. Obschon die erste A, über der Baßnote F, die Terze ist; so muß doch selbige als eine Sexte vom Grundtone C angesehen werden; weil dieser Gang in der Tonart C, und nicht im F moduliret: da sonst anstatt der durchgehenden Note H, zwischen A und C, müßte B genommen werden. Die erste Note A, hat zu ihrem Accorde sowohl die Terze und Sexte unter, als über sich. Die zweyte Note G, hat die Terze und Quinte unter, die Quarte und Sexte über sich. Die dritte Note F, hat die Terze und kleine Quinte unter, die übermäßige Quarte und Sexte über sich. Die vierte Note E, hat die Terze und Sexte sowohl unter, als über sich. Die fünfte Note D, hat die Terze und Quinte unter, die Quarte und Sexte über sich; und ist bey (l), der zu jeder Note gehörige Accord durch Sechzehntheile ausgedrücket zu finden.

17. §.

Tab. XI. Fig. 6. Diese drey Noten müssen mit denen von Fig. 4. ebenfalls nicht verwechselt werden. Ob sie schon beyde ihren Anfang in der Terze nehmen, und stufenweise aufwärts gehen: so ist doch der Unterschied, daß jene in ihrem natürlichen Tone moduliren, diese aber durch das Fis, als die übermäßige Quarte, in die Tonart G ausweichen. Und weil der Baß, indem die Oberstimme aus der Terze in die Quarte geht, auf demselben Tone stehen bleibt; so kann anstatt der Quarte, sowohl die Sexte, als Secunde über dem Basse, es sey in der Tiefe oder Höhe, genommen werden: weil selbige zu der Harmonie über dem Basse gehören, s. (h) (ll). Die erste Note im Basse, kann sowohl den puren Accord, als Quinte und Sexte in der Harmonie, ohne Nachtheil der Veränderungen, über sich haben: und hat alsdenn die erste Note E die Terze, Quinte und Sexte unter, und die Terze, Quarte und Sexte über sich. Die zweyte Note Fis, hat sowohl die Terze und Sexte unter, als über sich. Die dritte Note G, hat die Quarte und Sexte unter, die Terze und Quinte aber über sich. Die zwo Noten G und A, welche in dem Accorde der ersten Note E stecken, machen im Generalbasse Quinte und Sexte, und folglich eine Dissonanz, so man auf einem blasenden Instrumente nicht anders als mit gebrochenen Noten ausdrücken kann, s. (m) (q); da bey (m) die zweyte Note G die Quinte, die vierte Note A die Sexte; bey (q) hingegen die dritte Note die Sexte, und die vierte die Quinte über dem Basse ist.

18. §.

Weil die übermäßige Quarte, (vom Basse zu rechnen) gemeiniglich die Secunde nebst der Sexte zur Gesellschaft hat: so können dergleichen Veränderungen wie über diesem Fis zu finden, bey allen vorfallenden ähnlichen Gelegenheiten, wenn man nur auf den Baß sieht; ob selbiger mehr oder weniger, als eine Viertheilnote zu machen hat, angebracht werden. Hiernach muß man sich denn mit den Veränderungen richten; daß dieselben entweder geschwinder oder langsamer gespielet, oder wo sichs thun läßt, die Noten auch wohl wiederholet werden: worzu die bey (c) (f) (g) (l) (t) (u) (v) dieser Figur sich schicken.

19. §.

Um diese drey Noten, als: Secunde, Quarte und Sexte von der Harmonie, leicht zu kennen, ist als eine Erleichterung vor die Anfänger zu merken, daß selbige entweder auf, oder zwischen den Linien stehen,

weil

Veränderungen über die simpeln Intervalle.

weil es Terzensprünge sind. Was nun in der Höhe auf der Linie steht, das kömmt ordentlicher Weise, in der Octave tiefer, zwischen die Linien; welches man, bey den unter einander gesetzten Noten, deutlich sehen kann. Diese Noten machen an und vor sich, ohne den Baß dazu, einen reinen Accord, mit dem Basse aber eine Dissonanz; weil solcher um einen Ton tiefer, als der Accord steht. Deswegen muß derselbe unter, die Oberstimme aber über sich, resolviret werden.

20. §.

Fig. 7. Von diesen zwo Noten, hat die erste E sowohl die Terze und Sexte unter, als über sich. Die zweyte Note D hat die Terze und Quinte unter, die Quarte und Sexte über sich; und kann die Veränderung der ersten mit gebrochenen Noten ausgedrücket werden, wie bey (c) (e) zu sehen ist. Bleibt die Harmonie zu dem E länger, als die Zeit einer Viertheilnote beträgt, stehen; so können die Veränderungen, nach Belieben, entweder langsamer gemacht, oder auch wiederholet werden. Ist das erstere nöthig, so darf man sich nur vorstellen, als wenn die Noten einmal weniger geschwänzet wären. Bey der Wiederholung können die bey (a) (b) (c) (e) (f) (g) (h) (i) (k) (l) (ll) (m) (n) (o) (u) dienen.

21. §.

Tab. XII. Fig. 8. Obgleich die Sprünge, in diesem unter einen Bogen eingeschränketen Exempeln, aus dreyerley verschiedenen Intervallen, als Quinte, Septime, und Octave bestehen: so haben doch selbige alle einerley Baßnoten zum Grunde, folglich auch einerley Accorde; wie die zweymal übereinander gesetzeten Noten zeigen: ausgenommen der Sprung in die Septime, als welche bey Endigung der Manier, vor der Resolution in die Terze, besonders muß gehöret werden, um solche von dem Octavensprunge zu unterscheiden. Außer diesen können die hier befindlichen Veränderungen, so wohl über dem einen, als über dem andern Intervalle gebrauchet werden. Um der Ordnung willen habe ich einem jeden Exempel sechs Veränderungen beygefüget; da denn über den Sprung in die Quinte, die bey (a) (b) (c) (d) (e) (f); über den in die Septime, die bey (g) (h) (i) (k) (l) (ll); und über den in die Octave, die bey (m) (n) (o) (p) (q) (r) gehören. Sollte bey diesen dreyen Exempeln, anstatt der ersten Note G, eine Pause stehen, so behält doch die zweyte Note von jedem, als D, F, G, eben denselben Accord: und kann man alsdenn die Veränderungen über die Note, an deren statt die

126 Das XIII. Hauptstück. Von den willkührlichen

Pause steht, weglassen, und die über das zweyte Viertheil gehörigen, nach Beschaffenheit der Intervalle; wie nicht weniger folgende, nämlich die bey (s) (t) (u) (v) (w) (x) über D ins E, die bey (y) (z) (aa) (bb) (cc) (dd) über F ins E, und die bey (ee) (ff) (gg) (hh) (ii) (kk) über G ins E gebrauchen.

22. §.

Fig. 9. Die zwo ersten Noten, haben einerley Accord, weil der Baß darunter auf einem Tone stehen bleibt, und die Bewegung der Oberstimme aus dem Grundtone in die Terze aufwärts geht. Die erste Note davon hat die Quarte und Sexte unter, und die Terze und Quinte über sich. Die zweyte Note E, als Terze über dem Basse, hat so wohl die Terze und Sexte unter, als über sich, und ist wegen der Veränderungen mit Fig. 7. gleicher Art.

23. §.

Tab. XIII. **Fig.** 10. Diese zwo ersten Noten, liegen in der Tonart F; haben auch einerley Baß: und weil die erste die Quinte über dem Basse ist; so hat selbige die Terze und Quinte unter, und die Quarte und Sexte über sich. Die zweyte hat die Quarte und Sexte unter, die Terze und Quinte über sich. Die dritte als Terze vom C hat so wohl die Terze als Sexte unter, als über sich.

24. §.

Fig. 11. Bey diesen dreyen Noten hat es nicht gleiche Bewandniß: weil das erste Intervall eine Quinte auf=, und das andere eine Terze unterwärts machet. Und weil solches aus dem Grundtone fließet, so können beyde Noten nicht einerley Baß haben; sondern die zweyte Note G, welche einen Terzensprung ins E wieder zurück machet, muß, über dem Basse, ordentlicher Weise die Sexte, und die folgende Note E die Terze seyn. Aus den Accorden ist zu sehen, daß das C die Quarte und Sexte unter, und die Terze und Quinte über sich; das G, die Quarte und Sexte unter, die Terze und Quinte über sich; das E so wohl die Terze und Sexte unter, als über sich hat. Diese zwo letzten Noten, G E sind mit denen im dritten Exempel bey Fig. 8, wenn anstatt der ersten Note eine Pause vorkömmt, von gleicher Eigenschaft, und leiden auch einerley Veränderungen.

25. §.

Fig. 12. Von diesen zwo Noten, welche einen Sextensprung unterwärts machen, ist die erste die Quinte über dem Basse; folglich hat

dieselbe

Veränderungen über die simplen Intervalle.

dieselbe in ihrem Accorde, die Terze und Quinte unter, die Quarte und Sexte aber über sich. Die zweyte, als Terze über dem Basse, hat so wohl die Terze und Sexte unter, als über sich. Wo bey diesen Intervallen die erste Note steht, es sey auf dem Zwischenraume oder der Linie, so kommen die dazu gehörigen Hauptnoten auf eben solchen Ort, s. (b). Will man dieses Intervall mit mehrern Noten ausfüllen, so sind die Noten auf den Linien, nämlich F D durchgehende, s. (c). Soll die Ausfüllung durch zwo Triolen geschehen, so können die zwo Arten bey (i) (n) zum Beyspiele dienen.

26. §.

Fig. 13. Zu diesen Noten A H, welche in die Septime unterwärts springen, hat der Baß ordentlicher Weise die Terze, welche mehrentheils mit Quinte und Sexte, wie in der VIII. Tabelle zu sehen, beziffert wird. Die zwo Noten machen Terzen gegen die Grundnoten; die erste hat in ihrem Accorde die Terze über, die Terze, Quinte, Sexte und Octave unter sich; die zweyte hat die Terze und Sexte so wohl über, als unter sich. Hierbey ist zu erinnern, daß öfters die Baßnote durch ein Kreuz erhöhet wird: wornach die Oberstimme sich richten muß, um nicht F mit Fis zu vermischen: welches sonst einen widrigen Klang verursachen würde. Man nehme die zwo Veränderungen bey (m) (n) da die eine F, die andere Fis in sich hat, deswegen zum Muster. Wenn bey diesem Intervalle die Noten entweder auf dem Zwischenraume, oder auf der Linie stehen, so kommen die, so zum Accorde gehören, (wie bey Fig. 12.) auf eben solchen Ort, wie die erste, (a) (c). Zu Ausfüllung dieses Intervalls gehören sechs, stufenweise nach einander gehende Noten, s. (k); welches auch mit zwo Triolen geschehen kann, s. (ll); ingleichen mit acht Noten so wohl stufenweise, s. (f) (g), als auch mit Terzensprüngen, s. (i).

27. §.

Tab. XIV. **Fig. 14.** Dieses Exempel, ist wegen der Intervalle, mit Fig. 13. einerley: nur daß jenes im Dur, und dieses im Moll moduliret. Und weil zu den ersten zwey Intervallen einerley Baß ist; so können selbige auch einerley Veränderungen haben. Bey dem dritten von diesen dreyen Intervallen, allwo der Baß durch ein Kreuz erhöhet, s. (t), und die Oberstimme folglich aus der großen zur kleinen Sexte wird, muß in derselben so wohl das G in Gis, als das B in H verwandelt werden, s. (u). Um nun überhaupt dieses Intervall, welches vor den Einschnitten

ten sehr öfters vorkommt, sich recht bekannt zu machen, nehme man das gegenwärtige und vorhergehende Exempel zum Muster. Wenn nämlich solche zwo Noten, so einen Terzensprung unterwärts machen, auf den Linien stehen; so kommen die Hauptnoten der Manieren ebenfalls auf die Linien: stehen sie auf dem Zwischenraume, so kommen die Hauptnoten auch auf denselben. Zur ersten Note hat der Baß ordentlicher Weise die Sexte zur Harmonie. Ist es die große Sexte, und der Baß geht einen ganzen Ton überwärts: so hat die Oberstimme die kleine Terze über sich, und kann auch um eine Manier zu machen, noch eine Terze höher gehen, welche von der ersten Note an, eine Quinte ausmacht. Diese Quinte ist die Terze über dem Basse: und wenn die Terze klein ist, muß die Quinte auch klein seyn, s. (m). Ist aber in der Harmonie die kleine Sexte vorhanden, und der Baß, welcher in diesem Exempel durch ein Kreuz erhöhet worden, geht nur durch einen halben Ton überwärts; so muß diese erwähnte kleine Quinte ebenfalls erhöhet, und in die vollkommene Quinte verwandelt werden, s. (n). Diese verschiedenen Arten kommen nur in Molltönen vor. Bey den Durtönen gehöret zu der Auszierung der Note in der Oberstimme allezeit die große Terze und reine Quinte.

28. §.

Fig. 15. Bey den Ligaturen, oder Bindungen, wo der Baß durch die Septime bindet, und entweder in die Sexte oder Terze, welches in Ansehung der Oberstimme einerley ist, sich auflöset, kann nach der gebundenen Note, die erste Bewegung gemeiniglich einen Quartensprung, welches die Terze über dem Basse ist, in die Höhe machen; solches auch wohl zweymal so fortsetzen: das drittemal aber, muß anstatt der Quarte die Sexte genommen werden, s. (a). Man kann auch, anstatt der Quarte, die Septime, oder Quinte von unten nehmen, s. (e) (k); und je öfter man mit diesen Intervallen, von oben oder unten, wechselsweise verfährt, je angenehmer ist es dem Gehöre. Man kann auch bey diesen simpeln Intervallen der Manier, den zwischen denselben liegenden Raum, nach Belieben, mit Noten ausfüllen. Die übrigen Veränderungen, können willkührlich angebracht werden.

29. §.

Fig. 16. Dieser Gang, welcher mit Quinte und Sexte abwechselt, würde dem Gehöre, ohne etwas zuzusetzen, in die Länge verdrüßlich fallen. Deswegen können diese Veränderungen von (a) bis (e) zum Muster dienen. Man wird hierbey zugleich sehen, daß die Veränderungen

Veränderungen über die simpeln Intervalle.

in der Folge nicht allezeit von einerley Art seyn müssen; welches hauptsächlich bey Wiederholung der Gedanken zu beobachten ist: damit man zum zweytenmale, entweder etwas zusetze, oder abnehme. Wenn z. E. die zweene Tacte bey (f) zu wiederholen wären, und man solche zum zweytenmale eben so spielete, wie sie geschrieben sind; so würde der Zuhörer dadurch nicht so befriediget werden, als wenn man, anstatt des simpeln Gesanges, eine von den folgenden Veränderungen, unter (g) (h) (i) (k) erwählete. Denn wenn das Thema, oder der Hauptsatz, durch die Transposition verlängert wird; so müssen die Veränderungen nicht in einerley Art Noten fortgesetzet werden: sondern man muß davon bald abgehen, und in der Folge etwas zu machen suchen, welches dem Vorigen nicht ähnlich ist. Denn das Ohr wird mit dem, was es schon im Voraus vermuthet hat, nicht gerne befriediget, sondern will immerfort betrogen seyn.

30. §.

Tab. XV. **Fig.** 17. Wenn im Langsamen etliche geschwänzte Noten stufenweise auf- oder unterwärts gehen, selbige aber bey gewissen Gelegenheiten nicht cantabel genug zu seyn scheinen, so kann man nach der ersten und dritten Note, eine kleine zusetzen, um den Gesang desto angenehmer zu machen, s. (a) (c); und müssen solche mit dem Zusatze ausgedrücket werden, wie bey (b) (d) zu sehen ist; (e) (f) sind Veränderungen über diesen Gang. Mit den unter sich gehenden Noten, hat es gleiche Bewandniß, und müssen die bey (g) (i) wie bey (h) (k) gespielet werden. (l) (ll) (m) sind Veränderungen über diese fallenden Noten.

31. §.

Fig. 18. Bestehen dergleichen Noten aus fallenden, s. (a), oder steigenden Terzensprüngen, s. (i); so kann man nach einer jeden Note, eine kleine, welche man auf französisch port de voix nennet, zusetzen, s. (b) und (k). Vom (c) bis (h) sind andere Manieren über die fallenden; und von (l) bis (p) über die steigenden Terzensprünge. Diese Art Noten mögen mehr oder weniger geschwänzet seyn; wenn sie nur cantabel sind, so kann man doch allezeit solcher Veränderungen sich darüber bedienen. Meine Absicht ist nur wegen der Intervalle welche in cantabeln Stücken am meisten vorzukommen pflegen. Wenn dergleichen viele auf einander folgen, und man setzet nicht etwas zu, so wird der Zuhörer leicht ermüdet. Die zwo Noten bey (q) sind mit den zwo letzten Sechzehntheilen bey (a) einerley: folglich können auch die Veränderungen, so über

R die

die Zeit des zweyten Achttheils von (a) bis (h) gehören, darüber gemacht werden. Die zwo Noten bey (r) haben mit denen von (i) biß (p) gleiche Bewandniß.

32. §.

Fig. 19. Wenn im Langsamen etliche Triolen stufenweise auf= oder unterwärts gehen; da die dritte Note von der einen, und die erste Note von der folgenden Triole, entweder auf eben demselben Tone, oder die erste der folgenden Triole, um einen Ton höher, als die vorhergehen= de steht; so kann man vor die erste allezeit einen Vorschlag machen, s. (a). Gehen aber deren viele nacheinander unterwärts; so kann über der ersten allezeit ein halber Triller ohne Nachschlag, (da der Finger nur zweymal niederschlägt) gemacht, und die zwo folgenden Noten daran geschleifet werden, s. (b). Will man die Triolen in geschwindere Noten verwan= deln; so stelle man sich die bey (c) vor, als wenn es, anstatt Zweyvier= theiltactes, Sechsachttheiltact wäre, und setze zu einem jeden Achttheile noch eine Note zu, wie die Sechzehntheile bey (d) zeigen. Also kann man bey verschiedenen Arten der Triolen, nachdem es die Intervalle leiden, verfahren.

33. §.

Bey Noten, die nicht beständig nach einander stufenweise unter oder über sich gehen, sondern wo deren zwo auf einerley Tone sich befinden, und die erste davon im Aufheben des Tactes steht, kann man vor die zwerte, im Niederschlage, entweder einen Vorschlag, s. (e) (g), oder über dieselbe einen Triller machen, und die folgende Note anschleifen, s. (f) (h). Wenn aber deren etliche stufenweise unterwärts gehen; kann vor einer jeden ein Vorschlag, s. (i), oder über der im Niederschlage ein Triller, s. (k), ge= machet werden.

34. §.

Fig. 20. Wenn das Intervall in die Quarte über sich im Aufhe= ben des Tactes anfängt, und im Langsamen, da der Baß pausiret, vor= kömmt; so können die Veränderungen bey (a) (b) (c) (d) (e) darüber gemacht werden. Findet die kleine Terze in der Tonart statt; so kann man sich der halben Töne bedienen, s. (f) (g). Wenn zwo Noten, im Langsamen, stufenweise nach einander hinauf oder herunter gehen, sie mögen eine Pause, oder eine Note von mehrerer Geltung vor sich ha= ben; auch mag die dritte Note, mit oder ohne Punct, unter= oder auf= wärts gehen: so kann man allezeit eine kleine Note zwischen beyde setzen, welche

Veränderungen über die simpeln Intervalle.

welche bey dem Heruntergehen, s. (h), eine Stufe höher, bey dem Hinaufsteigen aber, s. (i), zwo Stufen höher kömmt.

35. §.

Fig. 21. Bey den Einschnitten, im Langsamen, wo der Gesang durch eine Pause unterbrochen wird, und welche aus einer, s. (a), oder zwo Noten, s. (b), welche letztern einen Terzensprung unterwärts machen, (es mag die große oder kleine Terze, im Aufheben oder Niederschlagen des Tactes seyn), bestehen, ist zu merken, daß die einzelne Note, s. (a), nebst dem Vorschlage einen Triller verlanget. Bey dem Terzensprunge, s. (b), verfährt man auf gleiche Weise: doch muß man den Triller ohne Nachschlag machen, und kann, an dessen statt, die dazwischen fehlende Note dem Triller angeschleifet werden. Diesen Terzensprung muß man fast allezeit so betrachten, als wenn die kleine Note dazwischen stünde: wie denn auch die itzigen Componisten es mehrentheils so zu setzen pflegen: weil dieser Sprung an sich selbst, im Langsamen, nicht singend genug ist.

36. §.

Steht über der Pause ein Bogen mit dem Punkte, welches eine **Fermate, Pausa generalis,** oder **ad libitum** genennet wird, auch so wohl im Allegro, als Adagio vorkömmt: so kann der Triller, nach Belieben, etwas lange geschlagen werden; doch nothwendig ohne Nachschlag, weil es die folgenden Noten nicht erlauben: indem solche in einer gelassenen und schmeichelnden Art, geendiget werden müssen, s. (c). Da aber solches in der Ausübung schwerer ist, als es dem Auge nach scheint, auch nicht ein jeder die gehörige Einsicht hat, wie es eigentlich, nach der von vielen Zeiten her eingeführten Regel soll gespielet werden; so finde ich vor nöthig, solches erstlich mit Noten auszudrücken, s. (d), und hernach durch einige Anmerkungen zu erklären. Diese sind folgende: Man nehme die zwey kleinen Sechzehntheile, vor der weißen Note worüber der Triller steht, in gleicher Geschwindigkeit des Trillers; lasse den Ton, unter währendem Triller, nach und nach zu= und abnehmen; und stelle sich die Zeit des Trillers von vier langsamen Achttheilen vor. Wenn nun solche verflossen, so lasse man den Finger, mit welchem geschlagen wird, unter Verlierung des Tones liegen, aber auch nicht länger, als es die Zeit der dreymal geschwänzten Note erfodert, welches alsdenn die zweyte von den folgenden vier Zwey und dreyßigtheilen machet. Bey dem Vorschlage vor der dritten Note, gebe man einen kleinen Druck oder Hauch mit der

Bruſt, und endige die übrigen zwo Noten mit einem verlierenden Piano. Zu den übrigen Einſchnitten, bey (e) (f) (g) (h) welche ſonſt mehrentheils nur Vorſchläge oder Triller verlangen, können auch die folgenden Exempel unter Fig. 22. 23. 24, ſo über die Intervalle in die Terze, Quarte und Quinte unter ſich gerichtet ſind, im Langſamen, als Veränderungen angewendet werden.

37. §.

Fig. 22. Obgleich dieſe zwo ſimpeln Noten E C aus Viertheilen beſtehen; ſo kann man doch die folgenden Veränderungen auch über den Einſchnitt bey (e) aus Fig. 21., welcher aus Achttheilen beſteht, gebrauchen. Man muß ſich nur vorſtellen, als ob die Noten der Veränderungen noch einmal mehr geſchwänzt wären. Ueber den Einſchnitt bey (f) aus demſelben Exempel, wo das Intervall nur einen Ton unter ſich geht, finden gleichfalls dieſe Veränderungen ſtatt, ausgenommen die bey (a) (b) (f) (o); und wird alsdenn nur die ſimple Note C in D verwandelt. Will man ſich auch allenfalls der zwo Veränderungen bey (f) (o) bedienen, ſo muß man anſtatt der letzten Note D das darüber befindliche F nehmen.

38. §.

Tab. XVI. **Fig.** 23. Dieſe Veränderungen, können über dem Einſchnitte bey (g) Fig. 21. auf gleiche Art angebracht werden: weil der Baß mehrentheils in der Harmonie der erſten Note F ſtehen bleibt.

39. §.

Fig. 24. Dieſe Veränderungen über den Quintenſprung, kann man über dem Einſchnitte bey (h) Fig. 21. machen. Finden ſich die zwo erſten Noten aus dieſen dreyen Exempeln, als: E C, F C, G C, in einer Melodie nacheinander: ſo kann man aus einem jeden Exempel ſolche Veränderungen darüber aufſuchen, die von einerley Art ſind, und mit denſelben abwechſeln. Da nun die zweyte Note C in dieſen dreyen Exempeln keine Veränderungen hat: ſo kann man alsdenn, wenn es nöthig iſt, die Noten der über dem vorigen Tone gemachten Veränderung, (doch die erſte Note davon ausgenommen), wiederholen. Z. E. Man wollte die Veränderungen bey (e) aus Fig. 22. anbringen, da die erſten Noten E G C heißen; ſo mache man aus der Viertheilnote C ein Achttheil, und wiederhole die zwey Sechzehntheile G E. Bey (e) aus Fig. 23, mache man es eben ſo; und bey (d) aus Fig. 24, wiederhole man die drey letzten Sechzehntheile nach der Note C, (welches C ebenfalls zum Sechzehntheile

Veränderungen über die simpeln Intervalle.

zehntheile wird,) so behält dieser veränderte Gesang einen Zusammenhang. Auf solche Art, kann man sich alle diese Veränderungen zu Nutze machen, wenn man nur die Arten der Noten, so sich auf einander schicken, beobachtet; aus jedem Exempel dasjenige erwählet, was man zu der Stelle, die man ausziern will, das füglichste zu seyn glaubet; und also, wie die Bienen, von verschiedenen Blumen den Honig zusammen trägt.

40. §.

Fig. 25. Sehr langsame Sechzehntheile mit Punkten, können dem Gehöre leicht verdrüßlich fallen; besonders wenn solche aus lauter Consonanzen bestehen, als aus: Terze, Quinte, Sexte, Octave, welche die Leidenschaften zwar in Ruhe setzen, durch die Länge aber einen Ekel verursachen; so ferne nicht dann und wann einige Dissonanzen, als: Secunde, Quarte, Septime, None, aus welchen die Vorschläge ihren Ursprung haben, und die zuweilen mit halben Trillern oder Mordanten zu endigen sind, mit untermischet werden. Aus diesem Exempel ist zu sehen, auf was Art die punktirten Noten, welche sonst mehr zur Pracht und Ernsthaftigkeit, als zum Cantabeln sich schicken, können angenehm gespielet werden. Man muß nämlich die Note, hinter welcher ein Punkt steht, und welche folglich am längsten gehöret wird, an der Stärke wachsen lassen; unter dem Punkte aber den Athem mäßigen. Die Note nach dem Punkte muß allezeit sehr kurz seyn. Steht ein Vorschlag davor; so muß man mit demselben verfahren, wie itzt von der langen Note gesaget worden: weil er anstatt der Note, wovor er steht, gehalten wird. Die Note selbst bekömmt alsdenn die Zeit von dem Punkte; und muß also schwächer seyn, als der Vorschlag, s. (a). Von den drey kleinen Noten bey (b) welche ein Mordant sind, muß die erste mit dem Punkte so lange gehalten werden, als es die Zeit der darauf folgenden großen Note erfodert. Die übrigen zwo kleinen, nebst der großen Note, kommen alsdenn in die Zeit des Punktes, und geschieht solches in der Geschwindigkeit, durch zweymaliges Auf- und Zumachen des Fingers. Es muß auch, unter dieser Bewegung, der Athem gemäßiget werden. Die vier kleinen Noten, s. (c), machen einen Doppelschlag, und kömmt die letzte davon in die Zeit des Punktes, muß auch anstatt dessen gehalten werden. Die Mäßigung des Athems muß ebenfalls unter den kleinen Noten geschehen. Mit den übrigen von (d) bis (ll) hat es gleiche Bewandniß; ausgenommen, daß die kleinen Noten bey (e) und (f) halbe Triller machen.

134 Das XIII. Hauptstück. Von den willkührlichen

Die Noten bey (m) (n) kommen öfters bey Cadenzen vor, allwo die Doppelschläge sich sehr wohl hinschicken.

4 . §.

Fig. 26. Diese zwo kleinen Noten, s. (a) (b) (c) (d) (e) (f) (g) so aus Terzensprüngen bestehen, nennet man den Anschlag, und bedienen sich dessen, bey weitläuftigen Sprüngen, die Sänger, um den hohen Ton sicher zu fassen. Solcher kann bey den steigenden Intervallen, als in die Secunde, Terze, Quarte, Quinte, Sexte, Septime, und Octave, vor langen Noten, so wohl im Aufheben als Niederschlagen, wo man sonst keine Manieren machen will, angebracht werden. Er muß aber sehr geschwind, jedoch schwach, mit der Note verbunden werden. Die Note selbst muß etwas stärker als die zwo kleinen seyn. Der in die Secunde, Quarte und Septime, s. (a) (c) (f), ist gefälliger, als der bey den übrigen Intervallen; und thut es also bessere Wirkung, wenn die erste kleine gegen die folgende Hauptnote, nicht einen ganzen, sondern halben Ton ausmacht, s. (c) (f). Ob nun wohl dieser Anschlag, im Singen und Spielen, einen zärtlichen, seufzenden, und gefälligen Affect ausdrücket: so rathe ich doch nicht, daß man mit demselben allzuverschwenderisch umgehe; sondern daß man ihn vielmehr selten anbringe: weil das, was dem Gehöre sehr gefällig ist, dem Gedächtnisse desto eher bekannt wird; der Ueberfluß in einer Sache aber, wie schön sie auch immer seyn mag, in die Länge einen Ekel verursachen kann.

42. §.

Fig. 27. Wenn lange Noten in Sprüngen stehen, und man sonst keine Veränderung machen will; so können dieselben durch die, zwischen diesen Sprüngen liegenden Haupt- und durchgehenden Noten, ausgefüllet werden. Die kleinen geschwänzten Noten deuten bey (a) die durchgehenden, und die Viertheile, die zum Accorde gehörigen Hauptnoten, an; wie denn die erstern in die Zeit der vorhergehenden gehören, auch selbigen kurz angeschleifet werden müssen. Bey (b) bis (g) sind so wohl die durchgehenden, als die Hauptnoten, in ihrer Geltung, wie solche in den Tact eingetheilet werden müssen, ausgedrücket. Die zwey Intervalle: Terze, und Quarte, haben keine Hauptnoten aus dem Accorde zwischen sich, sondern nur durchgehende.

43. §. Fig.

43. §.

Fig. 28. Bey den unter sich fallenden Intervallen, hat es mit den durchgehenden und Hauptnoten die Bewandniß, daß die kleinen oder durchgehenden Nötchen in die Zeit der folgenden gehören, und auch an dieselben geschleifet werden müssen. Die aber zwischen den Quartensprüngen, gehören so wohl bey den steigenden als fallenden, in die Zeit der vorhergehenden. Die vorhaltenden kleinen Noten gehen bey dieser Art von Intervallen, wo kein Aufenthalt noch Triller statt findet, von den im VIII. Hauptstücke enthaltenen Regeln ab: und wie jene die Hälfte der folgenden Note gelten; so müssen diese hingegen sehr kurz gemachet werden.

44. §.

Alle diese von den Veränderungen gegebenen Regeln nun, sind zwar hauptsächlich nur auf das Adagio gerichtet, weil man in demselben die meiste Zeit und Gelegenheit zu verändern hat. Dessen ungeachtet wird man doch auch viele davon im Allegro brauchen können. Die im Allegro überlasse ich eines jeden seinem eigenen Nachdenken. Wie aber einige von den obbeschriebenen Veränderungen in einem Adagio anzuwenden sind; solches zeige ich im Hauptstücke vom Adagio, in einem besonders darzu verfertigten Exempel. Was für eine Art des Vortrages, absonderlich in Ansehung der Verstärkung oder Schwächung des Tones, bey Ausführung aller dieser, bey jeder Figur gezeigter Veränderungen, statt habe: wird man am Ende des Hauptstücks vom Adagio, vom 25 bis zum 43. §. beysammen finden können.

Das XIV. Hauptstück.
Von der Art das Adagio zu spielen.

1. §.

Das Adagio machet gemeiniglich den bloßen Liebhabern der Musik das wenigste Vergnügen, und sind so wohl die meisten Liebhaber, als auch oft gar die Ausführer der Musik selbst, wofern es ihnen an der gehörigen Empfindung und Einsicht fehlet, froh, wenn das Adagio in einem Stücke zu Ende ist. Ein wahrer Musikus aber kann sich im Adagio sehr hervor thun, und Kennern seine Wissenschaft zeigen. Weil es aber nichts destoweniger ein Stein des Anstoßes bleibt, so werden kluge Tonkünstler ohne mein Anrathen sich nach ihren Zuhörern und Liebhabern bequemen; um hierdurch so viel leichter, nicht nur die ihren Wissenschaften zukommende Achtung zu erwerben, sondern auch ihre Person beliebt zu machen.

2. §.

Man kann das Adagio, in Ansehung der Art dasselbe zu spielen, und wie es nöthig ist, mit Manieren auszuzieren, auf zweyerley Art betrachten; entweder im französischen, oder im italiänischen Geschmacke. Die erste Art erfodert einen netten und an einander hangenden Vortrag des Gesanges, und eine Auszierung desselben mit den wesentlichen Manieren, als Vorschlägen, ganzen und halben Trillern, Mordanten, Doppelschlägen, battemens, flattemens, u. d. gl.; sonst aber keine weitläuftigen Paßagien, oder großen Zusatz willkührlicher Verzierungen. Wer das Exempel Tab. VI. Fig. 26. langsam spielet, der hat daran ein Muster dieser Art zu spielen. Die zweyte, nämlich die italiänische Art besteht darinne, daß man in einem Adagio, so wohl diese kleinen französischen Auszierungen, als auch weitläuftige, doch mit der Harmonie übereinkommende gekünstelte Manieren anzubringen sucht. Das Exempel Tab. XVII. XVIII. XIX. wo diese willkührlichen Auszierungen alle mit

Von der Art das Adagio zu spielen.

Noten ausgedrücket sind, und wovon wir weiter unten weitläuftiger handeln werden, kann hierbey zum Muster dienen. Will man den simpeln Gesang davon pur mit dem Zusatze der wesentlichen, schon öfters genenneten Manieren spielen, so hat man noch ein Beyspiel der französischen Spielart. Man wird aber zugleich gewahr werden, daß sie bey einem so gesetzten Adagio nicht hinreichend ist.

3. §.

Die französische Art das Adagio auszuzieren, kann man durch gute Anweisung, ohne die Harmonie zu verstehen, erlernen. Zur italiänischen hingegen wird die Wissenschaft der Harmonie unumgänglich erfodert: oder man müßte, wie die meisten Sänger nach der Mode, beständig einen Meister zur Hand haben, von dem man die Veränderungen über ein jedes Adagio erlernte; wodurch man aber niemals selbst ein Meister werden, sondern Zeitlebens ein Scholar verbleiben würde. Ehe man sich aber mit der letztern Art einläßt; muß man die erste schon wissen. Denn wer die kleinen Manieren weder am rechten Orte anzubringen, noch gut vorzutragen weis; der wird auch mit den großen Auszierungen wenig ausrichten. Aus einer solchen Vermischung aber von kleinen und großen Auszierungen, entsteht denn endlich der vernünftige und gute Geschmack im Singen und Spielen, welcher jedermann gefällt, und allgemein ist.

4. §.

Daß die französischen Componisten die Auszierungen mehrentheils mit hin schreiben; und der Ausführer also auf nichts weiter zu denken habe, als sie gut vorzutragen, ist schon gesaget worden. Im italiänischen Geschmacke wurden, in vorigen Zeiten, gar keine Auszierungen darzu gesetzet; sondern alles der Willkühr des Ausführers überlassen: da denn ein Adagio ohngefähr also aussah, wie der simple Gesang bey dem Exempel Tab. XVII. XVIII. XIX. Seit einigen Zeiten aber, haben die, welche sich nach der italiänischen Art richten, auch angefangen, die nothwendigsten Manieren anzudeuten. Vermuthlich deswegen, weil man gefunden hat, daß das Adagio von manchem unerfahrnen Ausführer sehr verstümmelt worden; und die Componisten dadurch wenig Ehre erlanget haben. Wie denn nicht zu läugnen ist, daß in der italiänischen Musik fast eben so viel auf den Ausführer, als auf den Componisten: in der französischen aber, auf den Componisten weit mehr, als auf den Ausführer ankomme, wenn das Stück seine vollkommene Wirkung thun soll.

S   5. §. Um

Das XIV. Hauptstück.

5. §.

Um nun ein Adagio gut zu spielen, muß man sich, so viel als möglich ist, in einen gelassenen und fast traurigen Affect setzen, damit man dasjenige, so man zu spielen hat, in eben solcher Gemüthsverfassung vortrage, in welcher es der Componist gesetzet hat. Ein wahres Adagio muß einer schmeichelnden Bittschrift ähnlich seyn. Denn so wenig als einer, der von jemanden, welchem er eine besondere Ehrfurcht schuldig ist, mit frechen und unverschämten Geberden etwas erbitten wollte, zu seinem Zwecke kommen würde: eben so wenig wird man hier mit einer frechen und bizarren Art zu spielen den Zuhörer einnehmen, erweichen, und zärtlich machen. Denn was nicht vom Herzen kömmt, geht auch nicht leichtlich wieder zum Herzen.

6. §.

Die Arten der langsamen Stücke sind unterschieden. Einige sind sehr langsam und traurig: andere aber etwas lebhafter, und deswegen mehr gefällig und angenehm. Zu beyden Arten trägt die Tonart, in welcher sie gesetzet sind, sehr viel bey. A moll, C moll, Dis dur, und F moll, drücken den traurigen Affect viel mehr aus, als andere Molltöne: weswegen sich denn auch die Componisten mehrentheils, zu dieser Absicht, gedachter Tonarten zu bedienen pflegen. Hingegen werden die übrigen Moll- und Durtöne, zu den gefälligen, singenden, und ariosen Stücken gebrauchet.

Wegen der, gewissen Tonarten, sie mögen Dur oder Moll seyn, besonders eigenen Wirkungen, ist man nicht einig. Die Alten waren der Meynung, daß eine jede Tonart ihre besondere Eigenschaft, und ihren besondern Ausdruck der Affecten hätte. Weil die Tonleitern ihrer Tonarten nicht alle einander gleich waren, da nämlich zum Exempel die Dorische und Phrygische, als zwo Tonarten mit der kleinen Terze, sich dergestalt unterschieden, daß jene die große Secunde und große Sexte, diese aber die kleine Secunde und kleine Sexte in ihrem Bezirke hatte; weil folglich fast jede Tonart ihre besondern Arten zu cadenziren hatte: so war diese Meynung hinlänglich gegründet. In den neuern Zeiten aber, da die Tonleitern aller großen, und die Tonleitern aller kleinen Tonarten einander ähnlich sind, ist die Frage, ob es sich mit den Eigenschaften der Tonarten noch so verhalte. Einige pflichten der Meynung der Alten noch bey: andere hingegen verwerfen dieselbe; und wollen behaupten, daß jede Leidenschaft in einer Tonart so gut als in der andern ausgedrücket werden könnte, wenn nur der Componist die Fähigkeit dazu besäße. Es ist wahr, man hat Exempel davon aufzuweisen; man hat Proben, daß mancher eine Leidenschaft, in einer Tonart, die eben nicht die bequemste dazu scheint, sehr gut ausgedrücket hat. Allein wer weis, ob dasselbe

Stück

Von der Art das Adagio zu spielen.

Stück nicht eine noch bessere Wirkung thun würde, wenn es in einer andern und zu der Sache bequemern Tonart gesetzet wäre? Zu dem können außerordentliche Fälle keine allgemeinen Regeln abgeben. Es würde zu weitläuftig seyn, wenn ich diese Frage hier aus dem Grunde zu entscheiden suchen wollte. Ich will aber eine Probe vorschlagen, welche sich sowohl auf die Erfahrung, als auf die eigene Empfindung gründet. Man transponire z. E. ein wohlgerathenes im F moll gesetzetes Stück ins G, A, E, und D moll; oder ein anderes in E dur gesetzetes Stück ins F, G, Dis, D, und C dur. Thun nun diese zwey Stücke in einer jeden Tonart einerley Wirkung: so haben die Nachfolger der Alten Unrecht. Findet man aber, daß dieselben Stücke in einer jeden Tonart auch eine verschiedene Wirkung hervorbringen; so suche man sich diese Erfahrung vielmehr zu Nutzen zu machen, als sie zu bestreiten. Ich will inzwischen meiner Erfahrung, welche mich der unterschiedenen Wirkungen unterschiedener Tonarten versichert, so lange trauen, bis ich des Gegentheils werde überführet werden können.

7. §.

Im Spielen muß man sich folglich ebenfalls nach dem herrschenden Affecte richten, damit man nicht ein sehr trauriges Adagio zu geschwind, und hingegen ein cantabeles zu langsam spiele. Also müssen diese Arten von langsamen Stücken: **Cantabile, Arioso, Affettuoso, Andante, Andantino, Largo, Larghetto,** u. s. w. von einem pathetischen Adagio, sehr unterschieden werden. Was jedes Stück vor ein Tempo oder Zeitmaaß erfodere, muß man aus seinem Zusammenhange wohl beurtheilen. Die Tonart, und die Art des Tactes, ob solcher gerade oder ungerade ist, geben hierzu einiges Licht. Dem obengesagten zu Folge müssen langsame Sätze aus dem G moll, A moll, C moll, Dis dur und F moll, trauriger, und folglich langsamer gespielet werden, als die aus andern Dur= und Molltönen. Ein langsames Stück im Zweyviertheil= oder Sechsachtheiltacte, spielet man etwas geschwinder, und eines im Allabreve= oder Dreyzweytheiltacte, langsamer, als im schlechten oder Dreyviertheiltacte.

8. §.

Ist das Adagio sehr traurig gesetzet, wobey gemeiniglich die Worte: **Adagio di molto** oder **Lento assai** stehen, so muß solches im Spielen, mehr mit schleifenden Noten, als mit weitläuftigen Sprüngen oder Trillern ausgezieret werden; indem die letztern mehr zur Frölichkeit aufmuntern, als zur Traurigkeit bewegen. Doch muß man die Triller nicht ganz und gar vermeiden, damit der Zuhörer nicht eingeschläfert werde; sondern man muß immer eine geschickte Abwechselung treffen, um die Traurigkeit bald etwas mehr zu erregen, bald wieder in etwas zu dämpfen.

9. §.

Hierzu kann auch das abwechselnde Piano und Forte sehr vieles beytragen, als welches nebst dem, von kleinen und großen Manieren vermischten, geschickt abwechselnden Zusatze, hier, das durch den Spieler auszudrückende musikalische Licht und Schatten, und von der äußersten Nothwendigkeit ist. Jedoch muß solches mit vieler Beurtheilung gebrauchet werden, damit man nicht mit allzugroßer Heftigkeit von dem einen zum andern gehe, sondern unvermerkt zu- und abnehme.

10. §.

Hat man eine lange Note entweder von einem halben oder ganzen Tacte zu halten, welches die Italiäner messa di voce nennen; so muß man dieselbe vors erste mit der Zunge weich anstoßen, und fast nur hauchen; alsdenn ganz piano anfangen, die Stärke des Tones bis in die Mitte der Note wachsen lassen; und von da eben wieder so abnehmen, bis an das Ende der Note: auch neben dem nächsten offenen Loche mit dem Finger eine Bebung machen. Damit aber der Ton in währendem Zu- und Abnehmen nicht höher oder tiefer werde, (welcher Fehler aus der Eigenschaft der Flöte entspringen könnte;) so muß man hier die im 22. §. des IV. Hauptstücks gegebene Regel in Uebung bringen: so wird der Ton mit den begleitenden Instrumenten in beständig gleicher Stimmung erhalten, man blase stark oder schwach.

11. §.

Die auf eine lange Note folgenden singenden Noten, können etwas erhabener gespielet werden. Doch muß eine jede Note, sie sey ein Viertheil, oder Achttheil, oder Sechzehntheil, ihr Piano und Forte in sich haben, nachdem es die Zeit leidet. Finden sich aber einige nach einander gehende Noten, wo es die Zeit nicht erlaubet, eine jede besonders, in der Verstärkung des Tones, wachsend zu machen; so kann man doch, unter währenden solchen Noten, mit dem Tone zu- und abnehmen; so daß etliche stärker, etliche wieder etwas schwächer klingen. Und diese Bewegung der Stärke des Tones, muß mit der Brust, nämlich durch das Hauchen geschehen.

12. §.

Ferner ist zu beobachten, daß der Gesang beständig unterhalten werde, und man nicht zur Unzeit Athem hole. Besonders muß man bey den vorkommenden Pausen, den Ton nicht sogleich verlassen, sondern die letzte Note lieber etwas länger halten, als es das Zeitmaaß derselben erfodert:

Es wäre denn, daß der Baß unterdessen einige cantabele Noten hätte, welche dem Gehöre das ersetzeten, was es durch das Schweigen der Oberstimme verlöhre. Nichts destoweniger thut es gute Wirkung, wenn die Oberstimme den letzten Ton, durch ein verlierendes Piano verzieht, und endiget; und alsdenn die folgenden mit erhabener Kraft wieder anfängt, und nach oben erwähnter Art fortsetzet, bis wieder ein neuer Einschnitt oder Endigung des Gedankens vorfällt.

13. §.

Im Adagio müssen alle Noten, so zu sagen, careßiret und geschmeichelt, aber niemals mit der Zunge hart angestoßen werden: Es sey denn, daß der Componist einige Noten wollte kurz gestoßen haben, damit der Zuhörer, welcher vorher eingeschläfert zu seyn scheint, wieder ermuntert werde.

14. §.

Wenn das Adagio sehr platt, und mehr harmonids, als melodids gesetzt ist, und man hier und da in der Melodie einige Noten zusetzen will: so muß solches niemals im Ueberflusse geschehen: damit die Hauptnoten nicht verdunkelt, und der simple Gesang unkenntbar werde. Man muß vielmehr den Hauptsatz gleich Anfangs so spielen, wie er geschrieben ist. Kömmt er öfters wieder vor: so kann man zum erstenmale ein paar Noten, zum zweytenmale noch mehrere, entweder durch eine nacheinander laufende, oder durch eine, durch die Harmonie gebrochene Passagie, zusetzen. Zum drittenmale muß man hiervon wieder abgehen, und fast nichts zusetzen: um den Zuhörer in beständiger Aufmerksamkeit zu erhalten.

15. §.

Auf diese Art kann man auch mit dem übrigen Gesange verfahren; daß man schläfrige, nahe an einander liegende Töne, mit erhabenen, durch die Harmonie gebrochenen, weiter von einander liegenden Tönen, abwechsele. Und so ein Gedanke in eben demselben Tone zu wiederholen wäre; und man sogleich keine Veränderung darüber finden könnte: kann man diesen Mangel sowohl durch das Piano, als durch geschleifte Noten, ersetzen.

16. §.

Mit den Manieren muß man sich im Zeitmaaße nicht übereilen; sondern dieselben mit vielem Fleiße und Gelassenheit endigen: weil durch die Uebereilung die schönsten Gedanken unvollkommen werden. Deswegen ist sehr nöthig, auf die Bewegung der begleitenden Stimmen wohl Achtung zu geben, und sich von denselben lieber forttreiben zu lassen, als daß man ihnen zuvor komme.

17. §.

Ein **Grave**, da der Gesang aus punktirten Noten besteht, muß etwas erhaben und lebhaft gespielet, auch bisweilen, mit, durch die Harmonie gebrochenen, Passagien, ausgezieret werden. Die Noten mit den Punkten, muß man bis an den Punkt immer verstärken; und die darauf folgenden, wenn das Intervall nicht allzugroß ist, an die vorhergehende lange Note, kurz und schwach anschleifen: bey sehr weiten Sprüngen aber, muß eine jede Note besonders angestoßen werden. Gehen dergleichen Noten stufenweise auf= oder unterwärts; so kann man vor die langen Noten, welche mehrentheils Consonanzen sind, und dem Gehöre in die Länge misfallen dürften, Vorschläge machen.

18. §.

Ein **Adagio spiritoso** wird mehrentheils im Tripeltacte, mit punktirten Noten, auch öfters mit vielen Einschnitten gesetzet; welches im Spielen noch mehr Lebhaftigkeit, als vom vorigen gesaget worden, erfodert. Deswegen müssen die Noten mehr gestoßen als geschleifet, auch weniger Manieren angebracht werden: und können also, die durch halbe Triller geendigten Vorschläge, hierzu besonders angewendet werden. Sollten aber, außer dieser Art, einige cantable Gedanken, so wie es der ins Feine gebrachte Geschmack in der Setzkunst erfodert, mit untergemischet seyn; so muß man sich alsdenn im Spielen auch darnach richten, und das Ernsthafte mit dem Schmeichelnden abwechseln.

19. §.

Daß diese und die übrigen Arten von langsamen Stücken, als: Cantabile, Arioso, Andante, Andantino, Affettuoso, Largo, Larghetto, u.s.w. von einem traurigen und pathetischen Adagio, im Spielen sehr zu unterscheiden sind, ist, weil es schon oben gesaget worden, hier nicht nöthig zu wiederholen.

20. §.

Sind in einem **Cantabile** oder **Arioso** im Dreyachttheiltacte, viele Sechzehntheile, so stufenweise auf= oder unterwärts einander folgen, befindlich; und der Baß geht in beständiger Bewegung, von einem Tone zum andern fort; so kann man nicht, wie bey einem platten Gesange, viel zusetzen: sondern man muß solche Art Noten, auf eine simple und

schmei=

Von der Art das Adagio zu spielen.

schmeichelnde Art, mit abwechselndem Piano und Forte vorzutragen suchen. Finden sich springende Achttheile mit darunter, wodurch der Gesang trocken, und nicht unterhalten wird: so können die Terzensprünge mit Vorschlägen oder Triolen ausgefüllet werden. Bleibt aber der Baß bisweilen, mit einerley Noten, Tactweise, auf einerley Tone und Harmonie: so bekömmt die Oberstimme die Freyheit, mehrere Manieren zu machen; doch müssen solche niemals von der Art, in welcher man zu spielen hat, abweichen.

21. §.

Ein **Andante** oder **Larghetto** im Dreyviertheiltacte, in welchem der Gesang aus springenden Viertheilen besteht, und von dem Basse, mit Achttheilen, deren mehrentheils sechs auf einerley Tone oder Harmonie bleiben, begleitet wird, kann man etwas ernsthafter, und mit mehrern Manieren spielen, als ein Arioso. Geht aber der Baß stufenweise hin und her; so muß man sich schon mehr mit den Manieren in Acht nehmen: um nicht verbotene Quinten und Octaven gegen die Grundstimme zu machen.

22. §.

Ein **alla Siciliano** im Zwölfachttheiltacte, mit punctirten Noten untermischet, muß sehr simpel und fast ohne Triller, auch nicht gar zu langsam gespielet werden. Es lassen sich hierbey wenig Manieren, ausgenommen einige schleifende Sechzehntheile und Vorschläge anbringen: weil es eine Nachahmung eines sicilianischen Hirtentanzes ist. Diese Regel kann auch bey den französischen Müsetten und Bergerieen statt finden.

23. §.

Sollte diese Beschreibung nicht einem jeden genug seyn, um daraus begreifen zu können, auf was Art ein Adagio mit Manieren könne ausgezieret werden: so kann das in der XVII, XVIII, und XIX. Tabelle befindliche Exempel diese Beschreibung noch mehr erläutern. Ich habe aus den Tabellen, von IX. bis XVI. diejenigen Veränderungen heraus genommen, die sich zu dem hier befindlichen simpeln Gesange am besten schicketen; und daraus eine an einander hangende ausgezierte Melodie verfertiget. Man kann daran ein Beyspiel nehmen, wie diese einzelnen Veränderungen zusammen gesetzet werden können. Der simple Gesang steht auf der ersten, und der mit den Veränderungen auf der zweyten Zeile. Die Ziffern so unten stehen, zeigen die Numern oder Figuren der Exempel aus den vorhergehenden Tabellen; und die darüber befindlichen Buchstaben,

staben, den Ort der Veränderungen, an. Unter diesen sind etliche nicht auf eben denselben Tönen, wie sie in den Tabellen stehen, sondern entweder höher oder niedriger gesetzet: um zu weisen, daß, wie oben bereits gemeldet worden, die Veränderungen, so wohl in Modulationen mit der großen, als mit der kleinen Terze versetzet werden können.

24. §.

Diese Art zu verändern will ich nun zwar keinem puren Anfänger, der noch nicht einmal den simpeln Gesang recht zu spielen weis, zumuthen: sondern ich gebe solche nur den schon Geübten, welchen es aber, an der wahren Anführung gefehlet hat, zum Nachforschen; um sich hierdurch immer mehr und mehr vollkommener zu machen. Ich verlange auch nicht, daß man alle Adagio, wie dieses einrichten, und so mit Manieren überhäufen solle: sondern es ist dergleichen nur da, wo es der platte Gesang, wie hier, erfodert, anzubringen. Ich bleibe im übrigen bey der Meynung, wie ich schon vorher gemeldet habe: je simpler und properer ein Adagio mit Affecte gespielet wird; jemehr nimmt es den Zuhörer ein: und je weniger werden des Componisten seine guten Gedanken, so er mit Fleiß und Nachsinnen erfunden, verdunkelt oder vernichtet. Denn es ist etwas rares, so gleich im Spielen etwas bessers, als ein anderer, der vielleicht lange darauf gedacht hat, zu erfinden.

25. §.

Ich muß nun auch noch zeigen, wie jede Note in diesem Exempel, absonderlich in Ansehung des abwechselnden Forte und Piano, gut vorzutragen sey. Ich gebe hierdurch die im 14. §. des XI. Hauptstücks versprochene Erläuterung der **Mannigfaltigkeit** des guten Vortrages: und weil ich glaube, daß es den Liebhabern dieses guten Vortrages nicht zuwider seyn wird; so will ich alle die Veränderungen, die ich über die simpeln Intervalle gegeben habe, auf diese Art durchgehen, und was durch Worte auszudrücken möglich ist, dabey bemerken: das übrige aber der Beurtheilungskraft, und der eigenen Empfindung eines aufmerksamen Ausführers überlassen. Die Ziffern weisen auf die Tabellen, und auf die Hauptexempel oder Figuren bey jedem Intervalle: die Buchstaben aber auf die darinn befindlichen Gänge, wovon die Rede seyn wird. Im Voraus erinnere ich noch, daß, so lange nichts vom Allegro gemeldet wird, allezeit das langsame Zeitmaaß dabey verstanden werde. Die abgekürzeten Worte sind folgender Gestalt zu verstehen: **wa.** wachsend, oder mit zunehmender Stärke des Tones; **abn.** abnehmend, oder mit abneh-

Von der Art das Adagio zu spielen.

abnehmender Stärke des Tones: sta. stark; stä. stärker; schwa. schwach. Bey den Worten: stark und schwach, muß man sich in der Ausübung mit dem Zungenstoße oder Bogenstriche darnach richten, um jede Note entweder mehr, oder weniger zu markiren. Man muß auch eben diese Worte nicht jederzeit im äußersten Grade nehmen: sondern man muß hierbey wie in der Malerey verfahren; allwo man um Licht und Schatten auszudrücken, sich der sogenannten mezze tinte oder Zwischenfarben bedienet, wodurch das Dunkle mit dem Lichten unvermerkt vereiniget wird. Im Singen und Spielen muß man also gleichergestalt sich des verlierenden Piano, und der wachsenden Stärke des Tones, als der Zwischenfarben bedienen: weil diese Mannigfaltigkeit, zum guten Vortrage in der Musik, unentbehrlich ist. Nun zur Sache.

26. §.

Tab. IX. **Fig. 1.** Bey (a) die drey geschwänzten Noten schwa. die Viertheilnoten C, C, C, wa. Bey (b) das C mit dem Puncte wa. die folgenden kurzen Noten und das erste C, schwa. das folgende sta. das Viertheil wa. Bey (c) in derselben Art. Bey (e) die Hauptnoten wa. die kleinen schwa. Bey (h) der Triller sta. der Nachschlag schwa. Bey (l) C, wa. F, C, abn. E, sta. G, schwa. H, sta. C, schwa. Bey (ll) C, E, wa. F, schwa. G, E, C, wa. Die kleinen Noten schwa. Bey (o) C, wa. unter dem Laufe abn. C, C, C, sta. Bey (p) die erste sta. die folgenden drey schwa. G, sta. F, E, D, schwa. C, wa. Bey (r) die erste sta. die zweyte und dritte schwa. und so die übrigen Triolen.

27. §.

Tab. IX. **Fig. 2.** Bey (b) können diese Art Noten so aus dreyen bestehen, allezeit zum Muster dienen, daß sie auf eine schmeichelnde Art vorgetragen werden müssen, nämlich: die erste wa. der Punct abn. die zwo folgenden geschwind und schwa. angeschleifet. Bey (c) die erste und dritte wa. die zweyte und vierte schwa. und die bey (d) in derselben Art. Bey (f) die mit dem Puncte wa. die vier geschwinden schwa. Bey (g) C, wa. die vier geschwinden schwa. E, sta. und so die übrigen. Bey (l) die erste sta. die Triole schwa. und egal. Bey (ll) die Triolen sta. die Sechzehntheile schwa. Bey (m) die erste sta. die fünf folgenden schw. Bey (o) die erste sta. D, E, D, abn. C, schwa. und so die übrigen. Bey (p) die erste sta. die geschwinden schwa. Bey (q) C, wa. E, schw. und sehr kurz, der Vorschlag wa. D, schwa. F, sta. E, schwa.

E, schwa. Die Art Noten bey (r) können allezeit zum Muster dienen, nämlich: die ersten zwo schwa. und präcipitiret; die Note mit dem Puncte wa. Die bey (s) können in der Art so wohl im Geschwinden, als Langsamen zum Muster dienen, nämlich die ersten sehr kurz und etwas sta. die mit dem Puncte abn. und angehalten. Die bey (v) gehören mehr zum Geschwinden, als Langsamen, und muß alsdenn die erste von vieren markiret werden. Die bey (y) auf gleiche Art.

28. §.

Tab. IX. **Fig. 3.** Bey (b) D, wa. der Punct nebst G, E, abn. D, wa. der E-Triller abn. C, wa. H, abn. Bey (d) D, wa. E, Fis, G, schwa. A, sta. C, schwa. Bey (f) D sta. C, H, schwa. und so die folgenden. Bey (g) der Triller sta. der Punct nebst den zwo Noten abn. Tab. X. Fig. 3. Bey (l) D, sta. H, und D nach der Pause schwa. und so die folgenden. Bey (n) D, sta. H, schwa. C, D, wa. die folgenden eben so. Bey (o) die erste sta. die zweyte schwa. und so die folgenden. Bey (p) D, sta. G, Fis, G, schwa. D, wa. und so die folgenden. Bey (q) die erste von einer jeden Triole sta. die zweyte und dritte schwa. Bey (t) D, sta. die vier geschwinden schwa. und so die folgenden.

29. §.

Tab. X. **Fig. 4.** Bey (e) E, sta. F, schwa. und wa. G, A, auf gleiche Art. C, schwa. Bey (f) E, schwa. und bis an den Punct wa. F, G, schwa. und wa. A, C, schwa. Diese beyden Exempel sind eine Art vom **Tempo rubato**, welche zu mehrerem Nachdenken Anlaß geben können. Im ersten wird anstatt der Terze, die Quarte gegen die Grundstimme vorausgenommen, und im zweyten, die None anstatt der Terze zurück gehalten, und in dieselbe aufgelöset; s. Tab. VIII. Fig. 4. Bey (m) die erste sta. die vier folgenden abn. und so die übrigen. Bey (n) die erste bis an den Punct wa. die drey folgenden schwa. und so die übrigen.

30. §.

Tab. X. **Fig. 5.** Mit diesen beyden Exempeln bey (a) (b) hat es gleiche Bewandniß, wie mit dem bey Fig. 4. (e) (f); jene sind steigend, und diese fallend. Bey (a) wird anstatt der Terze, die Secunde vorausgenommen, und durch die Grundstimme in die Terze aufgelöset: und bey (b) die Quarte anstatt der Terze zurück gehalten, und in dieselbe aufgelöset; s. Tab. VIII. Fig. 5. Der Vortrag ist mit jenem ebenfalls einerley.

Bey

Von der Art das Adagio zu spielen.

Bey (e) die erste sta. die drey folgenden schwa. und so die übrigen. Bey (l) die erste und vierte sta. die zweyte und dritte schwa. Spielet man dieselben Noten geschwind, so muß die dritte, weil sie am tiefsten herunter fällt, stärker markiret werden, als die andern. Bey (n) die erste sta. die zweyte und dritte schwa. die vierte sta. Im Geschwinden, muß die erste ein wenig angehalten, und die vierte sehr kurz gestoßen werden; Bey (p) die erste sta. die zweyte schwa. die kleine Note schwa: und die übrigen wie die ersten zwo. Bey (q) die erste Triole sta. die zweyte schwa. und so die übrigen.

31. §.

Tab. XI. **Fig.** 6. Bey (a) E, wa. Fis, schwa. und kurz angeschleifet. der Fis-Triller sta. G, schwa. Bey (b) E, sta. C, schwa. der Fis-Triller sta. G, schwa. Bey (d) und (e) die vier Sechzehntheile egal an einander gezogen; der Fis-Triller schwa. G, stä. Bey (h) der Triller sta. D, C, H, schwa. A, Fis, sta. Der Vorschlag mit einem pincé ins G geendiget. Bey (i) die mit dem Punkte wa. die kurzen schwa. Bey (ll) E, sta. das hohe E, D, schwa. gezogen, Fis sta G, schwa. Bey (q) E, sta. C, A, schwa. G, Fis, sta. A, D, schwa. F, G, stärker.

32. §.

Tab. XI. **Fig.** 7. Bey (a) E, wa. G, E schwa. Bey (b) E, sta. G, F, G, schwa. E, stä. Bey (c) E, sta. G, C, schwa. E, sta. Bey (d) E, schwa. Fis sta. und wa G, E, ganz schwa. Bey (n) der Triller sta. D. C, schwa. G, sta. E, schwa. Bey (p) die ersten drey sta. die übrigen schwa. Bey (q) auf eben die Art. Bey (t) E, wa. die übrigen schwach.

33. §.

Tab. XII. **Fig.** 8. Bey (c) G, F, G, A, sta. H, A, H, C, schwa. D, sta. und kurz; D, sta. E, F, wa. Bey (d) die dreygeschwänzten sta. das Achttheil schwa. und so die übrigen. Bey (l) G, markiret, G, F, E, schwa. und so die übrigen. Bey (m) G, G, wa. F, schwa. Bey (o) G, sta. von D, bis G, schwa. F, sta. Bey (r) G, A, H, sta. C, D, E, F, abn. G, A, H, C, wa. D, H, G, F, schwa. und gezogen. Bey (s) D, sta. G, schwa. und kurz, F, wa. E, abn. Bey (t) D, E, D, wa. E, sta. F. schwa. Nach den Manieren bey (v) (w) (x) (y) (z) (aa) kann man den Vorschlag, dann und wann, um einen halben Ton durch ein Kreuz erhöhen, wie bey (v) zu sehen. Bey (gg) G, wa. der F-Triller schwa. E, F, abnehmend.

34. §. Tab.

34. §.

Tab. XII. **Fig.** 9. Bey (a) (b) (c) (d) können die Terzensprünge unterwärts mit kleinen Noten ausgefüllet werden; die Hauptnoten aber wa. Bey (e) C, wa. E, abn. E, wa. G, abn. der E-Triller wa. und abn. Bey (g) (m) die Hauptnoten sta. die durchgehenden schwach.

35. §.

Tab. XIII. **Fig.** 10. Bey (b) (d) können die Terzensprünge mit kleinen Noten ausgefüllet werden. Bey (e) die ersten fünf Noten sta. die drey letzten schwa. Bey (f) C, A, schwa. G, F, sta. A, F, wa. Bey (g) C, sta. D, E, F, G, A, B, abn. C, sta. A, G, F, schwa. Bey (h) der C-Triller mit dem Nachschlage sta. F, schwa. A, sta. F, schwa. Bey (i) die erste und dritte wa. die zweyte und vierte schwa. und so die übrigen.

36. §.

Tab. XIII. **Fig.** 11. Bey (a) eine jede Note wa. Bey (c) C, wa. D, E, F, G, abn. G, sta. D, F, schwa. Bey (h) C, D, E, F, gezogen, G, G, G, kurz und egal, D, schwa. G, F, schwa. Bey (k) C, H, C, sta. G, G, wa. G, A, G, F, schwa. auch kurz und egal gestoßen.

37. §.

Tab. XIII. **Fig.** 12. Bey (a) G, wa. A, sehr schwa. Bey (b) G, sta. E, C, schwa. Bey (e) G, sta. F, E, D, C, schwa. Bey (f) G, sta. F, E, schwa. F, E sta. D, C, schwa. D, starf.

38. §.

Tab. XIII. **Fig.** 13. Bey (a) A, sta. F, D, schwa. und gezogen. Bey (b) A, schwa. D, wa. C, schwa. Bey (f) (g) viere sta. und viere schwa. ob es die ersten oder letzten sind, gilt gleich viel. Bey (i) die ersten fünfe schwa. C, stark.

39. §.

Tab. XIV. **Fig.** 14. Bey (d) B, wa. A, B, C, B, abn. G, E, sta. Bey (g) die ersten fünfe sta. die letzten drey schwa. Bey (l) E, sta. B, G, schwa. E, sta. Bey (ll) E, wa. F, E, sta. B, schwa. D, schwa. Bey (n) E, F, schwa. Fis, G, sta. B, G, E, D, schwa. Bey (o) E, G, B, A, gezogen und sta. B, D, schwa. Bey (s) E, G, sta. B, A, G, schwa. F, E, D, wachsend.

40. §.

Die übrigen Exempel, und was ich hier übergangen habe, sind entweder schon in dem Hauptstücke von den willkührlichen Veränderungen erkläret.

Von der Art das Adagio zu spielen. 149

erkläret worden, oder kommen noch in dem folgenden Exempel vom Adagio vor; welches in den Tabellen XVII. XVIII. und XIX. befindlich ist. Man suche also in Tab. XVII. bey der zweyten Zeile, worauf die Veränderungen stehen, die Buchstaben über den Noten, und die Ziffern unter denselben, welche anzeigen, aus welcher Figur die Veränderungen genommen sind, auf.

41. §.

Tab. XVII. Die erste Note G, wa. Bey (c) (26), die zwo kleinen Noten schwa. E, stä. und wa. Bey (ll) (9) E mit dem Triller sta. und abn. D, C, schwa. Bey (d) (28) D, sta. E, schwa. H, sta. A, G mit dem Triller, schwa. Bey (i) (8) G, schwa. H, D, stä. Bey (f) (26) die zwo kleinen Noten schwa. F, F, wa. Bey (aa) (8) A, G, schwa. F, E, D, stä. Bey (e) (26) die zwo kleinen Noten schwa. Bey (b) (28) E, sta. D, schwa. C, sta. und abn. E, wa. Bey (a) (3) D, wa. F, E, schwa. D, wa. E, mit dem Triller und Nachschlage, schwa. der Vorschlag C, sta. H, schwa. Bey (f) (7) E, sta. C, schwa. G, sta. E, schwa. Bey (k) (3) D, sta. G, wa. D, C, schwa. A, wa. C, schwa. die kleine Note C, wa. H, mit dem Triller abn. Bey (v) (8) D, wa. E, H, C, D, schwa. Bey (c) (6) E, wa. Fis, G, schwa. Bey (g) (6) Fis, sta. D, E, schwa. Fis, sta. G, A, schwa. Bey (b) (23) G mit dem Triller sta. Fis, E, schwa. D, sta. Bey (f) (8) D, sta. E, D, E, schwa. F, sta. Bey (v) (6) F, sta. E, schwa. C, A, E, abn. E, sta Fis, schwa. D, A, Fis, abn. Fis. sta. G, schwa. Bey (d) (20) G, H, A, wa. G, A, H, abn. C, wa. Bey (ll) (25) die vier kleinen Noten schwa. Bey (m) (25) A und H, sta. und hart gestoßen, die vier kleinen Noten schwa. C, sta. und hart gestoßen, H, schwa. A, mit dem Triller, wa. G, schwa. Bey (g) (20) G, wa. die vier kleinen Noten abn. Bey (g) (20) A, B, H, C, Cis, wa. Bey (b) (2) D, schwa. und wa. E, F, schwa. Bey (k) (2) E, sta. G, F, schwa. E, sta. F, G, schwa. F, mit dem Triller sta. E, schwa. F, wa. G, sta Bey (b) (23) der Triller sta. und abn G, F, schwa. Bey (l) (14) E, sta. B, G, E, schwa. D, wa. der Cis-Triller abn. Bey (x) (8) E, wa. D, Cis H, Cis, A, abn. F, A, wa. Bey (c) (13) A, sta. G, F, E, schwa D, sta. C. schwa. der Vorschlag C, wa. H, mit dem Triller abn. Bey (p) (18) D, kurz und sta. D, E, F, schwa. der E-Triller sta. D, E, schwa. Bey (c) (5) F. sta. D. wa. F, schwa. E, sta. C, wa. E, schwa.

T 3 42. §. Tab.

42. §.

Tab. XVIII. Bey (e) (22) der E-Triller sta. G, E, schwa. D, sta. Bey (z) (8) D. wa. C, D, H, abn. die Vorschläge schwa. C, A, wa. Bey (e) (14) F, D, F. E, schwa. D, C, H, A, sta. A mit dem Triller sta. Gis, schwa. Bey (a) (8) E, Gis, H, wa. C, D, schwa. der E-Triller sta. H, schwa. A, sta. und abn. Bey (k) (8) E, sta. Gis, H, Gis, schwa. D, Gis, H, A, Gis, sta. F, E, D, schwa. der E-Triller sta. H, schwa. A, sta. Bey (ff) (8) A, wa, G, F, E, schwa. der Vorschlag E, wa. F, schwa. E, D, E, C, sta. Bey (p) (14) die sechs Noten schwa. und schmeichelnd; der Gis-Triller sta. Bey (i) (19) F, F, E, E, D, ganz schwa. Bey (u) (3) die zwo Triolen nebst dem H-Triller sta A, abn. Bey (e) (11) die vier Triolen nebst dem F-Triller, und die folgenden zwo Noten ganz schw. und ohne große Bewegung der Brust. Bey (q) (8) die acht Sechszehntheile, nebst dem E-Triller, bis ins C, sta. doch eine jede Note wa. G, wa die vier kleinen Noten schwa. Bey (c) (5) A, sta. H, C, schwa. G, sta, H, C. schwa. Bey (d) (5) F, wa. A, G, F, schwa. E, C, wa. Bey (c) (25) D, wa. die vier kleinen Noten abn. E, F, sta. die kleinen Noten schwa. G, sta. Bey (m) (13) A, sta. F, F, E, schwa. Bey (n) (13) D, Fis, A, sta. C, schwa. Bey (d) (21) wie in dem XIII. Hauptstücke, 36. §. bey Fig. 21. (d) ausführlich ist erkläret worden, welches man, um hier keine unnöthige Wiederholung zu machen, allda nachlesen kann. Bey (c) (20) G, wa. die übrigen abn. Bey (l) (9) C, sta. D, E, schwa. E, F, G, sta. E, F, G, schwa. E, D, C, sta. Bey (o) (24) bis G. mit dem Triller sta. Bey (f) (27) G, wa. die übrigen abnehmend.

43. §.

Tab XIX. Die Triolen bey (s) (1) und (cc) (8) schwa. D, sta. F, schwa. der E-Triller und C, sta. A, wa. Bey (c) (15) A, H, C, D, sta. G, schwa. und wa. C, H, C, E, G, F, schwa. und wa. H, D, F, sta. E, schwa. und wa. G, F, E, schwa. Bey (kk) (8) D, und die folgenden geschwinden Noten sta. F, und die folgenden geschwinden Noten schwa. A, sta. C, schwa. Bey (h) (4) der H-Triller nebst A, G, sta. Bey (m) (25) vom C, nebst den folgenden Noten und dem Triller bis C, sta. das folgende C, schwa. H, wa. C, D, schwa. Bey (o) (14) G, H, D, C, sta. D, F, schwa. der E-Triller, F, G. sta. C, und bey (m) (23) C nebst beyden Triolen schwa. Bey (ll) (8) die acht Noten bis in den E-Triller sta. Bey (b) (20) G, A, G, F, G, wa. H, C, schwa. und bis

bey

bey (d) (16) C, D, C, wa. H, C, A, abn. D, wa. Bey (c) (16) H, C, D, sta. Bey (e) (26) D, F, E, schwa. und wa. Bey (a) (16) G, F, E, schw. F, F, wa. A, G, F, sta. Bey (hh) (8) G, sta. D, wa. F, schwa. der E-Triller nebst D, E, sta. Bey (m) (5) die acht Noten schwa. Bey (n) (22) F, E, schw. C, G, E, D, sta. G, und die folgenden Sechzehntheile nebst den Vorschlägen bey (a) (18) schwa. und schmeichelnd. Bey (o) (5) die vier Triolen sta. und gezogen. Und so fährt man fort bis an die Cadenz, und endiget die letzte Note, durch ein verlierendes Piano.

Das XV. Hauptstück.
Von den Cadenzen.

1. §.

Ich verstehe unter dem Worte Cadenz hier nicht die Schlüsse oder Absätze in der Melodie; noch weniger den Triller, welchen einige Franzosen cadence nennen. Ich handle hier von derjenigen willkührlichen Auszierung, welche von einer concertirenden Stimme, beym Schlusse des Stücks, über der vorletzten Note der Grundstimme, nämlich über der Quinte der Tonart, woraus das Stück geht, nach dem freyen Sinne und Gefallen des Ausführers, gemachet wird.

2. §.

Es ist vielleicht noch kein halbes Jahrhundert her, daß diese Cadenzen bey den Italiänern aufgekommen, nachher aber von den Deutschen, und von andern, welche sich beflissen haben im italiänischen Geschmacke zu singen und zu spielen, nachgemachet worden sind. Die Franzosen haben sich ihrer noch immer enthalten. Die Cadenzen müssen zu der Zeit, da Lülly Welschland verlassen hat, vermuthlich noch nicht Mode gewesen seyn: denn wer weis, ob er diesen Zierrath sonst nicht auch bey den Franzosen eingeführet hätte. Es ist vielmehr zu glauben, daß die Cadenzen erst nach der Zeit, da Corelli seine in Kupfer gestochenen 12 Solo vor die Violine

Violine herausgegeben hat, in den Brauch gekommen sind. * Die sicherste Nachricht die man vom Ursprunge der Cadenzen geben könnte, ist diese, daß man einige Jahre vor dem Ende des vorigen Jahrhunderts, und die ersten zehn Jahre des itzigen, den Schluß einer concertirenden Stimme, durch eine kleine Passagie, über dem fortgehenden Baße, und durch einen daran gehängeten guten Triller gemacht hat: daß aber ohngefähr zwischen 1710. und 1716. die itzo üblichen Cadenzen, bey denen sich der Baß aufhalten muß, Mode geworden sind. Die Fermaten, oder sogenannten Aufhaltungen ad Libitum in der Mitte eines Stücks aber, mögen wohl etwas ältern Ursprunges seyn.

* Bald nach der ersten Ausgabe erschienen diese Sonaten, unter des Urhebers Namen von neuem in Kupfer, und bey den zwölf Adagio der ersten sechs Sonaten befanden sich die Veränderungen dabey gestochen. Es war aber keine einige Cadenz ad Libitum dabey. Kurze Zeit darauf setzete der ehemals in Oesterreichischen Diensten gestandene, berühmte Violinist, Nicola Mattei noch andere Manieren zu eben diesen zwölf Adagio. Dieser hat zwar etwas mehr gethan, als Corelli selbst, indem er dieselben mit einer Art von kurzer Auszierung beschlossen. Sie sind aber noch keine Cadenzen ad Libitum, wie man itziger Zeit machet, sondern sie gehen nach der Strenge des Tactes, ohne Aufhalten des Basses fort. Beyde Exemplare habe ich schon seit dreyßig und mehr Jahren in Händen.

3. §.

Ob die Cadenzen, mit ihrer Geburth, zugleich auch Regeln, worinn sie eigentlich bestehen sollen, mitgebracht haben; oder ob sie nur, von einigen geschickten Leuten, willkührlich und ohne Regeln erfunden worden sind, ist mir unbekannt. Doch glaube ich das letztere. Denn schon vor etlichen und zwanzig Jahren eiferten die Componisten in Italien, wider den Misbrauch, der in diesem Puncte, in Opern, so häufig von den mittelmäßigen Sängern begangen wurde. Die Componisten beschlossen deswegen, um den ungeschickten Sängern die Gelegenheit zum Cadenziren zu benehmen, die meisten Arien mit Baßmäßigen Gängen, im Unison.

4. §.

Der Misbrauch der Cadenzen besteht nicht allein darinne, wenn sie, wie gemeiniglich geschieht, an sich selbst nicht viel taugen: sondern auch wenn sie bey der Instrumentalmusik, bey solchen Stücken angebracht werden, wohin sich gar keine schicken; z. E. bey lustigen und geschwinden Stücken die im $\frac{2}{4}$, $\frac{3}{4}$, $\frac{3}{8}$, $\frac{12}{8}$, und $\frac{6}{8}$ Tacte gesetzet sind. Sie finden

Von den Cadenzen.

nur in pathetischen und langsamen, oder in ernsthaften geschwinden Stücken statt.

5. §.

Die Absicht der Cadenz ist keine andere, als die Zuhörer noch einmal bey dem Ende unvermuthet zu überraschen, und noch einen besondern Eindruck in ihrem Gemüthe zurück zu lassen. Deswegen würde, dieser Absicht gemäß, in einem Stücke eine einzige Cadenz genug seyn. Es ist folglich wohl als ein Misbrauch anzusehen, wenn ein Sänger im ersten Theile der Arie zwo, und im zweyten Theile auch noch eine Cadenz machet: denn auf diese Art kommen, wegen des Da Capo, fünf Cadenzen in eine Arie. Ein solcher Ueberfluß kann nicht nur den Zuhörer leicht ermüden; zumal wenn die Cadenzen, wie sehr oft geschieht, einander immer ähnlich sehen: sondern er giebt auch einem an Erfindung nicht gar zu reichen Sänger Gelegenheit, sich desto eher zu erschöpfen. Machet aber der Sänger nur beym Hauptschlusse eine Cadenz; so bleibt er im Vortheile, und der Zuhörer bey Appetite.

6. §.

Es ist zwar nicht zu läugnen, daß die Cadenzen, wenn sie so gerathen, wie es die Sache erfodert, und am rechten Orte angebracht werden, zu einer Zierde dienen. Man wird aber auch einräumen, daß sie, da sie selten von rechter Art sind, gleichsam, und zumal beym Singen, nur zu einem nothwendigen Uebel gediehen sind. Wenn keine gemachet werden, so hält man es für einen großen Mangel. Mancher aber würde sein Stück mit mehr Ehre beschließen, wenn er gar keine Cadenz machete. Indessen will oder muß ein jeder, der sich mit Singen oder Solospielen abgiebt, Cadenzen machen. Weil aber nicht allen die Vortheile und die rechte Art derselben bekannt sind: so fällt diese Mode dem größten Theile zur Last.

7. §.

Regeln von Cadenzen sind, wie ich schon gesaget habe, noch niemals gegeben worden. Es würde auch schwer fallen, Gedanken, die willkührlich sind, die keine förmliche Melodie ausmachen sollen, zu welchen keine Grundstimme statt findet, deren Umfang, in Ansehung der Tonarten welche man berühren darf, sehr klein ist, und die überhaupt nur als ein Ohngefähr klingen sollen, in Regeln einzuschließen. Doch giebt es einige aus der Setzkunst fließende Vortheile, deren man sich bedienen kann, wenn man nicht, wie viele thun, die Cadenzen nur nach dem Gehöre, wie die Vögel ihren Gesang lernen, ohne zu wissen, worinn sie bestehet, und wohin sie sich schicken, auswendig lernen, und bisweilen in einem traurigen Stücke etwan eine lustige, oder in einem lustigen wieder eine traurige Cadenz hören lassen will.

8. §.

Die Cadenzen müssen aus dem Hauptaffecte des Stückes fließen, und eine kurze Wiederholung oder Nachahmung der gefälligsten Clauseln, die in dem Stücke enthalten sind, in sich fassen. Zuweilen trifft sichs, daß man wegen Zerstreuung der Gedanken nicht sogleich etwas neues zu erfinden weis. Hier ist nun kein besser Mittel, als daß man sich, aus dem Vorhergehenden, eine von den gefälligsten Clauseln erwähle, und die Cadenz daraus bilde. Hierdurch kann man nicht nur zu allen Zeiten den Mangel der Erfindung ersetzen; sondern man wird auch jederzeit der herrschenden Leidenschaft des Stückes eine Gnüge thun. Dieses will ich einem jeden, als einen nicht gar zu bekannten Vortheil, empfohlen haben.

9. §.

Die Cadenzen sind entweder ein= oder zweystimmig. Die einstimmigen vornämlich sind, wie oben schon gesaget worden, willkührlich. Sie müssen kurz und neu seyn, und den Zuhörer überraschen, wie ein bon mot. Folglich müssen sie so klingen, als wenn sie in dem Augenblicke, da man sie machet, erst gebohren würden. Man gehe demnach nicht zu verschwenderisch, sondern als ein guter Wirth damit um; besonders wenn man öfters einerley Zuhörer vor sich hat.

10. §.

Weil der Umfang sehr klein, und leicht zu erschöpfen ist: so fällt es schwer die Aehnlichkeit zu vermeiden. Man darf deswegen in einer Cadenz nicht zu vielerley Gedanken anbringen.

11. §.

Weder die Figuren, noch die simpeln Intervalle, womit man die Cadenz anfängt und endiget, dürfen in der Transposition mehr, als zweymal wiederholet werden; sonst werden sie zum Ekel. Ich will hierüber zwo Cadenzen, in einerley Art, zum Muster geben; s. Tab. XX. Fig. 1. und Fig. 2. In der ersten finden sich zwar zweyerley Figuren. Weil aber eine jede Figur viermal gehöret wird: so empfindet das Gehör einen Verdruß darüber. In der zweyten hingegen werden die Figuren nur einmal wiederholet, und wieder durch neue Figuren unterbrochen. Sie ist

deswegen

deswegen der erstern vorzuziehen. Denn je mehr man das Ohr durch neue Erfindungen betrügen kann; je angenehmer fällt es demselben. Es müssen folglich die Figuren immer in verschiedener Art mit einander abwechseln. In der erstern Cadenz findet sich über dem noch der Fehler, daß sie vom Anfange bis zum Ende immer aus einerley Tactart, und Eintheilung der Noten besteht, welches gleichfalls wider die Eigenschaft der Cadenzen läuft. Will man aus der zweyten Cadenz simple Intervalle machen; so darf man nur von jeder Figur die erste Note nehmen, s. Fig. 3. da sich denn diese zum Adagio, jene aber zum Allegro schicket.

12. §.

Da man in der Transposition die Figuren oder Clauseln nicht zu oft wiederholen darf: so darf man solches noch weniger auf einerley Tone thun. Man muß bey den Cadenzen überhaupt sich hüten, die Töne womit sich die Clauseln anfangen, als welche sich dem Gehöre mehr, als die andern eindrücken, nicht zu oft hören zu lassen: besonders am Ende, wo man sich in der Sexte oder Quarte vom Grundtone an gerechnet, immer ein wenig aufzuhalten pfleget. Denn dieses würde dem Ohre eben so widerwärtig vorkommen, als wenn man in einer Rede verschiedene Perioden nach einander immer mit demselben Worte anfangen oder endigen wollte.

13. §.

Ob die Cadenzen gleich willkührlich sind: so müssen doch die Intervalle darinne ihre richtige Auflösung bekommen: besonders wenn man durch Dissonanzen in fremde Tonarten ausweicht; welches durch die Sprünge in die falsche Quinte, oder in die übermäßige Quarte geschehen kann, s. Tab. XX. Fig. 4.

14. §.

In den Tonarten muß man nicht gar zu weit ausschweifen, und keine Töne berühren, die mit dem Hauptione gar keine Verwandschaft haben. Eine kurze Cadenz muß gar nicht aus ihrer Tonart weichen. Eine etwas längere kann am natürlichsten in die Quarte; und eine noch längere in die Quarte und Quinte ausweichen. In Durtönen geschieht die Ausweichung in die Quarte durch die kleine Septime, s. Fig. 5. das Dis unter den Buchstaben (a); die Ausweichung in die Quinte geschieht durch die übermäßige Quarte, s. das H unter dem Buchstaben (b); und die Rückkehr in den Hauptton durch die ordentliche Quarte, s. das B unter dem Buchstaben (c). In Molltönen geschieht die Ausweichung in die Quarte vermittelst der großen Terze, s. Fig. 6. das H unter dem Buchstaben (a); die Ausweichung in die Quinte, und die Rückkehr in den Hauptton aber, geschehen eben so wie bey der größern Tonart, s. Cis und C unter den Buchstaben (b) und (c). Aus der größern Tonart kann man wohl in die kleinere gehen; doch muß es nur in der Kürze, und mit vieler Behutsamkeit geschehen: damit man mit guter Art wieder in die Hauptnote kommen möge. In den kleinern Tonarten kann man durch halbe Töne, stufenweise, auf= oder niederwärts gehen: doch müssen deren über drey bis viere nicht nach einander folgen, sonst können sie, wie alle andere sich ähnliche Clauseln, zum Ekel werden.

15. §.

Wie eine lustige Cadenz aus weitläuftigen Sprüngen, lustigen Clauseln, untermischten Triolen und Trillern u. d. gl. gebildet wird, s. Tab. XX. Fig. 7; so besteht hingegen eine traurige fast aus lauter nahe an einander liegenden, mit Dissonanzen vermischten Intervallen, s. Fig. 8. Die erste davon schicket sich zu einem muntern, die andere hingegen zu einem sehr traurigen Stücke. Man muß sich hierbey wohl in Acht nehmen; damit man nicht in ungereimte Mengereyen und Verwechselungen des Lustigen und Traurigen verfalle.

16. §.

Eine ordentliche Tactart wird selten beobachtet; ja sie darf nicht einmal beobachtet werden. Denn die Cadenzen sollen nicht aus einer an einander hängenden Melodie, sondern vielmehr aus abgebrochenen Gedanken bestehen; wenn sie nur dem vorhergehenden Ausdrucke der Leidenschaften gemäß sind.

17. §.

Die Cadenzen für eine Singstimme oder ein Blasinstrument müssen so beschaffen seyn, daß sie in einem Athem gemachet werden können. Ein Saiteninstrumentist kann sie so lang machen, als ihm beliebet; sofern er anders reich an Erfindung ist. Doch erlanget er mehr Vortheil durch eine billige Kürze, als durch eine verdrüßliche Länge.

18. §.

Ich gebe die hier befindlichen Exempel nicht für vollkommene und ausgearbeitete Cadenzen aus; sondern nur für Muster, wodurch man einigermaaßen die Ausweichungen der Tonarten, die Zurückkehrungen in den Hauptton, die Vermischungen der Figuren, und überhaupt die Eigenschaften der Cadenzen begreifen lerne. Vielleicht möchte mancher wün=

wünschen, daß ich eine Anzahl von ausgearbeiteten Cadenzen beygefüget hätte. Allein weil man nicht vermögend ist, alle Cadenzen so zu schreiben, wie sie gespielet werden müssen: so würden auch alle Exempel von ausgearbeiteten Cadenzen nicht hinreichend seyn, einen vollständigen Begriff davon zu geben. Man muß also, die Art gute Cadenzen zu machen, vielen geschickten Leuten abzuhören suchen. Hat man nun zuvor einige Erkenntniß von der Cadenzen Eigenschaften, so wie ich sie hier mitzutheilen mich bemühe; so kann man das, was man von andern höret, desto besser prüfen: um das Gute zu eigenen Vortheile anzuwenden, das Böse aber zu vermeiden. Oefters werden, auch von sehr geschickten Tonkünstlern, in Ansehung der Cadenzen, Schwachheiten begangen; entweder aus übel aufgeräumter Gemüthsbeschaffenheit, oder aus allzuvieler Lebhaftigkeit, oder aus Kaltsinnigkeit und Nachläßigkeit, oder aus Trockenheit der Erfindung, oder aus Geringschätzung der Zuhörer, oder aus allzuvieler Künsteley, oder noch aus andern Ursachen, die man nicht alle bestimmen kann. Man muß sich demnach nicht durch das Vorurtheil verblenden lassen, als ob ein guter Musikus nicht auch dann und wann eine schlechte, ein mittelmäßiger hingegen eine gute Cadenz hervorbringen könnte. Die Cadenzen erfodern, wegen ihrer geschwinden Erfindung, mehr Fertigkeit des Witzes, als Gelehrsamkeit. Ihre größte Schönheit besteht darinn, daß sie als etwas unerwartetes den Zuhörer in eine neue und rührende Verwunderung setzen, und die gesuchte Erregung der Leidenschaften gleichsam aufs höchste treiben sollen. Man darf aber nicht glauben, daß eine Menge geschwinder Passagien solches allein zu bewerkstelligen vermögend sey. Nein, die Leidenschaften können viel eher durch etliche simple Intervalle, und geschickt darunter vermischte Dissonanzen, als durch viele bunte Figuren erreget werden.

19. §.

Die zweystimmigen Cadenzen sind nicht so willkührlich, als die einstimmigen. Die Regeln der Setzkunst haben noch einen größern Einfluß darein: folglich müssen diejenigen, so sich mit Cadenzen dieser Art abgeben wollen, zum wenigsten die Vorbereitung und Auflösung der Dissonanzen, und die Gesetze der Nachahmungen verstehen; sonst können sie unmöglich was gescheites hervorbringen. Von den Sängern werden die meisten von dergleichen Cadenzen vorher studiret, und auswendig gelernet: denn es ist eine große Seltenheit zweene Sänger zusammen anzutreffen, die etwas von der Harmonie oder der Setzkunst verstehen.

Die meisten geben, aus einem fortgepflanzeten Vorurtheile, welches die Faulheit zur Mutter, und zur Ernährerinn hat, vor, daß dergleichen Bemühung der Stimme nachtheilig sey. Unter den Instrumentisten findet man noch eher einige, welchen es an dieser Erkenntniß nicht fehlet.

20. §.

Die zweystimmigen Cadenzen können etwas länger gemacht werden, als die einstimmigen: weil die darinne enthaltene Harmonie dem Gehöre nicht so leicht verdrüßlich fällt; auch alsdenn das Athemholen erlaubt ist.

21. §.

Diejenigen, welche nicht viel von der Harmonie wissen, behelfen sich mehrentheils nur mit Terzen= und Sexten=Gängen. Allein diese sind nicht hinlänglich den Zuhörer in Verwunderung zu setzen.

22. §.

So leicht aber die gedoppelten Cadenzen zu erfinden, und auf das Papier zu schreiben sind; so schwer sind sie hingegen ohne Verabredung zu machen: weil keiner des andern Gedanken im Voraus wissen kann. Hat man aber die Vortheile, welche die Imitationen und der Gebrauch der Dissonanzen an die Hand geben, nur in etwas inne; so ist diese Schwierigkeit leicht zu überwinden. Die Erfindung der Cadenzen aus dem Stegreife ist hier hauptsächlich mein Augenmerk. Ich will deswegen einige Exempel zum Muster beyfügen, welche man als einen Grundriß zu betrachten hat, worinne man die verschiedenen Arten der Nachahmungen, wie auch der Vorbereitungen und Auflösungen der Dissonanzen, welche hierzu dienen sollen, entworfen findet. Die Auszierungen aber, welche aus der Erfindungskraft fließen, und nicht in etliche wenige Exempel eingeschränket werden können, überlasse ich eines jeden seiner eigenen Erfindung und Geschmacke.

23. §.

Außer den in gerader Bewegung mit einander fortgehenden Terzen und Sextengängen, bestehen die zweystimmigen Cadenzen überhaupt aus Imitationen, daß eine Stimme vorträgt, und die andere nachahmet. An diesen Imitationen haben die Bindungen großen Theil. Man bindet nämlich entweder die **Secunde** aus der Terze, und löset sie in die Terze oder Sexte auf: oder man kehret dieses um; so daß aus der Sexte die **Septime** gebunden, und in die Sexte oder Terze aufgelöset wird. Oder man geht aus der Terze in die übermäßige Quarte, und umgekehrt,

Von den Cadenzen.

gekehrt, aus der Sexte in die **falsche Quinte**. Oder man verzögert auf der falschen Quinte in der Oberstimme die Auflösung in die Terze, woraus die **ordentliche Quarte** entsteht, die sich nachhero in die Terze auflöset. Wenn nun zwo Personen diese Vortheile inne haben, so können sie ohne Verabredung, und ohne die Regeln der Setzkunst zu überschreiten, von einer Dissonanz zur andern gehen.

24. §.

Bey einem Sextengange, wo man keine Dissonanzen berühren will, muß eine der beyden Stimmen eine Note voraus nehmen, es sey im Steigen, oder im Fallen; damit die andere sich darnach richten könne; s. Tab. XX. Fig. 9. allwo die unterste Stimme die Bewegung hat, und zu erkennen giebt, daß die Oberstimme im ersten Tacte steigen, und hernach wieder unterwärts gehen solle. Bey Fig. 10. machet die Oberstimme die Bewegung, und die unterste folget derselben. Wenn man in diesen beyden Gängen die oberste Stimme in die unterste, und die unterste in die oberste verwandelt; so findet man die Art des Terzenganges.

25. §.

Der mit der Septime vermischete Sextengang ist von zweyerley Art, nämlich steigend und fallend. Bey dem steigenden geht die Oberstimme in die Octave, und die Unterstimme aus der Sexte in die Septime; s. Tab. XX. Fig. 11. Bey dem fallenden Septimengange bindet die unterste Stimme, und die oberste resolviret: auch kann die unterste binden und auflösen, wie im zweyten Tacte des Exempels Fig. 12. zu ersehen ist. Wenn man bey den beyden vorigen Exempeln die erste Stimme zur zweyten, und die zweyte zur ersten machet; so hat man den Terzengang, wo aus der Terze die Secunde gebunden, und in die Terze oder Sexte aufgelöset wird.

26. §.

Die erste Stimme, welche gemeiniglich den Vortrag thut, muß der zweyten nicht nur Gelegenheit zu antworten geben, und auf dieselbe warten; sondern sie muß auch öfters, unter der Antwort, ein solches Intervall, welches zu einer neuen Bindung Anlaß giebt, zu wählen wissen: damit die Bindungen nicht alle auf einerley Art hinaus laufen. In dem Exempel bey Fig. 13. besteht die erste Bindung aus der kleinen Secunde; die folgende aus der mangelhaften Septime: und indem die zweyte Stimme die Figur der ersten nachmachet, bereitet sich die erste durch das H zur folgenden Septime, und löset diese in die Sexte auf.

Die

Die zweyte Stimme bindet hierauf vermittelst des H die Septime noch einmal; durch das Cis gegen das G, als durch die falsche Quinte, geht sie zur Bindung, der Quarte D, u. s. w. wodurch das Ohr auf verschiedene Weise betrogen wird.

27. §.

Die Cadenzen können auch nach Art eines Canons eingerichtet werden, wie Tab. XX. bey Fig. 14. zu ersehen. Diese machet die Nachahmung in der Quarte tiefer. Die auf Tab. XXI. Fig. 1. imitiret durch Quinte und Sexte; die bey Fig. 2. durch die übersteigende, in die Terze sich auflösende Secunde. Die bey Fig. 3. imitiret wechselsweis durch die übermäßige Quarte und falsche Quinte, wie auch durch die Quinte und Sexte. Die bey Fig. 4. bindet aus der Terze die Secunde, und aus der Sexte die Septime. Die erstere löset sich in die Sexte, und die zweyte in die Terze auf. Es kann aber dieser Gang, wegen des Quartensprunges, in der Transposition nicht über zweymal angebracht werden.

28. §.

In den hier angeführten Exempeln nun, sind die meisten Gänge enthalten, wodurch eine Stimme der andern, ohne Verabredung nachahmen kann. Nur ist dabey noch zu merken, daß es auf die erste Stimme, welche ordentlicher Weise den Antrag machet, hauptsächlich ankomme, die Gänge so einzurichten, daß es die zweyte, so wohl wegen der Deutlichkeit, als auch insonderheit wegen der Tiefe und Höhe der Töne, nachmachen könne. Versteht aber der erste nichts von den hier erfoderlichen Regeln, so kann auch des zweyten seine Wissenschaft hier nichts weiter helfen. Er muß nur suchen, so gut als möglich, dem ersten in puren Terzen und Sexten nachzugehen, und die Dissonanzen zu vermeiden: weil es eine sehr üble Wirkung thut, Dissonanzen ohne Auflösung zu hören.

29. §.

Wegen der Rückkehr zum Schlusse der Cadenz ist zu merken, daß die Quarte vom Endigungstone, oder die Septime von der Grundnote der Cadenz, welches einerley ist, die Endigung der Cadenz andeute. Sie kömmt mehrentheils in der obersten Stimme vor; wenn nämlich die Cadenz durch die Terze im Einklange schließt. Die zweyte Stimme hat sich sodann hiernach zu richten, und muß unter dieser Quarte die falsche Quinte von der obern Stimme herunter gerechnet, anzubringen suchen;

um

um durch die Auflösung in die Terze sich zum Schlusse zu bereiten: wie bey den oben beschriebenen Exempeln beobachtet worden. Bey Fig. 11. Tab. XX. im vorletzten Tacte kündiget die gebundene Note C in der ersten, s. (a) und Fis in der zweyten Stimme, s. (b), das Ende an. Bey Fig. 12. thut es F mit der Septime G, s. (c) (d); bey Fig. 13. und 14. D mit Gis, s. (e) (f), (g) (h); Tab. XXI. bey Fig. 1. Es mit A, s. (i) (k); bey Fig. 2. G mit Cis, s. (l) (m); bey Fig. 3. F mit H, s. (n)(o); und bey Fig. 4. C mit Fis, und B mit E, s. (p) (q) (r) (s): worauf allemal die Triller folgen. Wenn aber die Cadenz durch die Sexte in die Octave schließt: so kömmt die Quarte des Haupttones alsdenn in die zweyte Stimme, und die übermäßige Quarte von der untersten Stimme herauf gerechnet, als die umgekehrte falsche Quinte, in die erste Stimme.

30. §.

Bey den Vorträgen und Nachahmungen, ingleichen bey den Vorbereitungen und Auflösungen der Bindungen, kann man die Figuren, oder Auszierungen, nach Belieben verlängern oder verkürzen. Man betrachte Tab. XXI. Fig. 5 und 6. da die eine lang, und die andere kurz ist. Beyde Exempel sind aus dem bey Fig. 2. genommen. Das bey Fig. 5. ist durch die Figuren verlängert, und das bey Fig. 6. durch Verlassung derselben verkürzet worden. Auf solche Art kann man mit den übrigen verfahren: so daß, durch die Veränderung und Vermischung der Figuren, eben dieselben Gänge immer wieder fremd und neu werden.

31. §.

Man hat nicht nöthig, sich bey den Doppelcadenzen immer, wie zwar bey obigen Exempeln geschehen, an eine ordentliche Tactart zu binden; ausgenommen in denen Figuren, welche der eine vorgemacht hat: denn diese müssen in eben demselben Zeitmaaße, und in eben der Anzahl der Noten, von dem andern nachgemachet werden. Je weniger Ordnung man im übrigen in den Cadenzen beobachtet, je besser ist es: weil dadurch zugleich der Schein, als ob dieselben vorher ausgesonnen wären, vermieden wird. Doch wolle man hierunter nicht verstehen, als müßten die Cadenzen überhaupt blos aus einem undeutlichen Gewirre der Einfälle bestehen, und gar nichts melodisches in sich haben. Dieses würde den Zuhörern wenig Vergnügen erwecken. Meine Meynung ist nur, wie oben schon bey Gelegenheit der einfachen Cadenzen ist berühret worden, daß die Cadenzen nicht aus einer förmlich an einander hangenden Melodie, als

ein

ein Arioso, sondern aus zwar unterbrochenen, doch gefälligen Clauseln bestehen sollen; welche Clauseln so wohl mit dem geraden als ungeraden Tacte eine Aehnlichkeit haben können. Nur muß man nicht zu lange bey einerley Art bleiben, sondern beständig auf eine angenehme Abwechselung bedacht seyn.

32. §.

Nun ist noch übrig, **die halbe Cadenz**, bey welcher die Oberstimme durch die Grundstimme vermittelst der großen Septime gebunden, und durch die Sexte in die Octave,* aufgelöset wird, zu betrachten. Diese halbe Cadenz pfleget in der Mitte oder am Ende eines langsamen Stückes aus der kleinern Tonart vorzukommen, s. Tab. XXI. Fig. 7. Sie wurde in vorigen Zeiten besonders im Kirchenstyle bis zum Ekel getrieben, und ist deswegen fast aus der Mode gekommen. Doch kann sie auch noch in itzigen Zeiten eine gute Wirkung thun; wenn sie nur selten und an ihrem rechten Orte angebracht wird.

* Diese Octave ist die Quinte der Tonart, aus welcher das Stück geht, und erfodert immer die große Terze in ihrem Accorde.

33. §.

Die Auszierungen welche über eine solche halbe Cadenz, wenn sie einfach ist, angebracht werden können, haben einen sehr kleinen Umfang. Die Hauptnoten müssen aus dem Accorde der Septime, von der Grundnote an gerechnet, genommen werden, und bestehen aus der Terze und Quinte, welche über der gebundenen Septime in der Oberstimme eine Quarte und Sexte ausmachen. Man kann diese Noten so wohl von unten, als von oben nehmen; s. Tab. XXI. Fig. 8. Nur kömmt es darauf an, ob man die Auszierung lang oder kurz machen will. Soll sie kurz seyn, so kann man nur die Quarte aufwärts berühren, (s. die Note G unter dem Buchstaben (c) dieser Figur,) und von da zum Schlusse gehen. Soll sie etwas länger seyn, so kann man die Quarte und Sexte nach einander berühren, s. unter dem Buchstaben (a) und (b). Will man sie aber noch mehr verlängern, so kann man bis in die Septime herunter steigen, wie bey dieser 8. Figur, welche die Hauptnoten zeiget, zu ersehen ist. Die Hauptnoten aber können durch Figuren von Noten, auf verschiedene Art verändert und vermehret werden.

Von den Cadenzen.

34. §.

Doppelt kömmt diese halbe Cadenz oftmals im Trio vor. Ihre Zierrathen bestehen aus eben den Intervallen, wie bey der einfachen. Nur ist zu merken, daß diejenige Stimme, gegen welche die Grundstimme die Septime bindet, den Antrag zu machen hat: die andere hingegen muß auf der Terze so lange warten, bis die erste ihre Figur geendiget hat, und auf der Sexte den Triller schlägt. Alsdenn kann die zweyte Stimme, dieselbe Figur, welche die erste hatte hören lassen, in der Quinte tiefer nachmachen; wie das Exempel bey Fig. 9. auf der XXI. Tabelle zeiget. Wenn aber die Septime in der zweyten Stimme liegt; so muß auch die zweyte Stimme den Vortrag thun, und die erste, in der Quarte höher ihr nachahmen. Man setze in dem Exempel bey Fig. 9 die zweyte Stimme eine Octave höher, und mache sie zur ersten Stimme; so wird man davon ein Muster haben.

35. §.

Von der **Fermate** oder der Aufhaltung **ad libitum**, welche zuweilen in Singsachen, beym Anfange einer Arie, in der Singstimme, sehr selten aber bey einer concertirenden Instrumentalstimme, etwan im Adagio eines Concerts, vorkömmt, ist auch noch etwas zu bemerken. Sie besteht mehrentheils aus zwoen, einen Quintensprung unter sich machenden Noten, über deren ersterer ein Bogen mit dem Punkte steht, s. Tab. XXI. Fig 10; und wird deswegen gesetzet, damit der Sänger, welcher ein zweysylbiges, mit einem bequemen langen Selbstlauter versehenes Wort, als vado, parto, u. s. w. darunter auszusprechen hat, Gelegenheit haben möge, eine Auszierung dabey anzubringen. Diese Auszierung muß nur aus solchen Hauptnoten bestehen, welche im Accorde der Grundstimme statt finden, und erlaubet keine Ausweichung in andere Tonarten. Das Exempel Tab. XXI. Fig. 11. kann zum Muster dienen. Ein Sänger kann sich vorstellen, als wenn es in dem seiner Stimme eigenen Schlüssel geschrieben wäre. Die erste Note unter dem Bogen mit einem Punkte, kann als eine Haltung, (messa di voce) so lange als es der Athem erlaubet, mit Zu= und Abnehmen des Tones gehalten werden: doch so, daß man noch so viel Athem übrig behalte, als nöthig ist, die folgende Auszierung in demselben Athem zu endigen. Will man die Figuren, woraus dieser ganze Zierrath besteht, zergliedern; so kann solcher in verschiedene Theile getheilet, und immer um eine Figur verkürzet werden; wie die darüber befindlichen Buchstaben zeigen. Z. E. Man kann entweder die Figuren unter den Buchstaben (b) (c), oder die unter (a) (b) (c) (d), oder die unter (a) (b) (c) (d) (e), oder die unter (a) (b) (c) (d) (e) (f) weglassen, ohne daß es aufhöret eine Auszierung zu bleiben. Wie nun hier die Intervalle durch den Accord in die Höhe steigen; so kann man auch durch denselben Accord in die Tiefe gehen; wenn man nur die Figuren so einrichtet, daß man zum wenigsten, bey Endigung des Zierraths, die Anfangsnote wieder berühre; und nicht von unten, sondern von oben in die letzte Figur mit dem Triller, falle: weil dieser Triller über der Terze, nicht von unten, sondern von oben seinen Ursprung haben muß. Nach diesem Triller muß kein Nachschlag gemacht werden: und wenn solches auch von den größten Sängern begangen würde, so ist und bleibt es dennoch ein Fehler Es muß vielmehr dieser Schluß so gesungen oder gespielet werden, wie hier in Noten ausgedrücket ist. Im Hauptstücke von den willkührlichen Veränderungen, im 36. §., ist hiervon weitläuftiger gehandelt worden.

36. §.

Der Schlußtriller der Cadenzen, in Stücken, die aus der kleinern Tonart gehen, wird zuweilen, doch mehrentheils nur beym Singen, anstatt auf der Quinte, auf der Sexte geschlagen. Man verfährt damit wie im XIII. Hauptstücke, 36. §. Tab. XV. Fig. 21. ((d) von dem Einschnitte in die Terze ist gelehret worden. Ob nun wohl diese Art die Cadenz zu beschließen, wenn sie zu rechter Zeit, und mit guter Art angebracht wird, eben keine üble Wirkung thut; so ist doch nicht zu rathen, damit allzuverschwenderisch umzugehen: wie es einige Sänger zu machen pflegen, wenn sie fast allezeit im zweyten Theile der Arie, wenn solcher in der kleinern Tonart schließt, den Schlußtriller auf die obenbeschriebene Art machen. Am Ende eines Stücks klingt ein dergleichen Triller etwas einfältig; und so gebräuchlich der im 36. §. des XIII. Hauptst. beschriebene, in der Mitte des Stücks itzo noch ist, so sehr ist dieser beym Ende desselben hingegen, fast aus der Mode gekommen, und verräth folglich das Alterthum. Die Hauptursache aber warum man ihn nur bey sehr seltenen Fällen brauchen muß, ist, weil hierzu die Sexte und Quarte im Accompagnement erfodert würde. Weil nun ordentlicher Weise vor dem Schlusse eines Stücks die große Terze und reine Quinte angeschlagen werden muß; welcher Accord aber mit dem Triller auf der Sexte keinen Verhalt hat: so würde dieses am Ende des Stückes einen Uebelklang zurück lassen, und folglich dem Gehöre mehr Verdruß als Vergnügen erwecken.

Das XVI. Hauptstück.

Was ein Flötenist zu beobachten hat, wenn er in öffentlichen Musiken spielet.

1. §.

Ist ein Lehrbegieriger nun dieser Anweisung, unter der Aufsicht eines guten Lehrmeisters, in allen Stücken gefolget, und hat das darinn enthaltene wohl begriffen, und recht in Uebung gebracht: so wird er im Stande seyn, sich bey öffentlichen Musiken mit Ehren hören zu lassen. Ich will mich bemühen, ihm bey dieser Gelegenheit, wenn er seine erlangte Wissenschaft wieder an den Mann bringen will, noch mit einigen hierzu nöthigen Regeln, Erinnerungen, und gutem Rathe, an die Hand zu gehen.

2. §.

Vor allen Dingen muß er auf eine reine Stimmung seines Instruments bedacht seyn. Ist ein Clavicymbal bey dem Accompagnement zugegen, wie mehrentheils einer zugegen ist, so muß er die Flöte darnach einstimmen. Die meisten nehmen zwar das zweygestrichene D hierinn zum Richter, und zum Grundtone: allein ich rathe, daß er, wenn anders die Flöte in sich selbst so rein gestimmet ist, als sie seyn soll, vielmehr das zweygestrichene F dazu erwähle.

3. §.

Muß er an einem kalten Orte spielen, so kann er die Flöte mit dem Clavicymbal gleichlautend stimmen. Bey sehr warmem Wetter aber, muß er ein wenig tiefer stimmen: weil die Natur der Blasinstrumente, der besaiteten ihrer, in diesem Stücke ganz entgegen ist. Die ersten werden durch die Wärme, folglich auch durchs Blasen, höher; die andern hingegen werden tiefer. Durch die Kälte geschieht das Gegentheil.

4. §.

Zu einem Stücke aus dem Es oder As kann er die Flöte ein wenig tiefer, als zu allen andern Tönen stimmen: weil die Töne mit dem b um ein Komma höher sind, als die mit dem Kreuze.

5. §.

An einem großen Orte, es sey in einem Opernhause, in einem Saale, oder wo zwey, drey, oder mehr eröfnete Zimmer nach einander folgen, muß er die Flöte niemals von Weitem, zu der von ihm entfernten Musik einstimmen, sondern allezeit in der Nähe. Denn der Klang der Töne erniedriget sich in der Ferne, je weiter, je mehr. Wenn er in der Ferne recht rein zu stimmen glaubete; so würde er dennoch, in der Nähe, gegen die andern zu tief seyn.

6. §.

Bey kalter Witterung muß er die Flöte in gleicher Wärme zu erhalten suchen: sonst wird er bald tief, bald hoch stimmen.

7. §.

Sollten, zufälliger Weise, die Violinen höher gestimmet seyn, als der Clavicymbal; welches leicht geschehen kann, wenn ihre Quinten nicht, wie bey dem Claviere in Obacht genommen werden muß, unter sich, sondern vielmehr über sich schwebend gestimmet worden: so daß dadurch bey vier Saiten, die in Quinten gestimmet werden, ein merklicher Unterschied sich äußert; so muß sich der Flötenist, weil die übrigen Instrumente mehr, als der Flügel gehöret werden, aus Noth, mit der Flöte nach den Violinen richten. Es thut dieses aber freylich, wenn man wechselsweise, bald vom Claviere, bald von den Violinen begleitet wird, eine üble Wirkung: und wäre zu wünschen, daß ein jeder sein Instrument, so wohl in sich selbst rein stimmen, als auch mit dem Clavicymbal gleichlautend machen möchte; um das Vergnügen der Zuhörer nicht zu verringern. Es versteht sich aber, ohne mein Erinnern, daß dieser Fehler nicht leicht von vernünftigen und erfahrnen Tonkünstlern, welche die Musik so lieben wie sie sollen, begangen wird; sondern vielmehr nur von solchen, welche ihre Kunst als ein Handwerk, und als ein Muß, mit Widerwillen treiben.

8. §.

Ist das Accompagnement sehr zahlreich: so kann der Flötenist die Flöte zum Allegro ein wenig tiefer stimmen, sie etwas mehr auswärts drehen, und folglich stärker blasen; damit er von dem Accompagnement, wenn es etwan unbescheiden seyn sollte, nicht unterdrücket werde.

Wenn er in öffentlichen Musiken spielet.

Bey dem Adagio hingegen muß er so stimmen, daß er bequem, ohne die Flöte durch gar zu starkes Blasen zu übertreiben, spielen könne. Hierbey ist nöthig, daß er den Pfropf, aus seinem gewöhnlichen Orte, um einen guten Messerrücken breit, tiefer in die Flöte hinein drücke, s. IV. Hauptst. 26. §. Bey dem darauf folgenden Allegro aber, muß er nicht vergessen, den Pfropf bis an den vorigen Ort wieder zurück zu ziehen.

9. §.

Auf die begleitenden Instrumente muß er beständig hören, ob er mit denselben immer in einerley Stimmung sey; damit er weder zu hoch, noch zu tief spiele. Denn ohne diese Reinigkeit der Intonation bleibt der allerbeste und deutlichste Vortrag mangelhaft.

10. §.

Die Flöte muß er so halten, daß der Wind ungehindert in die Ferne gehen könne. Er muß sich in Acht nehmen, daß er nicht etwan denen, welche sehr nahe zu seiner Rechten stehen, in die Kleider blase: wodurch der Ton schwach und dumpfig wird.

11. §.

Hat ein angehender Flötenspieler sich bey seiner bisherigen besondern Uebung angewöhnet, den Tact mit dem Fuße zu markiren: so muß er sich dessen, bey öffentlichen Musiken, so viel als möglich ist, enthalten. Ist er aber noch nicht im Stande, ohne diese Beyhülfe, sich im Tacte zu erhalten; so thue er es heimlich: um weder seine Schwäche bekannt, noch seine Accompagnisten verdrüßlich zu machen. Sollte aber dennoch die Noth bisweilen das Tactschlagen erfodern; wenn etwan einer oder der andere im Tacte eilete, oder zögerte; wodurch der Concertist gehindert wird, die Passagien rund, deutlich, und in ihrer gehörigen Geschwindigkeit zu spielen: so suche er lieber durch etwas stärkeres Blasen, und besonderes Markiren der Noten, welche in den Niederschlag des Tactes treffen, diesen Fehler zu bemänteln; als mit dem Fuße zu schlagen: welches nicht ein jeder vertragen kann.

12. §.

Sollte bisweilen ein durch viele Personen begleitetes Concert entweder geschwinder, oder langsamer, als es seyn soll, angefangen werden; und dabey durch gählinge Veränderungen des Zeitmaaßes, wenn man sie alsobald verlangen wollte, eine Unordnung und Verwirrung zu befürchten seyn: so thut ein Concertist, wofern nur der Unterschied nicht gar zu groß ist, wohl, wenn er das Ritornell so endigen läßt, wie

168 Das XVI. Hauptstück. Was ein Flötenist zu beob. hat,

es angefangen worden. Bey der darauf folgenden Solopassagie aber, kann er durch einen deutlichen und recht markireten Anfang derselben, das rechte Tempo zu erkennen geben.

13. §.

Ist der Flötenist, der sich öffentlich will hören lassen, furchtsam, und noch nicht gewohnt, in Gegenwart vieler Menschen zu spielen; so muß er seine Aufmerksamkeit, in währendem Spielen, nur allein auf die Noten, die er vor sich hat, zu richten suchen; niemals aber die Augen auf die Anwesenden wenden: denn hierdurch werden die Gedanken zerstreuet, und die Gelassenheit geht verlohren. Er unternehme nicht solche schwere Sachen, die ihm bey seiner besondern Uebung noch niemals gelungen sind; er halte sich vielmehr an solche, die er ohne Anstoß wegspielen kann. Die Furcht verursachet eine Wallung des Geblütes, wodurch die Lunge in ungleiche Bewegung gebracht wird, und die Zunge und Finger ebenfalls in eine Hitze gerathen. Hieraus entsteht nothwendiger Weise ein im Spielen sehr hinderliches Zittern der Glieder: und der Flötenspieler wird also nicht im Stande seyn, weder lange Passagien in einem Athem, noch besondere Schwierigkeiten, so wie bey einer gelassenen Gemüthsverfassung, herauszubringen. Hierzu kömmt auch noch wohl, daß er bey solchen Umständen, absonderlich bey warmen Wetter, am Munde schwitzet; und die Flöte folglich nicht am gehörigen Orte fest liegen bleibt, sondern unterwärts glitschet: wodurch das Mundloch derselben zu viel bedecket, und der Ton, wo er nicht gar außen bleibt, doch zum wenigsten zu schwach wird. Diesem letztern Uebel bald abzuhelfen; wische der Flötenist den Mund und die Flöte rein ab, greife nachdem in die Haare, oder Perüke, und reibe den am Finger klebenden feinen Puder an den Mund. Hierdurch werden die Schweißlöcher verstopfet; und er kann ohne große Hinderniß weiter spielen.

14. §.

Aus diesen Ursachen ist einem jeden, der vor einer großen Versammlung spielen muß, zu rathen, daß er nicht eher ein schweres Stück zu spielen unternehme, als bis er fühlet, daß er sich in einer vollkommenen Gelassenheit befinde. Die Zuhörer können nicht wissen, wie ihm zu Muthe ist; und beurtheilen ihn also, zumal wenn es das erstemal ist, daß er vor ihnen spielet, nur nach dem, was sie hören, nicht aber nach dem, was er vor sich auszuführen fähig ist. Es gereichet überhaupt allezeit zu größerm

Vor=

Vortheile, wenn man ein leichtes Stück reinlich, und ohne Fehler, als wenn man das allerschwerste Stück mangelhaft spielet.

15. §.

Wenn unserm Flötenisten bey der öffentlichen Ausführung seines Stücks einige Passagien nicht sollten gelungen seyn; so spiele er selbige so lange vor sich zu Hause, so wohl langsam, als geschwind durch, bis er sie mit eben derselben Fertigkeit, als die übrigen, heraus bringen kann: damit die Accompagnisten inskünftige sich nicht genöthiget finden, ihm hier und da nachzugeben; denn dieses würde den Zuhörern weder Vergnügen bringen, noch dem Flötenisten Ehre machen.

16. §.

Hat einer, durch viele Uebung eine große Fertigkeit erlanget, so muß er derselben doch nicht misbrauchen. Sehr geschwind, und zugleich auch deutlich spielen, ist zwar ein besonderes Verdienst; es können aber gleichwohl öfters, wie die Erfahrung lehret, große Fehler daraus entstehen. Man wird dergleichen insonderheit bey jungen Leuten, die weder die rechte reife Beurtheilungskraft, noch die wahre Empfindung haben, wie jedes Stück nach seinem eigentlichen Zeitmaaße und Geschmacke zu spielen sey, gewahr. Solche junge Leute spielen mehrentheils alles, was ihnen vorkömmt, es sey Presto, oder Allegro, oder Allegretto, in einerley Geschwindigkeit. Sie glauben wohl gar sich dadurch vor andern besonders hervor zu thun; da sie doch, durch die übertriebene Geschwindigkeit, nicht nur das Schönste der Composition, ich meyne das untermischete Cantabile, verstümmeln und vernichten; sondern auch, bey Uebereilung des Zeitmaaßes, sich angewöhnen, die Noten falsch und undeutlich vorzutragen. Wer sich nun hierinne nicht bey Zeiten zu verbessern suchet, der bleibet in diesem Fehler, welchen das Feuer der Jugend verursachet, wo nicht immer, doch zum wenigsten bis weit in die männlichen Jahre, stecken.

17. §.

Bey der Wahl der Stücke, womit sich ein Flötenist und jeder Concertist will hören lassen, muß er sich nicht nur nach sich selbst, nach seinen Kräften und seiner Fähigkeit, sondern auch nach dem Orte wo er spielet, nach dem Accompagnement welches ihn begleitet, nach den Umständen worinne er spielet, und nach den Zuhörern, vor denen er sich will hören lassen, richten.

18. §.

An einem großen Orte, wo es stark schallet, und wo das Accompagnement sehr zahlreich ist, machet eine große Geschwindigkeit mehr Verwirrung, als Vergnügen. Er muß also bey solchen Gelegenheiten Concerte erwählen, welche prächtig gesetzet, und mit vielem Unison vermischet sind; Concerte, bey denen sich die harmonischen Sätze nur immer zu ganzen oder zu halben Tacten ändern. Der an großen Orten allezeit entstehende Wiederschall verlieret sich nicht so geschwind; sondern verwickelt die Töne, wenn sie gar zu geschwinde mit einander abwechseln, dergestalt unter einander, daß sowohl Harmonie, als Melodie unverständlich wird.

19. §.

In einem kleinen Zimmer, wo wenig Instrumente zur Begleitung da sind, kann man hingegen Concerte nehmen, die eine galante und lustige Melodie haben, und worinnen die Harmonie sich geschwinder ändert, als zu halben und ganzen Tacten. Diese lassen sich geschwinder spielen, als jene.

20. §.

Wer sich öffentlich will hören lassen, der muß die Zuhörer, und absonderlich diejenigen darunter, an denen ihm am meisten gelegen ist, wohl in Betrachtung ziehen. Er muß überlegen, ob sie Kenner oder keine Kenner sind. Vor Kennern kann er etwas mehr ausgearbeitetes spielen, worinne er Gelegenheit hat, seine Geschicklichkeit sowohl im Allegro, als Adagio zu zeigen. Vor puren Liebhabern, die nichts von der Musik verstehen, thut er hingegen besser, wenn er solche Stücke vorbringt, in welchen der Gesang brillant und gefällig ist. Das Adagio kann er alsdenn auch etwas geschwinder, als sonst spielen; um dieser Art von Liebhabern nicht lange Weile zu machen.

21. §.

Mit Stücken, die in einer sehr schweren Tonart gesetzet sind, muß man sich nicht vor jedermann, sondern nur vor solchen Zuhörern hören lassen, die das Instrument verstehen, und die Schwierigkeit der Tonart auf demselben einzusehen vermögend sind. Man kann nicht in einer jeden Tonart das Brillante und Gefällige, so wie es die meisten Liebhaber verlangen, reinlich heraus bringen.

22. §. Um

22. §.

Um sich bey den Zuhörern gefällig zu machen, giebt es einen großen Vortheil, wenn man die Gemüthsneigungen derselben kennet. Ein cholerischer Mensch kann mit prächtigen und ernsthaften Stücken, ein zur Traurigkeit geneigter mit tiefsinnigen, chromatischen und aus Molltönen gesetzten Stücken, ein lustiger, aufgeweckter Mensch aber, mit lustigen und scherzhaften Stücken, befriediget werden. Beobachtet nun ein Musikus dieses nicht, woferne er kann; oder thut er wohl gar das Gegentheil: so wird er bey keinem Zuhörer von dieser Art seinen Endzweck vollkommen erreichen.

23. §.

Diese Regel der Klugheit wird gemeiniglich von denen, die man wirklich vor gelehrte und geschickte Tonkünstler erkennen muß, am allerwenigsten beobachtet. Anstatt daß sie sich zuerst, durch gefällige und begreifliche Stücke, bey ihren Zuhörern einschmeicheln sollten: schrecken sie dieselben vielmehr, aus Eigensinn, gleich Anfangs, mit ihrer Gelehrsamkeit, so nur für die Kenner gehöret, ab: womit sie doch öfters nichts mehr, als den Namen eines gelehrten Pedanten davon tragen. Wollten sie sich aber auf eine billige Art bequemen: so würde ihnen mehr Gerechtigkeit, als insgemein geschieht, wiederfahren.

24. §.

Wegen der Auszierungen im Adagio, muß sich der Flötenist, außer dem was oben gesaget worden, auch nach den Stücken, ob solche zwey= drey= oder mehrstimmig gesetzet sind, richten. Bey einem Trio lassen sich wenig Manieren anbringen. Der zweyten Stimme muß die Gelegenheit nicht benommen werden, das Ihrige gleichfalls zu machen. Die Manieren müssen von solcher Art seyn, daß sie sich sowohl zur Sache selbst schicken, als auch von dem Ausführer der andern Stimme können nachgemachet werden. Man muß sie nur bey solchen Gängen anbringen, die aus Nachahmungen bestehen, es sey in der Quinte höher, in der Quarte tiefer, oder auf eben demselben Tone. Haben beyde Stimmen, in Sexten oder Terzen, einerley Melodie gegen einander: so darf nichts zugesetzet werden; es sey denn, daß man vorher mit einander abgeredet hätte, einerley Veränderungen zu machen. Mit dem Piano und Forte muß sich immer einer nach dem andern richten; damit das Ab= und Zunehmen des Tones zu gleicher Zeit geschehe. Hat aber einer von beyden dann und wann eine Mittelstimme, so daß die Noten hauptsächlich gesetzet sind, um die Harmonie auszufüllen: so muß dieser schwächer spielen als der andere, welcher zu der Zeit die Hauptmelodie hat: damit die Gänge, welche keine Melodie haben, nicht zur Unzeit hervorragen. Haben beyde Stimmen entweder Nachahmungen gegen einander, oder sonst einen ähnlichen Gesang, es sey in Terzen oder Sexten; so können beyde in einerley Stärke spielen.

25. §.

Machet einer im Trio eine Manier, so muß sie der andere, wenn er, wie es seyn sollte, Gelegenheit hat sie nachzumachen, auf gleiche Art vortragen. Ist er aber im Stande noch etwas Geschicktes mehr zuzusetzen, so thue er es am Ende der Manier; damit man sehe, daß er dieselbe so wohl simpel nachmachen, als auch verändern könne: denn es ist leichter etwas vor= als nachzumachen.

26. §.

Ein angehender Concertist unternehme nicht, mit jemanden, dem er nicht gewachsen ist, ein Trio zu spielen, wo er nicht versichert ist, daß der andere sich herablassen, und nach ihm bequemen werde; sonst kömmt er gewiß zu kurz. Das Trio ist eigentlich der Probierstein, an welchem man die Stärke und Einsicht zwoer Personen am besten beurtheilen kann. Ein Trio, wenn es anders gute Wirkung thun soll, erfordert auch, daß es von zwo Personen, welche einerley Vortrag haben, ausgeführet werde: und wenn dieses geschieht, so halte ich es für eine der schönsten und vollkommensten Arten von Musik. Ein Quatuor ist diesem gleich, und an Harmonie noch reicher; wenn es anders, wie es wohl sollte, mit vier Stimmen obligat, das ist, daß keine Stimme ohne Schaden des Ganzen wegbleiben kann, gesetzet ist. Hier ist noch weniger Freyheit etwas von willkührlichen Manieren zuzusetzen, als im Trio. Die beste Wirkung hat man zu gewarten, wenn man den Gesang reinlich und unterhalten spielet.

27. §.

In einem Concert hat man, zumal im Adagio, in Ansehung der Manieren, mehr Freyheit, als im Trio: doch muß man beständig auf die begleitenden Stimmen Achtung geben, ob sie melodische Bewegungen, oder nur bloße Harmonie haben. Ist das erste; so muß man den Gesang simpel spielen. Ist aber das andere; so kann man von Auszierungen machen was man will: wenn man nur nicht wider die Regeln der Harmonie, des Geschmackes, und der Vernunft handelt. Man ist vor Fehlern

wenn er in öffentlichen Musiken spielet. 173

lern mehr gesichert, wenn man im Adagio, in der Rolle der Concertstimme, die Grundstimme mit unter die obere schreibt: denn man kann die übrigen Stimmen desto leichter daraus errathen.

28. §.

Wenn der Flötenist ein wohlgesetztes Ritornell, in einem Arioso, welches mit Dämpfern, oder sonst piano gespielet werden soll, und dessen Melodie im Solo zu Anfange wieder vorkömmt, mit der Flöte mitspielen wollte: so würde solches eben die Wirkung thun, als wenn ein Sänger das Ritornell einer Arie mitsänge; oder als wenn einer in einem Trio, anstatt der Pausen, des andern seine Stimme mitspielete. Wenn man aber das Ritornell den Violinen allein überläßt; so wird das darauf folgende Solo der Flöte viel bessern Eindruck machen, als sonst geschehen würde.

29. §.

In einem Solo hat man eigentlich die meiste Freyheit, seine eigenen Einfälle, wenn sie gut sind, hören zu lassen: weil man es da nur mit einer Gegenstimme zu thun hat. Hier können so viele Auszierungen, als der Gesang und Harmonie leidet, angebracht werden.

30. §.

Hat ein Flötenist mit einer Singstimme zu concertiren; so muß er suchen, sich mit derselben, im Tone und in der Art des Vortrages, so viel als möglich ist, zu vereinigen. Er darf nichts verändern, als nur da, wo ihm durch Nachahmungen Gelegenheit dazu gegeben wird. Die Manieren müssen von solcher Art seyn, daß sie die Stimme nachmachen kann: weswegen er die weitläuftigen Sprünge vermeiden muß. Hat aber die Stimme einen simpeln Gesang, und die Flöte besondere Bewegungen darüber: so kann er so viel zusetzen, als er für gut befindet. Pausiret die Stimme, so kann er mit noch mehrerer Freyheit spielen. Ist die Stimme schwach, und man musiciret in einem Zimmer: so muß der Flötenist mehr schwach, als stark spielen. Auf dem Theater hingegen kann er etwas stärker blasen: weil da das Piano mit der Flöte nicht viel Wirkung thut. Doch muß er den Sänger nicht mit gar zu vielen Veränderungen überhäufen: damit derselbe, weil er auswendig singen muß, nicht in Unordnung gebracht werde.

31. §.

Es ist viel vortheilhafter für einen Tonkünstler, wenn er immer etwas von einer Wissenschaft zum Hinterhalte behält; um seine Zuhörer mehr als einmal überraschen zu können: als wenn er gleich das erstemal seine ganze Wissenschaft ausschüttet; und man ihn also ein für allemal gehöret hat.

32. §.

Wenn er von jemanden ersuchet wird, sich hören zu lassen, so thue er es bald, und ohne viele Grimassen oder verstellete Bescheidenheit. Hat er aber sein Stück geendiget; so dringe er sich nicht auf, mehr zu spielen, als von ihm verlanget wird: damit man ihn nicht wieder so viel bitten müsse aufzuhören, als man ihn bitten mußte anzufangen: wie man insgemein den Virtuosen nachsaget.

33. §.

Obwohl der Beyfall der Zuhörer zu einer Aufmunterung dienen kann: so muß man, dessen ungeachtet, durch das überflüßige Loben, welches bey der Musik zum Misbrauche worden, vielleicht weil es einige phantastische Ignoranten unter den welschen Sängern, bey aller ihrer Unwissenheit, fast als eine Pflicht, die man ihrem bloßen Namen schuldig seyn soll, verlangen, sich nicht verführen lassen. Man muß solches vielmehr, zumal wenn man es von guten Freunden erhält, eher für eine Schmeicheley, als für eine Wahrheit annehmen. Die rechte Wahrheit kann man eher durch vernünftige Feinde, als durch schmeichlerische Freunde, erfahren. Findet man aber einen verständigen, treuen, und von der Schmeicheley entferneten Freund, welcher gleich durchgeht; das, was zu loben ist, lobet, und das, was zu tadeln ist, tadelt: so hat man solchen billig als einen großen Schatz anzusehen, seinen Aussprüchen zu trauen, und nach denselben entweder ein Herz zu fassen, oder auf Besserung bedacht zu seyn. Sollten sich hingegen zuweilen einige finden, welche nur tadeln, niemals aber loben; welche, vielleicht aus verborgenen Absichten, alles was ein anderer, den sie für geringer halten, als sich selbst, vorbringet, zu verwerfen suchen: muß man sich dadurch eben auch nicht ganz und gar niederschlagen lassen. Man suche vielmehr seiner Sache immer gewisser zu werden; man erforsche mit Fleiß in wie weit sie Recht haben; man befrage andere Verständigere darum. Findet man etwas, das besser seyn könnte, so verbessere man es sorgfältig; und vertrage im übrigen eine übertriebene Tadelsucht, mit einer großmüthigen Gelassenheit.

Das XVII. Hauptstück.
Von den Pflichten derer, welche accompagniren, oder die einer concertirenden Stimme zugeselleten Begleitungs= oder Ripienstimmen ausführen.

1. §.

Wer die alte Musik gegen die neue, und den Unterschied, der sich nur seit einem halben Jahrhunderte her, von zehn zu zehn Jahren, darinne geäußert hat, betrachtet; der wird finden, daß die Componisten, in Erfindung der, zu lebhafter Ausdrückung der Leidenschaften, erforderlichen Gedanken, seit verschiedenen Jahren, mehr als jemals nachsuchen, und sie ins Feine zu bringen, sich bemühen. Dieses Nachsuchen in der Setzkunst aber, würde von wenig Nutzen seyn, so ferne es nicht auch zu gleicher Zeit, in Ansehung der Ausführung (execution) geschähe.

2. §.

Ein jeder Gedanke kann auf verschiedene Art, schlecht, mittelmäßig, und gut vorgetragen werden. Ein guter und deutlicher, und jeder Sache gemäßer Vortrag kann einer mittelmäßigen Composition aufhelfen; ein undeutlicher und schlechter hingegen, kann die beste Composition verderben.

3. §.

Da nun die Erfahrung zeiget, daß es, durch der Componisten Bemühen neue Gedanken zu erfinden, dahin gekommen ist, daß den Ripienstimmen itziger Zeit weit mehr zugemuthet wird, als vor diesem; und daß in gegenwärtigen Zeiten manche Ripienstimme schwerer zu spielen ist, als vor Alters vielleicht ein Solo war: so folgt nothwendig hieraus, daß auch die Ausführer der Ripienstimmen, so ferne die Componisten ihren Entzweck

Zweck erreichen sollen, gegenwärtig viel ein mehreres zu wissen nöthig haben, als vor Alters nicht erfodert wurde.

4. §.

Betrachtet man aber den Zustand der meisten Musiken, so wohl an Höfen, als in Republiken und Städten, so findet sich im Accompagnement, vornehmlich wegen der großen Ungleichheit im Spielen, eine so große Unvollkommenheit, die sich keiner einbilden kann, er habe sie denn selbst erfahren: woraus nichts anders zu schließen ist, als daß manche schöne Composition verstümmelt werden müsse; und daß die Ausführung deswegen einer Verbesserung nothwendig bedürfe.

5. §.

Zu dieser Verbesserung kann durch nichts anders, als entweder durch einen mündlichen oder schriftlichen Unterricht, der Grund geleget werden. Da nun das erstere selten geschicht: weil es bey den meisten Musiken an einem guten Anführer, der die gehörige Einsicht hat, fehlet; das letztere aber, meines Wissens, noch niemals geschehen ist: so habe ich mich zu dem Ende entschlossen, hiermit einen Anfang und Versuch zu machen, denen, so eine aufrichtige Begierde haben, ihren Pflichten im Accompagnement eine Gnüge zu leisten, mit meiner wenigen, doch aus langer Erfahrung und Uebung erlangten Einsicht, zu dienen; und das, was bey dem Accompagnement am meisten beobachtet werden muß, so viel als möglich ist, zu erklären.

6. §.

Damit ein jeder das, was ihn insbesondere angeht, ohne vieles Nachsuchen gleich finden könne, will ich dieses Hauptstück in verschiedene Abschnitte eintheilen; und erstlich die Eigenschaften eines Anführers der Musik beschreiben; alsdenn die Pflichten, so dem Ausführer einer jeden von den begleitenden Stimmen insbesondere obliegen, bemerken; zuletzt aber, einige nothwendige Anmerkungen, welche alle Begleiter zugleich angehen, beyfügen. Die Lehre vom Bogenstriche, und was dem anhängig ist, handele ich zwar bey den Pflichten der Violinisten allein ab: weil aber doch dabey vieles mit vorkömmt, welches sich auch die Bratschisten und Baßinstrumentisten zu Nutze machen können; und ich solches, um nicht ohne Noth weitläuftig zu werden, bey den Abschnitten so diesen Instrumenten gewidmet sind, nicht nochmals habe wiederholen wollen: so werden alle übrigen Bogeninstrumentisten wohl thun, wenn sie auch diesen Abschnitt durchzulesen belieben wollen. Was aber den Strich eines jeden

jeden der Mittel= und Baßinstrumente nur allein angeht, habe ich in dem einem jeglichen gewidmeten Abschnitte, bemerket.

Des XVII. Hauptstücks
I. Abschnitt.
Von den Eigenschaften eines Anführers der Musik.

1. §.

Es ist nicht möglich, daß ein Anführer, so gut er auch seyn mag, die gute Ausnahme der Musik allein bewerkstelligen könne: wo nicht ein jeder, der ihm zugeordneten, das Seinige auch gehörig beytragen will. Ich habe aber, an verschiedenen Orten bey großen Orchestern, wahrgenommen, daß, wenn eben dieselben Personen, bald von einem, bald von einem andern, sind angeführet worden, die Wirkung doch, unter des einen Anführung immer besser, als unter des andern seiner, erfolget ist. Ich schließe also hieraus, daß man diese ungleiche Wirkung, nicht den Ripienisten, sondern den Anführern, zuschreiben müsse: und daß folglich ein Großes auf den Anführer ankomme.

2. §.

Da nun dem also ist: so wäre zu wünschen, daß, um die Musik je mehr und mehr in eine allgemeine Aufnahme zu bringen, an einem jeden Orte, wo eine Musik aufgerichtet ist, zum wenigsten nur ein geschickter und erfahrner Musikus sich befände, der nicht allein die Einsicht eines deutlichen Vortrags hätte, sondern auch, nebst der Harmonie, etwas von der Setzkunst verstünde, um die Art, womit ein jedes Stück ausgeführet werden muß, recht treffen zu können: damit die Composition nicht auf so mancherley Weise verstümmelt und verderbet würde. Man sollte sich um einen Mann bemühen, der so wohl die Gabe, als die Aufrichtigkeit, andern die ihnen nöthigen Wissenschaften beyzubringen, besäße. Es würden sodann, in kurzer Zeit, so wohl bessere Solospieler, als Ripienisten, zum Vorschein kommen. Denn es ist nicht zu läugnen, daß zum Wachsthume, oder der Verbesserung eines Orchesters, eben nicht höchstnothwendig sey, an einem jeden Orte, oder bey einer jeden Musik, einen besonders guten Componisten zu haben. Es fehlet nicht an sehr vielen guten musikalischen Stücken: wenn man solche nur vernünftig und wohl zu wählen weis. Es kömmt vielmehr, und zwar hauptsächlich, auf einen, mit obengemeldeten Eigenschaften geziereten, guten Anführer an. Allein, so werden, leider, öfters nur solche zu Anführern erwählet, die entweder durch das Vorrecht der Jahre in einem Orchester hinauf rücken: oder es wird etwan einer eingeschoben, der das Glück hat, sich mit einem vielleicht auswendig gelernten Solo oder Concert einzuschmeicheln: ohne weiter zu untersuchen, ob er auch die gehörige Wissenschaft, andere anzuführen, besitze. Bisweilen wird die Wahl gar zufälliger Weise getroffen. Und dieses ist um so viel weniger zu verwundern, wenn die Wahl, wie nicht selten geschieht, solchen Leuten aufgetragen wird, die wenig oder gar nichts von der Musik verstehen. Ist nun einer von diesen Fehlern bey der Wahl vorgefallen, so kann man sich bey einem dergleichen Orchester eher einen Verfall, als eine Verbesserung, versprechen. Und wenn man sich öfters bey der Wahl des Anführers, auf den doch so viel ankömmt, so übel vorsieht; so ist daraus abzunehmen, wie die Wahl der andern Mitglieder eines Orchesters beschaffen seyn könne. Man würde demnach wohl thun, wenn man sich besonders einen Mann zum Anführer zu wählen bemühete, der einige Jahre in großen und berühmten Orchestern mitgespielet, und sich darinne, im guten Vortrage und andern nöthigen Wissenschaften, geübet hätte. Es ist gewiß, daß sich in großen Orchestern, öfters Leute befinden, welche mehr Einsicht in die Ausführung haben, als bey manchem Orchester der Anführer: und ist wirklich Schade, daß solche Leute nicht eines bessern Glücks theilhaftig werden sollen; wodurch sie mehr Gutes stiften könnten, als wenn sie beständig, hinter der Hand, als Ripienisten, sitzen bleiben müssen.

3. §.

Ob ein Anführer dieses oder jenes Instrument spiele, könnte allenfalls gleich viel seyn. Weil aber die Violine zum Accompagnement ganz unentbehrlich, auch durchdringender ist, als kein anderes von denen Instrumen-

Von den Eigenschaften eines Anführers der Musik.

strumenten, die am meisten zur Begleitung gebrauchet werden: so ist es besser, wenn er die Violine spielet. Doch ist es eben keine dringende Nothwendigkeit, daß er die Fähigkeit besitzen müsse, besondere Schwierigkeiten auf seinem Instrumente hervor zu bringen: denn dieses könnte man allenfalls denen überlassen, so sich nur durch das gefällige Spielen zu unterscheiden suchen; deren man auch genug findet. Besitzt aber ein Anführer auch dieses Verdienst, so ist er desto mehrerer Ehre werth.

4. §.

Der höchste Grad der von einem Anführer erfoderlichen Wissenschaft ist: daß er eine vollkommene Einsicht habe, alle Arten der Composition nach ihrem Geschmacke, Affecte, Absicht und rechtem Zeitmaaße zu spielen. Es muß derselbe also fast mehr Erfahrung vom Unterschiede der Stücke haben, als ein Componist selbst. Denn dieser bekümmert sich öfters um nichts anders, als was er selbst gesetzet hat. Mancher weis auch wohl zuweilen seine eigenen Sachen nicht allemal im gehörigen Zeitmaaße aufzuführen: entweder aus allzugroßer Kaltsinnigkeit, oder aus überhäufter Hitze, oder aus Mangel der Erfahrung. Einem klugen Anführer aber ist es leicht, diesen Fehler zu verbessern; besonders, wenn er in einem wohlgezogenen Orchester, und unter einem guten Anführer, wo er vielerley Arten von Musik mitgespielet hat, ist erzogen worden. Hätte er aber diese Gelegenheit nicht gehabt, so muß er zum wenigsten an verschiedenen Orten, wo er gute Musiken hören können, gewesen seyn, und davon Nutzen gezogen haben; und so ferne es ihm ein Ernst ist, seinem Amte wohl vorzustehen, kann er auch durch Unterredungen mit erfahrnen Leuten viel profitiren: weil die ihm nöthige Wissenschaft hierdurch mehr, als durch das Bemühen, große Schwierigkeiten zu spielen, erlernet wird.

5. §.

Er muß zu dem Ende ferner: das Zeitmaaß in der größten Vollkommenheit zu halten wissen. Er muß die Geltung der Noten, insbesondere auch der kurzen Pausen, so aus Sechzehntheilen, und Zwey und dreyßigtheilen bestehen, auf das genaueste in Acht zu nehmen verstehen, um weder zu eilen, noch zu zögern. Denn wenn er hierinne einen Fehler machet, so verführet er die übrigen alle, und verursachet eine Verwirrung bey der Musik. Nach den kurzen Pausen würde es weniger schaden, wenn er später anfinge, und die folgenden kurzen Noten etwas übereilete, als wenn er sie voraus nähme. Bevor er ein Stück anfängt, muß er dasselbe wohl untersuchen, in was vor einem Zeitmaaße es gespielet werden soll. Wenn es ein geschwindes und ihm unbekanntes Stück ist; thut er besser, wenn er zu langsam, als wenn er zu geschwinde anfängt: indem man leichter, und ohne große Aenderung aus dem Langsamen ins Geschwinde, als aus dem Geschwinden ins Langsame gehen kann Doch hat er dieserwegen hauptsächlich darauf zu sehen, ob die Ripienisten mehr zum Eilen als zum Zaudern und Nachschleppen geneigt sind. Das erstere geschieht leichtlich bey jungen, und das letztere bey alten Leuten. Deswegen muß er suchen, diese ins Feuer zu bringen, jene aber darinne zu mäßigen. Weis er aber das rechte Tempo gleich zu fassen, so ist es desto besser, und fällt diese Vorsorge alsdenn weg. Damit aber auch die andern, besonders bey geschwinden Noten, mit ihm zugleich anfangen können; muß er sie gewöhnen, daß sie den ersten Tact des Stücks ins Gedächtniß fassen, den Bogen nahe bey den Saiten halten, und auf seinen Bogenstrich Achtung geben. Widrigenfalls würde er bey der ersten Note warten müssen, bis die andern nachkämen, und also die Note dadurch verlängern: welches aber bey geschwinden Noten eine üble Wirkung thut. Er selbst muß nicht eher anfangen, bis er sieht, daß die übrigen Musici alle in Bereitschaft sind; besonders wenn jede Stimme nur einmal besetzet ist: damit der Anfang, welcher den Zuhörer überraschen, und zu einer Aufmerksamkeit antreiben soll, nicht mangelhaft sey. Das Ausbleiben der Grundstimmen würde hierbey den meisten Schaden verursachen.

6. §.

Das Gesicht und Gehör muß er öfters so wohl auf den Ausführer der Hauptstimme, als auf die Begleiter richten: im Fall es nöthig wäre, dem einen nachzugeben, und die andern in der Ordnung zu erhalten. Aus des Concertisten seinem Vortrage muß er fühlen, ob er das was er spielet geschwinder oder langsamer haben wolle: damit er, ohne sonderbare Bewegungen, die andern dahin lenken könne. Dem Concertisten aber muß er die Freyheit lassen, sein Tempo so zu fassen, wie er es für gut befindet.

7. §.

Ein guter Anführer muß weiter: bey dem Orchester einen guten und gleichen Vortrag einzuführen, und zu erhalten suchen. So wie er selber einen guten Vortrag haben muß, so muß er auch suchen denselben bey seinen Mitarbeitern allgemein, und dem seinigen allezeit gleich zu machen. Zu dem Ende muß er eine vernünftige und billige Subordination einzuführen wissen. Haben seine Verdienste ihm Hochachtung, und sein freundliches Bezeigen und leutseliger Umgang ihm Liebe erworben, so wird solches nicht schwer seyn

8. §.

Für richtige und gleiche Einstimmung der Instrumente muß er besondere Sorge tragen. Je allgemeiner der Mangel des richtigen Zusammenstimmens ist, je mehr Schaden richtet er an. Der Ton des Orchesters mag hoch oder tief stehen, so wird er doch nicht vermögend seyn, die Verhinderung, so eine ungleiche Stimmung an der guten Ausnahme machet, zu ersetzen. Der Anführer muß also, wenn er eine richtige Stimmung erhalten will, sein Instrument, bey Aufführung einer Musik, zuerst nach dem Claviere rein stimmen; und darauf, nach demselben einen jeden Instrumentisten insbesondere einstimmen lassen. Damit aber die Instrumente, so ferne die Musik nicht sogleich angeht, nicht wieder verstimmet werden; muß er nicht gestatten, daß ein jeder die Freyheit habe, nach eigenem Gefallen zu präludiren und zu phantasiren: welches ohnedem sehr unangenehm zu hören ist, und verursacher, daß öfters ein jeder sein Instrument noch nachstimmet, und endlich von der allgemeinen Stimmung abweichet.

9. §.

Sollten unter den Ripienisten sich einige befinden, deren Vortrag von andern noch unterschieden wäre: muß er solche insbesondere zur Uebung vornehmen, um ihnen die rechte Art beyzubringen: damit nicht einer z. E. einen Triller hinsetze, wo andere simpel spielen; oder Noten schleife, welche von andern gestoßen werden; oder nach einem Vorschlage einen Mordanten mache, den die andern weglassen: weil doch die größte Schönheit der Ausführung darinne besteht, daß alle in einerley Art spielen.

10. §.

Er muß dahin sehen, daß alle seine Gefährten mit ihm, nachdem es jede Sache erfodert, allezeit in gleicher Stärke oder Schwäche spielen; besonders aber bey dem Wechsel des Piano und Forte, und ihrer verschiedenen Stufen, solche bey denen Noten, wo sie geschrieben stehen, alle zugleich ausdrücken. Er selbst muß sich nach der concertirenden Stimme, ob solche stark oder schwach ist, richten. Und weil er andern zum Muster und zum Anführer dienen soll, so wird es ihm rühmlich seyn, wenn er jederzeit gleiche Aufmerksamkeit bezeiget, und eine jede Composi=

tion, sie sey von wem sie wolle, ohne Partheylichkeit, mit eben demselben Ernst und Eifer ausführet, als wenn es seine eigene wäre. Der Verfasser des Stücks sey gegenwärtig oder abwesend, billig oder unbillig; so wird er, wenn er es auch, vielleicht aus falschen Absichten, öffentlich nicht kund machen will, ihm doch wenigstens heimlich für seine Redlichkeit, und für die gute Aufführung seiner Arbeit, Dank sagen müssen: weil so wohl die Tugenden, als die Laster, ihre Besitzer belohnen.

11. §.

Um seine Instrumentisten noch mehr im guten Vortrage fest zu setzen, und gute Accompagnisten mit zu erziehen, thut ein Anführer wohl, wenn er, außer noch, vielen andern Arten Musik, auch öfters Ouvertüren, charakterisirte Stücke, und Tänze, welche markiret, hebend, und entweder mit einem kurzen und leichten, oder mit einem schweren und scharfen Bogenstriche gespielet werden müssen, zur Uebung vornimmt. Er wird die Accompagnisten dadurch gewöhnen, ein jedes Stück nach seiner Eigenschaft, prächtig, feurig, lebhaft, scharf, deutlich und egal zu spielen. Die Erfahrung beweiset, daß diejenigen, welche unter guten Musikanten=Banden erzogen sind, und viele Zeit zum Tanze gespielet haben, bessere Ripienisten abgeben, als die, welche sich nur allein in der galanten Spielart, und in einerley Art von Musik geübet haben. Denn wie, zum Exempel, ein feiner Pinselstrich, bey einer theatralischen Malerey, die man nur bey Lichte, und von weitem sehen muß, nicht so gute Wirkung thut, als bey einem Cabinetstücke: also thut auch, in einem zahlreichen Orchester, bey dem Accompagnement, das allzu galante Spielen, und ein langer, schleppender, oder sägender Bogen, nicht so gut, als bey einem Solo, oder in einer kleinen Kammermusik.

12. §.

Der Glanz eines Orchesters wird aber auch besonders vermehret wenn sich gute Solospieler, auf verschiedenen Instrumenten, in demselben befinden. Ein Anführer muß sich also bemühen, gute Solospieler zuzuziehen. Zu dem Ende muß er denen, so im Stande sind, sich allein hören zu lassen, öfters Gelegenheit geben, sich nicht nur insbesondere, sondern auch bey öffentlichen Musiken, hervor zu thun. Doch muß er sich zugleich bemühen, zu verhindern, daß nicht einer oder der andere, wie absonderlich bey jungen Leuten sehr leicht geschehen kann, dadurch zu einer falschen Einbildung verleitet werde, als ob er schon derjenige große Musikus wäre, der er erst mit der Zeit noch werden soll. Sollten auch

Von den Eigenschaften eines Anführers der Musik. 183

ja einige einen so unvernünftigen Stolz bey sich fassen: so würde doch ein Anführer übel thun, wenn er um jener willen, andere wolte leiden lassen, welche diese Gelegenheit, sich öffentlich zu zeigen, als eine Wohlthat, zu ihrem Besten, erkennen, und zum Nutzen anzuwenden bemühet sind.

13. §.

Endlich muß auch ein Anführer: die Instrumentisten, bey einer Musik, gut einzutheilen, zu stellen und anzuordnen wissen. Auf die, nach gehöriger Verhältniß eingerichtete, gute Besetzung und Stellung der Instrumente, kömmt viel an. Im Orchesterplatze eines Opernhauses, kann der erste Clavicymbal in die Mitte, und zwar mit dem breiten Ende gegen das Parterre, und mit der Spitze gegen das Theater, gesetzet werden: damit der Spieler desselben die Sänger im Gesichte habe. Zu seiner Rechten kann der Violoncell, zur Linken der Contraviolon seinen Platz haben. Neben dem ersten Clavicymbal, zur Rechten, kann der Anführer, ein wenig vorwärts und erhöhet! sitzen. Die Violinisten und Bratschisten können von ihm an einen engen länglichten Kreis formiren; so daß die letzten mit dem Rücken an das Theater, und bis an die Spitze des Clavicymbals kommen: damit sie den Anführer alle sehen und hören können. Ist aber das Orchester so geraum, daß vier Personen, in der Breite, neben einander Platz haben: so können die Ausführer der zweyten Violine, zu zweenen und zweenen hinter einander, in der Mitte, zwischen den Ausführern der ersten Violine, und den mit dem Rücken am Theater sitzenden Bratschisten, sitzen: denn je näher die Instrumente beysammen sind, je bessere Wirkung thut es. Auf derselben Seite, am Ende, wo die Violinisten aufhören, kann noch ein Violoncell, und ein großer Violon Platz finden. Auf der linken Seite des ersten Clavicymbals stelle man den zweyten, die Länge am Theater hin, und mit der Spitze gegen den ersten zugekehret: doch so, daß die Bassons noch dahinter Platz finden können; wofern man sie nicht zu des zweyten Clavicymbals rechter Seite, hinter die Flöten, bringen will. Bey diesem zweyten Clavicymbal können noch ein paar Violoncelle ihre Stelle haben. Auf dieser linken Seite des Orchesters, können die Hoboen und Waldhörner, mit dem Rücken nach den Zuhörern gekehret, wie auf der rechten Seite die ersten Violinen, in einer Reihe sitzen: die Flöten aber, nahe bey dem ersten Clavicymbal, in die Quere postiret werden, so daß sie das Gesicht gegen den Clavicymbal, und das untere Ende der Flöte gegen das Par-

terre

terre wenden. Doch werden an einigen Orten, wo zwischen dem Orchester und den Zuhörern noch ein leerer Platz befindlich ist, die Flöten mit dem Rücken gegen das Parterre, und die Hoboen in die Quere, zwischen sie und dem zweyten Clavicymbal gesetzet. Die Hoboen thun absonderlich bey dem Tutti, zum Ausfüllen, eine trefliche Wirkung, und ihr Schall verdienet also billig einen freyen Ausgang zu haben; welchen die Flöten, alsdenn, wenn niemand nahe hinter ihnen steht, wofern ihre Ausführer sich nur ein klein wenig auf die Seite wenden, auch erhalten: und dieses um so viel mehr, weil sie den Zuhörern alsdenn näher sind. Die Theorbe findet hinter dem zweyten Clavicymbal, und den ihm zugeordneten Violoncellisten, bequemen Platz.

14. §.

Bey einer zahlreichen Musik, die entweder in einem Saale, oder sonst an einem großen Orte, wo kein Theater ist, aufgeführet wird, kann die Spitze des Clavicymbals gegen die Zuhörer gerichtet werden. Damit keiner der Musicirenden den Zuhörern den Rücken zukehre: so können die ersten Violinisten, nahe am Clavicymbal, in einer Reihe nach einander hin stehen; und zwar der Anführer, bey dem Clavieristen, welcher die beyden mit ihm spielenden Baßinstrumente zu beyden Seiten neben sich hat zur rechten Hand. Die zweyte Violine kann hinter die erste, und hinter diese, die Bratsche kommen. Neben der Bratsche, zur Rechten, stelle man in eben der Reihe die Hoboen; und hinter diese Reihe die Waldhörner und die übrigen Bässe. Die Flöten, wenn sie etwas zu concertiren haben, schicken sich am besten bey der Spitze des Clavicymbals, vor die erste Violine; oder auf die linke Seite des Flügels. Denn wegen der Schwäche ihres Tones, würden sie, wenn sie weiter zurück stünden, nicht gehöret werden. Eben denselben Platz können auch die Sänger nehmen; weil sie sonst, wenn sie sich hinter den Cavieristen stellen, und aus der Partitur singen, nicht nur den Violoncellisten und Contraviolonisten hindern; sondern auch, wenn sie sich etwan wegen blöden Gesichts bücken müssen, das Athemholen verhindern, und die Stimme unterdrücken.

15. §.

Bey einer kleinen Kammermusik kann der Clavicymbal an die Wand gesetzt werden, die seinem Spieler zur linken Hand ist: doch so weit von derselben abgerückt, daß alle accompagnirenden Instrumentisten, die Bässe ausgenommen, zwischen ihm und der Wand Platz haben. Sind nur vier Violinen vorhanden; so können dieselben in einer Reihe,

Von den Eigenschaften eines Anführers der Musik.

an dem Clavicymbal hin, und die Bratsche hinter demselben stehen. Sind aber der Violinen sechs oder acht; so würde es besser seyn, wenn die zweyte Violine hinter die erste, und die Bratsche hinter die zweyte Violine gestellet würde: damit die Mittelstimmen nicht vor der Hauptstimme hervor ragen: weil solches eine üble Wirkung thut. Die Concertisten können, in diesen Fällen, ihren Platz vor dem Flügel auf solche Art nehmen, daß sie die Begleiter seitwärts im Gesichte haben.

16. §.

Wer eine Musik gut aufführen will, muß darauf sehen, daß er ein jedes Instrument, nach seinem Verhältniß gehörig besetze; und nicht von der einen Art zu viel, von der andern zu wenig, nehme. Ich will ein Verhältniß vorschlagen, welches, wie ich dafür halte, zureichend, und am besten getroffen seyn wird. Den Clavicymbal verstehe ich bey allen Musiken, sie seyn kleine oder große, mit dabey.

Zu vier Violinen nehme man: eine **Bratsche,** einen **Violoncell,** und einen **Contraviolon,** von mittelmäßiger Größe.

Zu sechs Violinen: eben dasselbe, und noch einen **Basson.**

Zu acht Violinen gehören: zwo **Bratschen,** zweene **Violoncelle,** noch ein **Contraviolon,** der aber etwas größer ist, als der erste; zweene **Hoboen,** zwo **Flöten,** und zweene **Bassons.**

Zu zehn Violinen: eben dasselbe; nur noch ein **Violoncell** mehr.

Zu zwölf Violinen geselle man: drey **Bratschen,** vier **Violoncelle,** zweene **Contraviolone,** drey **Bassons,** vier **Hoboen,** vier **Flöten,** und, wenn es in einem Orchester ist, noch einen **Flügel** mehr, und eine **Theorbe.**

Die **Waldhörner** sind, nach Beschaffenheit der Stücke, und Gutbefinden des Componisten, so wohl zu einer kleinen als großen Musik nöthig.

17. §.

Nach dieser Eintheilung wird es nicht schwer fallen, auch die allerzahlreichste Musik in ein gehöriges Verhältniß zu bringen: wenn man nur die Vermehrung von vieren zu achten, von achten zu zwölfen, u. s. w. in Acht nehmen will. Diese Vorsicht ist um so viel nöthiger; da der gute

Erfolg einer Musik, nicht weniger von einer in gehörigem Verhalte stehenden Besetzung der Instrumente, als von der guten Abspielung selbst, abhängt. Manche Musik würde eine bessere Wirkung thun, wenn es nicht an der gut eingetheilten Besetzung fehlete. Denn wie kann eine Musik gut klingen, wo die Hauptstimmen von den Grundstimmen, oder wohl gar von den Mittelstimmen, übertäubet und unterdrücket werden; da doch die erstern vor allen andern hervorragen, und die Mittelstimmen am allerwenigsten gehöret werden sollten.

18. §.

Ist nun ein Anführer mit allen bisher angeführten Gaben ausgezieret; hat er die nöthige Geschicklichkeit, bey einem Orchester alle die guten Eigenschaften, so von demselben erfodert werden, nicht nur bedürfenden Falls einzuführen, sondern auch zu erhalten: so gereichet es dem Orchester zwar zur Ehre, dem Anführer selbst aber zu einem ganz besondern Ruhme. Denn weil, wie oben schon gesaget worden, ein Orchester, unter des einen Anführung, bessere Wirkung hervorbringt, als unter des andern seiner: so folget hieraus, daß nicht alle Tonkünstler zum Anführen geschickt sind. Und weil verschiedene, welche, wenn sie gut geführet werden, sehr brav sind, doch zum Anführen selbst nicht die geringste Fähigkeit haben: so kann man daraus die Rechnung machen, wie viel an einem Manne, der alle zu dem Amte eines guten musikalischen Anführers erforderlichen Eigenschaften besitzt, gelegen sey; und was für große Vorzüge ein solcher in der Musik verdiene.

Des XVII. Hauptstücks
II. Abschnitt.
Von den Ripien-Violinisten insbesondere.

1. §.

Sowohl alle Bogeninstrumente überhaupt, als auch insbesondere die Violinen, müssen mit solchen Saiten bezogen seyn, welche eine der Größe des Instruments gemäße Stärke haben: damit die Saiten weder zu straff, noch zu schlapp, angespannet werden. Wenn solche zu dicke sind, wird der Ton dumpficht; sind sie aber zu dünne, so wird der Ton zu jung und zu schwach. Deswegen muß man sich hierinne nach dem eingeführten Tone, ob solcher tief, oder hoch ist, richten.

2. §.

Was bey richtiger Stimmung der Violine zu beobachten ist, wird, weil es alle Bogeninstrumente zusammen angeht, im letzten Abschnitte mit abgehandelt.

3. §.

Bey der Violine und den ihr ähnlichen Instrumenten, kömmt es eigentlich, wegen des Vortrages, am meisten auf den Bogenstrich an. Durch denselben wird der Ton aus dem Instrumente entweder besser oder schlechter herausgebracht; durch denselben bekommen die Noten ihr Leben; durch denselben wird das Piano und Forte ausgedrücket; durch denselben werden die Affecten erreget; durch denselben wird das Traurige von dem Lustigen; das Ernsthafte von dem Scherzhaften; das Erhabene von dem Schmeichelnden, und das Modeste von dem Frechen unterschieden: mit einem Worte, er ist das Mittel, wodurch, wie bey der Flöte mit der Brust, Zunge und Lippen, die musikalische Aussprache geschieht, und wodurch ein Gedanke auf mancherley Art kann verändert werden. Es versteht sich zwar von selbst, daß die Finger das Ihrige auch dazu beytragen müssen; daß man ein gut Instrument, und reine Saiten haben müsse. Allein weil bey allen diesen Dingen, wenn man noch so rein und gut greift, wenn das Instrument noch so wohl klingend, und die Saiten noch so rein sind, doch der Vortrag sehr mangelhaft seyn kann, so folget daraus natürlich, daß auf den Strich, in Ansehung des Vortrages das meiste ankommen müsse.

4. §.

Ich will dieses durch ein Beyspiel erläutern. Man spiele die Passage Tab. XXII. Figur 1. in einem gelassenen Tempo, mit lauter langen bis zu Ende des Bogens gezogenen Strichen. Man mäßige hernach die Länge des Strichs, und spiele eben dieselben Noten, einmal um das andere immer mit kürzern Strichen. Nachhero gebe man einmal bey einem jeden Striche einen Druck mit dem Bogen, das andremal spiele man es abgestoßen (staccato), und mit dem Bogen abgesetzet. Ungeachtet nun eine jede Note ihren besondern Strich bekommen hat; so wird doch der Vortrag ein jedesmal anders seyn. Man versuche es gleichfalls durch verschiedene Arten des Schleifens; und spiele diese acht Noten alle mit einem Striche; oder als wenn zugleich Punkte, nebst einem Bogen, über den Noten stünden; oder zwo Noten mit einem Striche; oder eine gestoßen, und drey geschleifet; oder die ersten drey geschleifet und die vierte gestoßen; oder die erste und vierte gestoßen, und die zweyte und dritte geschleifet; oder die erste abgesetzet, und die folgenden alle zu zwoen und zwoen mit einem Striche geschleifet: so wird der Vortrag eben so verschieden, wie im Vorigen seyn.

5. §.

Dieses Exempel kann genug seyn, zu beweisen, wie schädlich der Misbrauch des Bogens seyn, und wie verschiedene Wirkungen hingegen sein rechter Gebrauch hervorbringen könne. Hieraus folget, daß es bey einer Ripienstimme nicht in der Willkühr des Violinisten, oder irgend eines andern Bogeninstrumentisten, stehe, die Noten nach seinem Gefallen zu schleifen oder abzustoßen; sondern daß er verbunden sey, dieselben mit dem Bogen so zu spielen, wie sie der Componist an denen Orten, die von der gemeinen Art abgehen, angezeiget hat.

Man merke hier beyläufig, daß, wenn viele Figuren in einerley Art nach einander folgen, und nur die erste davon mit Bogen bezeichnet ist, man auch die übrigen, so lange keine andere Art Noten vorkömmt, eben so spielen müsse. Auf gleiche Art verhält sichs mit den Noten, worüber Striche stehen. Wenn nur etwa zwo, drey, dren oder vier Noten damit bezeichnet sind: so werden doch die übrigen Noten, die darauf folgen, und von selbiger Art und Geltung sind, ebenfalls staccato gespielet. Ohne dieses würde nicht allein die verlangte Wirkung nicht hervorgebracht werden; sondern auch die Gleichheit des Vortrages niemals zu einer Vollkommenheit kommen.

6. §.

Es fließt aber hieraus noch weiter, daß die gute Ausnahme des Accompagnements, mehr auf die Violinisten, als auf die übrigen Instrumentisten, ankomme: weil jene die Melodie in ihrer Gewalt alleine haben. Wenn sie schläfrig oder nachläßig spielen, können die andern dem Vortrage des Accompagnements gar wenig aufhelfen. Deswegen soll auch der Bogenstrich, als das vornehmste bey dem Vortrage, in diesem Abschnitte zusammen abgehandelt werden, und in den andern wird man sich auf diesen beziehen.

7. §.

Alle Lehren vom Bogenstriche abzuhandeln, würde nicht dieses Ortes seyn: weil ich hier schon einen Leser, der die Violine, und folglich auch den Strich versteht, voraussetze. Ich will also nur gewisse zweifelhafte, und solche Stellen untersuchen, wobey etwas besonders zu bemerken ist, welches der Componist nicht allezeit andeuten kann. Aus diesen wird man auf die meisten andern ähnlichen Fälle schließen können. Darauf will ich zeigen, was für eine Art von Striche bey jeder Art von Stücken herrschen soll. Und endlich will ich das, was weiter noch dabey zu beobachten ist, mit beybringen.

8. §.

Die Haupteigenschaft eines gutgeführten Bogenstrichs ist demnach: daß die Noten, so in den Hinauf- oder Herunterstrich gehören, so viel als möglich ist, auch also gespielet werden.

Wenn etliche Noten auf einerley Tone vorkommen, und mit synkopirten Noten vermischet sind, muß eine jede ihren besondern Strich haben, oder der Bogen muß nach der synkopirten Note abgesetzet werden, s. Tab. XXII. Fig. 2. Wollte man die Achttheile hier ohne Wiederholung oder ohne Absetzen des Bogens spielen: so würden solche nicht allein sehr schläfrig klingen, sondern es würde auch ein ganz andrer Sinn daraus entstehen. Die aus Acht- oder Sechzehntheilen bestehenden geschwinden Noten dieser Art, müssen gleichfalls nicht mit einem Drucke des Bogens markiret werden, sondern durch deſſelben Wiederholung ihre Lebhaftigkeit bekommen.

Dieſe Achttheile: ſ. Tab. XXII. Fig. 3. müſſen alle mit dem Bogen markiret und kurz geſpielet werden; und, wenn Vorſchläge auf dergleichen Noten folgen, muß die Note vor dem Vorſchlage ebenfalls mit dem Bogen abgeſetzet werden: um die zwo Noten, ſo auf eben dem Tone ſtehen, deutlich und unterſchieden hören zu laſſen.

Wenn im geſchwinden Zeitmaaße auf ein Viertheil im Niederſchlagen etliche Achttheile oder Sechzehntheile folgen, es ſey auf einerley Tone, oder im Springen; ſo thut es gute Wirkung, wenn das Viertheil in Herunterſtriche markiret, und der Bogen abgeſetzet wird: damit das folgende Achttheil ebenfalls im Herunterſtriche geſpielet werden könne, ſ. Tab. XXII. Fig. 4. bey C, C, und D, G.

Wenn zwo Noten auf eben demſelben Tone vorkommen, und kein Bogen darüber ſteht, ſ. Tab. XXII. Fig. 5. ſo müſſen ſolche nicht zuſammen gebunden, ſondern durch den Bogenſtrich unterſchieden werden.

Bey dieſer Art Noten: ſ. Tab. XXII. Fig. 6. muß die letzte im Tacte mit dem Bogen ein wenig abgeſetzet werden, um ſolche von der im Niederſchlage abzuſondern. Die zweyte Note im Tacte, ſo an die erſte geſchleifet wird, kann man etwas ſchwächer als die übrigen ausdrücken.

In luſtigen und geſchwinden Stücken, muß das letzte Achttheil von einem jeden halben Tacte mit dem Bogen markiret werden; ſ. Tab. XXII. Fig. 7. das erſte G, das zweyte C, und das F.

Wenn eine kurze Note an eine lange gebunden iſt, ſ. Tab. XXII. Fig. 8. ſo muß die lange Note, und nicht die kurze, durch einen Druck mit dem Bogen markiret werden.

Wenn auf ein Achttheil zwey Sechzehntheile folgen, ſo muß das Achttheil mit dem Bogen markiret und abgeſetzet werden, als wenn ein Strich darüber ſtünde; ſ. Tab. XXII. F. 9.

Bey Fig. 10. werden, im Allegro, die zweyte und dritte Note im Hinaufſtriche, jedoch bey dem Punkte mit einem Einhalten oder Abſatze gemacht; die folgenden zwey G aber bekommen beyde den Herunterſtrich.

Bey Fig. 11. wird der Herunterſtrich bey dem zweyten C wiederholet, und ſo auch bey dem C, nach dem E im vierten Viertheile. Eben dergleichen geſchieht, wenn nach einer weiſſen Note Sechzehntheile folgen. Beſteht aber das erſte und dritte Viertheil aus vier Sechzehntheilen: ſo

muß

Von den Ripien-Violinisten insbesondere.

muß alsdenn, nach dem zweyten und dritten Viertheile, der Bogen abgesetzet, und wiederholet werden.

Bey Viertheilen, oder Achttheilen, so mit Pausen von eben der Geltung vermischet sind, da die Pausen voran stehen, und in den Niederschlag kommen s. Tab. XXII. Fig. 12. muß jede Note mit dem Hinaufstriche gespielet werden.

Im geschwinden Zeitmaaße, spielet man bey der Art Noten: s. Tab. XXII. Fig. 13. die erste im Herunterstriche, die folgenden drey aber im Hinaufstriche. Im langsamen Tempo hingegen, ist die Wirkung viel reizender, wenn alle vier Noten in einem Striche, jedoch mit einer kleinen Absetzung des Bogens nach der ersten Note, vorgetragen werden. Die folgenden vier Noten werden auf gleiche Weise im Hinaufstriche genommen. Bey der ersten Art, im Geschwinden, wird ein Strich über die erste, und ein Bogen über die drey folgenden; bey der zweyten Art, im Langsamen, aber, noch ein Bogen mehr über vier Noten gesetzet, wie dieses Exempel ausweiset.

9. §.

Die Noten bey Fig. 14. Tab. XXII. werden Strich vor Strich gespielet, und nicht mit Wiederholung des Herunterstrichs; es muß aber das G im ersten Tacte eben einen solchen Druck im Hinaufstriche bekommen, wie das erste C im Herunterstriche: und so auch im zweyten Tacte das G.

Auf gleiche Art werden bey Fig. 15. Tab. XXII. die Noten ebenfalls Strich vor Strich gespielet: jedoch mit dem Unterschiede, daß die vierte Note den Druck bekomme, wie die erste.

Die Noten, Tab. XXII. Fig. 16. können auf zweyerley Art, gleich gut vorgetragen werden: wenn nämlich der Violinist im Hinaufstriche so geübet ist, wie im Herunterstriche. Entweder kann man jede Note dieses Exempels mit einem eigenen Striche versehen; oder man mache das erste A und C im Hinaufstriche, jedoch beyde Noten wohl und kurz markiret: so wird zwar die Wirkung gleich gut seyn; die letztere Art vorzutragen aber, ist bey vielen andern und neuern Vorfällen sehr nützlich.

Der Beweis hiervon ist gleich im folgenden Exempel Tab. XXII. Fig. 17. zu finden. Hier muß, der Folge wegen, das E und G im ersten, und das G und H im zweyten Tacte, im Hinaufstriche gespielet werden: wenn anders die Ausnahme gut seyn soll.

Eben diese Beschaffenheit hat es mit denen Noten Tab. XXII. Fig. 18. wenn nämlich das Tempo sehr geschwind ist; besonders wenn die Noten auseinander liegen, wie bey den zweenen letzten Tacten. Es ermüdet diese Art auch bey weitem nicht so, als wenn Note vor Note gestrichen wird.

Diese Art Noten: s. Tab. XXII. Fig. 19. können auf zweyerley Art ausgeführet werden. Einmal Strich vor Strich, ohne Wiederholung des Bogens; wenn nämlich das Tempo sehr geschwind ist, und keine Passagien von Sechzehntheilen mit untermischet sind. Findet sich aber diese Vermischung; so muß nach der dritten Note, im ersten Tacttheile, der Bogen abgesetzet und wiederholet werden. Und weil in dieser Tactart, die Begleitung mehrentheils so beschaffen ist, wie in einem Siciliano, nämlich hinkend, oder alla Zoppa; da nach einem jeden Viertheile ein Achttheil folget, welches im geschwinden Zeitmaaße etwas hebend gespielet werden muß; so sey man bemühet, diesen Noten das rechte Gewicht zu geben; und hüte sich, daß man dem Viertheile nicht etwas abbreche, und solches dem folgenden Achttheile zulege: denn dadurch würden die Viertheile und Achttheile einander fast gleich, und der Sechsachttheiltact, in den Zweyviertheiltact verwandelt werden. Noch mehr hüte man sich das Viertheil zu lang, und das Achttheil zu kurz zu machen: sonst würde es scheinen, als wären es punctirte Noten in einer geraden Tactart. Um aber beydes zu vermeiden, darf man sich nur bey dem Viertheile zwey Achttheile, von der Geschwindigkeit des folgenden Achttheils, in Gedanken vorstellen; so wird man diese Fehler nicht begehen.

10. §.

Die oben erfoderte gleiche Stärke und Uebung des Hinaufstrichs so wohl, als des Herunterstrichs, ist, bey der itzigen musikalischen Schreibart, höchstnöthig. Denn wer dergleichen ins feinere gebrachte Gedanken, so darinne vorkommen, spielen will, und den obigen Vortheil nicht hat; der wird anstatt eines gefälligen und leichten Vortrags, nichts als eine widrige Härte hören lassen.

11. §.

Um aber den Bogenstrich egal, und sich seiner im Hinauf- und Herunterziehen gleich mächtig zu machen, nehme man eine Gique, oder Canarie, im Sechsachttheiltacte, worinne lauter eingeschwänzete Noten befindlich sind, und hinter der ersten von dreyen ein Punct steht, zur Uebung vor. Man gebe jeder Note ihren besondern Strich; so daß die erste und dritte

Von den Ripien-Violinisten insbesondere.

dritte Note einer jeden Figur, ohne Wiederholung des Bogens, bald in den Herunter= bald in den Hinaufstrich komme: die Note nach dem Puncte aber, spiele man allezeit sehr kurz und scharf. Oder man übe ein Stück von oben gedachter Tactart, in welchem der erste Tacttheil aus vier Noten, nämlich, zwey Sechzehntheilen anstatt des mittelsten Achttheils, der zweyte aber aus drey Noten bestehe; damit in einem jeden Tacte eine ungerade Zahl von Noten vorkomme.

Nachher versuche man eben dasselbe Stück ohne Puncte, doch ohne Wiederholung des Bogens, wie Triolen, oder wie geschwinde Achttheile im Sechsachttheiltacte.

Man nehme ferner ein Exempel im schlechten Tacte vor; da entweder auf ein jedes Viertheil vier Sechzehntheile, oder auf ein jedes Achttheil zwey Sechzehntheile folgen; die Noten auch bald springend, bald stufenweise gehen. Mit dieser Uebung fahre man so lange fort, bis man wahrnimmt, daß die Figuren, welche sich mit dem Hinaufstriche anfangen, eben so klingen, als die mit dem Herunterstriche. Man wird durch eine solche Uebung einen großen Nutzen verspüren, und den Arm zu allem, was vorkommen kann, geschickt machen. Denn obwohl gewisse Noten nothwendig im Herunterstriche genommen werden müssen; so kann doch ein erfahrner Violinist, der den Bogen vollkommen in seiner Gewalt hat, dieselben ebenfalls im Hinaufstriche gut ausdrücken. Doch aber muß auch nicht ein jeder aus dieser Freyheit des Bogens einen Misbrauch machen; weil bey gewissen Gelegenheiten, wenn nämlich eine Note vor der andern eine besondere Schärfe erfodert, dennoch der Herunterstrich vor dem Hinaufstriche einen Vorzug behält.

12. §.

Im Adagio müssen die schleifenden Noten nicht mit dem Bogen gerücket, oder tockiret werden; es wäre denn, daß zugleich Puncte unter dem Bogen über den Noten stünden; s. Tab. XXII. Fig. 20. Es müssen auch keine sogenannten pincemens dabey angebracht werden, am wenigsten, wenn sie nicht angedeutet sind: damit der Affect, den die schleifenden Noten ausdrücken sollen, auf keine Weise verhindert werde. Stehen aber anstatt der Puncte Striche, wie bey den zwo letzten Noten in diesem Exempel zu ersehen ist; so müssen die Noten in einem Bogenstriche scharf gestoßen werden. Denn, wie zwischen den Strichen und Puncten, wenn auch kein Bogen darüber steht, ein Unterschied zu machen ist: daß nämlich die Noten mit den Strichen abgesetzt; die mit den Puncten aber, nur mit einem kurzen Bogenstriche, und unterhalten gespielet werden müssen: so wird auch ein gleicher Unterschied erfodert, wenn Bogen darüber stehen. Die Striche aber kommen mehr im Allegro, als im Adagio vor.

Wenn diese Art von Sechzehntheilen: s. Tab. XXII. Fig. 21. im langsamen Zeitmaaße schön vorgetragen werden sollen; so muß allezeit das erste von zweyen, sowohl im Zeitmaaße, als in der Stärke, schwerer seyn, als das folgende: und hier muß das H im dritten Tactgliede bey nahe so gespielet werden, als wenn hinter dem H ein Punct stünde.

13. §.

Wenn im Adagio über punctirten Noten, Bogen stehen, s. Tab. XXII. Fig. 22; so muß die Note nach dem Puncte nicht gestoßen, sondern durch ein verlierendes Piano an die erste geschleifet werden.

Wenn hinter der zweyten Note ein Punct steht, muß die erste, im Allegro, sie mag zwey- oder dreygeschwänzet seyn, sehr kurz, und mit dem Bogen stark gespielet; die mit dem Puncte aber gemäßiget, und mit dem Bogen bis zur folgenden unterhalten werden. Im Adagio muß die erste ebenfalls so kurz, wie im Allegro, doch ohne solche Stärke gespielet werden; s. Tab. XXII. Fig. 23. Wenn diese Noten ihre rechte Wirkung thun sollen; so muß allezeit zu zwoen und zwoen der Bogen wiederholet werden; so daß immer zwo, nicht aber vier auf einen Strich kommen.

Mit der, Tab. XXII. Fig. 24. befindlichen Art Noten, hat es gleiche Bewandniß. Nur muß man sich dabey nicht eines langen, hastigen, und schleppenden, sondern eines gelassenen, und kurzen Bogenstrichs bedienen: Sonst würde der Ausdruck zu frech und widerwärtig klingen.

In langsamen Stücken müssen die mit Puncten versehenen Achttheile und Sechzehntheile mit einem schweren Striche und unterhalten, oder nourissant gespielet werden. Den Bogen muß man nicht absetzen, als wenn anstatt der Puncte Pausen stünden. Die Puncte müssen bis zu dem äußersten Ende ihrer Geltung gehalten werden: damit es nicht scheine, als ob einem die Zeit darüber lang werde; und das Adagio sich nicht in ein Andante verwandele. Wenn Striche drüber stehen, so bedeuten solche, daß die Noten markiret werden müssen. Die nach dem Puncte kommenden doppelt geschwänzten Noten müssen, so wohl im langsamen als geschwinden Zeitmaaße, allezeit sehr kurz und scharf gespielet werden: weil die punctirten Noten überhaupt etwas Prächtiges und Erhabenes ausdrücken; daher eine jede Note, sofern keine Bogen darüber stehen,

ihren

ihren besondern Bogenstrich erfodert, weil sonst nicht möglich ist, die kurze Note nach dem Puncte durch einen Ruck des Bogens so scharf auszudrücken, als es durch einen neuen Hinaufstrich geschehen kann.

14. §.

Wenn im langsamen Zeitmaaße kleine halbe Töne unter den Gesang vermischet sind, s. Tab. XXII. Fig. 25., so müssen diejenigen, so durch ein Kreuz oder Wiederherstellungs-Zeichen erhöhet sind, etwas stärker als die übrigen gehöret werden; welches durch stärkeres Aufdrücken des Bogens, bey Saiteninstrumenten, bey dem Singen und den Blasinstrumenten aber, durch Verstärkung des Windes bewerkstelliget werden kann. Wenn zwo Noten vorkommen, deren letzte um einen halben Ton erhöhet oder erniedriget wird, die aber einen Bogen über sich haben, s. Tab. XXII. Fig. 26., so thut es bessere Wirkung, wenn die zweyte Note mit dem folgenden Finger genommen, und zugleich der Bogenstrich zu derselben verstärket wird, als wenn man sie durch das Hinauf- oder Herunterschieben des Fingers angeben wollte. Denn im Langsamen muß es klingen, als wenn es nur eine Note wäre. Ueberhaupt merke man, daß auch bey einem geschwinden Zeitmaaße, wenn etliche Noten zu Viertheilen oder halben Tacten durch das Erhöhungszeichen erhöhet, oder durch das b erniedriget werden, besonders wenn dergleichen etliche stufenweise nach einander, entweder auf- oder abwärts folgen, s. Tab. XXII. Fig. 27. man dieselben unterhalten, und mit mehrerer Stärke und Kraft als andere spielen müsse.

15. §.

Mit gleicher Stärke und Unterhaltung des Tones müssen auch diejenigen langen Noten gespielet werden, welche unter geschwinde und lebhafte gemischet sind. Z. E. s. Tab. XXII. Fig. 28.

16. §.

Wenn, nach einer langen Note und kurzen Pause, dreygeschwänzte Noten folgen, s. Tab. XXII. Fig. 29, so müssen die letztern allezeit sehr geschwind gespielet werden; es sey im Adagio oder Allegro. Deswegen muß man mit den geschwinden Noten, bis zum äußersten Ende des Zeitmaaßes warten, um das Gleichgewicht des Tactes nicht zu verrücken.

Wenn im langsamen Allabreve, oder auch im gemeinen geraden Tacte, eine Sechzehntheilpause im Niederschlage steht, worauf punctirte Noten, s. XXII. Fig. 30. 31, folgen; muß die Pause angesehen werden, als wenn entweder noch ein Punct, oder noch eine halb so viel geltende

Pause, dahinter stünde, und die darauf folgende Note noch einmal mehr geschwänzet wäre.

17. §.

Wenn ein langsames und trauriges Stück mit einer Note im Aufheben des Tactes anfängt, sie sey ein Achttheil im gemeinen geraden, oder ein Viertheil im Allabrevetacte, s. Tab. XXII. Fig. 32. 33; so muß dieselbe Note nicht zu hastig und stark, sondern mit einer gelassenen und langsamen Bewegung des Bogens, auch mit zunehmender Stärke des Tones, angegeben werden: um den Affect der Traurigkeit gehörig auszudrücken. Man muß sich aber bey einer solchen Note nicht länger aufhalten, als es das Zeitmaaß erfordert, damit die übrigen Instrumentisten dadurch das rechte Tempo gleich fassen können. Im weitern Fortgange des Stücks, kann man mit dergleichen langsamen Noten eben so verfahren.

18. §.

Die gebrochenen Accorde, wo drey oder vier Saiten mit einem Bogenstriche auf einmal berühret werden, sind von zweyerley Art: s. Tab. XXII. Fig. 34. 35. Bey der einen, wenn eine Pause folget, muß der Bogen abgesetzet werden: bey der andern aber, wenn keine Pause folget, bleibt der Bogen auf der obersten Saite liegen. Bey beyden Arten müssen die untersten, so wohl im langsamen als geschwinden Tempo, nicht angehalten, sondern geschwind nach einander berühret werden: damit es nicht klinge, als wenn es durch einen Accord gebrochene Trioten wären. Und weil diese Accorde gebrauchet werden, das Gehör unvermuthet durch eine Heftigkeit zu überraschen; so müssen diejenigen, auf welche Pausen folgen, ganz kurz, und mit der größesten Stärke des Bogens, nämlich mit seinem untersten Theile, gespielet werden; und so viel als deren nach einander folgen, jeder mit dem Herunterstriche.

19. §.

Von der verschiedenen Art der Vorschläge, und ihrem Zeitmaaße, ist zwar bereits im VIII. Hauptstücke gehandelt worden. Weil aber nicht ein jeder Violinist die Art des Zungenstoßes versteht, um den Bogenstrich darnach einzurichten: so ist nöthig, hier dieser wegen eine Erklärung beyzufügen, und überhaupt eine Regel feste zu setzen, nämlich: Eine jede vorgesetzte kleine Note, sie sey lang oder kurz, erfodert ihren besondern Bogenstrich; und muß niemals an die vorgehende Hauptnote geschleifet werden; weil sie anstatt der folgenden Hauptnote angestoßen wird

wird. Die Ueberzeugung davon ist aus der Singmusik zu nehmen. Man wird finden, daß ein Sänger, woferne er bey solcher Gelegenheit Worte auszusprechen hat, diejenigen Sylben, so unter die Hauptnoten gehören, nicht unter denselben, sondern unter den vorhaltenden kleinen Noten ausspricht.

20. §.

Die langen Vorschläge, so ihre Zeit mit der folgenden Note theilen, muß man im Adagio, ohne sie zu markiren, mit dem Bogen an der Stärke wachsen lassen, und die folgende Note sachte daran schleifen, so daß die Vorschläge etwas stärker, als die darauf folgenden Noten, klingen. Im Allegro hingegen kann man die Vorschläge ein wenig markiren. Die kurzen Vorschläge, zu welchen die, so zwischen den unterwärts gehenden Terzensprüngen stehen, gerechnet werden, müssen ganz kurz und weich, und, so zu sagen, nur wie im Vorbeygehen berühret werden. Z. E. diese, s. Tab. XXII. Fig. 36. 37. dürfen nicht angehalten werden, zumal im langsamen Tempo: sonst klingt es, als wenn sie mit ordentlichen Noten ausgedrücket wären, wie Fig. 38. 39. zu ersehen ist. Dieses aber würde nicht nur dem Sinne des Componisten, sondern auch der französischen Art zu spielen, von welcher diese Vorschläge doch ihren Ursprung haben, zuwider seyn. Denn die kleinen Noten gehören noch in die Zeit der vorhergehenden Note, und dürfen also nicht, wie bey dem zweyten Exempel steht, in die Zeit der folgenden kommen.

21. §.

Wenn im langsamen Tempo zwo kleine eingeschwänzte Nötchen vorkommen, hinter deren ersterer ein Punct steht, s. Tab. XXII. Fig. 40; so bekommen selbige die Zeit von der darauf folgenden Hauptnote; die Hauptnote selbst aber nur die Zeit von dem Puncte. Sie müssen mit viel Affect gespielet, und auf die Art ausgedrücket werden, wie die Noten bey Fig. 41. zeigen. Man muß die mit zweenen Puncten versehene Note im Herunterstriche nehmen, und den Ton an Stärke wachsen lassen; die zwo folgenden, durch ein verlierendes Piano, an die erste schleifen; die letzte kurze aber mit dem Hinaufstriche wieder erheben.

22. §.

Wenn aber dergleichen Manieren mit ordentlichen Noten ausgedrücket sind, s. Tab. XXII. Fig. 42., so müssen selbige, in einem Ritornell, nach ihrer gehörigen Geltung gespielet werden: zumal wenn die Stimme mehr als einmal besetzet ist; oder wenn eine andre Stimme dieselbe Figur in Terzen oder Sexten mit der ersten auf gleiche Art mitmachet. Die erstern Noten, worüber ein Bogen steht, müssen im Herunter = und die zwo letztern, im Hinaufstriche genommen werden.

23. §

Die zwo kleinen zweygeschwänzten Noten, s. Tab. XXII. Fig. 43, welche mehr im französischen als italiänischen Geschmacke üblich sind, müssen nicht so langsam, wie die oben beschriebenen, sondern präcipitant gespielet werden, wie Fig. 44. zu ersehen ist.

24. §.

Von den Trillern ist im IX. Hauptstücke überhaupt gehandelt worden: deswegen ich mich hier darauf beziehe. Hier will ich noch anmerken, daß, wenn über etliche geschwinde Noten Triller geschrieben sind, der Vor = und Nachschlag, wegen Kürze der Zeit, nicht allezeit Statt finde: sondern daß öfters nur halbe Triller geschlagen werden. Ist der Vor = und Nachschlag nur bey der ersten Note angezeiget, s. Tab. XXII. Fig. 45., so versteht sich, daß man die folgenden Triller auf gleiche Art schlagen müsse.

Steht ein Triller über einer Triole, s. Tab. XXII. Fig. 46., so machen die zwo letzten Noten den Nachschlag aus.

Wenn etliche Noten, auf eben dem Tone, an einander gebunden sind, und über der ersten ein Triller steht; muß der Triller bis zum Ende, ohne Wiederholung des Bogenstrichs, unterhalten werden: s. Tab. XXII. Fig. 47.

Wenn vor zwo geschwinden Noten ein Vorschlag, und hinter der dritten ein Punct steht, s. Tab. XXII. Fig. 48., so muß diese Figur bis an die letzte Note, in einem Bogenstriche, sehr geschwind und präcipitant gespielet werden. Steht aber anstatt des Puncts eine Pause, so wird der Bogen abgesetzet.

Wenn vor punctirten Noten Vorschläge stehen, s. Tab. XXII. Fig. 49., so müssen weder Triller noch Mordanten angebracht werden. Stehen aber über dergleichen Noten, sie mögen steigend oder fallend seyn, Triller, oder, anstatt der Puncte, Pausen, so versteht sich, daß man die Triller ohne Nachschlag mache; und bey den Puncten den Bogen absetze.

Wenn alle Instrumente mit dem Basse im Unison gehen, das ist, alle eben dieselben Noten spielen, die der Baß spielet, es mag eine oder mehrere Octaven höher seyn, so thut ein langsamer Triller, wenn er von allen

Von den Ripien-Violinisten insbesondere.

in einerley Geschwindigkeit geschlagen wird, bessere Wirkung, als ein ganz geschwinder. Denn die sehr geschwinde Bewegung, wenn sie mit vielen Instrumenten zugleich geschieht, verursachet mehr Verwirrung, als Deutlichkeit; besonders an einem Orte, wo es schallet. Deswegen muß man alsdenn die Finger in einer mäßigen Geschwindigkeit egal, doch etwas höher, als sonst, aufheben.

25. §.

Bis hieher haben wir den Bogenstrich an sich selbst, und, wie einzelne Noten in denselben eingetheilet, und durch ihn ausgedrücket werden müssen, betrachtet. Nun ist nöthig abzuhandeln, was für Arten des Bogenstrichs, ein jedes Stück, ein jedes Zeitmaaß, und eine jede auszudrückende Gemüthsbewegung erfodere. Denn diese lehren den Violinisten, und alle, die sich mit Bogeninstrumenten beschäftigen, ob der Strich lang oder kurz, schwer oder leicht, scharf oder gelassen seyn solle.

26. §.

Ueberhaupt ist anzumerken, daß im Accompagnement, insonderheit bey lebhaften Stücken, ein nach Art der Franzosen geführter, kurzer und articulirter Bogenstrich viel bessere Wirkung thut, als ein italiänischer, langer und schleppender Strich.

Das **Allegro**, **Allegro assai**, **Allegro di molto**, **Presto**, **Vivace**, erfodern, besonders im Accompagnement, wo man bey dieser Art von Stücken mehr tändelnd als ernsthaft spielen muß, einen lebhaften, ganz leichten, tockirten, und sehr kurzen Bogenstrich: doch muß eine gewisse Mäßigung des Tones dabey in Acht genommen werden.

Ist das Allegro mit Unison untermischet; so muß es mit einem scharfen Bogenstriche, und ziemlicher Stärke des Tones gespielet werden.

Ein **Allegretto**, oder ein Allegro, das durch folgende dabey stehende Worte, als: non presto, non tanto, non troppo, moderato, u. s. w. gemäßiget wird, muß etwas ernsthafter, und mit einem zwar etwas schweren doch muntern und mit ziemlicher Kraft versehenen Bogenstriche, ausgeführet werden. Die Sechzehntheile im Allegretto, so wie im Allegro die Achttheile, erfodern insonderheit einen ganz kurzen Bogenstrich: und muß derselbe nicht mit dem ganzen Arme, sondern nur mit dem Gelenke der Hand gemachet, auch mehr tockiret als gezogen werden; so daß so wohl der Auf= als Niederstrich durch einen Druck einerley Endigung bekomme. Die geschwinden Passagien hingegen, müssen mit einem leichten Bogen gespielet werden.

Ein **Arioso, Cantabile, Soave, Dolce, poco Andante,** wird gelassen, und mit einem leichten Bogenstriche vorgetragen. Ist auch gleich das Arioso mit verschiedenen Arten von geschwinden Noten untermischet; so verlangt es doch ebenfalls einen leichten und gelassenen Strich des Bogens.

Ein **Maestoso, Pomposo, Affettuoso, Adagio spiritoso,** will ernsthaft, und mit einem etwas schweren und scharfen Striche gespielet seyn.

Ein langsames und trauriges Stück, welches durch die Worte: **Adagio assai, Pesante, Lento, Largo assai, Mesto,** angedeutet wird, erfodert die größte Mäßigung des Tones, und den längsten, gelassensten, und schwersten Bogenstrich.

Ein **Sostenuto,** welches das Gegentheil von dem weiter unten vorkommenden Staccato ist, und aus einem an einander hangenden ernsthaften harmonischen Gesange besteht, worinne viele punctirte, zu zwoen und zwoen an einander geschleifete Noten mit angetroffen werden, pfleget man mehrentheils mit dem Worte: **Grave** zu betiteln. Deswegen muß es mit einem langen und schweren Bogenstriche sehr unterhalten und ernsthaft gespielet werden.

In allen langsamen Stücken muß insonderheit das Ritornell, vornehmlich wenn punctirte Noten vorkommen, ernsthaft gespielet werden: damit die concertirende Stimme, wenn solche denselben Gesang zu wiederholen hat, sich von dem Tutti unterscheiden könne. Sind aber schmeichelnde Gedanken mit untermenget; so müssen selbige auf eine angenehme Art vorgetragen werden. Bey allen, insonderheit aber bey langsamen Stücken, müssen sich die Ausführer derselben immer in den Affect des Componisten setzen, und solchen auszudrücken suchen. Hierzu kann nebst andern oben beschriebenen Erfordernissen auch das Ab= und Zunehmen der Stärke des Tones viel beytragen; wofern es nämlich mit Gelassenheit, und nicht durch ein heftiges und unangenehmes Drücken, geschieht. Hätte aber ein solches Stück das Unglück, daß der Componist bey desselben Verfertigung, selbst von wenig oder von gar keinem Affecte gerühret worden wäre: so wird freylich, bey aller Mühe der Ausführer, doch kein besonderer Ausdruck zu erwarten seyn.

Von der Art des Strichs, der bey der französischen Tanzmusik zu brauchen ist, findet man im 58. §. des VII. Abschnitts dieses Hauptstücks, Nachricht.

27. §. Wenn

27. §.

Wenn bey einem Stücke: staccato steht; so müssen die Noten alle kurz gespielet, und mit dem Bogen abgesetzet werden. Da man aber, in gegenwärtigen Zeiten, selten ein Stück von einerley Noten zu setzen pfleget; sondern auf eine gute Vermischung derselben sieht: so werden über diejenigen Noten, welche das staccato erfodern, Strichelchen geschrieben.

Man muß sich aber bey diesen Noten nach dem Zeitmaaße, ob das Stück sehr langsam, oder sehr geschwind gespielet wird, richten, und die Noten im Adagio nicht eben so kurz, als die im Allegro, abstoßen: sonst würden die im Adagio allzutrocken und mager klingen. Die allgemeine Regel, so man davon geben kann, ist diese: Wenn über etlichen Noten Strichelchen stehen, müssen dieselben halb so lange klingen, als sie an und vor sich gelten. Steht aber nur über einer Note, auf welche etliche von geringerer Geltung folgen, ein Strichelchen: so bedeutet solches, nicht nur daß die Note halb so kurz seyn soll; sondern daß sie auch zugleich, mit dem Bogen, durch einen Druck markiret werden muß.

Also werden aus Viertheilen, Achttheile, und aus Achttheilen Sechzehntheile. u.s.w.

Oben ist gesaget worden, daß bey den Noten, über welchen Strichelchen stehen, der Bogen von der Saite etwas abgesetzet werden müsse. Dieses verstehe ich nur von solchen Noten, bey denen es die Zeit leidet. Also werden im Allegro die Achttheile, und im Allegretto die Sechzehntheile, wenn deren viele auf einander folgen, davon ausgenommen: denn diese müssen zwar mit einem ganz kurzen Bogenstriche gespielet, der Bogen aber niemals abgesetzet, oder von der Saite entfernet werden. Denn wenn man ihn allezeit so weit aufheben wollte, als zum sogenannten Absetzen erfodert wird; so würde nicht Zeit genug übrig seyn, ihn wieder zu rechter Zeit darauf zu bringen; und diese Art Noten würden klingen, als wenn sie gehacket oder gepeitschet würden.

In einem Adagio können die Noten, so unter der concertirenden Stimme eine Bewegung machen, wenn auch keine Strichelchen darüber stünden, dennoch als ein halb staccato angesehen, und folglich zwischen einer jeden Note, ein klein Stillschweigen beobachtet werden.

Wenn über den Noten Puncte stehen; so müssen solche mit einem kurzen Bogen tockiret, oder gestoßen, aber nicht abgesetzet werden. Steht über den Puncten noch ein Bogen; so müssen die Noten, so viel deren sind, in einem Bogenstriche genommen, und mit einem Drucke markiret werden.

28. §.

Nicht allein die richtige Eintheilung der Bogenstriche; nicht allein das zu rechter Zeit zu brauchende starke oder schwache Aufdrücken des Bogens auf die Saiten; sondern auch der Ort, an welchem die Saiten damit berühret werden müssen, und was ein jeder Theil des Bogens für Kraft habe, ist denenjenigen zu wissen nöthig, die den Bogen recht führen, und damit gute Wirkungen hervorbringen wollen. Es kömmt viel darauf an, ob der Bogen nahe am Stege, oder weit von demselben geführet wird: auch ob man die Saiten mit dem untersten Theile, mit der Mitte, oder mit der Spitze des Bogens anstreichet. Seine größte Stärke liegt im untersten Theile, der der rechten Hand der nächste ist; die mäßige Stärke liegt in der Mitte; und die schwächste bey der Spitze des Bogens. Wird nun derselbe allzunahe beym Stege geführet, so wird der Ton zwar schneidend und stark; aber auch zugleich dünne, pfeiffend, und kratzend: besonders auf der besponnenen Saite. Denn die Saiten sind ganz nahe am Stege zu stark gespannet: folglich hat der Bogen die Gewalt nicht, dieselben in einen, mit dem übrigen langen Theile der Saite in gehörigem Verhalte stehenden, gleichen Schwung zu bringen, um die erfoderliche Zitterung der Saite zu erregen.

Da nun dieses bey der Violine keine gute Wirkung thut: so ist leicht zu erachten daß es bey der Bratsche, dem Violoncell, und Contraviolon, noch viel schlechter klingen müsse: besonders weil auf diesen Instrumenten die Saiten um so viel dicker und länger sind, als auf der Violine. Um aber darinne die rechte Maaße zu treffen, halte ich dafür, daß, wenn ein guter Violinist, um einen dicken männlichen Ton heraus zu bringen, den Bogen einen Finger breit vom Stege abwärts führet; daß alsdenn der Bratschist die Entfernung von **zweenen**, der Violoncellist von **drey bis vier**, und der Contraviolinist von **sechs** Fingern breit nehmen müsse. Man merke, daß auf den dünnen Saiten eines jeden Instruments, der Bogen etwas näher am Stege, auf den dicken Saiten aber, etwas weiter von ihm abwärts geführet werden könne.

Will man den Ton in der Stärke wachsen lassen, so kann man, in währendem Streichen, den Bogen fester aufdrücken, und etwas näher zum Stege führen, wodurch der Ton stärker und schneidender wird. Bey
dem

Von den Ripien-Violinisten insbesondere.

dem Piano aber, kann der Bogen, auf einem jeden Instrumente, noch etwas weiter, als oben gesaget worden, vom Stege abwärts geführet werden: um die Saiten mit der Mäßigung des Bogens desto leichter in Schwung zu bringen.

29. §.

Bey einigen Stücken pfleget man Dämpfer oder Sordinen auf die Violine, Bratsche, und, den Violoncell zu setzen: um so wohl den Affect der Liebe, Zärtlichkeit, Schmeicheley, Traurigkeit, auch wohl, wenn der Componist ein Stück darnach einzurichten weis, eine wüthende Gemüthsbewegung, als die Verwegenheit, Raserey und Verzweifelung, desto lebhafter auszudrücken: wozu gewisse Tonarten, als: E moll, C moll, F moll, Es dur, H moll, A dur, und E dur, ein vieles beytragen können. Die Sordinen werden aus unterschiedenen Materien, als: Holz, Bley, Messing, Blech und Stahl gemachet. Die von Holz und Messing taugen gar nichts; weil sie einen schnarrenden Ton verursachen. Die von Stahl sind eigentlich die besten; wenn sie nur ihr gehöriges, den Instrumenten gemäßes Gewicht haben. Die Dämpfer zur Bratsche und zum Violoncell müssen mit der Größe dieser Instrumente in richtigem Verhalte stehen, und folglich immer zu dem einen Instrumente größer, als zum andern seyn. Ich erinnere hier beyläufig, daß die blasenden Instrumentisten besser thun, wenn sie, anstatt Papieres oder anderer Sachen, ein Stück feuchten Schwamm in die Oefnung ihrer Instrumente hinein stecken; wenn sie dieselben dämpfen wollen.

30. §.

Bey den Dämpfern ist zu merken, daß man in langsamen Stücken mit Sordinen, nicht mit der größten Stärke des Bogens spielen, und die bloßen Saiten, so viel als möglich ist, vermeiden müsse. Bey geschleiften Noten kann man den Bogen etwas feste aufdrücken. Wenn aber die Melodie eine öftere Wiederholung des Bogens erfodert; so thut ein kurzer, und durch einen Druck belebter, leichter Strich, bessere Wirkung, als ein langer, gezogener, oder schleppender Strich; doch muß man sich hierinne nach der Sache, die man zu spielen hat, richten.

31. §.

Die Stelle des Bogens vertreten zuweilen die Finger, durch das Reissen oder Kneipen der Saiten, welches das sogenannte Pizzicato ist. Dieses machen die meisten mehrentheils mit dem Daumen. Ich will nicht in Abrede seyn, daß ein guter Violinist, solches nicht auf eine angenehme Art zu machen, und so zu mäßigen wissen sollte, daß man das Aufschlagen der Saite auf das Griffbret nicht bemerke. Weil aber nicht ein jeder hierinne eben dieselbe Geschicklichkeit besitzt; indem man öfters wahrnimmt, daß es von manchen sehr hart klingt, und die darunter gesuchte Wirkung nicht allezeit erfolget: so befinde ich für nöthig, meine Meynung hierüber zu entdecken. Es ist bekannt, daß man auf der Laute die Oberstimme mit den letzten vier Fingern, und den Baß mit dem Daumen spielet: nun ist das Pizzicato auf der Violine eine Nachahmung der Laute oder des Mandolins; folglich wird auch erfodert, solches denselben so viel als möglich ist, ähnlich zu machen. Ich **befinde also für besser**, wenn es nicht mit dem Daumen, sondern mit **der Spitze des Zeigefingers** geschieht. Man fasse die Saite nicht von unten, sondern seitwärts, damit sie ihren Schwung eben so, und nicht rückwärts auf das Griffbrett nehme. Hierdurch wird der Ton viel natürlicher und dicker, als wenn man die Saite mit dem Daumen reißet. Denn derselbe nimmt, wegen seiner Breite, einen größern Theil der Saite ein, und übertreibt durch seine Stärke absonderlich die dünnen Saiten: wie die Erfahrung zeigen wird, sofern man beyde Arten gegen einander versuchen will. Es muß auch weder zu nahe am Stege, noch zu nahe bey den Fingern der linken Hand; sondern bey dem Ende des Griffbretes geschehen. Deswegen kann man den Daumen seitwärts an dasselbe setzen, um mit dem Finger eine jede Saite desto leichter zu treffen. Bey denen Accorden aber, wo drey Saiten in der Geschwindigkeit nach einander, und zwar die tiefste zuerst, angegeben werden müssen, ist es nöthig, das Pizzicato mit dem Daumen auszuüben. Bey einer kleinen Musik in der Kammer, dürfen die Saiten nicht zu stark gerissen werden, wenn es nicht unangenehm klingen soll.

32. §.

Vom Gebrauche der Finger der linken Hand ist zu merken, daß die Stärke des Aufdrückens derselben, jederzeit, mit der Stärke des Bogenstrichs, in rechtem Verhalte stehen müsse. Läßt man den Ton in einer Haltung (tenuta) an der Stärke wachsen: so muß auch der Finger, zunehmend aufgedrücket werden. Um aber zu vermeiden, daß der Ton nicht höher werde; muß man den Finger gleichsam unvermerkt zurück ziehen; oder dieser Gefahr durch eine gute und nicht geschwinde Bebung abhelfen. Diejenigen, welche die Finger allzuhoch aufheben, pflegen zwar einen scharfen Triller zu schlagen; sie sind aber dabey der Gefahr ausgesetzet, daß

Von den Ripien-Violinisten insbesondere.

daß sie gar leicht falsch, und gemeiniglich zu hoch greifen; besonders in den Molltönen: wie denn auch bey ihnen das Laufwerk mehrentheils ungleich und nicht rund klingt; weil sie die Finger, wegen Ungleichheit ihrer Länge, ungleich abwechseln. Der kleine Finger ist ohnedem gemeiniglich schwächer, als die andern drey; deswegen muß man suchen ein Mittel zu finden, die Stärke in den drey längern Fingern zu mäßigen, dagegen aber dem kleinen Finger durch eine Art von schnellem Schlage zu Hülfe zu kommen, um also das gehörige Verhältniß mit den andern zu treffen. Ueberhaupt sollten alle junge Violinisten den kleinen Finger fleißig üben: und zwar mehr, als eines höchstnöthigen Vortheils wegen.

33. §.

Das sogenannte mezzo manico, da die Hand um einen halben, ganzen, oder mehrere Töne weiter auf dem Griffbrete hinauf gesetzet wird, giebt einen großen Vortheil, nicht nur um die bloßen Saiten, welche anders klingen, als wenn die Finger darauf stehen, bey gewissen Gelegenheiten zu vermeiden; sondern auch noch in vielen andern Fällen; hauptsächlich im Cadenziren. Z. E. Bey denen Tab. XXII. Fig. 50. 51. angemerkten Tönen, sind die Triller mit dem dritten Finger gemeiniglich besser, als mit dem kleinen, zu machen.

Man versuche die drey Exempel, Tab. XXII. Fig 52. a) b) c) in der gewöhnlichen Lage; und rücke darauf die Hand einen Ton höher, so, daß man bey a) anstatt des dritten Fingers, den zweyten; und bey b) und c) anstatt des zweyten Fingers den ersten brauche: so wird man bald, wegen des Gleichlauts, einen großen Unterschied in der Ausnahme bemerken.

34. §.

Wenn die concertirende Stimme nur von Violinen begleitet wird; so muß jeder Violinist wohl Achtung geben, ob er eine pure Mittelstimme, oder eine in gewissen kleinen Sätzen, mit der concertirenden abwechselnde Stimme, oder ein Bassetchen, zu spielen habe. Bey der Mittelstimme muß er die Stärke des Tones sehr mäßigen. Wenn er etwas abwechselndes hat, kann er stärker, das Bassetchen aber noch stärker spielen: absonderlich, wenn er von dem Concertisten, oder auch von den Zuhörern, weit entfernet ist. Haben beyde Violinen nur Mittelstimmen; so müssen sie auch in einerley Stärke spielen. Hat die zweyte Violine im

Ritornell, gegen die erste eine ähnliche Melodie, es sey in der Terze, Sexte, oder Quarte; so kann die zweyte mit der ersten in einerley Stärke spielen. Ist es aber auch nur, wie im obigen Falle, eine Mittelstimme; so muß die zweyte Violine ebenfalls den Ton etwas mäßigen: weil die Hauptstimmen allezeit mehr, als die Mittelstimmen gehöret werden müssen.

35. §.

Wenn die Violinisten eine schwache concertirende Stimme zu begleiten haben, so muß solches mit vieler Mäßigung geschehen. Sie müssen die Art des Accompagnements wohl betrachten: ob die Bewegung desselben, aus geschwinden oder langsamen, aus gleichen oder springenden Noten bestehe; ob solches tiefer, höher, oder mit der Concertstimme in derselben Gegend gesetzet sey; ob es zwey- drey- oder vierstimmig sey; ob die Concertstimme einen schmeichelnden Gesang, oder Passagien zu spielen habe; ob die Passagien aus weitläuftigen Sprüngen, oder aus rollenden Noten bestehen; und ob diese Noten in der Tiefe oder Höhe sich befinden. Dieses alles erfodert eine große Behutsamkeit. Z. E. Eine Flöte ist in der Tiefe nicht so durchdringend, als in der Höhe; besonders in Molltönen; sie wird auch, von rechtswegen, nicht allezeit in einerley Stärke, sondern, nachdem es die Sache erfodert, bald schwach, bald mittelmäßig, bald stark gespielet. Ein gleiches fällt auch bey schwachen Singstimmen, und andern nicht allzustarken Instrumenten vor. Die Violinisten müssen also beständig Achtung geben, daß die concertirende Stimme niemals unterdrücket, sondern allezeit vor andern gehöret werde.

Des XVII. Hauptstücks
III. Abschnitt.
Von dem Bratschisten insbesondere.

1. §.

Die Bratsche wird in der Musik mehrentheils für etwas geringes angesehen. Die Ursache mag wohl diese seyn, weil dieselbe öfters von solchen Personen gespielet wird, die entweder noch Anfänger in der Musik sind; oder die keine sonderlichen Gaben haben, sich auf der Violine hervor zu thun; oder auch weil dieses Instrument seinem Spieler allzuwenig Vortheil bringt: weswegen geschickte Leute sich nicht gerne dazu brauchen lassen. Dem ungeachtet halte ich dafür, daß ein Bratschist eben so geschickt seyn müsse, als ein zweyter Violinist: wofern das ganze Accompagnement nicht mangelhaft seyn soll.

2. §.

Er muß nicht allein einen eben so guten Vortrag im Spielen haben, als der Violinist; sondern er muß gleichfalls etwas von der Harmonie verstehen: damit er, wenn er, wie in Concerten üblich ist, zuweilen des Bassisten Stelle vertreten, und das Bassetchen spielen muß, mit Behutsamkeit zu spielen wisse, und der Concertist nicht mehr Sorge für ihn, als für seine eigene Stimme haben dürfe.

3. §.

Er muß in seiner Stimme beurtheilen können, welche Noten sangbar oder trocken, stark oder schwach, mit einem langen oder kurzen Bogen, gespielet werden müssen: imgleichen ob er nur zwo oder mehr Violinen, viel oder wenig Bässe gegen sich habe: und so er die Grundstimme zu spielen hat, ob die concertirende stark oder schwach spiele; ob das Stück traurig, lustig, prächtig, schmeichelnd, modest oder frech gesetzet sey:

indem

indem er, bey einem jeden Affecte, sich mit dem Bassetchen darnach richten, und der Oberstimme bequemen muß.

4. §.

Er muß unterscheiden, ob er Arien, Concerten, oder andere Arten von Musik zu begleiten habe. Bey Arien kömmt er leicht durch: weil er allda mehrentheils nur eine pure Mittelstimme, oder etwa den Baß mit zu spielen hat. In Concerten aber giebt es öfters ein mehrers zu thun; indem bisweilen der Bratsche, anstatt der zweyten Violine, die Nachahmung, oder eine der Oberstimme ähnliche Melodie gegeben wird: zugeschweigen, daß die Bratsche auch wohl bisweilen ein singendes Ritornell mit den Violinen im Unison spielen muß; welches bey einem Adagio besonders gute Wirkung thut. Hat nun der Bratschist, bey dergleichen Umständen, keinen deutlichen und angenehmen Vortrag; so wird durch ihn die schönste Composition verdorben: besonders wenn in einem solchen Stücke eine jede Stimme nur einmal besetzet ist.

5. §.

Will man noch weiter gehen; so wird von einem guten Bratschisten erfodert, daß er auch im Stande sey, selbst eine concertirende Stimme, eben so gut, als ein Violinist, zu spielen: zum Exempel, ein concertirendes Trio, oder Quatuor. Wer weis, ob nicht diese schöne Art von Musik itzo eben deswegen nicht mehr so, wie ehedem, in der Mode ist: weil nämlich die wenigsten Bratschisten auf ihr Werk so viel Fleiß wenden, als sie sollten. Viele glauben, daß, wenn sie nur etwas weniges vom Tacte und der Eintheilung der Noten verstünden, man von ihnen alsdenn nichts mehreres verlangen könnte. Doch dieses Vorurtheil gereichet zu ihrem eigenen Schaden. Denn wenn sie den gehörigen Fleiß anwenden wollten, könnten sie in einer großen Musik leicht ihr Glück verbessern, und nach und nach weiter hinauf rücken: anstatt daß sie mehrentheils, bis an ihr Ende, der Bratsche nicht los werden. Ja man hat Beyspiele, daß Leute, die sich in der Musik besonders hervorgethan, in ihrer Jugend die Bratsche gespielet haben. Auch nachgehends, da sie schon zu etwas mehrerem tüchtig waren, haben sie sich vielleicht nicht geschämet, dieses Instrument wenn es die Noth erfoderte, zu ergreifen. Zum wenigsten empfindet derjenige, so accompagniret, mehr Vergnügen von der Musik, als der, welcher die Concertstimme spielet: und wer ein wahrer Musikus ist, der nimmt Antheil an der ganzen Musik; ohne sich zu bekümmern, ob er die erste oder letzte Partie spiele.

6. §. Vor

Von dem Bratschisten insbesondere.

6. §.

Vor allen willkührlichen Zusätzen oder Auszierungen in seiner Stimme, muß sich ein guter Bratschist hüten.

7. §.

Die Achttheile in einem Allegro muß er mit einem ganz kurzen Bogenstriche, die Viertheile hingegen, mit einem etwas längern spielen.

8. §.

Hat er mit den Violinisten einerley Art Noten, sie mögen geschleifet oder gestoßen seyn; so muß er sich nach ihrer Art zu spielen richten, es sey cantabel oder lebhaft. Dieses wird absonderlich nöthig seyn, wenn er ein Ritornell mit den Violinen im Unison zu spielen hat: denn da muß er eben so cantabel und gefällig spielen, als die Violinisten selbst: damit man nicht gewahr werde, daß es verschiedene Instrumente sind. Haben aber seine Noten eine Aehnlichkeit mit dem Basse; so muß er solche eben so ernsthaft, als der Baß, vortragen.

9. §.

In einem traurigen Stücke, muß er seinen Bogenstrich sehr mäßigen, und denselben nicht mit Heftigkeit oder allzugroßer Geschwindigkeit bewegen; keinen harten und unangenehmen Druck mit dem Arme machen; nicht zu stark auf die Saiten drücken; nicht zu nahe am Stege spielen, sondern den Bogen, besonders auf den dicken Saiten, wohl zweene Finger breit davon abwärts führen: s. den II. Abschnitt. 28. §. Die Achttheile im gemeinen geraden, oder die Viertheile im Allabrevetacte, muß er, in dieser Art langsamer Stücke, nicht zu kurz und trocken, sondern alle unterhalten, angenehm, gefällig, und mit Gelassenheit spielen.

10. §.

In einem cantabeln Adagio, so aus Achttheilen und Sechzehntheilen besteht, auch mit scherzhaften Gedanken untermischet ist, muß der Bratschist alle kurzen Noten mit einem leichten und kurzen Bogenstriche, und zwar nicht mit dem ganzen Arme, sondern nur mit der Hand, durch die Bewegung des ersten Gelenkes, ausführen, auch dabey weniger Stärke, als sonst, gebrauchen.

11. §.

Weil eine Bratsche, wenn es ein gutes und starkes Instrument ist, gegen vier, auch wohl sechs Violinen zulänglich ist: so muß der Bratschist, wofern nur etwa zwo oder drey Violinen mit ihm spielen, die Stärke des Tones mäßigen; damit er nicht den übrigen überlegen werde: besonders wenn nur ein Violoncell, und kein Contraviolon sich dabey befindet. Die Mittelstimme, welche an und vor sich, dem Zuhörer das wenigste Vergnügen machet, darf niemals so stark als die Hauptstimme gehöret werden. Deswegen muß der Bratschist beurtheilen, ob die Noten, so er zu spielen hat, melodiös oder nur harmoniös sind. Die erstern kann er mit den Violinen in gleicher Stärke, die andern aber etwas schwächer spielen.

12. §.

Hat der Bratschist zuweilen die Grundstimme, so kann er sie etwas stärker, als die übrigen Mittelstimmen vortragen. Doch muß er allezeit auf die Concertstimme hören; damit er solche nicht übertäube. Und wenn dieselbe bald stärker, bald schwächer spielet, muß er sich gleichfalls mit der Stärke und Schwäche darnach richten, und das Ab- und Zunehmen des Tones mit allen zugleich beobachten.

13. §.

Kommen Nachahmungen gewisser Sätze der Haupt- oder der Grundstimme vor; so müssen solche mit der Stimme, welcher sie nachahmen, in gleicher Stärke gespielet werden. Ein sogenanntes Thema oder Hauptsatz einer Fuge aber, ingleichen sonst jeder Gedanke in einem Concert oder andern Stücke, der öfters wiederholet wird, muß, durch die Stärke des Tones, mit Nachdruck erhoben und markiret werden. Hierher gehören auch die langen Noten, sie seyn Viertheile, halbe, oder ganze Tacte, so auf geschwinde Noten folgen, und einen Aufenthalt in der Lebhaftigkeit machen: besonders die, vor denen ein Kreuz oder Wiederherstellungszeichen steht.

14. §.

Wird von dem Bratschisten verlanget, ein Trio oder Quatuor zu spielen; so muß er wohl beobachten, was vor Arten von Instrumenten er gegen sich hat: damit er sich, wegen der Stärke und Schwäche seines Tones, darnach richten könne. Gegen eine Violine kann er fast in einerley Stärke spielen; gegen ein Violoncello und Basson, in gleicher Stärke; gegen einen Hoboe etwas schwächer, weil der Ton gegen die Bratsche dünne ist. Gegen eine Flöte aber, besonders wenn sie in der Tiefe spielet, muß er die größte Schwäche gebrauchen.

15. §. Ueber-

Von dem Bratschisten insbesondere.

15. §.

Ueberhaupt kömmt bey Ausübung der Bratsche, viel auf eine proportionirliche Stärke und Schwäche des Tones an. Es würde schwer fallen, wenn man alle vorfallende Umstände beschreiben sollte. Deswegen wird von einem Bratschisten eben so viel Beurtheilungskraft erfodert, als von einem der die Grundstimme spielet.

16. §.

Wenn der Bratschist, in Ermangelung des Violoncells, ein Trio oder Solo begleitet; muß er, so viel als möglich ist, allezeit eine Octave tiefer spielen, als sonst, wenn er mit dem Baße im Unison gehet; und wohl Acht haben, daß er die Oberstimme nicht übersteige: damit die Quinten in der Grundstimme nicht in Quarten verwandelt werden. Er wird also wohlthun, wenn er, bey einem Solo, immer ein Auge auf die Oberstimme richtet, um sich, wenn sie in der Tiefe spielet, auch darnach richten zu können. Z. E. Gesetzt, die Oberstimme hätte das eingestrichene A, und der Baß sein höchstes D: wollte der Bratschist dasselbe auf der kleinesten Saite nehmen, so würde aus der Quinte, so die Stimmen gegen einander machen, die Quarte werden, und also nicht dieselbe Wirkung thun.

17. §.

Was übrigens vom Bogenstriche, vom Stoßen und Schleifen, vom Ausdrucke der Noten, vom Staccato, vom stark und schwach Spielen, vom Stimmen, u. s. w. im vorigen, und im letzten Abschnitte vorkömmt, kann sich der Bratschist, eben so wohl, als die Ripien-Violinisten zu Nutzen machen; nicht allein, weil ihm solches alles zu wissen nöthig ist; sondern auch, weil ich vermuthe, daß er nicht immer werde Bratschist verbleiben wollen.

Des XVII. Hauptstücks
IV. Abschnitt.
Von dem Violoncellisten insbesondere.

1. §.

Wer auf dem Violoncell nicht nur accompagniret, sondern auch Solo spielet, thut sehr wohl, wenn er zwey besondere Instrumente hat; eines zum Solo, das andere zum Ripienspielen, bey großen Musiken. Das letztere muß größer, und mit dickern Saiten bezogen seyn, als das erstere. Wollte man mit einem kleinen und schwach bezogenen Instrumente beydes verrichten; so würde das Accompagnement in einer zahlreichen Musik gar keine Wirkung thun. Der zum Ripienspielen bestimmte Bogen, muß auch stärker, und mit schwarzen Haaren, als von welchen die Saiten schärfer, als von den weißen, angegriffen werden, bezogen seyn.

2. §.

Der Bogenstrich muß nicht zu nahe beym Stege, sondern wohl drey bis vier Finger breit davon abwärts geführet werden, s. den II. Abschnitt, 28. §. Einige streichen mit dem Bogen so, wie es bey der Viola da Gamba üblich ist, nämlich: anstatt des Herunterstrichs, von der linken zur rechten Hand, bey den Hauptnoten, machen sie den Hinaufstrich, von der rechten zur linken, und fangen mit der Spitze des Bogens an. Andere hingegen machen es wie die Violinisten, und fangen denselben Strich mit dem untersten Theil des Bogens an. Diese letztere Art ist bey den Italiänern üblich, und thut nicht nur beym Solospielen, sondern auch vornehmlich beym Accompagnement, bessere Wirkung, als die erste: weil die Hauptnoten mehr Stärke und Nachdruck erfodern, als die durchgehenden; welche ihnen aber, mit der Spitze nicht so, als mit dem untersten Theile des Bogens, gegeben werden können. Ueberhaupt muß der Violoncellist bemühet seyn, einen dicken, runden, und männlichen Ton

Von dem Violoncelliſten insbeſondere.

aus dem Inſtrumente zu bringen: wozu die Art, wie er den Bogen führet, und ob er denſelben nahe oder weit vom Stege hält, ingleichen auch, ob er denſelben ſtark oder ſchwach auf die Saiten drücket, viel beyträgt. Wollte er bey einer ſtarken Muſik die Zärtlichkeit ſo weit treiben, und ſich ſo wenig hören laſſen, daß er, anſtatt des Bogens, die Saiten mit einem Flederwiſche zu berühren ſchiene; ſo würde er wenig Lob verdienen. Gewiſſe kleine Verdrehungen des Leibes, die bey dieſem Inſtrumente nicht allezeit vermieden werden können, wird man ihm hoffentlich zu Gute halten.

3. §.

Ein Violoncelliſt muß ſich hüten, daß er nicht, wie ehedem einige große Violoncelliſten die üble Gewohnheit gehabt haben, den Baß mit Manieren zu verbrämen, und zur unrechten Zeit ſeine Geſchicklichkeit zu zeigen ſuche. Denn wofern ein Violoncelliſt, wenn er die Setzkunſt nicht verſteht, im Baſſe willkührliche Manieren anbringen will; ſo thut er noch mehr Schaden, als ein Violiniſt bey der Ripienſtimme: beſonders wenn er ſolche Bäſſe vor ſich hat, über welchen die Hauptſtimme in beſtändiger Bewegung iſt, um den ſimpeln Geſang mit Zuſätzen auszuzieren. Es iſt nicht möglich, daß einer des andern Gedanken allezeit errathen könne; und wenn auch beyde gleiche Einſicht hätten. Ueberdem iſt es ungereimt, den Baß, welcher die Zierrathen der andern Stimme unterſtützen und harmoniſch machen ſoll, ſelbſt zu einer Art von Oberſtimme zu machen, und ihn ſeines ernſthaften Ganges zu berauben; dadurch aber die nothwendigen Zierrathen der Oberſtimme zu verhindern, oder zu verdunkeln. Es iſt zwar nicht zu läugnen, daß einige melodiöſe und concertirende Bäſſe bey einem Solo, etwas von Zuſatze leiden; wenn nur der Ausführer des Baſſes gnugſame Einſicht hat, und weis, an welchem Orte es ſich thun läßt: und wenn bey ſolcher Gelegenheit, etwas von Zierrathen auf eine geſchickte Art hinzugefüget wird; ſo wird die Sache deſto vollkommener. Doch wenn der Violoncelliſt ſich auf ſeine Wiſſenſchaft nicht hinlänglich verlaſſen kann: ſo iſt ihm zu rathen, daß er lieber den Baß ſo ſpiele, wie ihn der Componiſt geſetzet hat; als daß er aus Unwiſſenheit ſich in die Gefahr begebe, viele ungereimte und übelklingende Noten zuzuſetzen. Ein geſchickter Zuſatz von Zierrathen findet nirgends, als bey einem Solo ſtatt. Doch müſſen zu der Zeit, wenn die Hauptſtimme, bey ſimpeln Noten, nothwendig etwas zuſetzen muß, die Noten des Baſſes ganz ohne allen willkührlichen Zierrath vorgetragen werden. Hat aber der Baß Nachahmungen;

mungen; so kann der Violoncellist eben dieselben Manieren, die ihm vorgemachet worden sind, nachmachen. Hat die Hauptstimme Pausen, oder haltende Noten; so kann er gleichfalls den Baß auf eine angenehme Art verändern: wenn nur die Hauptnoten im Basse nicht verdunkelt werden, und die Veränderungen so beschaffen sind, daß sie keine andere Leidenschaft ausdrücken, als das Stück erfodert. Deswegen muß der Violoncellist beständig suchen, dem Vortrage dessen, so die Hauptstimme spielet, so wohl in der Stärke und Schwäche des Tones, als in Ausdrückung der Noten, nachzuahmen. Bey einer vollstimmigen Musik aber, ist den Violoncellisten ganz und gar nicht erlaubt, willkührlich etwas zuzusetzen: nicht allein, weil die Grundstimme ernsthaft und deutlich gespielet werden muß; sondern auch, weil solches, wenn es die übrigen Bässe eben so machten, eine große Verwirrung und Undeutlichkeit verursachen würde.

4. §.

Bey einem traurigen Adagio, müssen die langsamen Noten, nämlich die Achttheile im gemeinen geraden, und die Viertheile im Allabrevetacte, mit einem gelassenen Bogenstriche gespielet werden. Man muß dabey nicht mit dem Bogen, in einer Hastigkeit und Eil, bis an seine Spitze fahren: denn dieses würde den Affect der Traurigkeit verhindern, und das Gehör beleidigen. Im Allegro müssen die Viertheile unterhalten, oder nourissant, und die Achttheile ganz kurz gespielet werden. Im Allegretto so im Allabrevetacte gesetzet ist, geht es eben so. Ist aber das Allegretto im gemeinen geraden Tacte gesetzet, so werden die Achttheile unterhalten, und die Sechzehntheile kurz gespielet. Die kurzen Noten müssen nicht mit dem ganzen Arme, sondern nur mit der Hand allein, und zwar durch die Bewegung des ersten Gelenks derselben gespielet werden: wovon im zweyten und sechsten Abschnitte ein mehreres zu ersehen ist.

5. §.

Alle Noten müssen in der Lage, so wie sie gesetzt sind, gespielet, und nicht einige bald eine Octave höher, bald eine tiefer genommen werden; besonders diejenigen, mit welchem die übrigen Stimmen in Unison mit gehen. Denn dergleichen Arten von Modulationen bestehen aus einer förmlichen Baßmelodie: und diese kann und darf auf keine Art verändert werden. Würden dergleichen Noten auf dem Violoncell eine Octave tiefer gespielet, als sie gesetzt sind: so würde die Entfernung gegen die Violinen

nen nicht nur zu weit seyn, sondern die Noten würden auch zugleich die gehörige Schärfe und Lebhaftigkeit, so darinne gesuchet wird, verlieren. Andere Baßnoten, die nicht mit den übrigen Stimmen im Unison gehen, leiden noch eher, daß man dann und wann, wenn kein Contraviolon zugegen ist, eine Octave tiefer spiele: doch müssen es nicht melodische, sondern nur harmonische, das ist, solche Gänge seyn, welche für sich keine eigene Melodie machen, sondern nur zum Grunde der obersten Melodieen dienen. Die Sprünge, in die Terze, Quarte, Quinte, Sexte, Septime und Octave, auf= oder unterwärts, müssen nicht umgekehret werden: weil diese Sprünge öfters zu Bildung einer gewissen Melodie dienen, auch selten ohne Absicht von dem Componisten gesetzet werden; s. Tab. XXII. Fig. 53. Eine gleiche Bewandniß hat es, wenn ein Gang von einem halben oder ganzen Tacte öfters wiederholet wird; doch so, daß dieselben Noten einmal um das andere, eine Octave tiefer oder höher gesetzet sind; s. Tab. XXII. Fig. 54. Ein solcher Baß muß gespielet werden wie er geschrieben ist. Denn wenn man diese Sprünge umkehren wollte, würde ein ganz anderer Sinn herauskommen.

6. §.

Weil der Violoncell, unter allen Bässen, den schärfsten Ton hat, und seine Stimme am deutlichsten ausdrücken kann; so hat sein Spieler auch vor andern den Vortheil voraus, daß er, bey Ausdrückung des Lichts und Schattens, den übrigen Stimmen helfen, und der ganzen Sache einen Nachdruck geben kann. Von ihm hängt am meisten ab, in einem Stücke das Zeitmaaß bey seiner Richtigkeit, und die Lebhaftigkeit zu unterhalten; das Piano und Forte zur gehörigen Zeit auszudrücken; die verschiedenen Leidenschaften, welche in einem Stücke erreget werden sollen, zu unterscheiden und kennbar zu machen; und also dem Concertisten sein Spielen zu erleichtern. Er muß also weder eilen, noch nachschleppen; sondern seine Gedanken mit beständiger Aufmerksamkeit, so wohl auf die Pausen, als auf die Noten richten: damit man nicht genöthiget werde, ihn zu erinnern, wenn er nach einer Pause wieder anfangen, oder wenn er schwach oder stark spielen soll. Denn es ist bey einer Musik sehr unangenehm, wenn nach einer Pause, bey einem neuen Eintritte, nicht alle Stimmen zugleich mit Ernst anfangen; oder wenn das Piano oder Forte nicht bey der Note, wo es geschrieben ist, beobachtet wird: besonders wenn es an dem Basse fehlet, welcher der Sache den größten Ausschlag geben muß.

7. §. Wo-

7. §.

Wofern der Violoncellist die Setzkunst, oder zum wenigsten etwas von der Harmonie versteht, so ist es ihm ein Leichtes, die verschiedenen Leidenschaften, welche in einem Stücke von dem Componisten ausgedrücket sind, mit dem Concertisten zugleich zu erheben und kennbar zu machen. Dieses wird von der begleitenden Stimme eben so wohl, als vom Concertisten gefodert, und ist eine vorzügliche Schönheit des Accompagnements. Denn wenn nur einer seine Stimme gut, der andere aber kaltsinnig und nachläßig vorträgt, so widerspricht der eine, so zu reden, dem, was der andere bejahet: und die Zuhörer haben, wo nicht Verdruß, doch nur das halbe Vergnügen. Hierzu kann der Violoncellist leicht gelangen, wenn es ihm nicht an der Empfindung fehlet, und wenn er nicht auf seine Stimme allein, sondern auf das Ganze die gehörige Aufmerksamkeit richtet. Er muß sich hiernächst diejenige Art Noten bekannt machen, welche vor andern markiret und erhoben werden müssen. Diese sind, erstlich diejenigen, welche Dissonanzen über sich haben, als: die Secunde, die falsche Quinte, die übermäßige Sexte, die Septime; oder die Noten, welche durch das Kreuz oder das Wiederherstellungszeichen außerordentlicher Weise erhöhet, oder durch dieses, und das runde b, erniedriget werden. Auch gehöret hierher, wenn die Oberstimme eine Cadenz machet, und der Baß ordentlicher Weise eine Quarte über sich, oder eine Quinte unter sich zu springen hat, um mit der Oberstimme in die Octave zu gehen; derselbe aber durch einen Betrug oder sogenannten inganno, nur eine Stufe höher oder tiefer geht; z. E. die Oberstimme cadenzirte ins C, und der Baß hätte anstatt der Octave vom C, die Terze von unten, als A, As, oder die falsche Quinte Fis, nachdem es die Tonart erfordert, s. Tab. XXII. Fig. 55. Hier thut es nun eine sehr gute Wirkung, wenn die hier erwähnten Noten: A, As, Fis, mit dem Violoncell markiret, und etwas stärker, als die vorhergehenden Noten angegeben werden. Wenn es aber in einem Stücke, besonders in einem Adagio zur Hauptcadenz geht; so kann der Violoncellist mit den vorhergehenden zwo, drey, oder vier Noten, auf gleiche Weise verfahren, um die Aufmerksamkeit der Zuhörer auf dieselbe zu lenken; s. Tab. XXII. Fig. 56.

8. §.

Bey Ligaturen oder gebundenen Noten, kann er die zweyte, worüber mehrentheils die Secunde und Quarte gesetzet wird, durch die Verstärkung des Tones wachsen lassen, doch darf er den Bogen nicht dabey rücken.

9. §. Wenn

Von dem Violoncellisten insbesondere.

9. §.

Wenn in einem Presto, welches mit vieler Lebhaftigkeit gespielet werden muß verschiedene Achttheile, oder sonst kurze Noten, auf einerley Tone vorkommen, so kann er die erste im Tacte durch einen Druck mit dem Bogen markiren.

10. §.

Punctirte Noten muß er allezeit ernsthafter und schwerer mit dem Bogen spielen, als der Violinist: die folgenden doppelt geschwänzten hingegen, müssen ganz kurz und scharf vorgetragen werden; es sey im geschwinden oder langsamen Zeitmaaße.

11. §.

Wenn an einem Violoncell Bände sind, wie bey der Viola da Gamba üblich ist: so muß der Violoncellist, bey denen mit b bezeichneten Tönen, die Saiten mit den Fingern, ein wenig über die Bände hinaus, und zwar etwas stärker niederdrücken; um solche so viel höher zu greifen, als es ihr Verhalt gegen die mit Kreuzen bezeichneten Töne erfodert, nämlich um ein Komma.

12. §.

Das Solospielen ist auf diesem Instrumente eben nicht eine so gar leichte Sache. Wer sich hierinne hervorthun will, der muß von der Natur mit solchen Fingern versehen seyn, die lang sind, und starke Nerven haben, um weit aus einander greifen zu können. Wenn sich aber diese nothwendigen Eigenschaften, nebst einer guten Anweisung zugleich beysammen finden; so kann, auf diesem Instrumente, sehr viel Schönes hervorgebracht werden. Ich habe selbst einige große Meister gehöret, die auf diesem Instrumente beynahe Wunder gethan haben. Wer den Violoncell als ein Liebhaber ausübet, dem steht es mit Recht frey, dasjenige am meisten darauf zu treiben, was ihm das meiste Vergnügen machet: wer aber sein Hauptwerk davon zu machen gedenkt, der thut wohl, wenn er sich vor allen Dingen erst bemühet, ein guter Accompagnist zu werden: denn dadurch wird er bey der Musik nützlicher und brauchbarer seyn. Wollte er aber, ehe er noch einen Ripienbaß recht auszuführen wüßte, so gleich zum Solospielen eilen, und vielleicht deswegen sein Instrument so schwach beziehen, daß man ihn bey dem Accompagnement nicht hören könnte; so würde ihm die Musik wenig Dank schuldig seyn. Er würde vielmehr von einem und dem andern Liebhaber der Musik, der sich so wohl im Solospielen als Accompagniren hervor thut, beschämet werden.

Das gute Accompagnement ist das vornehmste, so von diesem Instrumente eigentlich erfodert wird. Wenn nicht das Accompagniren und Solospielen in gleichem Grade der Vortreflichkeit stehen; so thut ein guter Accompagnist bey einem Orchester mehr Dienste, als ein mittelmäßiger Solospieler. Die Kunst wohl zu begleiten aber, läßt sich weder für sich allein, noch auch bloß in großen Musiken erlernen. Wer sich darinne recht fest setzen will, muß viele geschickte Leute insbesondere accompagniren: und wenn er sich nicht verdrüßen läßt, bisweilen Erinnerungen anzunehmen; so wird sein daraus zu hoffender Vortheil desto größer seyn. Denn es wird doch kein Meister gebohren: sondern es muß immer einer von dem andern lernen.

Des XVII. Hauptstücks

V. Abschnitt.

Von dem Contraviolonisten insbesondere.

1. §.

Mit dem großen Violon geht es, wie mit der Bratsche. Er wird ebenfalls von Vielen, nicht in dem Werthe, und von der Nothwendigkeit gehalten, welche er doch, wenn anders gut gespielet wird, in einer großen Musik verdienet. Es kann seyn, daß die meisten, welche zu diesem Instrumente gebrauchet werden, vielleicht nicht das gehörige Talent haben, sich auf andern Instrumenten, die sowohl Fertigkeit als Geschmack erfodern, hervor zu thun. Indessen bleibt es doch eine ausgemachte Sache, daß der Contraviolonist, sollte er auch den feinen Geschmack des Spielens nicht so gar nöthig haben, dennoch die Harmonie verstehen, und kein schlechter Musikus seyn muß. Denn er ist nebst dem Violoncellisten gleichsam das Gleichgewicht, um das Zeitmaaß in einer

großen

großen Musik, besonders in einem Orchester, wo einer den andern nicht allezeit sehen, noch recht hören kann zu erhalten.

2. §.

Hierzu wird eine besondere Deutlichkeit im Spielen erfodert; welche aber die wenigsten auf diesem Instrumente besitzen. Vieles kömmt dabey auf ein gutes Instrument an; vieles aber auch auf den Spieler. Ist das Instrument allzugroß, oder allzustark bezogen; so klingt es undeutlich, und ist dem Gehöre nicht vernehmlich. Weis der Spieler mit dem Bogenstriche nicht so, wie es das Instrument erfodert, umzugehen; so bleibt derselbe Fehler.

3. §.

Das Instrument an sich thut bessere Wirkung, wenn es von mittelmäßiger Größe, auch nicht mit fünf, sondern nur mit vier Saiten bezogen ist. Denn die fünfte Saite müßte, wenn sie mit den andern in rechtem Verhalte stehen sollte, schwächer als die vierte seyn, und würde folglich einen viel dünnern Ton, als die andern, von sich geben. Solches würde aber nicht nur bey diesem Instrumente schädlich seyn; sondern auch auf dem Violoncell und der Violine, im Fall man solche mit fünf Saiten beziehen wollte. Der sogenannte deutsche Violon von fünf bis sechs Saiten ist also mit Recht abgeschaffet worden. Sind bey einer Musik zweene Contraviolone nöthig; so kann der zweyte etwas größer, als der erste seyn: und was demselben an der Deutlichkeit abgeht, ersetzet er alsdenn an der Gravität.

4. §.

Eine große Hinderung an der Deutlichkeit machet es, wenn auf dem Griffbrete keine Bände sind. Einige halten zwar dieses für einen Ueberfluß, und wohl gar für schädlich. Allein diese falsche Meynung wird durch so viele geschickte Leute, welche mit Bänden alles nur mögliche auf diesem Instrumente rein und deutlich heraus bringen, sattsam widerleget. Die unumgängliche Nothwendigkeit, daß auf diesem Instrumente, wenn es anders deutlich klingen soll, Bände seyn müssen, ist ganz leicht zu erweisen. Man weis, daß eine kurze und dünne Saite, wenn sie straff gespannet ist, die Vibration, oder den Schwung, viel schneller und enger machet, als eine lange und dicke Saite. Drücket man nun eine lange und dicke Saite, die nicht so straff, als eine kurze, gespannet werden kann, auf das Griffbret; so schlägt die Saite, weil ihre Zitterung einen weitern Umfang einnimmt, unterwärts auf das Holz.

Dieses hemmet nun nicht allein die Vibration, sondern verursachet auch noch überdieses, daß die Saite nachsinget, und noch einen Nebenton hören läßt, und also der Ton dumpfig und undeutlich wird. Die Saiten liegen zwar, vermöge des Steges und Sattels, auf dem Violon schon höher, als auf dem Violoncell; damit der Rückschlag der Saiten das Griffbret nicht berühren soll: allein dieses ist alsdenn, wenn die Saiten mit den Fingern niedergedrücket werden, noch nicht hinlänglich. Sind aber Bände auf dem Griffbrette; so wird diese Hinderniß gehoben. Die Saiten werden alsdenn, durch das Band, mehr in die Höhe gehalten, und können also ihre Vibration ungehindert machen, und folglich den natürlichsten Ton, der im Instrumente liegt, von sich geben. Die Bände geben auch noch diesen Vortheil, daß man die Töne reiner, als ohne dieselben, greifen, kann; und daß die Töne, bey welchen man, um sie anzugeben, die Finger aufsetzen muß, mit den bloßen Saiten im Klange mehr Aehnlichkeit behalten. Wollte man hierwider einwenden, daß die Bände wegen der Subsemitone, die man alsdenn nicht unterscheiden könnte, hinderlich wären: so dienet zur Antwort, daß solches auf dem Contraviolon nicht so schädlich, als auf dem Violoncell, ist, weil man den Unterschied, so sich zwischen denen mit Kreuz oder b bezeichneten Tönen befindet, in der äußersten Tiefe, nicht so, wie bey den hohen Tönen auf andern Instrumenten, bemerket.

5. §.

Der Bogenstrich muß auf diesem Instrumente ohngefähr gegen sechs Finger breit vom Stege abwärts, und sehr kurz geführet, und, wenn es die Zeit leidet, von der Saite abgesetzet werden: damit die langen und dicken Saiten ihren gehörigen Schwung machen können. Er muß auch mehrentheils mit dem untersten Theile, bis in die Mitte des Bogens, und mit einem Rucke gemachet, nicht aber hin und her gesäget werden: ausgenommen in ganz traurigen Stücken, allwo der Bogen zwar kurz, doch aber nicht mit solcher Hastigkeit gebrauchet wird. Die Spitze des Bogens thut überhaupt, außer dem Piano, wenig Wirkung. Wenn eine Note besonders markiret werden soll; muß solches mit dem Bogen rückwärts, von der linken zur rechten Hand geschehen: weil der Bogen alsdenn, um einen Nachdruck zu geben, mehr Kraft hat. Doch will ich die oben gedachten kurzen Bogenstriche, welche wegen der Deutlichkeit des Tones erfodert werden, nur bey Noten, welche Pracht und Lebhaftigkeit erfodern, verstanden wissen. Ich nehme aber hievon aus:

die

Von dem Contraviolonisten insbesondere.

die langen Noten, als halbe und ganze Tacte, welche öfters in geschwinden Stücken mit untermischet werden; es mag ein Hauptsatz, oder solche Noten seyn, welche einen besondern Nachdruck verlangen; ferner die geschleiften Noten, die entweder einen schmeichelnden, oder traurigen Affect ausdrücken sollen; und welche der Contraviolonist eben so unterhalten und gelassen, als der Violoncellist, ausdrücken muß.

6. §.

Der Violonist muß sich einer guten und bequemen Applicatur, oder Uebersetzung der Finger befleißigen, damit er das, was in die Höhe gesetzet ist, so, wie der Violoncellist, mitspielen kann, um die melodiösen Bässe nicht zu verstümmeln; besonders den Unison, als welcher in eben der Lage, wie er gesetzet ist, auf einem jeden Instrumente, und folglich auch auf dem Contraviolon, gespielet werden muß. Man besehe deswegen das Exempel bey dem 5. §. im Abschnitte von dem Violoncellisten, Tab. XXII. Fig 53. und 54. Sollte ein dergleichen Baß etwa höher gesetzt seyn, als der Violonist mit seinem Instrumente kommen könnte; wiewohl er schwerlich bis über das eingestrichene G gehen wird, welches doch einige brave Violonisten rein und deutlich angeben und brauchen können; so muß der Violonist, in solchem Falle, lieber die ganze Stelle überhaupt eine Octave tiefer spielen, als die Melodie auf eine ungeschickte Art zertrennen.

7. §.

Wenn in einem Basse solche Passagien vorkämen, die der Violonist, wegen großer Geschwindigkeit, deutlich zu spielen nicht im Stande wäre; so kann er von einer jeden Figur, sie mag zwey= oder dreymal geschwänzet seyn, die erste, dritte oder letzte Note spielen. Er muß sich nur allezeit nach den Hauptnoten, so eine Baßmelodie ausmachen, zu richten suchen. Folgende Exempel geben dazu Anleitung; s. Tab. XXIII. Fig. 1. 2 und 3. Außer dergleichen, in großer Geschwindigkeit nicht einem Jeden bequemen Passagien aber, ist der Violonist verbunden, alles mitzuspielen. Wollte er von vier auf einerley Tone vorkommenden Achttheilen, wie einige zuweilen thun, zumal wenn sie ein Stück accompagniren müssen, das sie nicht selbst gesetzet haben, immer das erste anschlagen, und drey vorbey gehen lassen; so weis ich nicht, wie er der Nachrede einer Faulheit oder Tücke entgehen könnte.

8. §.

Ueberhaupt muß der Vortrag des Contraviolonisten ernsthafter seyn, als der übrigen Bässe ihrer. Die kleinen feinen Auszierungen werden zwar von ihm nicht gefodert: dagegen aber muß er sich beständig bemühen, dem, was die andern spielen, einen Nachdruck und Gewicht zu geben. Er muß das Piano und Forte zu rechter Zeit ausdrücken; das Zeitmaaß genau beobachten; weder eilen, noch zögern; seine Noten fest, sicher, und deutlich vortragen; sich vor dem Kratzen des Bogens in Acht nehmen, welches absonderlich bey diesem Instrumente ein häßlicher Uebelstand ist; und wenn er höret, daß bald ernsthaft, bald scherzhaft, bald schmeichelnd, bald traurig, bald lustig oder frech, und wie es auch seyn mag, gespielet wird, muß er allezeit auch das Seinige mit beyzutragen bemühet seyn, nicht aber aus Kaltsinnigkeit, diejenigen Wirkungen, welche man im Ganzen hervorzubringen suchet, verhindern. Allezeit, absonderlich aber in Concerten, muß er richtig pausiren, damit er, wenn die Ritornelle eintreten, zu gehöriger Zeit mit dem Forte mit Nachdruck einfallen könne; und nicht, wie einige thun, erst einige Noten vorbey gehen lasse. Was übrigens in diesem ganzen Hauptstücke, so wohl insbesondere, als überhaupt, abgehandelt wird, davon kann er sich noch Vieles, welches hier zu wiederholen der Raum nicht leidet, zu Nutzen machen.

Des XVII. Hauptstücks
VI. Abschnitt.
Von dem Clavieristen insbesondere.

1. §.

Nicht alle, die den Generalbaß verstehen, sind auch deswegen zugleich gute Accompagnisten. Eines muß durch Regeln; das andere aus Erfahrung, und endlich aus eigener Empfindung erlernet werden.

2. §.

In das erstere mich einzulassen, ist meine Absicht nicht: weil es darinne an Anweisung nicht fehlet. Wegen des letztern aber, will ich, weil es zu meinem Zwecke gehöret, mit Erlaubniß der Herren Clavieristen, nur in der Kürze etwas weniges erinnern; das übrige aber, einem jeden geschickten und erfahrnen Clavierspieler, zum weitern Nachdenken anheim stellen.

3. §.

Es ist, wie oben gesaget worden, möglich, daß einer, der die Wissenschaft des Generalbasses aus dem Grunde inne hat, dennoch ein schlechter Accompagnist seyn könne. Der Generalbaß erfodert, daß die Stimmen, welche der Spieler über den Baß, aus dem Stegreife, und nach Anleitung der Signaturen hinzusetzet, nach den Regeln, und als wenn solche auf dem Papiere geschrieben stünden, gespielet werden müssen. Die Kunst zu begleiten, erfodert nicht nur dieses, sondern auch noch viel ein mehrers.

4. §.

Die allgemeine Regel vom Generalbaß ist, daß man allezeit vierstimmig spiele: wenn man aber recht gut accompagniren will, thut es oft bessere Wirkung, wenn man sich nicht so genau hieran bindet; wenn man vielmehr einige Stimmen wegläßt, oder wohl gar den Baß mit der rechten

ten Hand, durch eine Octave höher, verdoppelt. Denn so wenig ein Componist zu allen Melodien, ein drey= vier= oder, fünfstimmiges Accompagnement der Instrumente setzen kann noch muß; wofern dieselben nicht unverständlich, oder verdunkelt werden sollen: eben so wenig leidet auch eine jede Melodie ein beständiges vollstimmiges Accompagnement auf dem Claviere: weswegen ein Accompagnist sich mehr nach der Sache selbst, als nach den allgemeinen Regeln des Generalbasses, richten muß.

5. §.

Ein vollstimmiges und mit vielen Instrumenten begleitetes Stück, erfodert auch ein vollstimmiges und starkes Accompagnement. Ein mit wenig Instrumenten besetztes Concert, verlanget in diesem Stücke schon einige Mäßigung; besonders unter den concertirenden Stellen. Man muß alsdenn Acht haben, ob dieselben Stellen nur mit dem Basse allein, oder auch mit den andern Instrumenten begleitet werden; ob die concertirende Stimme schwach oder stark, in der Tiefe oder Höhe spiele; ob sie aneinander hangende, und singende oder springende Noten oder Passagien auszuführen habe; ob die Passagien gelassen oder feurig gespielet werden; ob dieselben consonirend sind, oder ob sie, um in eine fremde Tonart auszuweichen, dissoniren; ob der Baß eine langsame oder geschwinde Bewegung darunter hat; ob die geschwinden Noten des Basses stufenweise oder springend gesetzet sind; oder ob sie zu vieren oder achten auf einerley Tone vorkommen; ob Pausen, oder lange und kurze Noten unter einander vermischt sind, ob das Stück ein Allegretto, Allegro, oder Presto ist, davon das erste, bey Instrumentalsachen, ernsthaft, das andere lebhaft, das dritte aber flüchtig und tändelnd gespielet werden muß; oder ob es ein Adagio assai, Grave, Mesto, Cantabile, Arioso, Andante, Larghetto, Siciliano, Spirituoso, u. s. w. ist, von denen ein jedes, so wie in der Hauptstimme, also auch im Accompagnement einen besondern Vortrag erfodert. Wird solcher von einem jeden recht beobachtet: so thut auch das Stück bey den Zuhörern die gesuchte Wirkung.

6. §.

Bey einem Trio muß der Clavirist sich nach den Instrumenten, die er zu begleiten hat, richten; ob solche schwach oder stark sind; ob bey dem Claviere ein Violoncell ist, oder nicht; ob die Composition galant oder gearbeitet ist; ob der Clavicymbal stark oder schwach, auf= oder zugedecket ist; und ob die Zuhörer nahe oder entfernt sind. Denn der Clavicymbal rauschet und klinget zwar stark in der Nähe; in der Ferne aber

Von dem Clavieristen insbesondere.

aber wird er nicht so stark, als andre Instrumente gehöret. Wenn der Clavierist einen Violoncell neben sich hat, und schwache Instrumente begleitet, kann er mit der rechten Hand einige Mäßigung gebrauchen; besonders bey einer galanten Composition, und noch mehr wenn eine Stimme pausiret, und die andere allein spielet: bey starken Instrumenten aber, und wenn das Stück sehr harmoniös und gearbeitet ist, auch wenn beyde Stimmen zugleich spielen, kann er viel vollstimmiger greifen.

7. §.

Bey einem Solo wird eigentlich die größte Discretion oder Bescheidenheit erfodert: und kömmt allda, wenn der Solospieler seine Sache gelassen, ohne Sorge, und mit einer Zufriedenheit spielen soll, sehr viel auf den Accompagnisten an; weil dieser dem Solospieler so wohl einen Muth machen, als ihm denselben benehmen kann. Wenn der Accompagnist im Zeitmaaße nicht recht sicher ist, und sich entweder bey dem Tempo rubato, und durch das Verziehen der Manieren, welches eine Schönheit im Spielen ist, zum Zögern, oder, wenn anstatt einer Pause die folgende Note vorausgenommen wird, zum Eilen verleiten läßt; kann er den Solospieler nicht nur aus seinem Concepte bringen; sondern er versetzet ihn auch in ein Mistrauen gegen ihn, den Accompagnisten; und macht ihn furchtsam, weiter etwas mit Verwegenheit und Freyheit zu unternehmen. Auf gleiche Art ist der Accompagnist zu tadeln, wenn er mit der rechten Hand zu viel Bewegung machet; oder wenn er mit derselben, am unrechten Orte, melodiös spielet, oder harpeggiret, oder sonst Sachen, die der Hauptstimme entgegen sind, mit einmenget; oder wenn er das Piano und Forte mit dem Solospieler nicht zu gleicher Zeit ausdrücket; sondern alles ohne Affect, und in einerley Stärke spielet.

8. §.

Was hier von der Begleitung der Instrumentalstücke gesaget worden ist, kann größtentheils auch auf die Begleitung der Singstücke angewendet werden.

9. §.

Das stark und schwach Spielen kann zwar auf dem Clavicymbal oder Flügel, besonders wenn derselbe nur ein Clavier hat, nicht so ab= und zunehmend ausgedrücket werden, als auf dem Instrumente, welches man Pianoforte nennet, allwo die Saiten nicht mit Federn gerissen, sondern durch Hämmer angeschlagen werden: dessen ungeachtet aber, kömmt doch bey dem Flügel, viel auf die Art des Spielens an. Man kann sich deswegen auf

Ff

demselben, bey dem Piano, so wohl durch die Mäßigung des Anschlages, als durch die Verminderung der Stimmen; und bey dem Forte, durch stärkeres Schlagen, und durch die Vermehrung der Stimmen in beyden Händen, helfen.

10. §.

Verschiedene Noten, so einen Nachdruck erfodern, muß der Accompagnist mit mehr Lebhaftigkeit und Stärke anzuschlagen, und von andern Noten, welche dieses nicht verlangen, zu unterscheiden wissen. Hierher gehören die langen Noten, so unter geschwindere vermischet sind: ferner die Noten mit welchen ein Hauptsatz eintritt; und denn hauptsächlich die Dissonanzen. Die langen Noten, zu welchen die Octave tiefer zugleich mit angeschlagen werden kann, unterbrechen die Lebhaftigkeit der Melodie. Das Thema erfodert allezeit eine Erhebung in der Stärke des Tones, um seinen Eintritt desto deutlicher zu machen: und die Dissonanzen dienen eigentlich zum Mittel, die unterschiedenen Leidenschaften abzuwechseln.

11. §.

Es kommen zwar im Accompagnement öfters noch andere lange Noten vor, so eigentlich keinen besondern Ausdruck erfodern; sondern nur die Melodie begleiten, oder in Ruhe setzen. Von diesen ist hier die Rede nicht. Es kömmt hier vielmehr auf diejenigen Noten an, welche eine geschwinde und heftige Bewegung, so wohl durch Consonanzen, als Dissonanzen unterbrechen; doch aber in der Folge gleich wieder durch andere geschwindere Noten abgewechselt werden. Ferner gehören hierher die Noten, vermittelst welcher der Baß die Cadenz der Hauptstimme unterbricht, um einen sogenannten Betrug (inganno) zu begehen; weiter die Noten, so zur Hauptcadenz vorbereiten; ferner diejenigen Noten, welche durch ein Kreuz, oder Wiederherstellungszeichen, um einen kleinen halben Ton, erhöhet werden, und die gemeiniglich die kleine Quinte und Sexte über sich haben; und denn ferner die, welche durch das runde b erniedriget werden; wie bereits im vorigen Abschnitte dem Violoncellisten gesagt worden ist. Aus dem nun was hier angeführet worden, können noch mehr andere dergleichen Vorfälle entdecket werden: wenn man nur ein jedes Stück in seinem Zusammenhange, und mit rechter Aufmerksamkeit betrachtet; und das Absehen der Musik, welche die Leidenschaften beständig erregen, und wieder stillen soll, nicht aus dem Gedächtnisse kommen läßt.

12. §. Eben

12. §.

Eben diese Erregung der abwechselnden Leidenschaften, ist auch die Ursache, warum die Dissonanzen überhaupt stärker, als die Consonanzen angeschlagen werden müssen. Die Consonanzen setzen das Gemüth in eine vollkommene Ruhe und Zufriedenheit: die Dissonanzen hingegen erwecken im Gemüthe einen Verdruß. Wie nun ein niemals unterbrochenes Vergnügen, es sey von welcher Art es wolle, unsere Empfindungskräfte dermaaßen schwächen und erschöpfen würde, daß das Vergnügen endlich aufhören würde ein Vergnügen zu seyn: also würden auch lauter Consonanzen, in einer lange auf einander folgenden Reihe, dem Gehöre endlich einen Ekel und Verdruß verursachen, wenn sie nicht dann und wann mit Uebelklängen, dergleichen die Dissonanzen sind, vermischt würden. Jemehr nun eine Dissonanz im Spielen von den andern Noten unterschieden, und empfindlich gemacht wird; jemehr greift sie das Gehör an. Je verdrüßlicher aber die Sache ist, welche unser Vergnügen störet; je angenehmer kömmt uns das darauf folgende Vergnügen vor. Je härter also der Verhalt der Dissonanzen ist; je gefälliger ist ihre Auflösung. Ohne diese Vermischung des Wohlklanges und des Uebelklanges, würde in der Musik kein Mittel übrig seyn, die verschiedenen Leidenschaften augenblicklich zu erregen, und augenblicklich wieder zu stillen.

13. §.

Wie aber der Verdruß nicht immer von einerley Heftigkeit seyn kann; also haben auch von den Dissonanzen, einige mehr, einige weniger Wirkung; und muß also davon immer eine stärker, als die andere angeschlagen werden. Die None, die None und Quarte, die None und Septime, die Quinte und Quarte, sind dem Gehöre nicht so empfindlich, als die Quinte mit der großen Sexte, die falsche Quinte mit der kleinen Sexte, die falsche Quinte mit der großen Sexte, die kleine Septime mit der kleinen oder großen Terze, die große Septime, die mangelhafte Septime, die Septime mit der Secunde und Quarte, die übermäßige Sexte, die große Secunde mit der Quarte, die kleine Secunde mit der Quarte, die große und die übermäßige Secunde mit der übrimäßigen Quarte, die kleine Terze mit der übermäßigen Quarte. Die erstern erfordern also deswegen bey weitem nicht den Nachdruck im Accompagnement, als die letztern. Unter diesen letztern aber, ist wieder noch ein Unterschied zu machen. Die kleine Secunde mit der Quarte, die große und die übermäßige Secunde mit der übermäßigen Quarte, die kleine Terze mit der übermäßigen Quarte, die falsche Quinte mit der grossen Sexte, die übermäßige Sexte, die mangelhafte Septime, die Septime mit der Secunde und Quarte, erfordern noch mehr Nachdruck, als die übrigen; und müssen deswegen von dem Accompagnisten, vermittelst eines stärkern Anschlags, noch kräftiger vorgetragen werden.

14. §.

Um die Sache noch deutlicher zu machen, will ich über die vorerwähnten Dissonanzen, und über den Unterschied ihres Ausdrucks, in Ansehung der Mäßigung und Verstärkung, ein Exempel beyfügen, s. Tab. XXIV. Fig. 1; woraus man deutlich wird ersehen können, daß das Piano und Forte, um die Affecten gehörig auszudrücken, bey der Ausführung, eines der nöthigsten Dinge sey. Man spiele dieses Exempel etliche mal, so, wie es mit dem Piano, Pianissimo, Mezzo forte, Forte, und Fortissimo bezeichnet ist (*): hernach wiederhole man es in einerley Stärke des Tones; und gebe dabey, sowohl auf die Verschiedenheit der Ziffern, als auch auf die eigene Empfindung wohl Achtung. Ich bin versichert, wenn man sich nur erst ein wenig, ohne Vorurtheil, an diese Art zu accompagniren gewöhnet hat; wenn man die verschiedenen Wirkungen der Dissonanzen erkennen lernet; wenn man auf die Wiederholungen der Gedanken, auf die haltenden Noten, welche die Lebhaftigkeit unterbrechen, auf die Betrugsgänge, so öfters bey den Cadenzen vorkommen, und auf die Noten, welche zu einer fremden Tonart führen, und die durch das Kreuz oder eckigte b erhöhet, oder aber durch das runde b erniedriget werden, genau Acht hat; ich bin versichert, sage ich, daß man alsdenn das Piano, Mezzo forte, Forte und Fortissimo, ohne daß es dazu geschrieben ist, sehr leicht wird errathen können. Ich theile dem oben gesagten zu Folge, die Dissonanzen, in Ansehung ihrer Wirkungen, und des darnach einzurichtenden Anschlags, um mehrerer Deutlichkeit willen, in drey Classen ein. Die erste bezeichne ich mit **mezzo forte**; die zweyte mit **forte**; und die dritte mit **fortissimo**. Zur ersten Classe **mezzo forte** kann man rechnen:

    Die Secunde mit der Quarte,

    Die Quinte mit der großen Sexte,

    Die große Sexte mit der kleinen Terze,

    Die kleine Septime mit der kleinen Terze,

    Die große Septime.

Zur zweyten Classe **forte** gehören:
> Die Secunde mit der übermäßigen Quarte,
> Die falsche Quinte mit der kleinen Sexte.

Der dritten Classe **fortissimo** zähle man zu:
> Die übermäßige Secunde mit der übermäßigen Quarte,
> Die kleine Terze mit der übermäßigen Quarte,
> Die falsche Quinte mit der großen Sexte,
> Die übermäßige Sexte,
> Die mangelhafte Septime,
> Die große Septime mit der Secunde und Quarte.

Ich habe zu diesem Beyspiele ein Adagio erwählet; denn dieses Zeitmaaß ist, zu genauer und deutlicher Ausdrückung der Verschiedenheit der Dissonanzen, das bequemste. Ich setze dabey voraus, daß man die consonirenden Accorde des Adagio zu einem Solo nicht in der äußersten Stärke, sondern überhaupt mezzo piano accompagniren müsse, damit man den Vortheil behalte, wo es nöthig ist, schwächer und stärker spielen zu können. Wenn aber an einigen Orten piano oder pianissimo dabey gesetzet ist; so müssen alsdenn, die darinne vorkommenden Dissonanzen, mit einer proportionirlichen Stärke ausgedrücket werden; dergestalt, daß beym Pianissimo die Dissonanzen aus der dritten Classe, nur die Stärke von der ersten; und beym Piano die Stärke von der zweyten Classe bekommen: die übrigen aber nach diesem Verhältniß auch gemäßiget werden: widrigenfalls würde der Abfall, wenn solcher mit einer allzu großen Heftigkeit geschähe, dem Gehöre mehr Verdruß, als Vergnügen erwecken. Man will durch diese Art zu accompagnieren, eine Nachahmung der Menschenstimme, und solcher Instrumente, welche das Wachsen und Verlieren des Tones in ihrer Gewalt haben, anstellen. Es muß aber freylich auch, bey dieser Art mit dem Clavicymbal zu accompagniren, die gute Beurtheilungskraft, und eine feine Empfindung der Seele, ein vieles wirken. Wem diese beyden Stücke fehlen, der wird es darinne nicht weit bringen: es sey denn, daß er sich durch ein ernstliches Bemühen, und durch viele Erfahrung dazu fähig machte: weil man durch Fleiß sich Erkenntniß zuwege bringen; durch Erkenntniß aber der Natur zu Hülfe kommen kann.

(*) Wo das Mezzo forte steht, muß man nicht die Note über dem M, sondern die über dem F verstehen: weil es der Raum nicht anders zu schreiben erlaubet, s. die Anmerkung zum 19. §. des folgenden Abschnitts.

15. §.

Noch ist zu bemerken, daß wenn mehrere Dissonanzen von verschiedener Art auf einander folgen, und Dissonanzen in Dissonanzen aufgelöset werden; man auch den Ausdruck durch Verstärkung des Tones, und Vermehrung der Stimmen, immer mehr und mehr wachsen, und zunehmen lassen müsse. Daß aber die Quinte und Quarte, die None und Septime, die None und Quarte, und die Septime, wenn sie mit der Sexte und Quarte abwechselt, oder wenn sie über einer durchgehenden Note steht, keinen besondern Ausdruck erfodern; wird man nicht allein aus dem vorhabenden Exempel, sondern auch, und zwar noch vielmehr, durch die eigene Erfahrung und Empfindung sattsam erkennen können Denn die Dissonanzen sind, wie oben schon gesaget worden, nicht alle von gleicher Erheblichkeit: sondern sie müssen wie das Salz und Gewürz an den Speisen betrachtet werden; da die Zunge von der einen Art immer mehr Wirkung empfindet, als von der andern.

16. §.

Sollen aber die Dissonanzen ihre gehörige Wirkung thun, daß nämlich die darauf folgenden Consonanzen desto angenehmer und gefälliger klingen; so müssen sie nicht nur, wie bisher gelehret worden, eine vor der andern, nachdem es ihre Art erfodert; sondern auch überhaupt gegen die Consonanzen stärker angeschlagen werden. Und wie ein jeder consonirender Accord auf dreyerley Art genommen werden kann; nämlich, daß entweder die Octave, oder die Terze, oder die Quinte oder Sexte in der Oberstimme liegen, und jedesmal eine andere Wirkung thun: so hat es auch gleiche Bewandniß mit den dissonirenden Accorden. Man versuche es z. E. mit der kleinen Terze, übermäßigen Quarte und Sexte, mit dem Grundtone zugleich angeschlagen; und nehme einmal die Terze, das anderemal die Quarte, das drittemal die Sexte in die Oberstimme; oder man verkehre die Septime, welche zwo von den Oberstimmen gegen einander machen, in die Secunde; so wird man finden, daß die dissonirenden Klänge, wenn sie nahe bey einander liegen, viel härter klingen, als wenn sie weit aus einander liegen. Es kömmt demnach hierinne auf die gute Beurtheilungskraft des Accompagnisten an; daß er die Klänge so zu versetzen wisse, wie es jedesmal der Sache Beschaffenheit erfodert.

17. §.

Auf einem Clavicymbal mit einem Claviere, kann das Piano durch einen gemäßigten Anschlag, und durch die Verminderung der Stimmen:

Von dem Clavieristen insbesondere.

das Mezzo forte durch Verdoppelung der Octaven im Basse; das Forte durch eben dieses, und wenn man noch in der linken Hand einige zum Accorde gehörige **Consonanzen** mitnimmt; das Fortissimo aber, durch geschwinde Brechungen der Accorde von unten herauf, durch eben diese Verdoppelung der Octaven, und der Consonanzen, in der linken Hand, und durch einen heftigern und stärkern Anschlag, hervorgebracht werden. Auf einem Clavicymbal mit zweyen Clavieren, hat man über dieses noch den Vortheil, zum Pianissimo sich des obersten Claviers bedienen zu können. Auf einem Pianoforte aber, kann alles erfoderliche am allerbequemsten bewerkstelliget werden; denn dieses Instrument hat vor allem, was man **Clavier** nennet, die zum guten Accompagnement nöthigen Eigenschaften am meisten in sich: und kömmt dabey blos auf den Spieler und seine Beurtheilung an. Auf einem guten Clavichord hat es zwar eben dieselbe Beschaffenheit im Spielen, nicht aber in Ansehung der Wirkung; weil das Fortissimo mangelt.

18. §.

Wie auf einem jeden Instrumente der Ton auf verschiedene Art hervor gebracht werden kann; so verhält es sich auch gleichergestalt mit dem Clavicymbal: ungeachtet man glauben sollte, daß es bey diesem Instrumente nicht auf den Spieler, sondern nur auf das Instrument allein ankäme. Dennoch giebt es die Erfahrung, daß wenn das Instrument bald von dem einen, bald von dem andern gespielet wird der Ton von dem einen besser, als von dem andern heraus gebracht wird. Die Ursache davon muß folglich auf den Anschlag, den ein jeder verschieden hat, ankommen: ob derselbe, bey einem jeden Finger mit gleicher Kraft und Nachdruck, und mit dem rechten Gewichte geschieht; ob man den Saiten die gehörige Zeit gönnet, daß sie ihren Schwung ungehindert machen können; oder ob man die Finger mit allzugroßer Gelassenheit niederdrücket, und ihnen nicht durch einen Schneller, eine gewisse Kraft giebt, daß die Saiten, um den Ton länger auszuhalten, in eine länger anhaltende Zitterung versetzet werden können; um den Fehler, so dieses Instrument von Natur hat, daß sich die Töne nicht, wie auf andern Instrumenten, an einander verbinden, so viel als möglich ist, zu vermeiden. Es kömmt auch viel darauf an, ob man mit einem Finger stärker, als mit dem andern stößt. Dieses kann daraus folgen, wenn man sich gewöhnet hat, einige Finger einwärts zu beugen, andere aber gerade auszustrecken: welches nicht nur eine ungleiche Stärke im Spielen verursachet; sondern
auch

auch hinderlich ist, geschwinde Passagien rund, deutlich und angenehm vorzutragen. Wie es denn bey manchem, wenn er einen Lauf von etlichen Noten stufenweis zu machen hat, nicht anders klingt, als wenn er über die Noten wegstolperte. Gewöhnt man sich aber gleich Anfangs, alle Finger, einen so weit als den andern, einwärts zu beugen; so wird man diesen Fehler nicht leicht begehen. Man muß aber bey Ausführung der laufenden Noten, die Finger nicht so gleich wieder aufheben; sondern die Spitzen derselben vielmehr, auf dem vordersten Theil des Tasts hin, nach sich zurücke ziehen, bis sie vom Taste abgleiten. Auf diese Art werden die laufenden Passagien am deutlichsten herausgebracht. Ich berufe mich hierbey auf das Exempel eines der allergrößten Clavierspieler, der es so ausübte, und lehrete.

19. §.

Wenn die Hauptstimme in einem Adagio vor der Terze und Sexte bisweilen vorhaltende Noten machet, da denn die vor der Terze, zur Quarte, und die vor der Sexte, zur Septime wird, s. Tab. XXIII. Fig. 4; so thut es keine gute Wirkung, wenn man zu dem Vorschlage der die Quarte macht, die Terze, und zu dem, der die Septime ausmachet, die Sexte zugleich anschlägt. Der Accompagnist thut also besser, wenn er nur das, was sonst noch zum Accorde gehöret, anschlägt; die Terze oder Sexte aber erst bey der Auflösung des Vorschlags hören läßt: sonst entstehen daraus solche Dissonanzen, die weder eine Vorbereitung noch Auflösung bekommen, und dem Gehöre folglich sehr unangenehm fallen. Bey den Vorschlägen so von unten genommen werden, wenn vor der in der Höhe liegenden Terze die None vorgehalten wird, klingt die zugleich bey dem Vorschlage mit dem Flügel angegebene Terze nicht so übel: wenn nur die zum Accord der Hauptnote gehörige Terze nicht über, sondern unter der Hauptstimme genommen wird; denn diese wird alsdenn, anstatt der Secunde, gegen den Vorschlag zur Septime von unten.

20. §.

Einem jeden Clavierspieler, der die Verhältnisse der Töne versteht, wird auch zugleich bekannt seyn, daß die Subsemitone, als: D mit dem Kreuz, und E mit dem b, u. s. w. um ein Komma unterschieden sind; und folglich, aus Mangel der gebrochenen Tasten, auf diesem Instrumente, einige Ungleichheit im Stimmen, gegen die andern Instrumente, welche diese Töne, in ihrem Verhältnisse rein greifen, verursachen: zumal

Von dem Clavieristen insbesondere.

wenn sie das Clavier, mit einem der letztgedachten Instrumente, im Einklange spielet. Weil nun diese Töne nicht allemal können vermieden werden; besonders in denen Tonarten, wo viel b und viel Kreuze vorkommen: so thut der Accompagnist wohl, wenn er, so viel als möglich ist, suchet, dieselben entweder in die mittelste oder unterste Stimme zu verstecken; oder, wenn einer davon die kleine Terze ausmachet, ihn gar weg zu lassen. Denn wenn besonders die kleinen Terzen, in der obersten Octave, mit der Hauptstimme im Einklange angeschlagen werden, klingen sie sehr faul und unvollkommen. Ich verstehe unter diesen kleinen Terzen, hauptsächlich das C, D, und E der zweygestrichenen Octave, wenn vor denselben ein b steht; oder kürzer zu sagen, das Ces, Des, und Es. Ich rechne aber auch hierher das eingestrichene G und A, und das zweygestrichene D und E, wenn ein Kreuz davor steht, denn wenn diese letztern große Terzen sind, so schweben sie zu sehr über sich, und sind also zu hoch. Es ist wahr, daß man diesen Unterschied, wenn man entweder allein auf dem Flügel spielt, oder wenn derselbe zu einer starken Musik accompagniret, nicht so deutlich bemerken kann: wenn aber oben gemeldete Töne auf einem andern Instrumente den Einklang berühren, so lassen sie, weil die andern Instrumente diese Töne in ihrem Verhältnisse angeben, da sie hingegen auf dem Claviere temperiret sind, ihren Unterschied mehr, als zu wohl hören: und ist also besser sie gar zu vermeiden, als das Gehör zu beleidigen. Wem aber allenfalls das Weglassen nicht gefällt, der nehme diese obenangezeigte kleinen und großen Terzen, so wie ich von den andern Subsemitonen gelehret habe, zum wenigsten in der Tiefe, allwo sie das Gehör noch eher vertragen wird. Der Einklang thut ohne dem zu einem Instrumente nicht so gute Wirkung, als zu einer Singstimme. Ueberdem ist auch das Unreine in der Tiefe dem Gehöre nicht so empfindlich, als in der Höhe. Wer sich hiervon überzeugen will, der stimme auf einem Claviere des Flügels eine Octave unter oder über sich schwebend; alsdenn stimme er, auf dem andern Claviere, eine Saite von dem hohen Tone mit dem tiefen ganz rein. Man versuche hierauf den verstimmten Einklang, und sehe, ob derselbe dem Gehöre nicht mehr, als die verstimmte Octave, misfallen wird.

21. §.

Es ist schon von langen Zeiten her die Regel gewesen, daß man beym Spielen des Generalbasses, die Hände nicht allzuweit von einander entfernen, und folglich mit der rechten nicht allzuhoch spielen solle. Diese

Regel ist vernünftig und gut; wenn sie nur allezeit beobachtet würde. Denn es thut eine viel bessere Wirkung, wenn die begleitenden Stimmen auf dem Flügel, unter der Hauptstimme, als wenn solche mit der Oberstimme, oder wohl gar über derselben, genommen werden. Wenn die Alten das Accompagnement um eine Octave höher haben wollten; so setzten sie anstatt der Terze, Quarte, Quinte, u. s. w. die Decime, Undecime, und Duodecime, über den Baß. Da aber zwischen diesen Ziffern kein solcher Unterschied zu machen ist, als zwischen der Secunde und None; so kann auch solches von ihnen nicht ganz und gar ohne Ursache geschehen seyn. Aus oben gesagten Ursachen, darf man einen Violoncellisten, wenn er Solo spielet, nicht so, wie einen Violinisten, begleiten. Bey dem erstern muß man mit der rechten Hand alles in der Tiefe spielen: und soferne der Baß, von dem Componisten, aus Unwissenheit etwan zu hoch gesetzet wäre, und die Hauptstimme überstiege; so kann man denselben ebenfalls eine Octave tiefer spielen: damit die Quinten nicht in Quarten verwandelt werden. Bey Begleitung der Violine, welche einen großen Umfang der Töne hat, muß der Accompagnist Achtung geben, ob der Violinist viel in der äußersten Tiefe, oder sehr hoch zu spielen habe: damit er weder die Tiefe übersteige, noch bey der äußersten Höhe zu weit entfernet sey.

22. §.

Wenn der Baß in langsamen Stücken etliche Noten auf einerley Tone zu wiederholen hat, welche mit $\frac{56765}{34543}$, u. d. gl. beziffert sind, da denn vermuthlich die Hauptstimme die obersten Ziffern in ihrem Gesange hat: so klingt es sehr gut, wenn der Accompagnist die obersten Ziffern in der Tiefe spielet, und folglich die Terzen, so beyde Stimmen gegen einander machen, in Sexten verwandelt. Solches wird nicht nur harmonischer klingen, sondern auch mehr einem Trio, als Solo ähnlich werden. Will er aber nur die untersten Ziffern spielen, und die, welche die Hauptstimme hat, gar weg lassen; so ist es noch besser. Wenn er solches bey allen dergleichen Gelegenheiten beobachtet, und im Accompagnement die zweyte Stimme zur obersten, und die oberste zur untersten machet; so wird die Hauptstimme niemals verdunkelt: und der Solospieler bekömmt dadurch seine gehörige Freyheit. Geschieht aber das Gegentheil, so möchte es scheinen, als wollte der Accompagnist das Stück mit dem Solospieler im Unison spielen.

23. §. Mit

23. §.

Mit der rechten Hand muß der Accompagnist im Adagio weder harpeggiren, noch melodiös spielen: es wäre denn daß der Solospieler haltende Noten oder Pausen hätte. Die accompagnirenden Stimmen darf er nicht vor dem Basse hervorragen lassen. In einem Adagio im gemeinen geraden Tacte, kann er zu einem jeden Achttheile mit der rechten Hand anschlagen. In einem Arioso aber, wenn der Baß eine geschwindere Bewegung zu machen hat, sie bestehe aus Achttheilen, Sechzehntheilen oder Triolen, von beyderley Art Noten, klingt es nicht so gut, wenn er zu einer jeden Note mit der rechten Hand anschlägt, als wenn er bey gleichen Noten, eine, und bey Triolen, zwo, vorbey gehen läßt: wenn anders über den durchgehenden Noten keine eigenen Ziffern stehen.

24. §.

Wenn ein Sänger oder Solospieler, im Adagio, eine lange Note im Tone wachsen und wieder abnehmen läßt, und der Baß unter derselben eine Bewegung von verschiedenen Noten zu machen hat: so ist es gut, wenn der Accompagnist ebenfalls, nach Maaßgebung der Hauptstimme, Note vor Note stärker und wieder schwächer anschlägt.

25. §.

Wenn die Hauptstimme in einem Adagio, durch ein Paar geschwinde punctirte Noten, etwas besonderes auszudrücken, und der Baß solches mit eben dergleichen Noten nachzumachen hat; so muß der Accompagnist dieselben, es mögen Consonanzen oder Dissonanzen seyn, ganz vollstimmig und erhaben anschlagen. Hat aber die Hauptstimme einen traurigen oder schmeichelnden Gesang; so muß der Accompagnist im Anschlage sich mäßigen, die Stimmen vermindern, und also bey allen Fällen sich der Hauptstimme bequemen, und mit derselben alle Leidenschaften, eben so gut, als wenn er selbst Solo spielete, zu Herzen nehmen. Wäre von den Componisten, zum Unglücke, wenig oder gar kein Affect ausgedrücket worden: so kann der Accompagnist dennoch, wechselsweise, einige Noten, nach eigenem Gutbefinden, durch einen stärkern Anschlag erheben, und die folgenden wieder mäßigen. Dieses läßt sich am besten, bey einer Aehnlichkeit oder Wiederholung der Gedanken, anbringen; es geschehe in demselben Tone, oder in der Versetzung, oder, wie bereits gemeldet worden, wenn Dissonanzen vorkommen.

26. §.

Nachahmungen, so aus laufenden oder melodiösen Gängen bestehen, thun eine bessere Wirkung, wenn sie mit der rechten Hand in der höhern Octave mitgespielet werden, als wenn man sie vollstimmig accompagniret. Auf gleiche Art kann man auch mit dem Unison verfahren.

27. §.

Wenn der Baß seine ordentliche Lage verläßt, und in der Lage vom Tenor etwas zu spielen hat, welches öfters in der Singmusik vorzukommen pfleget; so muß die rechte Hand mit wenig Stimmen, und ganz nahe bey der linken Hand accompagniren: damit das folgende, in der Baßlage, mit desto mehrerer Pracht ausgedrückt werden könne.

28. §.

Wofern, in einem ganz langsamen Stücke, im Basse Bindungen, welche mehrentheils mit Secunde, Quarte und Sexte beziffert sind, vorkommen; und der Accompagnist keinen Violoncell oder ander Baßinstrument neben sich hat; kann derselbe, ohne Nachtheil der Generalbaßregel, die gebundenen Noten, mit den dazu gehörigen Dissonanzen anschlagen: weil der Ton des Clavicymbals sich bald verliert; die Dissonanzen aber, ohne den Grundton, dem Gehöre nach, sich in Consonanzen verwandeln; und folglich die darunter gesuchte Wirkung verlohren geht. Wenn etliche ganze Tacte auf einem Tone gebunden sind; kann gleichfalls ein jeder besonders angeschlagen werden.

29. §.

Hat der Solospieler das Zeitmaaß, beym Anfange, nicht so wie er sollte gefasset; so muß der Accompagnist ihm nicht hinderlich seyn, solches nach seinem Gefallen zu ändern.

30. §.

Um das Zeitmaaß, besonders in ganz langsamen Sätzen, nicht zu verrücken, muß sich der Clavierspieler hüten, daß er beyde Hände nicht zu hoch oder ungleich aufhebe; und daß er die accompagnirenden Noten, als: Viertheile oder Achttheile nicht zu kurz anschlage, und die Hände zu geschwind vom Claviere abziehe. Denn wenn er die Hände länger in der Höhe, als auf dem Claviere hält; so verliert er den Vortheil, die Zeit bey einer jeden Note richtig abmessen zu können. Macht er aber mit den Händen eine gleiche Bewegung, so daß er dieselben eben so lange in der Höhe hält, als er sie auf dem Claviere liegen läßt; so theilen sich

bey

Von dem Clavieristen insbesondere.

bey den Viertheilen, die Achttheile, und bey den Achttheilen, die Sechzehntheile, richtig und ohne vieles Nachdenken von sich selbst ein: auch bekommen die Noten dadurch einen unterhaltenen Klang, und das Instrument wird angenehmer. Dahingegen, wenn dieses nicht beobachtet wird, die Saiten durch den geschwinden Rückfall der Federn, an dem erfoderlichen Schwunge zu zeitlich gehindert werden: und also der natürliche Ton, so im Instrumente liegt, nicht so wie er soll, heraus kommen kann. Nicht zu gedenken, daß auch widrigenfalls unter dem Staccato und andern Noten kein Unterschied bleiben würde. Bey einem Sostenuto aber, müssen die Finger ganz bis zur folgenden Note liegen bleiben.

31. §.

Wenn in einem Adagio, bey einem Einschnitte, beyde Stimmen pausiren, und die Oberstimme, mit einer Note im Aufschlage des Tacts, allein anzufangen hat, die folgende Note im Niederschlage aber eine Quarte, Quinte, Sexte, oder Septime höher steht, allwo der Solospieler Freyheit hat, eine willkührliche Auszierung anzubringen: so muß der Begleiter, dessen erste Note, bey solchen Fällen, gemeiniglich erst mit dem Niederschlag wieder anfängt, so lange warten, bis die Oberstimme die Note im Niederschlage berühret; und darf sich im Zeitmaaße nicht übereilen: weil solches bey dergleichen Fällen, nicht nach der Strenge genommen wird. Hat aber die Hauptstimme Bindungen, oder sonst haltende Noten, der Baß aber Bewegungen darunter: so muß der Accompagnist das Zeitmaaß nach der Strenge beobachten; und findet hierbey kein Nachgeben statt: weil der Solospieler verbunden ist, sich mit den Auszierungen nach dem Basse zu richten.

32. §.

Was bisher gesaget worden, geht hauptsächlich das Adagio an. Ob nun wohl, in geschwinden Stücken, nicht alles nach der Strenge, die bey dem Adagio erfodert wird, beobachtet werden kann: so kann doch das meiste von dem, was zu der Discretion und dem Ausdrucke gehöret, auch bey dem Allegro angewendet werden. Hauptsächlich aber kömmt es bey dem Allegro darauf an: daß der Accompagnist das Zeitmaaß nach der größten Strenge halte, und sich weder schleppen lasse, noch eile; daß er in der linken Hand eine Fertigkeit besitze, alles deutlich und rein zu spielen: wozu überhaupt die Instrumentalmusik vortheilhafter ist, als die Singmusik: weil bey dieser nicht so viel Fertigkeit und Feuer, als bey jener erfodert werden kann; daß er, wenn viele Achttheile auf einem Tone vorkommen, dieselben mit der linken Hand alle anschlage; nicht aber, wie einige aus unzeitiger Bequemlichkeit zuweilen, absonderlich bey Singstücken, thun, eine anschlage, und drey oder wohl gar sieben vorbey streichen lasse; daß er mit der rechten Hand gelassen und bescheiden verfahre; daß er weder gar zu vollstimmig, noch die Hauptstimme mit spiele; daß er nach kurzen Pausen die Hände nicht zu hoch aufhebe: denn hierdurch kann das Zeitmaaß leicht verrücket werden; weswegen er mit der rechten Hand den Accord zur folgenden Note, anstatt der vorhergehenden kurzen Pause anschlagen kann (*); daß er mit der rechten Hand nicht solche geschwinde Bewegungen mache, wodurch er zum Zögern verleitet werden kann, und der Solospieler an seiner Geschwindigkeit verhindert wird; daß er die durchgehenden Noten nicht mit vielen Stimmen belade; daß er das Piano und Forte zu rechter Zeit ausdrücke; daß er die Baßnoten in ihrer Lage, und die Intervalle so, wie sie gesetzt sind, spiele; auch bey denselben nichts zusetze; daß er endlich, in Ansehung der Stärke und Schwäche, sich nach der Stärke der Hauptstimme richte. Ist es eine Flöte, so muß er, wenn dieselbe in der Tiefe spielet, besonders in Molltönen, das Accompagnement sehr mäßigen.

(*) Dieses verstehet sich nur von blos begleitenden Noten. Wenn aber der Hauptsatz einer Fuge oder eine andere Nachahmung im Aufschlage des Tactes anfängt, so würden diese verdunkelt werden, wenn man über der vorhergehenden Pause den folgenden Accord anschlagen wollte. Bey solchen Umständen thut es bessere Wirkung, wenn man den Hauptsatz, durch die Octave höher, mit der rechten Hand verdoppelt; als wenn man ihn vollstimmig accompagniret.

33. §.

Bey einem Recitativ so auswendig gesungen wird, geschieht dem Sänger eine große Erleichterung, wenn der Accompagnist die ersten Töne desselben bey einem jeden Einschnitte voraus nimmt, und ihm, so zu sagen, in den Mund leget; indem er nämlich erstlich den Accord durch eine geschwinde Brechung anschlägt, doch so, daß des Sängers erste Note, wo möglich, in der obersten Stimme liege; und gleich darauf ein Paar der nächsten Intervalle, die in der Singstimme vorkommen, einzeln nachschlägt; s. Tab. XXIII. Fig. 5. Dieses kömmt dem Sänger, so wohl wegen des Gedächtnisses, als auch wegen der Intonation, sehr zu statten. Was sonst noch im Recitativ zu bemerken, und im Accompagnement überhaupt zu beobachten ist, wird in dem folgenden Abschnitte weitläufiger gezeiget werden.

Des XVII. Hauptstücks
VII. Abschnitt.
Von den Pflichten, welche alle begleitenden Instrumentisten überhaupt in Acht zu nehmen haben.

1. §.

Soll ein Orchester recht gute Wirkung thun: so müssen nicht nur alle Mitglieder desselben mit guten und reinen Instrumenten versehen seyn; sondern sie müssen dieselben auch richtig und gleichlautend einzustimmen wissen.

2. §.

Es könnte für einen Ueberfluß angesehen werden, wenn ich wegen der Stimmung der Bogeninstrumente einige Erinnerung mache: denn was scheint leichter zu seyn, als ein mit vier Saiten bezogenes Instrument in Quinten rein zu stimmen? da ja das Gehör natürlicher Weise eher das Intervall der Quinte, als die übrigen, begreifen lernet. Dessen ungeachtet lehret es die Erfahrung, daß, wenn auch einige erfahrne Violinisten, oder andere Instrumentisten, sich in diesem Stücke ihrer Pflicht gemäß verhalten; dennoch der meiste Theil, entweder aus Unwissenheit, oder aus Nachläßigkeit, dawider handelt: so daß, wenn man bey einem zahlreichen Accompagnement, die Instrumente einzeln untersuchen sollte, man finden würde, daß nicht nur fast ein jedes Instrument in sich selbst unrein gestimmet seyn, sondern auch öfters nicht zwey oder drey mit einander übereinstimmen würden: welches aber, an der guten Ausnahme der Musik überhaupt, ein großes Hinderniß zu wege bringt.

3. §. Wer

3. §.

Wer davon Beweis verlanget, der stelle sich einen geschickten Clavierspieler vor, wenn er auf einem verstimmten Instrumente spielet; und bemerke, ob die Unreinigkeit der Stimmung einem feinen musikalischen Gehör nicht mehr Beleidigung anthun wird, als ihm des Spielers gute Art zu spielen Vergnügen erwecket. Geschieht nun dieses bey einem einzigen Instrumente, wo die Verdoppelung der Töne nur aus zweenen Einklängen und höchstens zwoen Octaven besteht; was für eine üble Wirkung muß es nicht bey einer zahlreichen Musik thun, wo der Einklang so vielmal verdoppelt wird, wenn die Instrumente nicht mit einander übereinstimmen. Es ist zwar wahr, daß ein jeder von den Bogeninstrumentisten sein Instrument nach dem Gehör spielet, und die Finger nach Gefallen, höher oder tiefer setzen kann: allein die unreine Stimmung wird doch dann und wann durch die bloßen Saiten, welche man nicht zu allen Zeiten vermeiden kann, besonders die tiefesten, auf einem jeden Instrumente verrathen. Ueber dieses ist zu vermuthen, daß derjenige, welcher sich so leichtsinnig gewöhnet, sein Instrument selten recht rein zu stimmen, auch nicht vermögend sey, dasselbe recht rein zu spielen: weil immer aus einem Uebel das andere entspringt. Wäre auch ein Violinist geschickt genug, durch Versetzung der Hände alles zu spielen, ohne die bloßen Saiten zu berühren: so kann er doch nicht vermeiden, die Quintensprünge mit einem Finger zu greifen. Sind nun die Saiten an und für sich nicht rein gestimmet: so bleiben diese Quintensprünge, in geschwinden Stücken, gleichfalls unrein.

4. §.

Um die Violine recht rein zu stimmen, halte ich dafür, daß man nicht übel thun würde, wenn man sich nach der Regel richtet, die bey Stimmung des Claviers beobachtet werden muß, nämlich: wenn man die Quinten, nicht, wie geschieht, ganz rein, oder wohl gar über sich schwebend, sondern vielmehr unter sich schwebend stimmete: damit die bloßen Saiten alle mit dem Claviere übereinträfen. Denn soferne man die Quinten alle scharf und rein stimmen will: so folget natürlicher Weise, daß von vier Saiten nur eine mit dem Claviere gleichlautend ist. Stimmet man aber das A zum Claviere rein, und läßt das E zum A ein wenig unter sich, das D zum A, und das G zum D aber, über sich schweben: so werden beyde Instrumente gegen einander übereinstimmen.

Doch

Von den Pflichten aller Accompagnisten überhaupt

Doch will ich diese Meynung nicht als eine Regel, sondern nur zum weitern Nachdenken, gegeben haben.

5. §.

Die Blasinstrumente können, bey warmer Witterung, ein wenig tiefer als die Violinen einstimmen; weil sie sich in währendem Blasen erhöhen: da hingegen die mit Saiten bezogenen Instrumente sich durch die Wärme erniedrigen.

6. §.

Der Ton, in welchem die Orchester zu stimmen pflegen, ist nach Beschaffenheit der Orte und Zeiten immer sehr verschieden gewesen. Der unangenehme Chorton hat einige Jahrhunderte in Deutschland geherrschet, welches die alten Orgeln sattsam beweisen. Man hat auch die übrigen Instrumente, als: Violinen, Baßgeigen, Posaunen, Flöten a bec, Schallmeyen, Bombarte, Trompeten, Clarinetten, u. s. w. darnach eingerichtet. Nachdem aber die Franzosen, nach ihrem angenehmen tiefern Tone, die deutsche Querpfeife in die Flöte traversiere, die Schallmey in den Hoboe, und den Bombart in den Basson verwandelt hatten; hat man in Deutschland auch angefangen, den hohen Chorton mit dem Kammertone zu verwechseln: wie auch nunmehro einige der berühmtesten neuen Orgeln beweisen. Der venezianische Ton ist ißiger Zeit eigentlich der höchste, und unserm alten Chortone fast ähnlich. Der römische Ton war, vor etlichen und zwanzig Jahren, tief, und dem pariser Tone gleich. Anißo aber fängt man an, den pariser Ton dem venezianischen fast gleich zu machen.

7. §.

Die Verschiedenheit des Tones, in welchen man stimmet, ist der Musik sehr schädlich. Bey der Singmusik verursachet er die Unbequemlichkeit, daß die Sänger diejenigen Arien, die an einem Orte, wo die Stimmung hoch ist, für sie gemacht waren, an einem andern Orte, wo man tief stimmet, und umgekehrt, die Arien, die nach einer tiefen Stimmung eingerichtet sind, an einem Orte, wo die Stimmung hoch ist, kaum brauchen können. Es wäre daher sehr zu wünschen, daß an allen Orten einerley Ton bey der Stimmung eingeführet werden möchte. Es ist nicht zu läugnen, daß der hohe Ton viel durchdringender ist, als der tiefe: er ist aber dagegen bey weitem nicht so angenehm, rührend, und prächtig. Ich will eben nicht die Parthey von dem ganz tiefen französischen Kammertone nehmen; ob er gleich für die Flöte traversiere, den

Hoboe, den Basson, und einige andere Instrumente der vortheilhafteste ist: ich kann aber auch den ganz hohen venezianischen Ton nicht billigen; weil die Blasinstrumente in demselben allzu widrig klingen. Ich halte deswegen den deutschen sogenannten A=Kammerton, welcher eine kleine Terze tiefer ist, als der alte Chorton, für den besten. Denn dieser ist weder zu tief, noch zu hoch, sondern das Mittel zwischen dem französischen und venezianischen: und in diesem können sowohl die mit Saiten bezogenen, als die Blasinstrumente, ihre gehörige Wirkung thun. Der ganz hohe Ton würde machen, daß obgleich die Figur der Instrumente bliebe, doch endlich aus der Flöte traversiere wieder eine Querpfeife, aus dem Hoboe wieder eine Schallmey, aus der Violine eine Violino piccolo, und aus dem Basson wieder ein Bombart werden würde. Die Blasinstrumente, welche doch eine so besondere Zierde eines Orchesters sind, würden hiervon den größten Schaden haben. Dem tiefen Tone haben sie eigentlich ihren Ursprung zu danken. Wenn nun vornehmlich die Hoboen und Bassone, welche zum tiefen Tone gemacht worden, durch Verkürzung der Röhre und Esse in die Höhe gezwungen werden müssen; so werden sie durch diese Verkürzung durch und durch falsch. Die Octaven gehen auseinander, und der unterste Ton einer Octave wird tiefer, der oberste aber höher: so wie im Gegentheile, bey allzuweiter Ausziehung des Rohres und Verlängerung des Esses, die Octaven zusammen gehen, und der unterste Ton höher, der oberste aber tiefer wird. Es hat damit eben die Beschaffenheit, wie mit der Flöte, wenn man den Pfropf derselben entweder allzutief einstecket, oder allzuweit auszieht. Denn im ersten Falle gehen die Octaven auf oben gemeldete Weise auseinander; im zweyten aber, geben sie sich zusammen. Man könnte zwar allenfalls kleinere und engere Instrumente, zum Vortheile des hohen Tones, verfertigen lassen: allein die meisten Instrumentmacher arbeiten nach ihrem einmal angenommenen, nach dem tiefen Tone eigerichteten Modelle; und die wenigsten würden im Stande seyn, die Mensur nach gehörigem Verhältniß so zu verjüngen, daß das Instrument zwar hoch würde, doch aber auch seine Reinigkeit behielte. Geriethe auch endlich eins und das andere, so wäre doch noch die Frage, ob die obgemeldeten Instrumente, wenn sie auf den hohen Ton eingerichtet sind, noch eben die Wirkung thun würden, welche sie thun, wenn sie bey ihrem alten ihnen eigenen Maaße bleiben? Die Partheylichkeit für ein Instrument ist zwar an sich selbst gut; aber nur so lange, als sie den andern Instrumenten nicht zum

Schaden

Von den Pflichten aller Accompagnisten überhaupt. 243

Schaden gereichet. In einigen Theilen Welschlands liebt man die obengedachte Erhöhung des Tones. Denn in diesem Lande werden die Blasinstrumente weniger, als in andern Ländern, gebrauchet: und folglich hat man davon nicht einen solchen guten Geschmack, als von andern Dingen in der Musik. In Rom wurden einsmals die Blasinstrumente aus der Kirche verbannet. Ob nun vielleicht der unangenehme hohe Ton, oder die Art sie zu spielen, daran Ursache gewesen, lasse ich dahin gestellet seyn. Denn obgleich der römische Ton tief, und für den Hoboe vortheilhaft war: so spieleten doch damals die Hoboisten auf solchen Instrumenten, die einen ganzen Ton höher stunden, und mußten folglich transponiren. Allein diese hohen Instrumente thaten, gegen die übrigen tiefgestimmten, eine solche Wirkung, als wenn sie deutsche Schallmeyen wären.

8. §.

Wegen des Reingreifens der Töne auf den Bogeninstrumenten, und sonderlich der Violine, kömmt sehr viel auf ein gutes musikalisches Gehör an. Dieses aber kömmt nicht von der Natur allein her; sondern es muß auch durch die Erkenntniß des Verhalts der Töne zuwege gebracht werden. Mancher empfindet, durch das angebohrne Gehör, wenn ein anderer falsch spielet: wenn er aber eben denselben Fehler selbst begeht, wird er es entweder nicht gewahr, oder er weis sich nicht zu helfen. Das beste Mittel, sich aus dieser Unwissenheit zu reißen, ist das Monochord oder der Klangmesser. Auf diesem kann man die Verhältnisse der Töne am allerdeutlichsten erkennen lernen. Es wäre deswegen nöthig, daß nicht nur ein jeder Sänger, sondern auch ein jeder Instrumentist, sich dieselben bekannt machte. Er würde dadurch die Erkenntniß der Subsemitone viel zeitlicher erlangen, und viel eher lernen, daß die mit einem b bezeichneten Töne um ein Komma höher seyn müssen, als die, welche ein Kreuz vor sich haben: da er sich, ohne diese Einsicht, nur allein auf das Gehör, welches doch betrüglich ist, verlassen muß. Hauptsächlich wird dieses von den Violinisten und dergleichen Bogeninstrumentisten erfodert; als denen, wegen Setzung der Finger, keine Gränzen, wie den Blasinstrumentisten, gesetzet werden können. Es würde auch mancher in der Höhe reiner spielen; wenn er wüßte, daß auf einer Saite, vom Anfange bis in die Höhe, die Töne nicht in einerley Weite, sondern immer verjüngt, nämlich näher, und näher an einander liegen. Zum Beweis: die Saite wird auf der Geige, wie auf dem Monochorde, in zweene Theile getheilet: da denn die erste Hälfte davon die Octave an-

giebt.

giebt. Theilet man die zweyte Hälfte davon wieder in zweene Theile, so giebt der erste Theil davon noch eine Octave höher an: und so verhält es sich mit dem Reste der Saite bis an den Steg. Wollte man nun in der zweyten Octave die Finger eben so weit aus einander setzen, als in der ersten; so würde bey einem jeden Tone, anstatt der Secunde, die Terze hervorkommen. Es folget also hieraus, daß die Verjüngung, nach dem ersten Tone in gehörigem Verhältnisse ihren Anfang nehmen, und so, bis zum Ende der Saite, fortfahren, folglich das Instrument mit vieler Beurtheilung gespielet werden müsse.

9. §.

Wenn die eigentlichen Subsemitone vorkommen, das ist, wenn ein durch das ♭ erniedrigter Ton, sich in den nächst darunter liegenden, durch das Kreuz erhöheten, oder ein durch das Kreuz erhöheter, sich in den nächst darüber liegenden, durch das ♭ erniedrigten Ton verwandelt, s. Tab. XXIII. Fig. 6. und 7: so ist zu merken, daß, wie schon im vorigen §. gedacht worden, der Ton mit dem Kreuze, gegen den mit dem ♭, um ein Komma tiefer seyn muß. Zum Exempel G mit dem Kreuze, muß ein Komma tiefer seyn, als A mit dem ♭. Wenn diese zwo Noten an einander gebunden sind, s. Tab. XXIII. Fig. 6., so muß der Finger bey dem auf das ♭ folgenden Kreuze etwas zurück gezogen werden: sonst würde die große Terze gegen die Grundstimme zu hoch seyn. Folgt aber auf das Kreuz ein ♭, s. Fig. 7., so muß der Finger bey der Note mit dem ♭ um so viel hinauf rücken, als man ihn bey dem vorhergehenden Exempel zurück zieht: wie hier in der Oberstimme vom G mit dem Kreuz ins A mit dem ♭; in der zweyten Stimme vom E mit dem Kreuze ins F; und in der Grundstimme, von C mit dem Kreuze ins D mit dem ♭, angebracht werden muß. Eben dieses ist auf allen Instrumenten zu beobachten: das Clavier ausgenommen; bis auf welchem man die Verwandelung der Subsemitone nicht angeben kann, und welches deswegen eine gute Temperatur haben muß, um zu beyden erleidlich zu klingen. Auf Blasinstrumenten geschieht diese Veränderung durch den Ansatz, nämlich: auf der Flöte wird der Ton durch das Auswärtsdrehen erhöhet, und durch das Einwärtsdrehen erniedriget. Auf dem Hoboe und dem Basson geschieht die Erhöhung des Tones, durch tieferes Einschieben des Rohres in den Mund, und festeres Zudrücken der Lippen; die Erniedrigung aber, durch Zurückziehung des Rohres, und Nachlassung der Lippen.

10. §. Wenn

Von den Pflichten aller Accompagnisten überhaupt.

10. §.

Wenn ein Orchester gut seyn soll, muß es sich eines guten, und einem jeden Stücke, in seiner Art, und nach seinen Eigenschaften gemäßen Vortrags, befleißigen. Das Stück sey lustig oder traurig, prächtig oder scherzend, frech oder schmeichelnd, oder wie es sonst seyn mag; so muß es in der Leidenschaft, welche es ausdrücken soll, vorgetragen werden. Hat man eine concertirende Stimme zu begleiten, so muß ein jeder Accompagnist, sich, in allen Fällen, nach dem Vortrage des Concertisten richten, und an allen Umständen Theil nehmen. Es muß dabey keine Partheylichkeit herrschen; daß man des einen seine Arbeit gut, des andern seine Arbeit schlecht ausführen wollte: sondern ein jeder muß alles, was ihm vorgeleget wird, es sey gesetzet von wem es wolle, mit eben dem Eifer auszuführen suchen, als wenn es seine eigene Arbeit wäre; will er anders nicht den einem Musikus so rühmlichen Charakter eines ehrlichen Mannes verläugnen.

11. §.

Was zu Erlangung eines guten Vortrags überhaupt erfodert wird, kann aus dem XI. Hauptstücke, mit mehrerem ersehen werden. Die Art der Bogenstriche, die ein jedes Stück erfodert, wird im II. Abschnitte dieses Hauptstücks erkläret: weil doch beym Accompagnement auf die Bogeninstrumente das meiste ankömmt.

12. §.

Nicht nur ein jedes Stück und eine jede Leidenschaft insbesondere, sondern auch der Ort und die Absicht einer Musik, geben dem Vortrage derselben gewisse Regeln und Einschränkungen. Z. E. Eine Kirchenmusik erfodert mehr Pracht und Ernsthaftigkeit, als eine theatralische, welche mehr Freyheit zuläßt. Wenn in einer Kirchenmusik von dem Componisten einige freche und bizarre Gedanken, so sich in die Kirche nicht wohl schicken, mit sollten seyn eingeflochten worden: so müssen die Accompagnisten, besonders aber die Violinisten, dahin trachten, daß solche durch einen bescheidenen Vortrag, so viel möglich, vermäntelt, gezähmet, und sanfter gemacht werden mögen.

13. §.

Ein guter und der Sache gemäßer Vortrag, muß sich aber auch bis auf die komische Musik erstrecken. Ein Zwischenspiel, (Intermezzo) welches eine Carricatur, oder das Gegentheil von einer ernsthaften Singmusik, vorstellet, und mehr aus gemeinen und niedrigen, als ernsthaften

Gedanken von dem Componisten verfertiget wird, auch keine andere Absicht, als die Critik und das Lachen zum Grunde hat, muß, wenn es seinen Zweck erreichen soll, von den begleitenden Stimmen, zumal in den lächerlichen Arien, nicht, wie eine ernsthafte Oper, sondern, auf eine niedrige und ganz gemeine Art accompagniret werden. Ein gleiches ist bey einem Ballet von gemeinem Charakter zu beobachten: weil, wie schon gesaget worden, das Accompagnement nicht nur an dem Ernsthaften, sondern auch an dem Komischen, Antheil nehmen muß.

14. §

Der Vortrag muß aber nicht allein gut, und jedem Stücke gemäß, sondern auch bey allen Mitgliedern eines guten Orchesters gleich und übereinstimmend seyn. Man wird einräumen, daß eine Rede von dem einen mehr Eindruck als von dem andern machet. Wollte man eine deutsche Tragödie, in welcher lauter Personen, die in eben demselben Lande gebohren sind, vorkämen, mit Leuten vorstellen, deren Mundart unterschieden wäre, als: Hochdeutsch, Niederdeutsch, Oesterreichisch, Schwäbisch, Tyrolisch, Schweitzerisch, u. s. w. so würde solcher Unterschied der Aussprache auch die allerernsthafteste Tragödie lächerlich machen. Mit der Musik hat es fast eine gleiche Bewandniß, wenn bey solcher ein jedes Mitglied seine besondere Art zu spielen hat. Z. E. Wollte man ein Orchester aus solchen Personen zusammen setzen, deren einige nur nach italiänischem, andere nur nach französischem Geschmacke, andere außer diesen beyden Arten spieleten: so würde, wenn auch ein jeder in seiner Art geschickt genug wäre, doch die Ausführung, wegen der Verschiedenheit des Vortrages, eben dieselbe Wirkung thun, welche oben von der Tragödie gesagt worden. Ja, der Schade würde noch viel größer seyn: weil bey der Tragödie doch nur einer nach dem andern redet; bey der Musik aber, die meiste Zeit, von allen zugleich gespielet wird. Man glaubet oftmals, daß, wenn nur die Hauptstimme mit geschickten Leuten besetzt sey, es mit den übrigen nicht viel zu sagen habe. Wie aber ein wenig Essig auch den besten Wein verdirbt: also geschieht es auch in der Musik; wenn nur einige Stimmen gut, die andern aber, und sollte es auch nur eine einzige seyn, schlecht gespielet werden.

15. §.

Ein jeder Concertist muß, wenn er eine Ripienstimme spielet, seiner Geschicklichkeit, die er im Concertiren und im Solospielen besitzet, auf gewisse Art entsagen; und sich aus der Freyheit, die ihm, wenn er allein hervor=

Von den Pflichten aller Accompagnisten überhaupt. 247

hervorraget, erlaubet ist, zu der Zeit, wenn er nur accompagniret, so zu sagen, in eine Sklaverey versetzen. Er darf also nichts hinzufügen, was irgend nur die Melodie verdunkeln könnte: besonders, wenn eben dieselbe Stimme mehr als einmal besetzet ist. Widrigenfalls würde er eine große Verwirrung in der Melodie anrichten. Denn es ist nicht möglich, daß einer zu allen Zeiten des andern Gedanken errathen könne. Z. E. Es machte einer nur einen Vorschlag, der nicht geschrieben wäre, und der andere spielte die Note simpel: so würde dadurch eine üble Dissonanz, ohne Vorbereitung und Auflösung, zum Vorscheine kommen, und das Gehör, besonders in langsamen Stücken, sehr beleidigen. Wollte einer die geschriebenen Vorschläge nicht nach ihrem gehörigen Zeitmaaße spielen, sondern die langen kurz, oder die kurzen lang machen; so würde solches, wegen derer, die mit ihm spielen, eine eben so üble Wirkung thun. Die Ritornelle vornehmlich muß er ohne allen willkührlichen Zusatz ausführen. Dieser Zusatz steht nur den Concertisten frey. Einige haben die üble Gewohnheit, schon im Ritornell zuweilen allerhand Alfanzereyen anzubringen; und vergessen darüber wohl gar die Noten recht zu lesen. Manche beschließen absonderlich die Arien mit einem vollstimmigen Griffe, wo keiner seyn soll. Dieses scheinen sie den Bierfiedlern abgelernet zu haben. Noch schlimmer ist es, wenn sie unmittelbar nach dem Schlusse der Arie, ein Paar bloße Saiten auf der Violine anstreichen. Wenn nun z. E. die Arie aus dem Es dur geht, und sie probiren gleich darauf E und A; so kann man sich vorstellen, was es für schöne Wirkung thue.

16. §.

Da nun solchergestalt die Schönheit eines Orchesters hauptsächlich darinne besteht, daß die Mitglieder desselben alle einerley Art zu spielen haben; da von dem Anführer desselben unumgänglich eine gute, und jedem Stücke gemäße Art zu spielen, erfodert wird: so liegt es auch einem jeden Mitgliede des Orchesters ob, sich in diesem Falle nach dem Anführer zu richten, seiner Anweisung nicht zu widerstreben, und es sich für keine Schande zu achten, wenn man sich einer vernünftigen und nöthigen Subordination, ohne welche keine gute Musik bestehen kann, unterwerfen muß. Man wird selten ein seit vielen Jahren eingerichtetes Orchester finden, welches nicht sowohl aus guten als aus schlechten Leuten bestehen sollte: wie man am besten wahrnehmen kann, wenn man, um ein klein Concert zu halten, wechselsweise nur einen Theil davon aussuchet. Es befinden

finden sich sowohl alte als junge Leute darunter. Weder das Alter noch die Jugend der Mitglieder macht ein Orchester gut: sondern die gute Zucht und Ordnung, in welcher sie sich befinden. Es kann ein alter Ripienist wenn er anders noch gute Kräfte hat, und unter einer guten Anführung erzogen worden ist, bessere Dienste leisten, als mancher junger, welcher vielleicht mehr Vermögen, Schwierigkeiten auszuführen, aber weniger Erfahrung besitzt; und dabey nicht folgsam ist, sich der gehörigen Subordination zu unterwerfen. Oefters pflegen sowohl die Alten, wenn sie unter einer schlechten Anführung erzogen worden sind, als die Jungen, wenn sie sich auf ihre Fertigkeit im Spielen zu viel einbilden, widerspänstig zu seyn: diese, wegen ihrer vermeinten Geschicklichkeit; jene aber aus Vorurtheil, oder wegen des Vorzugs der Jahre. Die Alten meynen öfters, es geschähe ihnen zu viel, wenn sie sich einem Anführer unterwerfen sollen, der nicht so reich an Jahren ist, als sie: die Jungen aber bilden sich ein, eben so viel Geschicklichkeit zu besitzen, als zu einem Anführer erfodert wird: ungeachtet der Pflichten, die einem guten Anführer obliegen, nicht wenig sind. Wie kann aber ein Orchester bestehen, oder zunehmen, wenn unter desselben Mitgliedern, anstatt harmonirender und biegsamer Gemüther, meistentheils nur Widerspänstigkeit, Neid, Haß und Ungehorsam herrschet. Wo bleibt da der gleiche und übereinstimmende Vortrag, wenn ein jeder seinem eigenen Kopfe folgen will.

17. §.

Zur Beförderung des übereinstimmenden Vortrags dienet noch eine Regel, die einem jeden, der ein guter Musikus, und insbesondere ein geschickter Accompagnist werden will, anzupreisen ist: Er muß sich, so lange als er ein musikalisches Stück auszuführen hat, der Verstellungskunst befleißigen. Diese Verstellungskunst ist nicht nur erlaubt, sondern so gar höchstnöthig, und thut in der Sittenlehre keinen Schaden. Wer sich bemühet, im ganzen Leben seiner Leidenschaften, so viel als möglich ist, Meister zu seyn; dem wird es auch nicht schwer fallen, sich, wenn er spielen soll, allezeit in den Affect, welchen das auszuführende Stück verlanget, zu setzen. Alsdenn wird er erst recht gut und gleichsam allezeit aus der Seele spielen. Denn wer diese löbliche Verstellungskunst nicht versteht, der ist noch kein wahrer Musikus; sondern nicht besser als ein gemeiner Handwerker: wenn er auch alle Contrapuncte aus dem Grunde verstünde; oder auf seinem Instrumente alle mögliche Schwierigkeiten zu spielen

Von den Pflichten aller Accompagnisten überhaupt.

spielen wüßte. Mancher aber übet leider die verbothene Verstellungskunst im gemeinen Leben sehr häufig, die erlaubte bey der Musik aber, nur sehr selten aus.

18. §.

Ein rechtschaffener Musikus muß nicht eigensinnig, und auf seinen Rang nicht allzusehr erpicht seyn. Z. E. Ein geschickter Violinist hat sich keineswegs zu schämen, wenn er im Fall der Noth etwa eine zweyte Violine, oder gar die Bratsche spielen müßte. Denn diese erfordert in ihrer Art, und bey manchen Stücken, eben sowohl einen geschickten Ausführer, als die erste Violine. Den besten und gründlichsten Rang giebt einem braven Musikus seine Geschicklichkeit: und diese kann er bey dem einen sowohl, als bey dem andern zeigen.

19. §.

Die genaue Ausdrückung des Forte und Piano (*), ist eines der nöthigsten Stücke in der Ausführung. Die Abwechselung des Piano und Forte ist eines der bequemsten Mittel, nicht nur die Leidenschaften deutlich vorzustellen; sondern auch Licht und Schatten in der Musik zu unterhalten. Wenn solches in gehörigem Verhältnisse, und zu rechter Zeit, von einem jeden beobachtet würde: so möchte manches Stück bey den Zuhörern eine bessere Wirkung thun als öfters nicht geschieht. Man sollte glauben daß nichts leichter sey, als nach Anzeige zweener Buchstaben, stark oder schwach zu spielen. Dennoch wird dieses so wenig in Acht genommen, daß bey manchem öfters noch eine mündliche Erinnerung deswegen nöthig wäre. Allein da ein ziemlicher Theil der sogenannten Tonkünstler selbst, wenig Empfindung und Gefallen an der Musik hat, sondern dieselbe nur treibt, um davon Unterhalt zu haben: so wird folglich öfters, weder mit Lust, noch mit gehöriger Aufmerksamkeit gespielet. Eine gute und vernünftige Subordination könnte diesem Uebel viel abhelfen: denn wo diese fehlet, da bleibt ein Orchester, wenn sich auch noch so viele geschickte Leute darunter befänden, doch allezeit mangelhaft.

*) Es ist bekannt, daß man die Wörter: forte und piano entweder abgekürzet, oder auch nur den ersten Buchstaben davon, als: f. und p; und anstatt fortissimo und pianissimo zweene Buchstaben: ff. und pp. zu den Noten, welche stark oder schwach gespielet werden sollen, setzet: auch wohl, wenn der Ton noch mehr verstärket oder gemäßiget werden soll, noch ein f oder p hinzufüget, nämlich: fff. ppp. Ferner werden dem Forte und Piano, nach Befinden, zuweilen noch andere Wörter, als: mezzo, (halb,) poco, (wenig,) meno, (weni-

ger;) piu, (mehr) voran, oder einige, als: assai, nachgesetzet. Diese Beywörter nun können nicht mit einem einzelnen Buchstaben ausgedrücket werden; weil mezzo und meno, poco und piu, einerley Anfangsbuchstaben haben, und man folglich Verwirrung anrichten würde. Doch pflegt man, wenn nur ein m gesetzet wird, immer mezzo darunter zu verstehen, welches üblicher ist, als die andern. Da nun der Raum, welchen diese verdoppelten Buchstaben, und diese Nebenwörter einnehmen, sich über mehr, als eine Note erstrecket; so fraget sich, welcher Buchstab eigentlich derjenige seyn soll, so die erste von denen stark oder schwach zu spielenden Noten andeutet. Z. E. Man schriebe piano assai, oder poco forte: nach welchem Buchstaben soll man sich nun richten, um bey der rechten Note, mit der erfoderten Stärke oder Schwäche anzufangen? Wollte man im Schreiben dieses zur Regel setzen, daß allezeit der erste Buchstab von den Wörtern forte und piano, folglich das f, oder das p, unter oder über diejenige Note geschrieben würde, welche stark oder schwach zu spielen ist: so würde man dadurch aller Zweydeutigkeit zuvorkommen; das f oder p mag nun verdoppelt werden, indem man sich alsdenn nach dem ersten f oder p richtet; oder aber ein Nebenwort hinter oder vor sich haben.

20. §.

Das Forte und Piano muß niemals aufs äußerste getrieben werden. Man muß die Instrumente nicht stärker angreifen, als es ihre Natur leidet: denn dieses würde, zumal an einem kleinen Orte, wo die Zuhörer nahe stehen, dem Gehöre sehr unangenehm fallen. Man muß vielmehr allezeit noch den Vortheil übrig zu behalten suchen, noch ein Fortissimo oder Pianissimo, wenn es nöthig wäre, ausdrücken zu können. Es kann dieses öfters unvermuthet vorkommen: um eine Note, wenn auch nichts dabey geschrieben steht, entweder zu erheben, oder zu mäßigen. Hätte man nun allezeit in der größten Stärke oder Schwäche gespielet: so würde dieser Vortheil verloren gehen. Zugeschweigen, daß zwischen dem Fortissimo und Pianissimo mehrere Stufen der Mäßigung sich befinden, als man mit Worten ausdrücken kann; und welche nur vermittelst der Empfindung und Beurtheilung, aus dem Vortrage eines guten Concertisten erkannt, und sodann mit Discretion ausgeübet werden müssen. Das Fortissimo, oder die größte Stärke des Tones, kann am füglichsten mit dem untersten Theile des Bogens, und etwas nahe am Stege; das Pianissimo, oder die äußerste Schwäche des Tones aber, mit der Spitze des Bogens, und vom Stege etwas entfernet, ausgeübet werden.

21. §.

Um das Forte und Piano recht auszudrücken, muß man auch betrachten, ob man an einem großen Orte, wo es schallet, oder an einem kleinen,

Von den Pflichten aller Accompagnisten überhaupt.

kleinen, zumal tapezirten Orte, wo der Ton gedämpfet wird, accompagnire; ob die Zuhörer entfernet oder nahe seyn; ob man eine schwache oder eine starke Stimme begleite; und endlich ob die Anzahl der accompagnirenden Instrumente, stark, mittelmäßig, oder gering sey. An einem großen Orte, wo es schallet, muß man nach einem starken und rauschenden Tutti, ein darauf geschwind folgendes Piano nicht allzuschwach spielen: weil es sonst durch den Nachschall würde verschlungen werden. Sofern aber das Piano eine Weile anhält; kann man den Ton nach und nach mäßigen. Wo dieser Umstand nicht vorhanden ist, da thut man besser, wenn man das Piano, bey der Note wo es geschrieben ist, gleich so nimmt wie es seyn soll. Wenn aber auf das Piano ein Forte folget, so kann man die erste Note davon etwas stärker spielen, als die folgenden. Bey Begleitung einer schwachen Stimme, muß das Piano etwas schwächer seyn, als bey einer starken; im Allegro nehme man es schwächer, als im Adagio; in den hohen Tönen oder auf den dünnen Saiten schwächer, als auf den dicken. Wenn in einem Concert, sonderlich wenn es ein Flötenconcert ist, unter dem Solo ein Forte vorkömmt; zumal wenn die Flöte nicht in der Höhe, sondern in der Tiefe spielet; so muß solches nur als ein Mezzo forte ausgeführet werden: wie denn überhaupt eine Flöte, so wie eine jede schwache Stimme, mit vieler Mäßigung begleitet werden muß. Es kömmt nur darauf an, daß ein jeder Accompagnist Achtung gebe, ob er die concertirende Stimme selbst höre. Ist dieses nicht, so kann er leicht merken, daß das Accompagnement zu stark sey, und folglich eine Mäßigung erfodere. Die Anzahl der begleitenden Instrumente muß endlich auch in Betrachtung gezogen werden. Gesetzt es spieleten zwölf Violinisten einerley Piano; es höreten aber sechs davon auf; so würde aus diesem Piano ein Piano assai. Giengen noch vier davon ab; so würde endlich ein Pianissimo draus. Soll nun das Piano seinen gehörigen Verhalt haben; so folget aus obigem, daß wenn zweene Violinisten piano spielen, deren sechs piano assai, und zwölf pianissimo spielen müssen. Ausgenommen an einem sehr großen Orte, wo der Ton sich verlieret: denn hier hat man sich nach den Hauptstimmen, ob solche stark oder schwach, Trompeten oder Flöten sind, zu richten.

22. §.

Weil auch nicht alle Instrumente, besonders die Violinen, einerley Stärke im Tone haben, welches folglich im Piano und Forte eine Ungleichheit verursachen könnte; so muß sich der Stärkere im Forte nach dem Schwächern, und der Schwächere im Piano nach dem Stärkern richten: damit man nicht eine Stimme stärker, als die andere höre; besonders wenn sie Nachahmungen gegen einander zu spielen haben, und die Stimmen nur einfach besetzet sind.

23. §.

Wenn bey einer concertirenden Stimme mehr als eine Stimme zugleich begleiten; so muß unter diesen die Grundstimme stärker, als die übrigen gehöret werden. Ein gleiches ist in einem Tutti zu beobachten, wenn anders die Mittelstimmen gegen die Hauptstimme oder gegen die Grundstimme keine Nachahmung, oder sonst in Terzen oder Sexten eine ähnliche Melodie haben. Denn die Stimmen, welche nur zur Verstärkung der Harmonie dienen, dürfen vor den Hauptstimmen niemals hervorragen. Ein gearbeiteter, oder in allen Stimmen nachahmender oder fugirter Satz aber, muß auch von allen Stimmen in einerley Stärke gespielet werden.

24. §.

Wenn unter einer langen Note ein Forte, und gleich darauf ein Piano steht, und kein Wechsel des Bogenstrichs statt findet; so muß dieselbe Note mit aller Kraft, und mit einem Drucke des Bogens angegeben werden; aber auch gleich wieder ohne Rückung des Bogens im Tone abnehmen, und durch ein verlierendes Piano sich in ein Pianissimo verwandeln. Es kömmt dergleichen dann und wann vor, sonderlich wenn eine Stimme im Aufheben des Tactes mit einer starken Note anfängt, die andern aber im Niederschlage dergleichen nachzumachen haben: s. Tab. XXIII. Fig. 8.

25. §.

Wenn in einem Adagio der Concertist den Ton bald verstärket, bald mäßiget, und also durch Schatten und Licht mit Affecte spielet; so thut es die schönste Wirkung, wenn ihm die Accompagnisten in derselben Art zu Hülfe kommen, und ihren Ton mit ihm zugleich auch verstärken und mäßigen. Dieses ist, wie schon in den vorigen Abschnitten gezeiget worden, besonders bey solchen Noten, welche dissoniren, oder zu einer fremden Tonart vorbereiten, oder einen Aufenthalt in der geschwinden Bewegung verursachen, zu beobachten. Wollte man bey solchen Fällen alles in einer Farbe oder Stärke spielen; so würde der Zuhörer in eine Kaltsinnigkeit versetzet werden. Drücket man aber das Forte und Piano, nach Beschaffenheit der Sache, wechselsweise,

Von den Pflichten aller Accompagnisten überhaupt.

weise, bey denen Noten, so jedes verlangen, gehörig aus; so erreichet man das, was man suchet, nämlich, den Zuhörer in beständiger Aufmerksamkeit zu erhalten, und ihn aus einer Leidenschaft in die andre zu lenken.

26. §.

Bey Wiederholung oder Aehnlichkeit der Gedanken, die aus halben oder ganzen Tacten bestehen, es sey in eben denselben Tönen, oder in einer Versetzung, kann die Wiederholung eines solchen Satzes etwas schwächer, als der erste Vortrag derselben, gespielet werden.

27. §.

Der Unison, welcher aus einer ordentlichen Baßmelodie besteht, und bey einem stark besetzten Accompagnement besonders gute Wirkung thut, muß erhaben, prächtig, feurig, mit Nachdruck des Bogens, und stärker im Tone, als eine andere Melodie, gespielet werden. Die blößen Saiten, besonders die Quinte auf der Violine, sind dabey zu vermeiden.

28. §.

Ein Hauptsatz, (Thema) zumal in einer Fuge, muß in einer jeden Stimme, und zu allen Zeiten, wenn er unvermuthet eintritt, mit Nachdrucke markiret werden; besonders wenn der Anfang davon aus langen Noten besteht. Es findet dabey weder eine Schmeicheley im Spielen, noch einiger willkührlicher Zusatz von Noten statt. Wenn im Fortgange der Fuge keine Pausen vor dem Eintritte vorhergehen; kann man die vorhergehenden Noten in der Stärke des Tones etwas mäßigen. Auf gleiche Art muß man mit solchen Noten, die entweder eine Aehnlichkeit mit den Anfangsgedanken haben, oder die erst in der Mitte eines Stücks, als ein neuer Gedanke, eingeflochten werden, es sey im Tutti, oder unter dem Solo einer concertirenden Stimme, verfahren.

29. §.

Ligaturen, oder gebundene Noten, so aus Viertheilen oder halben Tacten bestehen, kann man in der Stärke des Tones wachsen lassen: weil entweder über oder unter dem zweyten Theile solcher Noten, die andern Stimmen Dissonanzen haben. Die Dissonanzen aber überhaupt, sie mögen in dieser oder jener Stimme befindlich seyn, erfodern allezeit einen besondern Nachdruck; s. den 12. bis zum 16. §. des vorigen Abschnitts.

30. §.

Aus dem, was bisher gesaget worden, ist nun zu ermessen, daß es bey weitem nicht hinlänglich sey, das Piano und Forte nur an denen Orten, wo es geschrieben steht, zu beobachten: sondern daß ein jeder Accompagnist auch wissen müsse, solches an vielen Orten, wo es nicht dabey steht, mit Ueberlegung anzubringen. Hierzu nun zu gelangen, ist ein guter Unterricht und viel Erfahrung nöthig.

31. §.

Das Zeitmaaß in einer besondern Vollkommenheit zu verstehen, und in der größten Strenge auszuüben, ist eine Pflicht, so allen denen, die von der Musik Werk machen, und also auch allen guten Accompagnisten, obliegt. Ohne diese wird die Ausführung, besonders bey einem zahlreichen Accompagnement, allezeit mangelhaft bleiben. So viel aber auch hieran gelegen ist: so würde man doch bey genauer Untersuchung finden, daß Viele im Zeitmaaße noch nicht recht sicher sind, ohnerachtet sie sich dessen schmeicheln, und vielleicht ihren Fehler selbst nicht gewahr werden; sondern daß sie sich nur nach andern richten, und auf ein Gerathewohl spielen. Diesen Fehler findet man nicht nur bey jungen Leuten allein; sondern man wird auch wohl öfters gewahr, daß von solchen, welche man für geschickte und erfahrne Tonkünstler hält, der eine im Tacte zögert, der andre sich übereilet. Hierdurch nun kann in einem Orchester viel Unordnung angerichtet werden; zumal wenn solche Leute ohngefähr die Hauptstimmen zu spielen, und andre anzuführen haben.

32. §.

Einige halten das Zögern oder Nachschleppen, (trainiren) oder das Eilen, (pressiren) für einen Naturfehler. Es ist wahr, daß das herrschende sogenannte Temperament viel dazu beyträgt: und daß ein lustiger oder hitziger und hastiger Mensch zum Eilen, ein trauriger, niedergeschlagener, oder ein träger, kaltsinniger Mensch aber, zum Zögern geneigt ist. Es ist aber auch nicht zu läugnen, daß man sein Temperament, wenn man anders darauf Acht hat, verbessern und mäßigen könne. Man hüte sich nur, daß zu den gedachten Fehlern nicht etwan die Unwissenheit Anlaß gebe. Man läuft Gefahr darein zu verfallen, wenn man die Eintheilung der Noten, und den Tact überhaupt, anfänglich nicht durch richtige Grundsätze, sondern mehrentheils nur aus eigener Uebung erlernen will; wenn man sich zu zeitig mit Schwierigkeiten, zu denen man noch keine Fähigkeit hat, einläßt; wenn man sich zu viel

viel vor sich allein, ohne Begleitung übet; auch nur solche Stücke wählet, die man bald auswendig behalten kann: welches aber sowohl am Notenlesen, als an Erlernung des Tactes, hinderlich ist. Will man in diesen beyden Stücken recht sicher werden, so ist kein anderer Weg dazu, als daß man anfänglich mehr Mittel- als Hauptstimmen spiele; daß man mehr andre accompagnire, als sich selbst accompagniren lasse: weil das erstere schwerer, aber auch zugleich nützlicher als das letztere ist; daß man mehr concertirende und gearbeitete, als melodiöse Stücke spiele; daß man dabey nicht auf sich allein, sondern auch auf andere, besonders auf die Grundstimme höre; daß man die Noten nicht überrusche: sondern einer jeden ihre gehörige Geltung gebe; und daß man die Hauptnoten, so das Zeitmaaß eintheilen, nämlich die Viertheile im Allegro, und die Achttheile im Adagio, mit der Spitze des Fußes sich bemerke, und damit so lange anhalte, bis man dieses Hülfsmittels nicht mehr nöthig hat. Man besehe hierbey das V. und X. Hauptstück.

33. §.

Man wolle nicht glauben, daß es mit Beobachtung des Zeitmaaßes schon seine Richtigkeit habe, wenn man allenfalls nur im Niederschlage des Tacts mit den Noten eintrifft: sondern es muß eine jede zu der Harmonie gehörige Note mit der Grundstimme übereintreffen. Deswegen darf man den Hauptnoten, sie mögen aus Viertheilen, Achttheilen, oder Sechzehntheilen bestehen, nichts an ihrer gehörigen Zeit durch Uebereilung abbrechen: damit man die durchgehenden Noten nicht anstatt der Hauptnoten höre, und sowohl die Melodie, als die Harmonie nicht verdunkelt oder verstümmelt werde.

34. §.

Die Pausen erfordern ihr Zeitmaaß in eben solcher Richtigkeit, als die Noten selbst. Weil man aber hierbey keinen Klang höret, sondern die Zeit davon nur in Gedanken abmessen muß, so machen dieselben, besonders die kurzen, als Achttheil- Sechzehntheil- und Zwey und dreyßigtheil-Pausen, manchem viel zu schaffen. Wenn man sich aber die Hauptnoten in einem Stücke heimlich mit dem Fuße anmerket; und auf die Bewegung der übrigen Stimmen, ingleichen, ob die Noten, so nach den Pausen folgen, auf den Niederschlag oder auf das Aufheben des Fußes treffen, genau Achtung giebt, dabey aber sich nur nicht übereilet: so kann diese Schwierigkeit sehr leicht gehoben werden.

35. §.

Soll ein Stück eine gute Wirkung thun; so muß es nicht nur in dem ihm eigenen Zeitmaaße, sondern auch, vom Anfange bis zum Ende, in einerley Tempo, nicht aber bald langsamer, bald geschwinder gespielet werden. Daß aber hierwider sehr oft gehandelt werde, zeiget die tägliche Erfahrung. Langsamer oder geschwinder aufzuhören, als man angefangen hat, ist beydes ein Fehler: doch ist das letztere nicht so übel, als das erstere. Jenes verursachet, absonderlich bey einem Adagio, daß man oftmals nicht recht mehr begreifen kann, ob es im geraden oder ungeraden Tacte gesetzet sey. Hierdurch nun verlischt die Melodie nach und nach; und man höret, an deren statt, fast nichts als harmonische Klänge. Dieses aber verursachet den Zuhörern nicht allein nur gar wenig Vergnügen; sondern es gereichet auch der Composition selbst überhaupt zum größten Nachtheile, wenn nicht ein jedes Stück in seinem gehörigen Tempo gespielet wird. Bisweilen liegt es an dem Concertisten: wenn er entweder in einem geschwinden Stücke die leichten Passagien übereilet, und alsdenn mit den schwerern nicht fortkommen kann; oder wenn er in einem traurigen Stücke sich in den Affect so sehr vertiefet, daß er darüber des Zeitmaaßes vergißt. Oftmals aber sind auch die Begleiter an der Veränderung des Tempo schuld; wenn sie entweder, nicht nur in einem traurigen Stücke, sondern auch wohl in einem cantabeln Andante oder Allegretto, in eine Schläfrigkeit verfallen, und darüber dem Concertisten zu viel nachgeben; oder wenn sie in einem geschwinden Stücke in ein allzuheftiges Feuer gerathen, welches sie zum Eilen verleitet. Einem guten Anführer, wenn er anders die gehörige Aufmerksamkeit hat, wird es leicht seyn, alle diese Fehler zu vermeiden; und sowohl den Concertisten, wenn derselbe im Tacte nicht recht sicher ist, als auch die Ripienisten, in Ordnung zu erhalten.

36. §.

Die Accompagnisten müssen aber nicht verlangen, daß der Concertist sich in Ansehung der Geschwindigkeit oder Langsamkeit, in welcher er das Tempo eines Stückes zu nehmen hat, nach ihnen richten solle: sondern sie müssen ihm völlige Freyheit gönnen, sein Tempo so zu fassen, wie er es für gut befindet. Zu der Zeit sind sie nur Begleiter. Es würde ein Zeichen eines unanständigen Bauernstolzes seyn, wenn zuweilen, auch wohl gar einige von den letzten unter den Accompagnisten sich der Herrschaft über das Zeitmaaß anmaßen, und, zumal wenn sie nicht viel

Von den Pflichten aller Accompagnisten überhaupt.

Lust mehr zu spielen haben, das Tempo, dem Concertisten zum Trotz, überjagen wollten. Wird man aber gewahr, daß das Zeitmaaß entweder geschwinder oder langsamer seyn soll, und eine Aenderung nöthig ist; so muß solches nicht mit einer Heftigkeit, und auf einmal, sondern nach und nach geschehen: weil sonst leicht eine Unordnung daraus entstehen kann.

37. §.

Weil die Art ein Adagio zu spielen erfodert, daß der Concertist sich von den begleitenden Stimmen vielmehr schleppen lasse, als daß er ihnen voraus gehe; und es also öfters den Schein hat, als wolle er das Stück langsamer haben: so müssen die Accompagnisten sich nicht dadurch verführen lassen; sondern das Tempo fest halten, und nicht nachgeben: es wäre denn daß der Concertist deswegen ein Zeichen gäbe. Widrigenfalls würde man zuletzt in eine Schläfrigkeit verfallen.

38. §.

Wenn im Allegro ein Ritornell mit Lebhaftigkeit gespielet worden ist; so muß dieselbe Lebhaftigkeit mit dem Accompagnement, bis ans Ende des Stückes, beständig unterhalten werden. Man hat sich gleichfalls nicht an den Concertisten zu kehren, im Fall er denselben Hauptsatz vielleicht cantabel und schmeichelnd vortrüge.

39. §.

Wenn in einem langsamen Stücke solche Noten, s. Tab. XXIII Fig. 9. im Unison vorkommen; so kann es leicht geschehen, daß man sich wegen der Triller zu lange aufhält, und das Zeitmaaß verrücket. Um dieses zu vermeiden, muß man eine solche Figur, in Gedanken, in zween gleiche Theile theilen, und unter dem Puncte sich eine Gegenbewegung vorstellen.

40. §.

Daß die geschwindesten Noten in einem jeden Stück **von mäßigem Tempo** ein wenig ungleich gespielet werden müssen, so daß man die anschlagenden, oder Hauptnoten in einer Figur, nämlich die erste, dritte, fünfte, und siebente etwas länger anhalte, als die durchgehenden, nämlich die zweyte, vierte, sechste und achte; ist im 12. §. des XI. Hauptstücks erkläret worden: ich habe auch daselbst einige Ausnahmen von dieser Regel beygebracht; worauf ich mich also hier beziehe.

Kk   41. §. Wenn

41. §.

Wenn in einem Ritornell die letzte Note ein halber Tact ist, und darauf eine Pause von einem andern halben Tacte folget; das Solo aber erst im folgenden Tacte anfängt: so muß die Endigungsnote des Ritornells nicht zu kurz abgebrochen werden. Wenn das Ritornell im Niederschlage, das folgende Solo aber im Aufschlage des Tactes, mit einem neuen Gedanken, es sey durch ein Viertheil oder Achttheil, anfängt; welches die Accompagnisten nicht allemal wissen können; so thut der Concertist wohl, wenn er nach der Strenge des Tactes anfängt, und den Niederschlag markiret: damit keine Unordnung entstehen möge.

42. §.

Weil ein geschwindes Stück von allen zugleich, und in einerley Geschwindigkeit angefangen werden muß: so ist nöthig, daß ein jeder von seiner Stimme den ersten Tact ins Gedächtniß fasse; damit er auf den Aufführer sehen, und mit ihm zugleich das Tempo recht ergreifen könne. Dieses ist besonders in einem Orchester, oder sonst an einem großen Orte, wo das Accompagnement zahlreich ist, und die Spielenden von einander entfernet, nöthig. Denn weil der Ton in der Ferne später gehöret wird, als in der Nähe; und man sich also nicht, so wie an einem kleinen Orte, nach dem Gehöre richten kann: so muß man, nicht allein im Anfange, sondern auch öfters bey weiterem Fortgange des Spielens, sofern sich etwa eine kleine Unordnung eräugnen sollte, das Gesicht mit zu Hülfe nehmen, und öfters auf den Anführer blicken. Wer etwas von der Violine versteht, wird sich am besten und sichersten nach des Anführers Bogenstriche richten können. Könnten aber nicht alle Accompagnisten den Anführer sehen, oder hören: so hat sich in diesem Falle, ein jeder nach seinem Nachbar, von des Anführers Seite her zu richten; um in einerley Tempo zu bleiben.

43. §.

Wie lange man nach einer Fermate, oder Generalpause, welche durch einen Bogen mit dem Puncte über einer Note oder Pause angedeutet wird, inne halten solle; ist eigentlich keine gewisse Regel gegeben. Bey einem Solo, welches nur unter zwo oder drey Personen gespielet wird, verursachet diese Ungewißheit wenig Nachtheil; bey einem zahlreichen Accompagnement aber, desto mehr. Nach einer kleinen Stille, müssen alle Stimmen, eben sowohl, wie es beym Anfange eines Stückes erfodert wird, zugleich wieder mit einander anfangen. Geschieht dieses nicht von allen

recht

Von den Pflichten aller Accompagnisten überhaupt.

recht genau: so wird der Endzweck der Ueberraschung, so man hier nach einer kleinen Ruhe erwartet, nicht erreichet. Ich will versuchen, eine aus den verschiedenen Tactarten hergeleitete Regel, die nur an wenigen Orten eine Ausnahme leiden dürfte, fest zu setzen, und vorzuschlagen, nämlich: Bey allen Tripeltacten, wie auch im Allabreve, und im Zweyviertheiltacte pausire man, außer dem Tacte worüber das Ruhezeichen steht, noch einen Tact mehr. Im gemeinen geraden Tacte hingegen, richte man sich nach den Einschnitten, ob solche in das Aufheben oder in das Niederschlagen des Tacts fallen. Bey den erstern kann man noch einen halben; bey den letztern aber noch einen ganzen Tact mehr pausiren: und dieses wird, wie ich glaube, genug, und der Absicht des Componisten gemäß seyn. Eine allgemeine Beobachtung dieser Regel würde machen, daß man, um zugleich mit einander wieder anfangen zu können, keines weitern Erinnerns mehr bedürfte. Sofern die Fermate unter der concertirenden Stimme vorkömmt, und der Concertist dabey eine Manier machet, welche er mit einem langen Triller endiget, so müssen die begleitenden Stimmen ihre Noten nicht eher verlassen, bis der Triller geendiget ist; oder sie müssen dieselben zum wenigsten, bey Endigung des Trillers, noch einmal wiederholen. Dieses ist besonders zu beobachten, wenn die Grundnote zweyerley Accorde über sich hat; und die Resolution durch den Triller verzögert wird. Hierauf können sie noch so lange pausiren, wie oben gemeldet worden.

44. §.

Bey Endigung einer Hauptcadenz, wenn das folgende Tutti im Niederschlage anfängt, thun die Accompagnisten wohl, wenn sie, absonderlich bey Begleitung einer Singstimme oder eines Blasinstruments, aus Discretion, nicht bis zum äußersten Ende des Trillers warten; sondern denselben so zu sagen unterbrechen; und lieber vor der Zeit, als zu spät, in das Tutti einfallen. Denn sowohl einem Sänger, als Blasinstrumentisten, kann es zuletzt leichtlich an Athem fehlen: und wenn dieses geschähe, so würde das Feuer der Ausführung dadurch unterbrochen werden. Fängt aber das Tutti im Aufheben des Tactes, und noch unter dem Triller an; so ist es nicht mehr eine Discretion, sondern eine Schuldigkeit, den Triller zu unterbrechen. Ueberhaupt aber muß man sich hierbey nach dem Concertisten, und nach der Stärke seiner Brust richten. Einige Sänger und Instrumentisten, welche gute Lungen haben, suchen durch lange Triller nach der Cadenz noch eine besondere Bravur zu zeigen: man darf ihnen also daran nicht hinderlich seyn. Das Unterbrechen des Trillers muß also in beyden Fällen nicht eher geschehen, als bis man wahrnimmt, daß der Triller anfängt matt zu werden. Der Anführer wird hierauf besonders Achtung geben: und also ist auch hierbey der Accompagnisten Schuldigkeit, die Augen auf ihn zu wenden, und sich mit seinem Bogenstriche zu vereinigen.

45. §.

Nachdem ich nun bisher von dem Zeitmaaße überhaupt gehandelt, und was dabey zu beobachten ist, angemerket habe; so befinde ich noch für nöthig, eine Idee zu geben, wie man, bey einem jeden Stücke insbesondere, das ihm eigene Tempo ohngefähr errathen könne. Es ist zwar dieses Errathen des Zeitmaaßes nicht eines der leichtesten Dinge in der Musik: desto nöthiger aber wäre es, deswegen, so viel als möglich ist, einige gewisse Regeln fest zu setzen. Wer da weis, wie viel an dem rechten Zeitmaaße, so ein jedes Stück erfodert, gelegen ist, und was für große Fehler hierinne vorgehen können; der wird an dieser Nothwendigkeit nicht zweifeln. Hätte man hierinne gewisse Regeln, und wollte dieselben gehörig beobachten; so würde manches Stück, welches öfters durch das unrechte Zeitmaaß verstümmelt wird, eine bessere Wirkung thun, und seinem Erfinder mehr Ehre machen, als vielmals geschieht. Zu geschweigen daß dadurch ein Componist, in Abwesenheit, sein verlangtes Tempo, einem andern der seine Composition aufführen soll, leichter schriftlich mittheilen könnte. Bey großen Musiken giebt es die Erfahrung, daß zu Anfang eines Stücks, nicht allezeit das Tempo von einem jeden so gefasset wird, wie es seyn soll: sondern daß zuweilen wohl ein, oder mehr Tacte vorbey gehen, bevor alle mit einander einig werden. Wüßte sich nun ein jeder das gehörige Zeitmaaß zum wenigsten einigermaaßen vorzustellen; so würden viele Unordnungen, und unannehmliche Aenderungen des Zeitmaaßes, leicht können vermieden werden. Man würde, wenn man von jemanden ein Stück hat spielen hören, sich das Tempo desselben, desto leichter merken, und das Stück, zu einer andern Zeit, in eben demselben Tempo nachspielen können. Man mache, um von der Nothwendigkeit solcher gewissen Regeln noch mehr überzeuget zu werden, die Probe, und spiele zum Exempel ein Adagio, ein= zwey= drey= oder viermal langsamer, als es seyn soll. Wird man nicht finden, daß die Melodie nach und nach verlöschen, und man endlich nichts mehr, als nur harmonische Klänge hören wird? Bey einem Allegro, welches mit besondem Feuer gespielet werden soll, wird einem, wenn man es um so viel langsamer spielet, als es seyn soll, endlich gewiß die Lust zu schlafen ankommen.

46. §.

Man ist zwar schon, seit langer Zeit, ein, zu gewisser Treffung des Zeitmaaßes, dienliches Mittel auszufinden bemühet gewesen. *Loulié* hat in seinen Elements ou Principes de Musique, mis dans un nouvel ordre &c. a Paris, 1698. den Abriß einer Maschine, die er Chronometre nennet, mitgetheilet. Ich habe diesen Abriß nicht können zu sehen bekommen, und kann also meine Gedanken nicht völlig darüber eröfnen. Inzwischen wird diese Maschine doch schwerlich von einem jeden immer bey sich geführet werden können: zu geschweigen, daß die fast allgemeine Vergessenheit derselben, da sie, so viel man weiß, niemand sich zu Nutzen gemacht hat, schon einen Verdacht, wider ihre Zulänglichkeit und Tüchtigkeit, erreget.

47. §.

Das Mittel welches ich zur Richtschnur des Zeitmaaßes am dienlichsten befinde, ist um so viel bequemer, je weniger Mühe es kostet, desselben habhaft zu werden, weil es ein jeder immer bey sich hat. **Es ist der Pulsschlag an der Hand eines gesunden Menschen.** Ich will mich bemühen, eine Anleitung zu geben, wie man, wenn man sich nach ihm richtet, eine jede sich von den andern besonders unterscheidende Art des Zeitmaaßes, ohne große Schwierigkeit finden könne. Ich kann mich zwar nicht ganz und gar rühmen, der erste zu seyn, der auf dieses Mittel gefallen wäre: so viel ist aber auch gewiß, daß sich noch niemand die Mühe gegeben hat, die Anwendung desselben deutlich und ausführlich zu beschreiben, und zum Gebrauche der itzigen Musik bequem zu machen. Ich thue das letztere also mit desto größerer Sicherheit, da ich in Ansehung der Hauptsache, wie mir nachher erst bekannt worden, nicht der einzige bin, der auf diese Gedanken gerathen ist.

48. §.

Ich verlange nicht, daß man ein ganzes Stück nach dem Pulsschlage abmessen solle; denn dieses wäre ungereimt und unmöglich: sondern meine Absicht geht nur dahin, zu zeigen, wie man zum wenigsten durch zween oder vier, sechs oder acht Pulsschläge, ein jedes Zeitmaaß, so man verlanget, fassen, und vor sich, eine Erkenntniß der verschiedenen Arten desselben, erlangen, und daher zu weiterm Nachforschen Anlaß nehmen könne.

Hat man sich eine Zeitlang darinne geübet: so wird sich nach und nach dem Gemüthe eine solche Idee von dem Zeitmaaße eindrücken, daß man nicht ferner nöthig haben wird, allezeit den Pulsschlag zu Rathe zu ziehen.

49. §.

Ehe ich weiter gehe, muß ich vorher diese unterschiedenen Arten des Zeitmaaßes etwas genauer untersuchen. Es giebt zwar derselben in der Musik so vielerley, daß es nicht möglich seyn würde, sie alle zu bestimmen. Es giebt aber auch gewisse Hauptarten davon, woraus die übrigen hergeleitet werden können. Ich will solche, so wie sie in Concerten, Trio und Solo vorkommen, in vier Classen eintheilen, und zum Grunde setzen. Sie sind aus dem gemeinen geraden oder Viervierteltacte genommen, und sind folgende: 1) das **Allegro assai**, 2) das **Allegretto**, 3) das **Adagio cantabile**, 4) das **Adagio assai**. Zu der ersten Classe rechne ich: das Allegro die molto, das Presto, u. s. w. Zu der zweyten das Allegro ma non tanto, non troppo, non presto, moderato, u. s. w. Der dritten Classe zähle ich zu: das Cantabile, Arioso, Larghetto, Soave, Dolce, Poco andante, Affettuoso, Pomposo, Maestoso, alle Siciliana, Adagio spiritoso, u. d. g. Zur vierten gehören: Adagio pesante, Lento, Largo assai, Mesto, Grave u. s w. Diese Beywörter machen zwar unter sich selbst wieder jedes einigen Unterschied; doch geht derselbe mehr auf den Ausdruck der Leidenschaften, die in einem jeden Stücke vornemlich herrschen, als auf das Zeitmaaß selbst. Wenn man nur erst die vorher gemeldeten vier Hauptarten des Tempo recht in den Sinn gefasset hat; so wird man die übrigen mit der Zeit desto leichter treffen lernen: weil der Unterschied nur ein weniges beträgt.

50. §.

Das **Allegro assai** ist also, von diesen vier Hauptarten des Tempo, das geschwindeste*. Das **Allegretto** ist noch einmal so langsam, als jenes. Das **Adagio cantabile** ist noch einmal so langsam, als das Allegretto; und das **Adagio assai** noch einmal so langsam, als das Adagio cantabile. Im Allegro assai bestehen die Passagien aus Sechzehntheilen oder eingeschwänzten Triolen; und im Allegretto aus zwey und dreyßigtheilen oder zweygeschwänzten Triolen. Weil aber die itzt angeführten Passagien mehrentheils in einerley Geschwindigkeit gespielet werden müssen, sie mögen zwey= oder dreygeschwänzet seyn: so folgt daraus, daß die Noten von einerley

nerley Geltung in dem einen noch einmal so geschwinde kommen, als in dem andern. Im Allabrevetacte, welchen die Welschen: Tempo maggiore nennen, und welcher, es sey das Zeitmaaß langsam oder geschwinde, allezeit mit einem durchstrichenen großen C angedeutet wird, hat es gleiche Bewandniß: nur daß alle Noten in demselben noch einmal so geschwind genommen werden, als im gemeinen geraden Tacte: das Tempo mag langsam oder geschwind seyn. Die geschwinden Passagien im Allegro assai, werden also in dieser Tactart in Achttheilen geschrieben, und so gespielt als wie die aus Sechzehntheilen bestehenden Passagien des Allegro assai, im gemeinen geraden Tacte oder Tempo minore, u. s. w. Wie nun das Allegro im geraden Tacte zwo Hauptarten des Tempo hat, nämlich ein geschwindes und ein gemäßigtes: so ist es auch auf gleiche Art mit dem Tripeltacte als: Dreyviertheil = Dreyachttheil = Sechsachttheil = Zwölfachttheiltacte, u. s. w. beschaffen. Z. E. Wenn im Dreyviertheiltacte nur Achttheile, im Dreyachttheiltacte nur Sechzehntheile, oder im Sechsachttheil = oder Zwölfachttheiltacte nur Achttheile vorkommen; so ist solches das geschwindeste Tempo. Sind aber im Dreyviertheiltacte Sechzehntheile, oder eingeschwänzete Triolen, im Dreyachttheiltacte Zwey und dreyßigtheile oder zweygeschwänzte Triolen; hingegen im Sechsachttheil = und Zwölfachttheiltacte Sechzehntheile zu befinden: so ist solches das gemäßigte Tempo, welches noch einmal so langsam gespielet werden muß, als das vorige. Mit dem Adagio hat es, wenn man nur, die zu Anfange dieses §. angedeuteten Grade der Langsamkeit beobachtet, und auf die Tactart, ob es Allabreve = oder gemeiner Tact ist, Acht hat, in diesem Stücke weiter keine andere Schwierigkeit.

* Was in vorigen Zeiten recht geschwind gehen sollte, wurde fast noch einmal so langsam gespielet, als heutiges Tages. Wo Allegro assai, Presto, Furioso, u. d. m. dabey stund, das war eben so geschrieben, und wurde fast nicht geschwinder gespielet, als man heutiges Tages das Allegretto schreibt und ausführet. Die vielen geschwinden Noten, in den Instrumentalstücken der vorigen deutschen Componisten, sahen alle viel schwerer und gefährlicher aus, als sie klungen. Die heutigen Franzosen haben die Art der mäßigen Geschwindigkeit in lebhaften Stücken noch größtentheils beybehalten.

51. §.

Um nun auf die Hauptsache zu kommen, nämlich; wie jede von den angeführten Arten des Tactes, durch Vermittelung des Pulsschlages, in ihr gehöriges Zeitmaaß gebracht werden kann; so ist zu merken: daß man vor allen Dingen, sowohl das zu Anfange des Stücks geschriebene, das Zeitmaaß andeutende, Wort; als auch die geschwindesten Noten, woraus die Passagien bestehen, betrachten müsse. Weil man nun mehr als acht ganz geschwinde Noten, nicht wohl, es sey mit der Doppelzunge, oder mit dem Bogenstriche, in der Zeit eines Pulsschlages ausüben kann, so kömmt:

Im gemeinen geraden Tacte:
In einem Allegro assai, auf jeden halben Tact, die Zeit eines Pulsschlages;
In einem Allegretto, auf ein jedes Viertheil, ein Pulsschlag;
In einem Adagio cantabile, auf ein jedes Achttheil ein Pulsschlag;
Und in einem Adagio assai, auf jedes Achttheil zweene Pulsschläge.

Im Allabrevetacte, kömmt:
In einem Allegro, auf jeden Tact ein Pulsschlag;
In einem Allegretto, auf jeden halben Tact ein Pulsschlag;
In einem Adagio cantabile, auf jedes Viertheil ein Pulsschlag;
In einem Adagio assai, auf ein jedes Viertheil zweene Pulsschläge.

Es giebt, vornehmlich im gemeinen geraden Tacte, eine Art von gemäßigtem Allegro, welche gleichsam zwischen dem Allegro assai und dem Allegretto das Mittel ist. Sie kömmt öfters in Singsachen, auch bey solchen Instrumenten vor, welche die große Geschwindigkeit in den Passagien nicht vertragen; und wird mehrentheils durch Poco allegro, Vivace, oder mestentheils nur Allegro allein, angedeutet. Hier kömmt auf drey Achttheile ein Pulsschlag; und der zweyte Pulsschlag fällt auf das vierte Achttheil.

Im Zweyviertheil- oder geschwinden Sechsachttheiltacte, kömmt in einem Allegro auf einen jeden Tact ein Pulsschlag.

In einem Allegro im Zwölfachttheiltacte, wenn keine Sechzehntheile vorkommen, treffen auf jeden Tact zweene Pulsschläge.

Im Dreyviertheiltacte, kann man, wenn das Stück allegro geht, und die Passagien darinne aus Sechzehntheilen oder eingeschwänzten Triolen bestehen, in einem Tacte, mit dem Pulsschlage kein gewisses Tempo fest setzen. Will man aber zweene Tacte zusammen nehmen, so geht es an; und kömmt alsdenn auf das erste und dritte Viertheil des ersten Tacts, und auf das zweyte Viertheil des andern Tacts, auf jedes ein
Puls-

Von den Pflichten aller Accompagnisten überhaupt.

Pulsschlag; folglich drey Pulsschläge auf sechs Viertheile. Gleiche Bewandniß hat es mit dem Neunachttheiltacte.

Sowohl im ganz geschwinden Dreyviertheil- als Dreyachttheiltacte, wo in den Passagien nur sechs geschwinde Noten, in jedem Tacte, vorkommen, trifft auf jeden Tact ein Pulsschlag. Es darf aber dennoch kein Stück seyn welches Presto seyn soll: sonst würde der Tact um zwo geschwinde Noten zu langsam. Will man aber wissen, wie geschwind diese drey Viertheile oder drey Achttheile in einem Presto seyn müssen; so nehme man das Zeitmaaß nach dem geschwinden Zweyviertheiltacte, allwo vier Achttheile auf einen Pulsschlag kommen; und spiele diese drey Viertheile oder Achttheile eben so geschwinde, als die Achttheile in gemeldetem Zweyviertheiltacte: alsdenn werden die geschwinden Noten, in beyden oben erwähnten Tactarten, ihr gehöriges Zeitmaaß bekommen.

In einem Adagio cantabile im Dreyviertheiltacte, da die Bewegung der Grundstimme aus Achttheilen besteht, kömmt auf ein jedes Achttheil ein Pulsschlag. Besteht aber die Bewegung nur aus Viertheilen, und der Gesang ist mehr arios, als traurig; so kömmt auf ein jedes Viertheil ein Pulsschlag. Doch muß man sich hierinne auch, sowohl nach der Tonart, als nach dem vorgeschriebenen Worte richten. Denn wenn es ein Adagio assai, Mesto, oder Lento ist, so kommen auch hier zweene Pulsschläge auf jedes Viertheil.

In einem Arioso im Dreyachttheiltacte, kömmt auf jedes Achttheil ein Pulsschlag.

Ein alla Siciliana im Zwölfachttheiltacte würde zu langsam seyn, wenn man zu jedem Achttheile einen Pulsschlag zählen wollte. Wenn man aber zweene Pulsschläge in drey Theile theilet; so kömmt sowohl auf das erste, als dritte Achttheil ein Pulsschlag. Hat man nun diese drey Noten eingetheilet; so muß man sich nicht weiter an die Bewegung des Pulses kehren; sonst würde das dritte Achttheil zu lang werden.

Wenn in einem geschwinden Stücke die Passagien aus lauter Triolen bestehen, und keine zwey- oder dreygeschwänzeten gleichen Noten untermischet sind; so kann dasselbe, nach Belieben, etwas geschwinder, als der Pulsschlag geht, gespielet werden. Dieses ist besonders bey dem geschwinden Sechsachttheil- Neunachttheil- und Zwölfachttheiltacte, zu beobachten.

52. §.

52. §.

Was ich bisher gezeiget habe, trifft, wie schon oben gesaget worden am genauesten und am allermeisten bey den Instrumentalstücken, als Concerten, Trio und Solo ein. Was die Arien im italiänischen Geschmacke anbelanget; so ist zwar wahr, daß fast eine jede von ihnen ihr besonderes Tempo verlanget. Es fließt doch aber solches mehrentheils aus den hier angeführten vier Hauptarten des Zeitmaaßes: und kömmt es nur darauf an, daß man so wohl auf den Sinn der Worte, als auf die Bewegung der Noten, besonders aber der geschwindesten, Achtung gebe; und daß man bey geschwinden Arien, auf die Fertigkeit und die Stimmen der Sänger sein Augenmerk richte. Ein Sänger der die geschwinden Passagien alle mit der Brust stößt, kann dieselben schwerlich in solcher Geschwindigkeit herausbringen, als einer der sie nur in der Gurgel markiret; ohnerachtet der erstere vor dem letztern, absonderlich an großen Orten, wegen der Deutlichkeit, immer einen Vorzug behält. Wenn man also nur ein wenig Erfahrung darinne hat, und weis, daß überhaupt die meisten Arien nicht ein so gar geschwindes Tempo verlangen, als die Instrumentalstücke; so wird man das gehörige Zeitmaaß davon, ohne weitere besondere Schwierigkeiten, treffen können.

53. §.

Mit einer Kirchenmusik hat es eben dieselbe Bewandtniß, wie mit den Arien: ausgenommen, daß sowohl der Vortrag bey der Ausführung, als das Zeitmaaß, wenn es anders kirchenmäßig seyn soll, etwas gemäßigter, als im Opernstyl genommen werden muß.

54. §.

Auf die bisher beschriebene Weise nun, kann man nicht allein jede Note in ihr gehöriges Zeitmaaß eintheilen lernen; sondern man kann auch dadurch, von jedem Stücke, das rechte Tempo, so wie es der Componist verlanget, mehrentheils errathen: wenn man nur damit eine lange und vielfältige Erfahrung zu verknüpfen suchen wird.

55. §.

Ich muß noch etliche Einwürfe im Voraus beantworten, die man wider meine angeführte Art das Tempo zu errathen, vielleicht machen könnte. Man könnte einwenden, daß der Pulsschlag, weder zu einer jeden Stunde des Tages, noch bey einem jeden Menschen, allezeit in einerley Geschwindigkeit gehe, wie es doch erfodert würde, um das Zeitmaaß in der Musik richtig darnach zu fassen. Man wird sagen, daß der Puls

Von den Pflichten aller Accompagnisten überhaupt.

des Morgens vor der Mahlzeit langsamer, als Nachmittags nach der Mahlzeit, und des Nachts noch geschwinder, als Nachmittags schlage: auch daß er bey einem zur Traurigkeit geneigten Menschen langsamer, als bey einem heftigen und lustigen, gehe. Es kann seyn, daß dieses seine Richtigkeit hat. Dem ungeachtet aber könnte man auch dießfalls etwas gewisses bestimmen. Man nehme den Pulsschlag, wie er nach der Mittagsmahlzeit bis Abends, und zwar wie er bey einem lustigen und aufgeräumten, doch dabey etwas hitzigen und flüchtigen Menschen, oder, wenn es so zu reden erlaubet ist, bey einem Menschen von cholerisch-sanguinischem Temperamente geht, zum Grunde: so wird man den rechten getroffen haben. Ein niedergeschlagener, oder trauriger, oder kaltsinniger und träger Mensch, könnte allenfalls bey einem jeden Stücke das Zeitmaaß etwas lebhafter fassen, als sein Puls geht. Ist dieses nicht hinreichend, so will ich noch was genauers bestimmen. Man setze denjenigen Puls, welcher in einer Minute ohngefähr achtzigmal schlägt, zur Richtschnur. Achtzig Pulsschläge, im geschwindesten Tempo des gemeinen geraden Tacts, machen vierzig Tacte aus. Einige wenige Pulsschläge mehr, oder weniger, machen hierbey keinen Unterschied. Z. E. Fünf Pulsschläge in einer Minute mehr, oder fünfe weniger, verlängern oder verkürzen, in vierzig Tacten, jeden Tact um ein Sechzehntheil. Dieses aber beträgt so was geringes, daß es unmöglich zu merken ist. Wessen Pulsschlag nun in einer Minute viel mehr oder weniger Schläge macht, als achtzig, der weis, wie er sich, sowohl in Ansehung der Verminderung, als der Vermehrung der Geschwindigkeit, zu verhalten hat. Gesetzt aber auch, daß mein vorgeschlagenes Mittel, dem allen ungeachtet, nicht ganz und gar für allgemein ausgegeben werden könnte; ob ich es gleich theils durch meinen eigenen Pulsschlag, theils durch vielfältige andere Proben, die ich sowohl bey meiner eigenen, als bey fremder Composition, und zwar mit unterschiedenen Leuten angestellet habe, beweisen wollte: so wird es doch darzu dienen, daß niemand, der sich nach der angeführten Methode, vor sich, von den vier Hauptarten des Zeitmaaßes einen Begrif gemacht hat, von dem wahren Tempo eines jeden Stücks allzuweit abweichen wird. Man sieht ja täglich vor Augen, wie sehr öfters das Zeitmaaß gemißhandelt wird; wie man nicht selten, eben dasselbe Stück bald mäßig, bald geschwind, bald noch geschwinder spielet. Man weis, daß an vielen Orten, wo man nur auf das Gerathewohl los spielet, öfters aus einem Presto ein Allegretto, und aus einem Adagio ein Andante ge-

machet

machet wird: welches doch dem Componisten, welcher nicht allezeit zugegen seyn kann, zum größten Nachtheile gereichet. Es ist zur Gnüge bekannt, daß wenn ein Stück ein- oder mehrmal nach einander wiederholet wird, absonderlich wenn es ein geschwindes, z. E. ein Allegro aus einem Concert, oder einer Sinfonie, ist, daß man dasselbe, um die Zuhörer nicht einzuschläfern, zum zweytenmale etwas geschwinder spielet, als das erstemal. Geschähe dieses nicht; so würden die Zuhörer glauben, das Stück sey noch nicht zu Ende. Wird es aber in einem etwas geschwindern Tempo wiederholet, so bekömmt das Stück dadurch ein lebhafteres, und, so zu sagen, ein neues oder frembes Ansehen; welches die Zuhörer in eine neue Aufmerksamkeit versetzet. Gereicht nun diese Gewohnheit dem Stücke nicht zum Nachtheile; zumal da sie bey guten und mittelmäßigen Ausführern hergebracht ist, und bey beyden gleich gute Wirkung thut: so würde es auch nicht schädlich seyn, wenn allenfalls ein trauriger Mensch, der Mischung seines Blutes gemäß, ein Stück zwar mäßig geschwinder, nur aber gut spielete; und ein flüchtiger Mensch nähme es mit mehrerer Lebhaftigkeit. Im übrigen aber, woferne jemand noch ein leichteres, richtigeres, und bequemeres Mittel das Zeitmaaß zu erlernen, und zu treffen, ausfinden könnte; so würde er wohl thun, wenn er nicht säumete, es der Welt bekannt zu machen.

56. §.

Ich will die Art, das Tempo nach Anleitung des Pulsschlages zu treffen, noch auf die **französische Tanzmusik**, von welcher ich auch etwas zu handeln für nöthig finde, anzuwenden suchen. Diese Art der Musik besteht mehrentheils aus gewissen Charakteren; ein jeder Charakter aber erfodert sein eigenes Tempo: weil diese Art von Musik nicht so willkührlich als die italiänische, sondern sehr eingeschränket ist. Könnten nun sowohl die Tänzer, als das Orchester, allezeit einerley Tempo fassen; so würden sie vieles Verdrusses überhoben seyn können. Es ist bekannt, daß die meisten Tänzer wenig oder nichts von der Musik verstehen, und oftmals das rechte Zeitmaaß selbst nicht wissen; sondern sich mehrentheils nur nach der Fassung, in welcher sie stehen, oder nach ihren Kräften richten. Die Erfahrung lehret auch, daß die Tänzer, bey den Proben, wenn solche des Morgens geschehen, da sie noch nüchtern sind, und mit kaltem Blute tanzen, selten das Zeitmaaß so lebhaft verlangen, als bey der Ausführung, welche ordentlicher Weise des Abends vor sich geht; da sie denn, theils wegen der guten Nahrung die sie vorher zu sich genom-

Von den Pflichten aller Accompagnisten überhaupt. 269

nommen haben, theils wegen Menge der Zuschauer, und aus Ehrgeitz, in ein größeres Feuer gerathen, als bey der Probe. Hierdurch können sie nun leichtlich die Sicherheit in den Knieen verlieren; und wenn sie eine Sarabande oder Loure tanzen, wo bisweilen nur ein gebeugtes Knie den ganzen Körper allein tragen muß, so scheint ihnen das Tempo oftmals zu langsam zu seyn. Zugeschweigen, daß die französische Tanzmusik, wenn solche zwischen einer guten italiänischen Oper gehöret wird, sehr abfällt, mager klingt, und nicht die Wirkung thut, als in einer Comödie, wo man nichts anders dagegen höret. Deswegen entsteht oftmals viel Streit zwischen den Tänzern und dem Orchester: weil die erstern glauben, daß die letztern entweder nicht im rechten Tempo spieleten, oder ihre Musik nicht so gut ausführeten, als die italiänische. Es ist zwar nicht zu läugnen, daß die französische Tanzmusik nicht so leicht zu spielen ist, als sich mancher einbildet, und daß der Vortrag sich von der italiänischen Art sehr unterscheiden muß, so fern er jedem Charaktere gemäß seyn soll. Die Tanzmusik muß mehrentheils ernsthaft, mit einem schweren, doch kurzen und scharfen, mehr abgesetzten, als geschleiften Bogenstriche, gespielet werden. Das Zärtliche und Cantable findet darinne nur selten statt. Die punctirten Noten werden schwer, die darauf folgenden aber sehr kurz und scharf gespielet. Die geschwinden Stücke müssen lustig, hüpfend, hebend, mit einem ganz kurzen, und immer durch einen Druck markirten Bogenstriche, vorgetragen werden: damit man den Tänzer beständig hebe und zum Springen anreize; dem Zuschauer aber, das, was der Tänzer vorstellen will, begreiflich und fühlbar mache. Denn der Tanz wirket ohne Musik eben so viel, als eine gemalete Speise.

57. §.

Wie nun auf die Richtigkeit des Zeitmaaßes bey allen Arten der Musik viel ankömmt: so muß dasselbe auch bey der Tanzmusik auf das genaueste beobachtet werden Die Tänzer haben sich nicht nur mit dem Gehöre, sondern auch mit ihren Füßen und Leibesbewegungen darnach zu richten: und also ist leicht zu erachten, wie unangenehm es ihnen fallen müsse, wenn das Orchester in einem Stücke bald langsamer, bald geschwinder spielet. Sie müssen ihren ganzen Körper anstrengen, besonders wenn sie sich in hohe Sprünge einlassen: die Billigkeit erfodert also, daß sich das Orchester, so viel als möglich ist, nach ihnen bequeme; welches auch leicht geschehen kann, wenn man nur dann und wann auf das Niederfallen der Füße Achtung giebt.

58. §.

Es würde zu weitläuftig seyn, alle Charaktere, so im Tanzen vorkommen können, zu beschreiben, und ihr Zeitmaaß zu bemerken. Ich will also nur etliche wenige anführen, aus welchen die übrigen leicht werden zu begreifen seyn.

Wenn die Welschen, im geraden Tacte, durch das große C, so ihn andeutet, einen Strich machen; so zeiget solcher, wie bekannt, den Allabrevetact an. Die Franzosen bedienen sich dieser Tactart zu verschiedenen Charakteren, als: Burreen, Entreen, Rigaudons, Gavotten, Rondeaus, u. s. w. Sie schreiben aber anstatt des durchstrichenen C eine große 2. welche ebenfalls bedeutet, daß die Noten noch einmal so geschwind gespielet werden müssen, als sonst. In dieser Tactart sowohl, als im Dreyviertheiltacte, bey der Loure, Sarabande, Courante, und Chaconne, müssen die Achttheile, so auf punctirte Viertheile folgen, nicht nach ihrer eigentlichen Geltung, sondern sehr kurz und scharf gespielet werden. Die Note mit dem Puncte wird mit Nachdruck markiret, und unter dem Puncte der Bogen abgesetzet. Eben so verfährt man mit allen punctirten Noten, wenn es anders die Zeit leidet: und soferne nach einem Puncte oder einer Pause drey oder mehr dreygeschwänzte Noten folgen; so werden solche, besonders in langsamen Stücken, nicht allemal nach ihrer Geltung, sondern am äußersten Ende der ihnen bestimmten Zeit, und in der größten Geschwindigkeit gespielet; wie solches in Ouvertüren, Entreen, und Furien öfters vorkömmt. Es muß aber jede von diesen geschwinden Noten ihren besondern Bogenstrich bekommen: und findet das Schleifen wenig statt.

Die **Entree**, die **Loure**, und die **Courante**, werden prächtig gespielet; und der Bogen wird bey jedem Viertheile, es sey mit oder ohne Punct, abgesetzet. Auf jedes Viertheil kömmt ein Pulsschlag.

Eine **Sarabande** hat eben dieselbe Bewegung; wird aber mit einem etwas annehmlichern Vortrage gespielet.

Eine **Chaconne** wird gleichfalls prächtig gespielet. Ein Pulsschlag nimmt dabey zweene Viertheile ein.

Eine **Passecaille** ist der vorigen gleich; wird aber fast ein wenig geschwinder gespielet.

Eine **Musette** wird sehr schmeichelnd vorgetragen. Auf jedes Viertheil im Dreyviertheiltacte, oder auf jedes Achttheil im Dreyachttheiltacte kömmt ein Pulsschlag. Bisweilen wird sie nach der Phantasie

sie der Tänzer so geschwind gemacht, daß nur auf jedem Tact ein Pulsschlag kömmt.

Eine **Furie** wird mit vielem Feuer gespielet. Auf zweene Viertheile kömmt ein Pulsschlag; es sey im geraden oder im Dreyviertheiltacte; so ferne im letztern zweygeschwänzte Noten vorkommen.

Eine **Bourree** und ein **Rigaudon** werden lustig, und mit einem kurzen und leichten Bogenstriche ausgeführet. Auf jeden Tact kömmt ein Pulsschlag.

Eine **Gavotte** ist dem Rigaudon fast gleich; wird aber doch im Tempo um etwas gemäßiget.

Ein **Rondeau** wird etwas gelassen gespielet; und kömmt ohngefähr auf zweene Viertheile ein Pulsschlag; es sey im Allabreve- oder im Dreyviertheiltacte.

Die **Gique** und **Canarie** haben einerley Tempo. Wenn sie im Sechsachttheiltacte stehen, kömmt auf jeden Tact ein Pulsschlag. Die Gique wird mit einem kurzen und leichten Bogenstriche; die Canarie, welche immer aus punctirten Noten besteht, aber, mit einem kurzen und scharfen Bogenstriche gespielet.

Ein **Menuet** spiele man hebend, und markire die Viertheile mit einem etwas schweren, doch kurzen Bogenstriche; auf zweene Viertheile kömmt ein Pulsschlag.

Ein **Passepied** wird theils etwas leichter, theils etwas geschwinder gespielet, als der vorige. Hierinne geschieht es oft, daß zweene Tacte in einen geschrieben, und über die mittelste Note zweene Striche gesetzet werden; s. Tab. XXIII. Fig. 10. im zweyten Tacte. Einige lassen diese zweene Tacte von einander abgesondert, und schreiben, anstatt des Viertheils mit den Strichen, zweene Achttheile, mit einem darüber stehenden Bogen: den Tactstrich aber setzen sie dazwischen. Im Spielen werden diese Noten auf einerley Art gemacht, nämlich, die zweene Viertheile kurz, und mit abgesetztem Bogen; und zwar in dem Tempo, als wenn es Dreyviertheiltact wäre.

Ein **Tambourin** wird wie ein Bourree oder Rigaudon gespielet; nur ein wenig geschwinder.

Ein **Marsch** wird ernsthaft gespielet. Wenn derselbe im Allabreve- oder Bourreentacte gesetzet ist; so kommen auf jeden Tact zweene Pulsschläge. u. s. w.

59. §.

59. §.

In einem italiänischen Recitativ, bindet sich der Sänger nicht allemal an das Zeitmaaß, sondern hat die Freyheit, das was er vortragen soll, nach eigenem Gutbefinden, und nachdem es die Worte erfodern, langsam oder geschwind auszudrücken. Wenn nun die begleitenden Stimmen dabey ein Accompagnement von haltenden Noten auszuführen haben; so müssen sie dem Sänger mehr nach dem Gehöre, und mit Discretion, als nach dem Tacte, accompagniren. Besteht aber das Accompagnement aus Noten, die in das Zeitmaaß eingetheilet werden müssen: so ist hingegen der Sänger verbunden, sich nach den begleitenden Stimmen zu richten. Bisweilen wird das Accompagnement unterbrochen, so, daß der Sänger dennoch Freyheit bekömmt, nach Willkühr zu recitiren: und die begleitenden Stimmen fallen nur dann und wann ein, nämlich bey den Einschnitten, wenn der Sänger eine Periode geendiget hat. Hier müssen die Accompagnisten nicht warten, bis der Sänger die letzte Sylbe ausgesprochen hat; sondern sie müssen schon unter der vorletzten oder vorhaltenden Note einfallen; um die Lebhaftigkeit beständig zu unterhalten. Sofern aber die Violinen anstatt der Note im Niederschlage eine kurze Pause haben, und der Baß eine Note vorschlägt; so muß derselbe mit einer Sicherheit und Kraft einfallen; besonders bey den Cadenzen; denn hier kömmt es auf den Baß am meisten an. Dieser muß überhaupt bey allen Cadenzen des theatralischen Recitativs, es mag ein mit Violinen begleitetes, oder nur ein gemeines seyn, seine zwo Noten, welche mehrentheils aus einem fallenden Quintensprunge bestehen, unter der letzten Sylbe anfangen, und nicht zu langsam, sondern mit Lebhaftigkeit anschlagen. Der Clavierist thut dieses durch ein vollstimmiges Accompagnement; der Violoncellist und Contraviolonist aber durch einen kurzen Druck mit dem untersten Theile des Bogens; sie wiederholen den Strich, und nehmen beyde Noten rückwärts. Wenn in einem lebhaften Recitativ die begleitenden Stimmen, bey den Einschnitten, laufende oder sonst kurze Noten haben, welche präcipitant gespielet werden müssen: und im Niederschlage eine Pause vorher steht: s. Tab. XXIII. Fig. 11. so müssen auch hier die Accompagnisten nicht warten, bis der Sänger die letzte Sylbe völlig ausgesprochen hat; sondern schon unter der vorhaltenden Note anfangen: damit der feurige Affect beständig unterhalten werde. Nicht zu gedenken, daß sie auf diese Art auch allezeit, zumal in einem weitläuftigen Orchester, genauer zusammen

Von den Pflichten aller Accompagnisten überhaupt.

men treffen werden, wenn ihnen die vorletzte Sylbe des Sängers zur Richtschnur dienet.

60. §.

Dieses ist es nun, was ich von den Pflichten der Ausführer der Ripienstimmen abzuhandeln, für nöthig erachtet habe. Man kann daraus abnehmen, daß es nicht so gar leicht sey, gut zu accompagniren; und daß von einem Orchester, wenn es anders vortreflich seyn will, sehr viel gefodert werde. Da nun aber so viel von demselben verlanget wird: so liegt es auch wieder, von der andern Seite, den Componisten ob, ihre Compositionen so einzurichten, daß ein gut Orchester damit auch Ehre einlegen könne. Manche Composition ist entweder so trocken, oder so bizarr, schwer, und unnatürlich, daß auch das beste Orchester, ungeachtet aller Mühe, Fleißes, und guten Willens, keine gute Wirkung damit hervor bringen kann; und wenn es auch aus den geschicktesten Leuten bestünde. Es bringt einem jeden Componisten großen Vortheil, wenn seine Composition so beschaffen ist, daß sie auch von mittelmäßigen Leuten ausgeführet werden kann. Ein Componist handelt demnach am vernünftigsten, wenn er sich nach der Fähigkeit eines jeden richtet. Ist seine Arbeit sehr geschickten Leuten gewidmet; so kann er freylich etwas mehreres wagen: soll sie aber allgemein werden; so muß er sich der Leichtigkeit befleißigen. Insonderheit muß er bedacht seyn, für die Sänger natürlich, singbar, und weder zu hoch noch zu tief zu setzen; und ihnen zum Athemholen, und zur deutlichen Aussprache der Worte, Raum zu lassen. Die Eigenschaften jedes Instruments muß er sich bekannt machen; damit er nicht wider die Natur derselben etwas schreibe. Für die Blasinstrumente darf er nicht gar zu fremde Tonarten wählen, worinne die wenigsten geübet sind; und welche sowohl an der Reinigkeit und Deutlichkeit des Spielens, als auch überhaupt am guten Vortrage Hinderniß verursachen. Den Unterschied zwischen Ripien= und Solostimmen muß er wohl beobachten. Jedes Stück suche er so zu charakterisiren, daß ein jeder das Tempo davon leicht errathen könne. Damit der Ausdruck von allen auf einerley Art geschehen könne, muß er das Piano und Forte, die Triller und Vorschläge, die Bogen, Puncte, Striche, und alles was über oder unter die Noten gehöret, aufs genaueste bezeichnen; nicht aber, wie manche, die vom Bogenstriche keine Kenntniß, oder keine Achtsamkeit darauf haben, thun, das Schleifen oder Stoßen des Bogens willkührlich lassen: gerade als ob alles auf dem Claviere, wo man mit dem Bogen nicht schleifen kann, ausgeführet werden sollte. Er muß deßwegen die Copisten, welche in diesem Stücke, dem Componisten zum Nachtheile, entweder aus Unwissenheit, oder aus Nachläßigkeit, öfters die größten Fehler begehen, dazu anhalten, daß sie alles, so wie er es vorgeschrieben hat, aufs genaueste nachschreiben; daß sie die Köpfe der Noten nicht zweifelhaft, sondern recht mitten auf die Linien oder Zwischenräume setzen; daß sie die Querstriche deutlich machen, und die Linien recht deutlich ausziehen; daß sie alles übrige, was der Componist angemerket hat, eben so, und an dieselben Orte hinsetzen, wie es in der Partitur steht, absonderlich das Forte und Piano, und die Bogen über den Noten; daß sie nicht glauben, es gelte gleich viel, ob über zwo, drey, vier, oder mehr Noten ein Bogen stehe, oder gar keiner: welches doch den Sinn des Componisten sehr verändern oder vernichten kann; daß sie auch bey der Singmusik die Worte recht lesen, und deutlich und richtig abschreiben. Endlich muß die Hand des Componisten leserlich, und seine Schreibart deutlich seyn, damit sie keiner besondern Erklärung nöthig habe. Verhält sich nun ein Componist in allen Stücken auf solche Weise; so hat er auch ein Recht, von den Ausführern einen solchen Vortrag, wie ich ihn hier der Länge nach beschrieben habe, zu fordern: und das Orchester wird sowohl ihm, als er dem Orchester, Ehre machen.

Das XVIII. Hauptstück.
Wie ein Musikus und eine Musik zu beurtheilen sey.

1. §.

Es ist wohl keine Wissenschaft jedermanns Urtheile so sehr unterworfen, als die Musik. Es scheint als ob nichts leichter wäre, als dieselbe zu beurtheilen. Nicht nur ein jeder Musikus, sondern auch ein jeder der sich für einen Liebhaber derselben ausgiebt, will zugleich für einen Richter dessen, was er höret, angesehen seyn.

2. §.

Man begnüget sich nicht allemal, wenn ein jeder von denen, welche sich hören lassen, das, was in seinen Kräften steht, hervor zu bringen bemühet ist: sondern man verlanget oftmals mehr zu hören, als man selbst niemals zu hören gewohnt gewesen ist. Singen oder spielen in einer Versammlung nicht alle in gleicher Vollkommenheit: so leget man oftmals nur einem allen Vorzug bey, und hält alle andern für gering; ohne zu bedenken, daß der eine in dieser, der andere in jener Art, z. E. einer im Adagio, der andere im Allegro, seine Verdienste haben könne. Man erwägt nicht, daß die Annehmlichkeit der Musik, nicht in der Gleichheit oder Aehnlichkeit, sondern in der Verschiedenheit bestehe. Wenn es möglich wäre, daß alle Tonkünstler, in gleicher Stärke, und in gleichem Geschmacke singen oder spielen könnten; so würde, wegen Mangels einer angenehmen Abwechselung, der größte Theil des Vergnügens an der Musik nicht empfunden werden.

3. §.

Man richtet sich selten nach seiner eigenen Empfindung; welches doch noch das sicherste wäre: sondern man ist nur gleich begierig zu vernehmen, welcher von denen, die da singen oder spielen, der stärkste sey: gleich als ob es möglich wäre, die Wissenschaft verschiedener Personen auf einmal zu übersehen, und abzumessen; wie etwan gewisse Dinge, die nur ihren Werth und Vorzug auf der Wagschaale erhalten. Dem nun, der auf solche Art für den stärksten ausgegeben wird, höret man alleine zu. Ein, öfters mit Fleiß, von ihm nachläßig genug ausgeführtes, noch darzu nicht selten sehr schlechtes Stück, wird als ein Wunderwerk ausposaunet: da hingegen ein anderer, bey seinem möglichsten Fleiße, mit welchem er ein auserlesenes Stück auszuführen sich bemühet, kaum einiger Augenblicke von Aufmerksamkeit gewürdiget wird.

4. §.

Man gönnet selten einem Musikus die gehörige Zeit, seine Stärke oder Schwäche zu zeigen. Man bedenkt auch nicht, daß ein Musikus nicht jederzeit im Stande ist, das was er verstehet, hören zu lassen: und daß öfters der geringste Umstand ihn leicht aus aller seiner Gelassenheit setzen kann: daß es folglich die Billigkeit erfodert, ihn mehr als einmal zu hören, bevor man sein Urtheil über ihn fällen will. Mancher Musikus ist verwegen; und hat vielleicht ein Paar Stücke, worinn er seine ganze Fähigkeit zeigen kann, und so zu sagen, seine ganze Wissenschaft auf einmal ausschüttet: daß man ihn also ein für allemal gehöret hat. Ein anderer hingegen, der nicht so verwegen ist, und dessen Wissenschaft sich auch nicht, wie bey jenem, in ein Paar Stücke einschränken läßt, hat nicht denselben Vortheil. Denn die meisten Zuhörer übereilen sich leicht in der Beurtheilung, und lassen sich durch das, was sie zum erstenmale hören, gar zu sehr einnehmen. Hätten sie aber die Geduld und die Gelegenheit einen jeden öfter zu hören: so würde es nicht allezeit einer großen Einsicht brauchen; sondern man dürfte nur ohne Vorurtheil auf sein eigenes Gefühl Achtung geben, und sehen, welcher in der Folge das meiste Vergnügen machte.

5. §.

In Ansehung der Composition geht es nicht besser. Man will nicht gern für unwissend angesehen seyn; und doch fühlet man wohl, daß man nicht allezeit recht zu entscheiden fähig seyn möchte. Deswegen pfleget gemeiniglich die erste Frage diese zu seyn: von wem das Stück verfertiget sey;

um sich mit der Beurtheilung darnach richten zu können. Ist nun das Stück von einem solchen, dem man schon im voraus seinen Beyfall gewidmet hat; so wird es sogleich ohne Bedenken für schön erkläret. Findet sich aber das Gegentheil, oder man hat vielleicht wider die Person des Verfassers etwas einzuwenden: so taugt auch das ganze Stück nichts. Wollte sich jemand hiervon handgreiflich überzeugen; so dürfte er nur zwey Stücke, von gleicher Güte, unter andern Namen, da der eine im Credit, und der andere im Miscredit steht, ausgeben. Die Unwissenheit vieler Beurtheiler würde sich gewiß bald entdecken.

6. §.

Diejenigen Zuhörer, welche bescheidener sind, und sich doch selbst nicht die Einsicht zutrauen, eine Sache beurtheilen zu können, nehmen oftmals ihre Zuflucht zu einem Musikus; und glauben dessen Worten, als einer unumstößlichen Wahrheit. Es ist wahr, durch das Anhören vieler guter Musiken, und durch das Urtheil, welches erfahrne, aufrichtige und gelehrte Tonkünstler davon fällen, kann man einige Erkenntniß erlangen: zumal wenn man zugleich nach den Ursachen, warum das Stück gut oder schlecht sey, fraget. Dieses würde also eines der gewissesten Mittel seyn, um nicht zu fehlen. Allein sind denn alle die, so von der Musik Werk machen, auch zugleich Musikverständige, oder Musikgelehrte? Haben nicht so viele darunter ihre Wissenschaft nur als ein Handwerk erlernet? Es kann also leicht geschehen, daß man sich mit seinen Fragen an den unrechten wendet, und daß der Musikus eben sowohl, als mancher Liebhaber, aus Unwissenheit, aus Eifersucht, oder aus Vorurtheil und Schmeicheley entscheidet. Ein solcher Ausspruch geht denn, wie ein Lauffeuer, gleich weiter, und nimmt die Unwissenden, welche sich auf ein solches vermeyntes Orakel berufen, dergestalt ein, daß endlich ein Vorurtheil daraus erwächst, welches nicht leicht wieder auszutilgen ist. Ueber dieses kann auch nicht einmal ein jeder Musikus fähig seyn, alles was in der Musik vorkommen kann, zu beurtheilen. Das Singen erfodert seine besondere Einsicht. Die Verschiedenheit der Instrumente ist so groß; daß eines Menschen Kräfte und Lebenszeit nicht zureichend seyn würden, aller ihre Eigenschaften einsehen zu lernen. Ich geschweige so vieler Dinge, welche man bey richtiger Beurtheilung der Composition zu verstehen und zu beobachten hat. Ein Liebhaber der Musik muß also, ehe er sich dem Urtheile eines Tonkünstlers anvertrauet, zuvor wohl prüfen, ob derselbe auch wirklich im Stande sey, richtig zu urtheilen. Bey einem der seine Wissenschaft gründlich erlernet hat, geht man sicherer, als bey einem, der nur seinem guten Naturell gefolget ist: wiewohl das letztere auch eben nicht ganz zu verwerfen ist. Weil auch nicht leicht jemand von Affecten so frey ist, daß er nicht dann und wann sogar wider seine eigene Erkenntniß urtheilen sollte: so muß sich ein Liebhaber der Musik auch in diesem Stücke, bey dem Urtheile eines Tonkünstlers, in Acht nehmen. Es giebt einige, denen fast nichts gefällt, als was sie selbst gemacht haben. Wehe also allen andern Stücken, die nicht ihrer berühmten Feder ihr Daseyn zu danken haben. Wenn sie ja Schande halber sich genöthiget finden, eine Sache zu loben: so geschieht es doch wohl mit einer solchen Art, wodurch sie sich verrathen, daß ihnen das Loben schwer falle. Andere hingegen loben alles ohne Unterschied: um es mit niemanden zu verderben; sondern sich jedermann gefällig zu machen. Mancher neuangehender Musikus hält nichts für schön, als was aus seines Meisters Erfindung geflossen ist. Mancher Componist suchet seine Ehre in lauter fremden Modulationen, in dunkeln Melodieen, u. d. gl. Alles soll bey ihm außerordentlich und ungewöhnlich seyn. Er hat sich auch wohl, theils durch seine übrigen wirklichen Verdienste Beyfall erworben, theils auch durch andere Mittel Anhänger erschlichen. Wer wollte diesem, und denen die ihn blindlings verehren, zumuthen, etwas schön zu heißen, was nicht mit dieser Denkart übereinstimmet? Die Alten klagen über die melodischen Ausschweifungen der Neuern, und die Neuern verlachen das trockene Wesen der Alten. Es giebt aber dessen ungeachtet auch noch dann und wann solche Tonkünstler, die eine Sache, ohne Vorurtheil und nach ihrem wahren Werthe einsehen; die das, was zu loben ist, loben, und das, was zu verwerfen ist, verwerfen. Solchen Musikgelehrten kann man am sichersten trauen. Ein rechtschaffen gelehrter und geschickter Musikus aber, hat sich folglich sehr zu hüten, daß er aus Affecten keine Ungerechtigkeit begehe; und sich nicht etwan gar den Profeßionsneid einnehmen lasse: denn sein Urtheil kann zwar das richtigste, aber auch zugleich, wegen des Credits worinne er steht, das gefährlichste seyn.

7. §.

Da nun die Musik eine solche Wissenschaft ist, die nicht nach eigener Phantasie, sondern eben sowohl als andere schöne Wissenschaften, nach einem, durch gewisse Regeln, und durch viele Erfahrung und große Uebung erlangten und gereinigten guten Geschmacke, beurtheilet werden muß; da derjenige, welcher einen andern beurtheilen will, wo nicht mehr, doch eben so viel, als der andere verstehen sollte; da diese Eigenschaften bey denen, die
sich

sich mit Beurtheilung der Musik abgeben, selten anzutreffen sind; weil vielmehr der größte Theil von ihnen, durch Unwissenheit, Vorurtheile und Affecten, welche einer richtigen Beurtheilung sehr hinderlich sind, beherrschet wird: so thäte mancher viel besser, wenn er sein Urtheil bey sich behalten, und mit mehrerer Aufmerksamkeit zuhören wollte; wofern er anders noch Gefallen an der Musik hat. Wenn er mehr, um den Ausführer, da wo es nöthig ist, zu beurtheilen, als um an der Musik Vergnügen zu haben, zuhöret: so beraubet er sich freywillig des größten Theils der Lust, die er sonst davon empfinden könnte. Wenn er wohl gar, ehe der Musikus sein Stück geendiget hat schon bemühet ist, seine falschen Meynungen seinen Nachbarn aufzudringen, so setzet er nicht nur den Musikus dadurch aus seiner Gelassenheit, sondern auch außer Stand, sein Stück mit guten Herzen zu endigen, und seine Fähigkeit, so wie er sonst wohl könnte, zu zeigen. Denn wer wird wohl so unempfindlich seyn, und gelassen bleiben können, wenn man hier und da, bey den Zuhörern, mißfälliger Minen gewahr wird? Der unzeitige Beurtheiler aber steht immer in Gefahr, gegen andere, die nicht seiner Meynung sind, und vielleicht mehr als er verstehen, seine Unwissenheit zu verrathen; und hat also von seinem Urtheile keinen Nutzen zu gewarten. Man kann hieraus schließen, wie schwer es vollends sey, das Amt eines musikalischen Kunstrichters über sich zu nehmen, und demselben mit Ehren vorzustehen.

8. §.

Bey der musikalischen Beurtheilung, wenn sie anders der Vernunft und der Billigkeit gemäß seyn soll, hat man allezeit vornehmlich auf dreyerley Stücke sein Augenmerk zu richten, nämlich: auf das Stück selbst; auf den Ausführer desselben; und auf die Zuhörer. Eine schöne Composition kann durch eine schlechte Ausführung verstümmelt werden; eine schlechte Composition aber benimmt dem Ausführer seinen Vortheil: folglich muß man erst untersuchen, ob der Ausführer oder die Composition an der guten oder schlechten Wirkung schuld sey. In Ansehung der Zuhörer kömmt, so wie in Ansehung des Musikus, sehr vieles auf die verschiedenen Gemüthsbeschaffenheiten derselben an. Mancher liebet das Prächtige und Lebhafte; mancher das Traurige und Tiefsinnige; mancher das Zärtliche und Lustige; so wie einen jeden seine Neigungen lenken. Mancher besitzt mehrere Erkenntniß, die hingegen einem andern wieder fehlt. Man ist nicht allemal gleich aufgeräumt, wenn man ein oder anderes Stück das erstemal höret.

Es kann öfters geschehen, daß uns heute ein Stück gefällt, welches wir morgen, wenn wir uns in einer andern Fassung des Gemüthes befinden, kaum ausstehen können: und im Gegentheile kann uns heute ein Stück zuwider seyn, woran wir morgen viele Schönheiten entdecken. Es kann ein Stück gut gesetzet seyn, und gut ausgeführet werden, es gefällt dessen ungeachtet nicht einem jeden. Ein schlechtes Stück mit einer mittelmäßigen Ausführung kann vielen misfallen; doch kann es auch wieder noch einige Liebhaber finden. Der Ort wo eine Musik aufgeführet wird, kann der richtigen Beurtheilung sehr viele Hindernisse in den Weg legen. Man höret z. E. eine und eben dieselbe Musik heute in der Nähe, und morgen vom Weiten. Beyde male wird man einen Unterschied dabey bemerken. Wir können ein Stück, das für einen weitläuftigen Ort, und für ein zahlreiches Orchester bestimmet ist, am gehörigen Orte aufführen hören. Es wird uns ungemein gefallen. Hören wir aber dasselbe Stück ein andermal in einem Zimmer, mit einer schwachen Begleitung von Instrumenten, vielleicht auch von andern Personen ausführen: es wird die Hälfte seiner Schönheit verloren haben. Ein Stück das uns in der Kammer fast bezaubert hatte; kann uns hingegen, wenn man es auf dem Theater hören sollte, kaum mehr kenntlich seyn. Wollte man ein im französischen Geschmacke gesetztes langsames Stück, so wie ein italiänisches Adagio, mit vielen willkührlichen Manieren auszieren; wollte man hingegen ein italiänisches Adagio fein ehrbar und trocken, mit schönen lieblichen Trillern, im französischen Geschmacke, ausführen: so würde das erstere ganz unkenntbar werden; das letztere hingegen würde sehr platt und mager klingen; und beyde würden folglich weder den Franzosen noch den Italiänern gefallen. Es muß also ein jedes Stück in seiner gehörigen Art gespielet werden: und wenn dieses nicht geschieht; so findet auch keine Beurtheilung statt. Gesetzt auch, daß ein jedes Stück in diesen beyden Arten, nach dem ihm eigenen Geschmacke gespielet würde: so kann doch das französische von keinem Italiäner, und das italiänische von keinem Franzosen beurtheilet werden; weil sie beyde von Vorurtheilen für ihr Land, und für ihre Nationalmusik, eingenommen sind.

9. §.

Ich glaube, daß mir nun ein jeder einräumen wird, daß zu richtiger und billiger Beurtheilung eines musikalischen Stücks, nicht wenig Einsicht, sondern fast der höchste Grad der musikalischen Wissenschaft erfodert werde; daß weit mehr dazu gehöre, als nur selbst etwas singen oder spielen zu können, daß man folglich, wenn man beurtheilen will, sorgfältig um die

die Kenntniß derjenigen Regeln bemühet seyn müsse, welche die Vernunft, der gute Geschmack, und die Kunst an die Hand geben. Es wird mir weiter hoffentlich niemand abstreiten wollen, daß, weil nicht ein jeder, der sich doch nicht selten zu einem Beurtheiler der Musik aufwirft, mit dieser Erkenntniß ausgerüstet ist, folglich dadurch der Musik, den Tonkünstlern, und den Liebhabern der Musik, welche dadurch in einer beständigen Ungewißheit erhalten werden, großer Nachtheil erwachsen müsse.

10. §.

Ich will mich bemühen, die vornehmsten Eigenschaften eines vollkommenen Tonkünstlers, und einer vollgesetzten Musik, durch gewisse Merkmaale kennbar zu machen: damit sowohl Tonkünstler, als Liebhaber der Musik, zum wenigsten eine Anleitung haben mögen, nach welcher sie ihre Beurtheilungen anstellen, und welchem Musikus, oder welchem musikalischen Stücke sie ihren Beyfall mit Rechte geben können. Ein jeder, der beurtheilen will, suche dasselbe dabey immer ohne Vorurtheile, ohne Affecten, und hingegen mit Billigkeit zu unternehmen. Man gehe behutsam und übereile sich nicht. Man sehe auf die Sache selbst, und lasse sich nicht durch gewisse Nebendinge, die gar nicht dazu gehören, blenden: z. E. ob einer von dieser oder jener Nation sey; ob er in fremden Ländern gewesen sey oder nicht; ob er sich von einem berühmten Meister einen Scholaren nenne; ob er bey einem großen oder kleinen Herrn, oder bey gar keinem in Diensten stehe; ob er einen musikalischen Charakter, oder keinen habe; ob er Freund oder Feind, jung oder alt sey; u. s. w. Ueberhaupt wird die Billigkeit nicht leicht überschritten werden, wenn man, anstatt von einem Musikus, oder von einem Stücke zu sagen: *es tauget nichts*, nur sagen wollte: *es gefällt mir nicht*. Das letztere hat ein jeder Macht zu sagen: weil man niemanden zwingen kann, daß ihm eine Sache gefallen müsse. Das erstere aber sollte man billig nur den wirklichen Musikverständigen, welche allenfalls den Grund ihres Urtheils zu beweisen schuldig sind, allein überlassen.

11. §.

Von einem guten Sänger wird erfodert: daß er hauptsächlich eine gute, helle, reine, und von der Tiefe bis in die Höhe durchgehends egale Stimme habe, welche ohne die, aus der Nase und der Gurgel oder dem Halse (gola) entspringenden Hauptfehler, und weder heischer, noch dumpfig sey. Die Stimme und der Gebrauch der Worte ist das einzige, wodurch die Sänger vor den Instrumentisten einen Vorzug erlangen. Es wird ferner erfodert;

dert, daß ein Sänger das Falset mit der Bruststimme so zu vereinigen wisse, damit man nicht merken könne, wo die letzte aufhöret, und das erstere anfängt; daß er ein gutes Gehör, und eine reine Intonation habe, um alle Töne in ihren Verhältnissen rein angeben zu können; daß er das Tragen der Stimme, (il portamento di voce) und die Haltungen auf einer langen Note, (le messe di voce) auf eine angenehme Art zu machen wisse; daß er folglich dabey eine Festigkeit und Sicherheit der Stimme besitze, und nicht, bey einer nur mäßig langen Aushaltung, entweder damit anfange zu zittern, oder aber, wenn er den Ton verstärken will, den angenehmen Klang einer Menschenstimme, in das unangenehme Kreischen einer Rohrpfeife verwandele: welches absonderlich einigen zur Geschwindigkeit aufgelegten Sängern nicht selten begegnet. Von einem guten Sänger wird weiter erfodert: daß er einen guten Triller schlage, der nicht meckert, auch weder zu langsam, noch zu geschwind ist; daß er die gehörige Weite des Trillers wohl beobachte und unterscheide, ob derselbe aus gantzen oder halben Tönen bestehen solle. Ein guter Sänger muß ferner: eine gute Aussprache haben. Die Worte muß er deutlich vortragen, und die Sebstlauter a e und o in den Passagien nicht auf einerley Art aussprechen, und unverständlich machen. Wenn er über einem Selbstlauter eine Manier machet, muß man immer bis zum Ende, denselben, und keinen andern Selbstlauter mit darunter vernehmen. Auch beym Aussprechen der Wörter muß er sich hüten, die Selbstlauter mit einander zu verwechseln, und etwan das e in a und das o in u zu verwandeln; damit er nicht z. E. im Italiänischen etwan genitura anstatt genitore aussspreche, und diejenigen welche die Sprache verstehen, zum Lachen verleite. Bey dem i und u darf die Stimme nicht abfallen: über diesen beyden Selbstlautern darf man in der Tiefe keine weitläuftigen, und in der Höhe gar keine Manieren machen. Ein guter Sänger muß eine Fertigkeit im Notenlesen und im Treffen haben, und die Regeln des Generalbasses verstehen. Die Töne in der Höhe darf er weder mit einem harten Anschlage, noch mit einem heftigen Hauche der Brust ausdrücken; noch weniger aber heraus heulen: als wodurch die Anmuth sich in eine Brutalität verwandelt. Wo die Worte erfodern gewisse Leidenschaften auszudrücken, muß er die Stimme zu rechter Zeit, doch ohne Affectation, zu erheben und zu mäßigen wissen. In einem traurigen Stücke darf er nicht so viele Triller und laufende Manieren anbringen, als in einem cantabeln und lustigen: denn hierdurch wird oftmals die Schönheit der Melodie verdunkelt und vernichtet. Er muß vielmehr ein

Adagio rührend, ausdrückend, schmeichelnd, anmuthig, an einander hangend, unterhalten, mit Licht und Schatten, so wohl durch das Piano und Forte, als durch einen, den Worten und der Melodie gemäßen, vernünftigen Zusatz der Manieren, singen. Das Allegro muß er lebhaft, brillant, und mit Leichtigkeit ausführen. Die Passagien muß er rund heraus bringen, solche auch weder gar zu hart stoßen, noch auf eine lahme und faule Art schleifen. Von der Tiefe bis in die Höhe muß er seine Stimme zu mäßigen, und dabey zwischen Theater und Kammer, auch zwischen einem starken und schwachen Accompagnement, einen Unterschied zu machen wissen: damit sich das Singen in den hohen Tönen nicht in ein Schreyen verwandele. Im Zeitmaaße muß er sicher seyn, und nicht bisweilen eilen, bisweilen und absonderlich in den Passagien, zögern. Den Athem muß er zu rechter Zeit, und geschwind nehmen. Sollte ihm auch derselbe etwas sauer zu nehmen werden; so muß er solches doch, so viel möglich, zu verbergen suchen; durchaus aber nicht sich dadurch aus dem Tacte bringen lassen. Endlich muß er das, was er von Auszierungen zusetzet, aus sich selbst, und nicht, wie die meisten, als ein Papagey, durch das Gehör von andern zu erlernen suchen. Ein Sopranist und Tenorist können sich weitläufiger in die Auszierungen einlassen, als ein Altist und Bassist. Die beyden letztern kleidet eine edle Einfalt, das Tragen der Stimme, und der Gebrauch der Bruststimme viel besser, als die äußerste Höhe, und der überflüßige Zusatz der Manieren. Aechte Sänger haben dieses zu allen Zeiten als eine Regel angesehen, und ausgeübet.

12. §.

Finden sich nun alle diese hier angeführten möglichen guten Eigenschaften bey einem Sänger beysammen: so kann man dreist sagen, daß er nicht allein sehr gut singe, und den Namen eines Virtuosen mit Rechte verdiene; sondern auch, daß er beynahe ein Wunder der Natur sey. Es sollte und könnte zwar ein jeder, der den Namen eines ausnehmenden Sängers mit Rechte führen will, auf die oben beschriebene Weise beschaffen seyn: allein so selten man einen mit allen Tugenden zugleich ausgezierten Menschen findet; eben so selten findet man einen mit allen diesen Vorzügen zusammen prangenden Sänger. Man kann deswegen bey diesem, nicht so, wie bey den Instrumentisten, mit der Beurtheilung nach der Strenge verfahren: sondern man muß sich vielmehr begnügen, wenn man, neben verschiedenen Mängeln,

geln, nur einige von den oben erzählten guten Haupteigenschaften bey einem Sänger antrifft: um ihm den gewöhnlichen Titel eines Virtuosen nicht zu versagen.

13. §.

Um einen Instrumentisten beurtheilen zu können, wird erfodert daß man vor allen Dingen, die Eigenschaften, und die damit verknüpften Schwierigkeiten der Instrumente verstehe: damit man nicht das Schwere für leicht, und das Leichte für schwer halte. Viele Dinge, so auf einigen Instrumenten schwer, und oftmals unmöglich sind, gehen hingegen auf andern ganz leicht an. Es kann deswegen nicht ein jeder Instrumentist von eines andern seinen Verdiensten ein Urtheil fällen; wofern er nicht eben dasselbe Instrument spielet. Er wird sonst mehrentheils nur, das, was ihm auf seinem Instrumente schwer vorkömmt, an dem andern bewundern; und hingegen das, was ihm selbst leicht fällt, bey dem andern für nichts halten. Man betrachte aber nur einmal den Unterschied, der sich zwischen gewissen Instrumenten, welche doch in einigen Stücken einander ähnlich sind, befindet. Man erwäge z. E. den Unterschied zwischen einer Violine und Viole d'amour; zwischen der Bratsche, dem Violoncell, der Viola da Gamba, und dem Contraviolon; zwischen dem Hoboe und dem Basson; zwischen der Laute, der Theorbe, und dem Mandolin; zwischen der Flöte traversiere und der Flöte a bec; zwischen der Trompete und dem Waldhorne; zwischen dem Clavichord, dem Clavicymbal, dem Pianoforte, und der Orgel. Man wird finden, daß, ungeachtet der Aehnlichkeit, die sich dazwischen befindet, doch ein jedes, auf eine besondere und ihm eigene Art, tractiret werden müsse. Wie viel größer muß nun der Unterschied des Tractaments bey denen Instrumenten seyn, die gar keine Aehnlichkeit mit einander haben.

4. §.

Um dieses zu beweisen, will ich nur zwey Instrumente gegen einander anführen; woraus man hinlänglich wird abnehmen können, wie ein jedes Instrument sowohl seine besondere Leichtigkeit, als Schwierigkeit habe. Die, welche ich hier zum Beyspiele nehme, sind die Violine, und die Flöte traversiere. Auf der Violine sind die Harpeggien, und die gebrochenen Passagien ganz leicht; auf der Flöte hingegen sind sie nicht nur sehr schwer, sondern sogar meistentheils unbrauchbar: weil bey der ersten oft nur der Bogen allein; bey der letztern aber Finger, Zunge und Lippen zugleich, in einerley Fertigkeit, zu wirken haben. Auf der Violine kann man viele Passagien, durch Transpofi-

position von einem Tone zum andern, auf= oder unterwärts, von der Tiefe
bis in die äußerste Höhe, mit eben denselben Fingern, ohne Schwierigkeit spie=
len; wenn man nur die Hand dabey versetzet, s. z. E. Tab. XXIII. Fig. 12:
auf der Flöte hingegen muß man bey einer jeden Transposition andere Finger
nehmen. In manchen Tonarten gehen sie gar nicht an. Wenn ein Violi=
nist nur einen einzigen guten Finger zum Triller hat; so kann er, durch Ver=
setzung der Hand, bey dem Triller die übrigen Finger vermeiden: ein Flö=
tenist kann keinen Finger vermeiden, sondern muß mit allen Fingern den Tril=
ler egal zu schlagen fähig seyn. Auf der Violine kann man den Ton, wenn
man auch in langer Zeit nicht gespielet hätte, doch immer heraus bringen:
auf der Flöte hingegen darf man, wegen des Ansatzes, nicht etliche Tage
aussetzen, wenn der Ton nicht darunter leiden soll: zu geschweigen, daß ei=
ne widrige Witterung, Kälte oder Hitze, auch gewisse Speisen und Ge=
tränke, die Lippen leicht außer Stand setzen; so daß man wenig oder gar
nichts spielen kann. Der Bogenstrich auf der Violine und der Zungen=
stoß auf der Flöte, thun einerley Wirkung: der erstere aber ist leichter zu
erlangen, als der letztere. Der Violinist findet bey der Verschiedenheit der
chromatischen Tonarten, sie mögen mit Kreutzen oder b geschrieben werden,
wenn auch deren gleich viele vorkommen, wenig Schwierigkeit; der Flöte=
nist aber desto mehr. Wenn der Violinist ein gutes musikalisches Gehör hat,
und die Verhältnisse der Töne versteht; so kann er sein Instrument, ohne
sonderliche Mühe rein spielen. Wenn aber gleich der Flötenist dasselbe Ge=
hör auch besitzet; so bleiben ihm doch, in Ansehung des Reinspielens, noch
große Schwierigkeiten übrig. Passagien in der äußersten Höhe zu spielen,
ist auf der Violine was allgemeines: auf der Flöte aber, sowohl wegen der
Finger, als wegen des Ansatzes, eine besondere Seltenheit. Doch giebt es
im Gegentheile auch wieder einige Gänge, die auf der Violine fast nicht her=
aus zu bringen, auf der Flöte aber leicht sind; z. E. gebrochene Accorde,
in welchen Sprünge in die falsche Quinte und in die übermäßige Quarte
vorkommen; Sprünge welche die Decime übersteigen, und in der Geschwin=
digkeit öfters wiederholet werden, u. d. m. s. Tab. XXIII. Fig. 13. und 14.
Sollte nun ein Violinist einen Flötenisten, oder dieser jenen beurtheilen;
und beyde verstünden nur die Eigenschaften von ihrem eigenen Instrumente;
so würden sie, wenn sie auch gleich beyde einen hohen Grad der musikalischen
Wissenschaft erlanget hätten, zwar von dem Geschmacke und der Einsicht in
die Musik, keinesweges aber von den Verdiensten, die ein jeder auf seinem
Instrumente hätte, ein richtiges Urtheil fällen können.

15. §.

15. §.

Was also allen denen, die eine Einsicht in die Musik haben, an einem Instrumentisten zusammen zu beurtheilen übrig bleibt, besteht nur in solchen allgemeinen Dingen, die die meisten Instrumentisten mit einander gemein haben. Die Beurtheiler können Achtung geben: ob der Instrumentist sein Instrument rein spiele, und einen guten Ton heraus zu bringen wisse; ob er das Instrument mit gehöriger Gelassenheit und Anmuth spiele, oder ob er es auf eine rauschende Art im Tone übertreibe; ob er einen guten Bogenstrich oder Zungenstoß, auch Fertigkeit in den Fingern, und egale gute Triller habe; ob er im Zeitmaaße sicher sey, oder ob er die Passagien, welche ihm schwer fallen, langsamer, und die leichten geschwinder spiele, folglich das Stück nicht so endige, wie er es angefangen hat, und ihm die Accompagnisten deswegen nachgeben müssen; ob er ein jedes Stück in seinem gehörigen Zeitmaaße zu spielen wisse, oder ob er alles, was Allegro heißt in einerley Geschwindigkeit spiele; ob sein Spielen nur aus Schwierigkeiten, oder auch zugleich aus Cantabeln bestehe; ob er nur Verwunderung zu erwecken, oder auch zu gefallen und zu rühren suche; ob er ausdrückend oder kaltsinnig spiele; ob sein Vortrag deutlich sey; ob er dadurch einer schlechten Composition aufzuhelfen, und sie zu verbessern wisse, oder ob er durch allzuvieles Künsteln und Verziehen der Noten eine gute Sache verdunkele, und den Gesang unbegreiflich mache: welches letztere man am besten bemerken kann, wenn man dasselbe Stück von mehr, als einer Person ausführen höret. Man beobachte ferner: ob ein Instrumentist das Allegro mit Lebhaftigkeit und Fertigkeit, nett, reinlich, und die Passagien darinne rund und deutlich spiele; oder ob er die Noten nur überrusche, und wohl gar einige auslasse; ob er das Adagio unterhalten und gezogen, oder ob er es trocken und platt spiele; ob er ein jedes Adagio mit solchen Manieren auszuzieren wisse, die dem Affecte, und dem Stücke gemäß sind; ob er dabey Licht und Schatten beobachte, oder ob er alles ohne Unterschied mit Manieren überhäufe, und in einerley Farbe spiele; ob er die Harmonie verstehe, um die Manieren darnach einzurichten, oder ob er nur aus dem Gehöre nach Gutdünken spiele, ob ihm alles, was er unternimmt, gerathe, und sowohl mit der Harmonie, als mit dem Zeitmaaße zutreffe, oder ob er nur auf ein Gerathewohl spiele, und eine Manier gut anfange, aber schlecht endige. Das Spielen großer Schwierigkeiten trifft man häufig, auch sogar bey ganz
jun=

jungen Leuten an: das meisterhafte Spielen des Adagio aber, welches eine gründliche Einsicht in die Harmonie, und viele Beurtheilung erfodert, findet man nur bey geübten und erfahrnen Tonkünstlern. Man untersuche ferner an einem Instrumentisten: ob er in einem vermischten, oder nur in einem Nationalgeschmacke spiele; ob er aus dem Stegreife, oder nur das, was er studiret hat, zu spielen wisse; ob er die Setzkunst verstehe, oder ob er sich nur mit fremden Stücken behelfe; ob er alle Arten von Stücken gut spiele, oder nur diejenigen die er selbst gesetzet hat, oder die für ihn gesetzet worden sind; endlich ob er bey den Zuhörern eine beständige Aufmerksamkeit zu unterhalten, und ein Verlangen ihn öfter zu hören, zu erwecken wisse. Alle diese vortheilhaften Kennzeichen, wenn sie sich beysammen finden, verdienen Lob, die entgegengesetzten aber, Mitleiden. Will man wissen, welches Instrument vor andern leichter zu erlernen sey; so nehme man zu einem nicht ganz unsichern Kennzeichen, daß dasjenige, auf welchem man viele berühmte Leute zählen kann, leichter zu erlernen sey, als das, worauf zwar auch viele spielen, wenige aber glücklich fortkommen.

16. §.

Die **Composition**, und die **Ausführung** einer Musik im Ganzen richtig zu beurtheilen, ist noch weit schwerer, als das vorige. Hierzu wird nicht nur erfodert, daß man einen vollkommen guten Geschmack besitze, und die Regeln der Setzkunst verstehe: sondern man muß auch von der Art und Eigenschaft eines jeden Stückes, es sey im Geschmacke dieser oder jener Nation, zu dieser oder jener Absicht verfertiget, eine hinlängliche Einsicht haben; damit man nicht eine Sache mit der andern verwirre. Die Absichten, worinne jedes Stück gesetzet worden, können sehr verschieden seyn; weswegen ein Stück zu einer Absicht gut, zu einer andern aber schlecht seyn kann.

17. §.

Ein jedes Stück, nach allen seinen Eigenschaften, insbesondere zu untersuchen, würde hier viel zu weitläuftig seyn. Ich muß mich also bemühen, hier nur die vornehmsten davon in der Kürze zu berühren.

18. §.

Die Musik ist entweder Vocal= oder Instrumentalmusik. Nur wenige Stücke aber sind den Singstimmen allein gewidmet; vielmehr hat die Instrumentalmusik an den meisten Singstücken zugleich

gleich auch ihren Theil, und ist damit verbunden. Beyde Arten aber sind nicht nur überhaupt, in ihren Absichten, und folglich auch in ihrer Einrichtung, gar sehr von einander unterschieden: sondern auch jede Untereintheilung derselben, hat wieder ihre besondern Gesetze, und erfodert ihre besondere Schreibart. Die Vocalmusik ist entweder der Kirche, oder dem Theater, oder der Kammer gewidmet. Die Instrumentalmusik findet an allen diesen drey Orten auch ihren Platz.

19. §.

Die Kirchenmusik muß man auf zweyerley Art betrachten, nämlich: als die **römischkatholische**, und als die **protestantische**. In der römischen Kirche kommen vor: die Messe, die Vesperpsalmen, das TeDeum laudamus, die Bußpsalmen, die Requiem oder Seelenmessen, einige Hymni, die Moteten (*), die Oratoria, Concerte, Sinfonien, Pastoralen, u. d. m. Jedes von diesen Stücken hat wieder seine besondern Theile in sich, und muß nach seinem Endzwecke, und nach seinen Worten, eingerichtet seyn: damit nicht ein Requiem oder Miserere einem Te Deum, oder einer Auferstehungsmusik, oder in der Messe das Kyrie dem Gloria, oder ein Motet einer lustigen Opernarie, ähnlich sey. Ein **Oratorium**, oder eine dramatisch abgehandelte geistliche Geschichte, unterscheidet sich nur mehrentheils durch den Inhalt, und einigermaßen durch das Recitativ, von einer theatralischen Musik. Ueberhaupt aber wird in der Kirchenmusik der Katholischen mehr Lebhaftigkeit anzubringen erlaubet, als in der Protestanten ihrer. Doch sind die Ausschweifungen, die zuweilen hierbey begangen werden, vielleicht niemanden, als den Componisten beyzumessen.

* Die Moteten von der alten Art, welche aus vielstimmig, und ohne Instrumente, im Capellstyl, gesetzten biblischen Sprüchen, bey denen zuweilen der Cantus firmus eines Choralgesanges mit eingeflochten ist, bestehen, sind in der römischkatholischen Kirche wenig, oder gar nicht mehr gebräuchlich. Die Franzosen nennen alle ihre Kirchenstücke, ohne Unterschied: des Motets. Von beyden Arten ist hier die Rede nicht. In Italien benennet man, heutiges Tages, eine lateinische geistliche Solocantate, welche aus zwoen Arien und zweyen Recitativen besteht, und sich mit einem Halleluja schließt, und welche unter der Messe, nach dem Credo, gemeiniglich von einem der besten Sänger gesungen wird, mit diesem Namen. Diese verstehe ich hier.

20. §.

20. §.

Bey der Kirchenmusik der Protestanten kommen von oben erzählten Stücken noch vor: Ein Theil von der Messe, nämlich das Kyrie und das Gloria, das Magnificat, das Te Deum, einige Psalmen, und die Oratoria, mit welchen die, aus dem prosaischen biblischen Texte, mit untermischten Arien und einigen poetischen Recitativen, bestehenden Passionsmusiken einige Verwandschaft haben. Das übrige besteht aus Musiken über willkührliche Texte, die meistens im Cantatenstyle, mit untermischten biblischen Sprüchen, welche nach Art der Psalmen ausgearbeitet werden, gesetzet sind. Der Text hiervon ist entweder auf die Sonn= und Festtagsevangelien, oder auf gewisse besondere Umstände, als Trauer= und Trauungsmusiken, gerichtet. Die Anthems der Engländer werden gemeiniglich nach Art der Psalmen ausgearbeitet; weil sie größtentheils aus biblischen Worten bestehen.

21. §.

Ueberhaupt wird zur Kirchenmusik, sie möge bestehen worinn sie wolle, eine ernsthafte und andächtige Art der Composition, und der Ausführung, erfodert. Sie muß vom Opernstyle sehr unterschieden seyn. Es wäre zu wünschen, daß solches, um den dabey gesuchten Endzweck zu erreichen, allemal, besonders von den Componisten gehörig beobachtet würde. Bey Beurtheilung einer Kirchenmusik, welche entweder zum Lobe des Allerhöchsten aufmuntert, oder zur Andacht erwecken, oder zur Traurigkeit bewegen soll, muß man Acht haben, ob die Absicht, vom Anfange bis zum Ende beobachtet, der Charakter einer jeden Art unterhalten, und nichts, was demselben zuwider ist, mit eingemischet worden sey. Hier hat ein Componist Gelegenheit, seine Stärke sowohl in der sogenannten arbeitsamen, als in der rührenden und einnehmenden Schreibart, (diese ist aber der höchste Grad der musikalischen Wissenschaft,) zu zeigen.

22. §.

Man wolle nicht glauben, daß bey der Kirchenmusik lauter sogenannte Pedanterey vorkommen müsse. Die Leidenschaften, ob gleich ihre Gegenstände unterschieden sind, müssen hier sowohl, ja noch sorgfältiger, als auf dem Theater, erreget werden. Die Andacht setzet ihnen nur hier die Gränzen. Ein Componist, der in der Kirche nicht rühren kann, wo er eingeschränkter ist, wird dasselbe auf dem Theater, wo er mehrere Freyheit hat, gewiß noch weniger zu thun vermögend seyn. Wer aber ungeachtet einiges Zwanges schon zu rühren weiß, von dem kann man sich, wenn er völlige Freyheit hat, noch viel ein mehrers versprechen. Würde also wohl die schlechte Ausführung der Kirchenmusiken, an vielen Orten, ein hinreichender Bewegungsgrund seyn können, so gleich alle Kirchenmusiken, als etwas ungefälliges zu verwerfen?

23. §.

Die **theatralische Musik** besteht entweder aus **Opern**, oder **Pastoralen**, (Schäferspielen,) oder **Zwischenspielen**, (Intermezzen). Die Opern sind entweder wirkliche Trauerspiele, oder Trauerspiele mit einem frölichen Ende, welche den Tragikomödien ähnlich sind. Ob wohl eine jede Gattung der theatralischen Stücke ihre eigene und besondere Schreibart erfodert: so bedienen sich doch die Componisten mehrentheils, um ihren Einfällen völlig den Zügel zu lassen, hierinn vieler Freyheit; welche sie aber dessen ungeachtet nicht von den Pflichten, sich sowohl an die Worte, als an die Eigenschaften und den Zusammenhang der Sache zu binden, frey sprechen kann.

24. §.

Wer die Musik einer Oper gründlich beurtheilen will, muß untersuchen: ob die Sinfonie entweder mit dem Inhalte des ganzen Stückes, oder mit dem ersten Acte, oder zum wenigsten mit der ersten Scene einen Verhalt habe, und die Zuhörer in den Affect, welchen die erste Handlung in sich hat, er sey zärtlich, oder traurig, oder lustig, oder heroisch, oder wütend, u. d. m. zu versetzen vermögend sey. * Es ist zu beobachten: ob das Recitativ natürlich, sprechend, ausdrückend, und für die Sänger weder zu tief, noch zu hoch gesetzet sey; ob die Arien mit solchen Ritornellen versehen seyn, die singend und ausdrückend sind, um von der Folge, in der Kürze, einen Vorschmack zu geben; nicht aber nach dem allgemeinen Schlendrian der welschen Alltagscomponisten, wo das Ritornell von einem, und das übrige von einem andern gemacht zu seyn scheint. Man gebe bey Beurtheilung einer Oper ferner Acht: ob die Arien singbar seyn, und dabey den Sängern Gelegenheit geben, ihre Fähigkeit zu zeigen; ob der Componist die Leidenschaften, so wie es die Materie erfodert, ausgedrücket, eine jede von der andern wohl unterschieden, und an ihren gehörigen Ort gebracht habe; ob er einen jeden Sänger, vom ersten bis zum letzten, ohne Partheylichkeit, nach seiner Rolle, Stimme, und Fähigkeit eingekleidet habe; ob er das Sylbenmaaß

Maaß, so wie es die Poesie und die Aussprache erfodert, gehörig beobachtet habe, oder ob er nur, wie es viele machen, ohne Noth, willkührlich damit verfahren sey, und zuweilen lange Sylben in kurze, und kurze in lange verwandelt habe: wodurch die Worte nicht nur verstümmelt werden, sondern auch wohl gar eine andere Bedeutung bekommen. Diesen Fehler findet man öfters bey solchen, von welchen man es am wenigsten vermuthen sollte. Er entsteht entweder aus Nachläßigkeit; oder weil dem Componisten nicht gleich, in der Eil, eine bequemere und den Worten gemäßere Melodie hat einfallen wollen; oder weil derselbe die Sprache nicht verstanden hat **. Bey Beurtheilung einer Oper hat man weiter zu beobachten: ob der Componist die Einschnitte der Rede, in den Arien, und absonderlich in den Recitativen wohl beobachtet habe; ob er sich bey den Versetzungen gewisser Wörter wohl gehütet habe, den Verstand derselben zu verdunkeln, oder gar das Gegentheil davon zu sagen; ob die Arien, deren Text gewisse Actionen erfodert, ausdrückend, und so gesetzet seyn, daß die Sänger Zeit und Gelegenheit haben, ihre Actionen mit Gemächlichkeit anzubringen; ob die Sänger aber auch nicht in mancher Arie, die einen heftigen Affect in sich hält, entweder durch allzugeschwindes Aussprechen der Worte, wie ehedem bey den Deutschen üblich war, zum Schnattern verleitet, oder durch allzulange, über jede Sylbe gesetzte, Noten, am lebhaften Vortrage der Worte, und an der Action gehindert werden; ob in dergleichen sprechenden Arien, die Passagien der Singstimme, welche gar nicht dahin gehören, und das Feuer der Action hemmen, vermieden worden. Man suche endlich zu erforschen: ob der Componist, in Ansehung des Zusammenhanges der ganzen Sache überhaupt, eine jede Arie an ihren rechten Ort gesetzet, und damit nicht etliche Arien in einerley Tone oder Tactart gleich auf einander folgen möchten, die verschiedenen Ton- und Tactarten, den Worten gemäß, zu vermischen gesuchet habe; ob er den Hauptcharakter des Stückes, vom Anfange bis zum Ende unterhalten, auch eine proportionirliche Länge dabey beobachtet habe; ob zuletzt die meisten Zuhörer durch die Musik gerühret, und in die im Schauspiele vorgestellten Leidenschaften versetzt werden, so daß sie endlich, mit einer Begierde die Oper öfters zu hören, den Schauplatz verlassen. Finden sich alle bisher erzählten guten Eigenschaften in einer Oper beysammen: so kann eine solche Oper für ein Meisterstück gehalten werden.

* s. hiervon mit mehrerem den 43. §. dieses Hauptstücks.

** Unter andern findet man in einer gewissen Serenate: la Vittoria d'Imeneo benennet, welche 1750 in Italien neu ist aufgeführt worden, so wie in den übrigen Werken ihres Verfassers, bewundernswürdige Beyspiele dieses Fehlers; und zwar von der Feder eines Welschen, der entweder seiner eigenen Muttersprache nicht mächtig zu seyn, oder zum wenigsten auf den Sinn der Wörter, und auf dessen Ausdruck, gar selten Acht zu haben scheint.

25. §.

Bey Beurtheilung der Arien insbesondere aber, wird sich dessen ungeachtet doch noch mancher betrügen können: weil die meisten immer nur nach ihrer eigenen Empfindung urtheilen, und allein diejenigen Arien für die besten halten, welche ihnen vorzüglich gefallen. Die Einrichtung einer Oper erfodert aber, daß um des Zusammenhanges des Ganzen willen, nicht alle Arien von gleicher Beschaffenheit oder Stärke, sondern von verschiedener Art und Natur seyn müssen. Die ersten von den recitirenden Personen müssen, nicht nur in Ansehung der Poesie, sondern auch der Musik, vor den letztern einigen Vorzug behalten. Denn gleich wie ein Gemälde, welches aus lauter gleichförmigen schönen Figuren besteht, das Auge nicht so einnimmt und reizet, als wenn etliche Figuren von geringerer Schönheit mit darunter vorkommen: so bekömmt auch oftmals eine Hauptarie nur alsdenn erst ihren rechten Glanz, wenn sie zwischen zwo geringere eingeflochten wird. Nachdem die Gemüthsbeschaffenheiten der Zuhörer unterschieden sind, nachdem wird auch ihr Geschmack an den Arien unterschieden seyn. Einem wird diese, einem andern jene Arie am besten gefallen. Man darf sich also gar nicht wundern, wenn dem einen dasjenige gefällt, woran der andere gar nichts angenehmes findet; und wenn folglich die Beurtheilung eines Stückes, und besonders einer Oper, so verschieden und ungewiß ausschlägt.

26. §.

Wenn man eine Singmusik, welche zu gewissen Absichten, entweder für die Kirche, oder für das Theater verfertiget worden ist, und nun in der Kammer aufgeführet wird, beurtheilen will; hat man großer Behutsamkeit von nöthen. Die Umstände, welche damit an dem Orte ihrer Bestimmung verknüpft gewesen sind, die verschiedene Art des Vortrages und der Ausführung, sowohl in Ansehung der Sänger, als der Instrumentisten, ingleichen, ob man das ganze Werk in seinem vollkommenen Zusammenhange, oder nur stückweise etwas davon höret, tragen sowohl zu einem guten, als zu einem

nem schlechten Erfolge, sehr viel bey. Eine Arie mit Action, welche auf dem Theater einen besondern Eindruck gemacht hat, wird in der Kammer bey weitem nicht so gefallen, als auf dem Theater: denn hier mangelt eines der wesentlichen Stücke derselben, nämlich die Action, und die damit verbundenen Ursachen derselben: es wäre denn, daß man durch Erinnerung dieser Dinge, sich noch eine lebhafte Vorstellung davon zu machen wüßte. Eine andere Arie hingegen, deren Worte eben nichts besonders ausdrücken, die aber doch einen gefälligen, und für den Sänger vortheilhaften Gesang in sich hat, auch von demselben auf eine gute Art vorgetragen wird, ist vermögend, die vorerwähnte Arie, in der Kammer, zu unterdrücken, und bey den Zuhörern einen Vorzug zu erhalten. Hierbey kann man nun wohl sagen, daß die letztere mehr, als die erstere gefalle; nicht aber, daß sie deswegen besser sey. Denn bey den Arien muß man nicht sowohl auf den Gesang allein, als vielmehr auch auf die Worte, und derselben Ausdruck sehen. Eine Arie mit starker Action muß über dieses mehr sprechend als singend seyn, und erfodert folglich einen guten Sänger der zugleich ein guter Acteur ist; wie nicht weniger auch einen erfahrnen Componisten.

27. §.

Wird aber eine **Serenate** oder **Cantate** ausdrücklich für die **Kammer** gesetzet: so pflegt dieser Kammerstyl sowohl vom Kirchen= als vom Theaterstyle unterschieden zu werden. Der Unterschied besteht darinne, daß der Kammerstyl mehr Lebhaftigkeit und Freyheit der Gedanken erfodert, als der Kirchenstyl; und weil keine Action dabey statt findet, mehr Ausarbeitung und Kunst erlaubet, als der Theaterstyl. Die **Madrigale**, welche, nach Art der Psalmen, mit vielen Singstimmen, mehrentheils ohne Instrumente, arbeitsam ausgeführte Singstücke sind, haben auch in der Kammer ihren Platz. Nichtweniger gehören hieher die **Duetten** und **Terzetten** ohne Instrumente, und die **Solocantaten**.

28. §.

Wenn man eine **Instrumentalmusik** recht beurtheilen will; muß man nicht nur von den Eigenschaften eines jeden Stücks, welches dabey vorkommt, sondern auch von den Instrumenten selbst, wie schon oben gesagt worden, eine genaue Kenntniß haben. Es kann ein Stück, an und für sich, sowohl dem guten Geschmacke, als den Regeln der Composition gemäß, und also gut gesetzet seyn; dem Instrumente aber zuwider laufen. Im Gegentheile kann ein Stück dem Instrumente zwar gemäß, an sich selbst aber nichts nütze seyn. Die Singmusik hat gewisse Vortheile, deren die Instrumentalmusik entbehren muß. Bey jener gereichen die Worte, und die Menschenstimme, dem Componisten, sowohl in Ansehung der Erfindung, als der Ausnahme, zum größten Vortheile. Die Erfahrung giebt dieses handgreiflich; wenn man Arien, in Ermangelung der Menschenstimme, auf einem Instrumente spielen höret. Die Instrumentalmusik soll ohne Worte, und ohne Menschenstimmen, eben sowohl gewisse Leidenschaften ausdrücken, und die Zuhörer aus einer in die andere versetzen, als die Vocalmusik. Soll aber dieses gehörig bewerkstelliget werden, so dürfen, um den Mangel der Worte und der Menschenstimme zu ersetzen, weder der Componist, noch der Ausführer hölzerne Seelen haben.

29. §.

Die vornehmsten Stücke der Instrumentalmusik, wobey die Singstimmen nichts zu thun haben, sind: das **Concert**, die **Ouverture**, die **Sinfonie**, das **Quatuor**, das **Trio**, und das **Solo**. Unter diesen giebt es immer zweyerley Arten, des Concerts, des Trio, und des Solo. Man hat Concerti grossi, und Concerti da camera. Die Trio sind entweder, wie man sagt, gearbeitet, oder galant. Eben so verhält es sich mit den Solo.

30. §.

Die Concerten haben ihren Ursprung von den Italiänern. **Torelli** soll die ersten gemacht haben. Ein **Concerto grosso** besteht aus einer Vermischung verschiedener concertirender Instrumente, allwo immer zwey oder mehrere Instrumente, deren Anzahl sich zuweilen wohl auf acht und noch drüber erstrecket, mit einander concertiren. Bey einem **Kammerconcert** hingegen befindet sich nur ein einziges concertirendes Instrument.

31. §.

Die Eigenschaften eines **Concerto grosso** erfodern, in einem jeden Satze desselben: 1) ein prächtiges Ritornell zum Anfange, welches mehr harmonisch, als melodisch, mehr ernsthaft, als scherzhaft, und mit Unison vermischet sey; 2) eine geschickte Vermischung der Nachahmungen in den concertirenden Stimmen; so daß das Ohr bald durch diese, bald durch jene Instrumente, unvermuthet überraschet werde. 3) Diese Nachahmungen müssen aus kurzen und gefälligen Gedanken bestehen. 4) Das Brillante muß mit dem Schmeichelnden immer abwechseln. 5) Die mittelsten

telsten Tuttisätze müssen kurz gefasset seyn. 6) Die Abwechselungen der concertirenden Instrumente müssen dergestalt eingetheilet seyn, daß nicht eines zu viel, und das andere zu wenig gehöret werde. 7) Dann und wann muß nach einem Trio, ein kurzes Solo, von einem und dem andern Instrumente, mit eingeflochten werden. 8) Vor dem Schlusse müssen die Instrumente eine kurze Wiederholung dessen, so sie Anfangs gehabt haben, machen, und das letzte Tutti muß 9) mit den erhabensten und prächtigsten Gedanken aus dem ersten Ritornell, sich endigen. Ein solches Concert erfodert ein zahlreiches Accompagnement, einen großen Ort, eine ernsthafte Ausführung, und eine mäßige Geschwindigkeit.

32. §.

Der Concerte mit einem concertirenden Instrumente, oder der sogenannten Kammerconcerte, giebt es gleichfalls zwo Gattungen. Einige verlangen, so wie das Concerto grosso, ein starkes, die andern aber ein schwaches Accompagnement. Wird solches nicht beobachtet, so thut weder eins noch das andere seine gehörige Wirkung. Aus dem ersten Ritornell kann man abnehmen, von was für einer Gattung das Concert sey. Alles was ernsthaft, prächtig, und mehr harmonisch, als melodisch gesetzet, auch mit vielem Unison untermischet ist; wobey die Harmonie sich nicht zu Achttheilen oder Viertheilen, sondern zu halben oder ganzen Tacten verändert; dessen Accompagnement muß stark besetzt werden. Was aber aus einer flüchtigen, scherzhaften, lustigen oder singenden Melodie besteht, und geschwinde Veränderungen der Harmonie machet; thut mit einem schwach besetzten Accompagnement bessere Wirkung, als mit einem starken.

33. §.

Ein ernsthaftes, oder für das Große gesetztes einfaches Concert verlangt im ersten Satz: 1) ein prächtiges und mit allen Stimmen wohl ausgearbeitetes Ritornell; 2) einen gefälligen und begreiflichen Gesang; 3) richtige Imitationen. 4) Die besten Gedanken des Ritornells können zergliedert, und unter oder zwischen die Solo vermischet werden. 5) Die Grundstimme muß wohlklingend, und baßmäßig seyn. 6) Man mache nicht mehr Mittelstimmen, als es die Hauptstimme erlaubet: denn es thut oftmals bessere Wirkung, wenn man die Hauptstimmen verdoppelt; als wenn man die Mittelstimmen hinein zwingt. 7) Die Bewegungen der Grundstimme und der Mittelstimmen dürfen die Hauptstimme,

weder

weder an ihrer Lebhaftigkeit verhindern, noch sie übertäuben oder unterdrücken. 8) Im Ritornell muß man eine proportionirliche Länge beobachten. Es muß dasselbe wenigstens aus zweenen Haupttheilen bestehen. Der zweyte Theil davon, muß, weil man ihn am Ende des Satzes wiederholet, und damit schließet, mit den schönsten und prächtigsten Gedanken ausgekleidet werden. 9) Sofern der Anfangsgedanke vom Ritornell nicht singend, noch zum Solo bequem genug ist: so muß man einen neuen Gedanken, welcher jenem ganz entgegen ist, einführen, und mit den Anfangsgedanken dergestalt verbinden, daß man nicht bemerken könne, ob solches aus Noth, oder mit gutem Bedachte geschehen sey. 10) Die Solosätze müssen theils singend seyn, theils muß das Schmeichelnde mit brillanten, melodischen, und harmonischen, dem Instrumente aber gemäßen Passagien, untermischet, auch, um das Feuer bis ans Ende zu unterhalten, mit kurzen, lebhaften, und prächtigen Tuttisätzen abgewechselt werden. 11) Die concertirenden oder Solosätze dürfen nicht zu kurz, die mittelsten Tutti hingegen, nicht zu lang seyn. 12) Das Accompagnement unter dem Solo muß nicht solche Bewegungen haben, welche die concertirende Stimme verdunkeln könnten; es muß vielmehr immer wechselsweise bald aus vielen, bald aus wenigen Stimmen bestehen: damit die Hauptstimme dann und wann Luft bekomme, sich mit mehrerer Freyheit hervor zu thun. Licht und Schatten muß überhaupt immer unterhalten werden. Wenn es die Passagien leiden, oder man sie solchergestalt zu erfinden weiß, daß die begleitenden Stimmen darunter etwas bekanntes aus dem Ritornell anbringen können: so thut es eine gute Wirkung. 13) Man muß immer eine richtige und natürliche Modulation beobachten, und keine allzufremde Tonart, welche das Gehör beleidigen könnte, berühren. 14) Das Metrum, auf welches man in der Setzkunst überhaupt ein genaues Augenmerk zu richten hat, muß auch hier genau beobachtet werden. Die Cäsur, oder die Einschnitte der Melodie, dürfen im gemeinen geraden Tacte nicht auf das zweyte oder vierte Viertheil, und im Tripeltacte nicht auf den dritten oder fünften Tact fallen. Man muß das Metrum, so wie man es angefangen hat, es sey zu ganzen oder halben Tacten, oder im Tripeltacte zu zween, vier, oder acht Tacten, zu unterhalten suchen: weil ausserdem die künstliche Composition mangelhaft wird. Im Tripeltacte wird, bey einem Arioso, wenn in demselben die Melodie öftere Abschnitte leidet, die Cäsur zu drey und zween Tacten nach einander zugelassen. 15) Die Passagien darf man durch die Transposition, nicht

und eine Musik zu beurtheilen sey.

in einerley Art bis zum Ekel verfolgen: muß man vielmehr zu rechter Zeit unvermerkt abbrechen, und sie verkürzen. 16) Am Ende darf man sich nicht übereilen, oder zu kurz abschnappen: man muß dasselbe vielmehr wohl zu befestigen suchen. Man darf nicht mit lauter neuen Gedanken schließen: man muß vielmehr die gefälligsten Gedanken von dem, was vorher gehöret worden, im letzten Solosatze wiederholen. 17) Endlich muß man im letzten Tutti, mit dem zweyten Theile vom ersten Ritornell, das Allegro, so kurz als möglich ist, beschließen.

34. §.

Zu dem ersten Satze eines prächtigen Concerts, schikken sich nicht alle Tactarten. Soll derselbe lebhaft seyn; so kann man den gemeinen geraden Tact, wo die geschwindesten Noten aus Sechzehntheilen bestehen, darzu nehmen; und die Cäsur auf den zweyten Theil des Tactes fallen lassen. Soll gedachter erster Theil zugleich prächtig seyn: so erwähle man ein längeres Metrum, dessen Cäsur allemal einen ganzen Tact einnimmt, und nur auf den Niederschlag des Tactes fällt. Soll ein dergleichen erster Satz aber ernsthaft und prächtig seyn: so kann man, in der gemeinen geraden Tactart, eine Bewegung von mäßigerer Geschwindigkeit, wo die geschwindesten Noten aus Zwey und dreyßigtheilen bestehen können, und die Cäsur auf den zweyten Theil des Tactes fällt, dazu erwählen. Die zweygeschwänzeten punctirten Noten werden hier zur Pracht des Ritornells ein Vieles beytragen. Mit dem Worte: Allegretts, kann man die Bewegung bestimmen. Diese Art Noten kann man auch im gemäßigten Allabrevetacte schreiben. Man muß nur die Achttheile in Viertheile, die Sechzehntheile in Achttheile, und die Zwey- und dreyßigtheile in Sechzehntheile verwandeln. Die Cäsur aber kann alsdenn allemal auf den Anfang eines jeden Tactes fallen. Der ordentliche Allabrevetact, dessen geschwindeste Noten aus Achttheilen bestehen, ist wie der Zweyviertheiltact anzusehen, und schikket sich deswegen besser zum letzten, als zum ersten Satze: weil er, wenn man nicht immer gebunden und vollstimmig darinne arbeitet, mehr Gefälliges als Prächtiges ausdrücket. Der Tripeltact wird überhaupt wenig zum ersten Satze gebrauchet: es wäre denn der Dreyviertheiltact, mit Sechzehntheilen vermischet; wobey die Bewegungen der Mittelstimmen und der Grundstimme aus Achttheilen bestünden, und die Harmonie sich mehrentheils nur zu ganzen Tacten ändert.

35. §.

Das **Adagio** muß sich überhaupt, im musikalischen Reimgebäude, in der Tactart, und in der Tonart, vom ersten Allegro unterscheiden. Geht das Allegro aus einer der größern Tonarten, z. E. aus dem C dur: so kann das Adagio, nach Belieben, aus dem C moll, E moll, A moll, F dur, G dur, oder auch G moll gesetzet werden. Geht aber das erste Allegro aus einer der kleinern Tonarten, z. E. aus dem C moll: so kann das Adagio entweder aus dem Es dur, oder F moll, oder G moll, oder As dur gesetzet werden. Diese Folgen der Tonarten auf einander sind die natürlichsten. Das Gehör wird dadurch niemals beleidiget; und dieser Verhalt gilt bey allen Tonarten, sie mögen Namen haben, wie sie wollen. Wer aber den Zuhörer auf eine empfindliche und unangenehme Art überraschen will: dem steht es frey, außer diesen Tonarten, solche zu wählen, die ihm nur allein Vergnügen machen können. Zum wenigsten wird große Behutsamkeit dabey erfodert.

36. §.

Um die Leidenschaften zu erregen, und wieder zu stillen, giebt das Adagio mehr Gelegenheit an die Hand, als das Allegro. In vorigen Zeiten wurde das Adagio mehrentheils sehr trocken und platt, und mehr harmonisch als melodisch gesetzet. Die Componisten überließen den Ausführern das, was von ihnen erfodert wurde, nämlich die Melodie singbar zu machen: welches aber, ohne vielen Zusatz von Manieren, nicht wohl angieng. Es war also damals viel leichter ein Adagio zu setzen, als zu spielen. Wie nun leicht zu erachten ist, daß ein solches Adagio nicht allemal das Glück gehabt hat, in geschickte Hände zu fallen; und daß die Ausführung selten so gelungen ist, als es der Verfasser hätte wünschen mögen: so ist aus solchem Uebel das Gute geflossen, daß man seit einigen Zeiten angefangen hat, das Adagio mehr singend zu setzen. Hierdurch erlanget der Componist mehr Ehre: und der Ausführer brauchet weniger Kopfbrechens: das Adagio selbst aber kann nicht auf so vielerley Art, wie ehedem oft geschah, verstellet oder verstümmelt werden.

37. §.

Weil aber das Adagio, unter den der Musik nicht kundigen Zuhörern, gemeiniglich nicht so viele Liebhaber findet, als das Allegro: so muß der Componist solches, auch denen in der Musik nicht erfahrenen Zuhörern, auf alle mögliche Weise gefällig zu machen suchen. Er hat vornehmlich folgende Regeln dabey wohl zu beobachten. Er muß sich 1) sowohl in den Ritor-

und eine Musik zu beurtheilen sey.

Ritornellen, als in den Solosätzen, der möglichsten Kürze befleißigen. 2) Das Ritornell muß melodisch, harmoniös und ausdrückend gesetzet seyn. 3) Die Hauptstimme muß einen solchen Gesang haben, der zwar einigen Zusatz von Manieren leidet; doch aber auch ohne denselben gefallen kann. 4) Der Gesang von der Hauptstimme muß, mit den dazwischen vermischten Tuttisätzen, concertiren. 5) Dieser Gesang muß eben so rührend und ausdrückend gesetzet werden, als wenn Worte darunter gehöreten. 6) Dann und wann muß etwas vom Ritornell angebracht werden. 7) Man darf nicht in allzuviele Tonarten ausweichen; als welches an der Verkürzung am meisten hinderlich ist. 8) Das Accompagnement unter dem Solo muß mehr platt, als figuriret seyn: damit die Hauptstimme nicht gehindert werde, Auszierungen zu machen; sondern völlige Freyheit behalte, mit Beurtheilung, und auf eine vernünftige Art, viel oder wenig Manieren anzubringen. Endlich muß man 9) das Adagio durch ein solches Beywort zu charakterisiren suchen, welches den darinne enthaltenen Affect deutlich ausdrücket: damit man das erforderliche Tempo leicht errathen könne.

38. §.

Das letzte Allegro eines Concerts muß sich nicht nur in der Art und Natur, sondern auch in der Tactart, vom ersten Satze sehr unterscheiden. So ernsthaft das erste seyn soll; so scherzhaft und lustig muß hingegen das letztere seyn. Diese nachbenannten Tactarten, als: $\frac{2}{4}, \frac{3}{4}, \frac{6}{8}, \frac{9}{8}, \frac{12}{8}$ Tact, können hierbey gute Dienste thun. Niemals müssen in einem Concert alle drey Sätze in einerley Tactart gesetzet werden; sondern wenn die ersten zweene Sätze in geraden Tacte stehen: so muß der letzte im Tripeltacte gesetzet seyn. Ist aber der erste im geraden, und der zweyte im Tripeltacte: so kann der letzte sowohl im Tripel- als im Zweyviertheiltacte gesetzet werden. Niemals aber darf er im gemeinen geraden Tacte stehen: weil dieser zu ernsthaft wäre, und sich also eben so wenig zum letzten Satze schicken würde, als der Zweyviertheil- oder ein geschwinder Tripeltact bey dem ersten Satze eine gute Wirkung thun würde. Es dürfen auch nicht alle drey Sätze ihren Anfang in eben demselben Tone nehmen: sondern wenn die Oberstimme bey dem einen im Grundtone anfängt; kann sie bey dem andern in der Terze, und bey dem dritten mit der Quinte anfangen. Der letzte Satz geht zwar aus der Tonart des ersten: doch muß man in Ansehung der Modulationen sich hüten, daß man im letzten Satze die Tonarten nicht so nach einander berühre, wie im ersten Satze geschehen ist: um die Aehnlichkeit zu vermeiden.

39. §.

Im letzten Satze muß überhaupt 1) das Ritornell kurz, lustig, feurig, doch dabey etwas tändelnd seyn. 2) Die Hauptstimme muß einen gefälligen, flüchtigen und leichten Gesang haben. 3) Die Passagien müssen leicht seyn, damit man nicht an der Geschwindigkeit gehindert werde. Mit den Passagien im ersten Satze aber, dürfen sie keine Aehnlichkeit haben. Z. E. Wenn die im ersten Satze aus gebrochenen oder harpeggirten Noten bestehen; so können die im letztern Satze stufenweise gehen, oder rollend seyn. Oder wenn im ersten Satze Triolen sind; so können die Passagien im letzten Satze aus gleichen Noten bestehen: und so das Gegentheil. 4) Das Metrum muß auf das strengste beobachtet werden. Denn je kürzer und geschwinder die Tactarten sind: je empfindlicher ist es, wenn dawider gehandelt wird. Die Cäsur muß also im $\frac{2}{4}$ und im geschwinden $\frac{3}{4}$. $\frac{3}{8}$ und $\frac{6}{8}$ Tacte allezeit auf den Anfang des zweyten Tacts, die Haupteinschnitte aber, auf den vierten und achten Tact fallen. 5) Das Accompagnement darf nicht zu vollstimmig oder überhäufet seyn. Es muß vielmehr aus solchen Noten bestehen, welche die begleitenden Stimmen, ohne große Bewegung oder Mühsamkeit, herausbringen können: weil der letzte Satz gemeiniglich sehr geschwind gespielet wird.

40. §.

Um auch bey einem Concert eine **proportionirliche Länge** zu beobachten; kann man die Uhr dabey zu Rathe ziehen. Wenn der erste Satz die Zeit von fünf Minuten, das Adagio fünf bis sechs Minuten, und der letzte Satz drey bis vier Minuten einnimmt: so hat das ganze Concert seine gehörige Länge. Es ist überhaupt ein größerer Vortheil, wenn die Zuhörer ein Stück eher zu kurz, als zu lang finden.

4 . §.

Wer nun ein solches Concert zu machen weis, dem wird es nicht schwer fallen, auch ein scherzhaftes und kleines tändelndes **Kammerconcert** zu verfertigen. Es würde also unnöthig seyn, hiervon besonders zu handeln.

42. §.

Eine **Ouvertüre**, welche zum Anfange einer Oper gespielet wird, erfordert einen prächtigen und gravitätischen Anfang, einen brillanten, wohl ausgearbeiteten Hauptsatz, und eine gute Vermischung verschiedener Instrumente, als Hoboen, Flöten, oder Waldhörner. Ihr Ursprung kömmt von den Franzosen her. Lülly hat davon gute Muster gegeben. Doch haben ihn einige deutsche Componisten, unter andern vornehmlich Händel und Telemann, darinne weit übertroffen. Es geht den Franzosen mit ihren Ouvertüren fast, wie den Italiänern mit ihren Concerten. Nur ist, wegen der guten Wirkung, welche die Ouvertüren thun, zu bedauren, daß sie in Deutschland nicht mehr üblich sind.

43. §.

Die italiänischen **Sinfonien**, welche mit den Ouvertüren gleiche Absicht haben, erfodern zwar, in Ansehung der Pracht, eben dieselben Eigenschaften. Da aber die meisten von solchen Componisten verfertiget werden, die ihren Geist mehr in der Sing= als Instrumentalmusik geübet haben; so giebt es bis itzo nur noch sehr wenige Sinfonien, die alle Vollkommenheiten besitzen, und deswegen zu einem guten Muster dienen könnten. Es scheint zuweilen, als wenn es die Operncomponisten bey Verfertigung der Sinfonien so macheten, wie die Maler bey Ausarbeitung eines Conterfeyes; als welche sich der übriggebliebenen Farben bedienen, um die Luft, oder das Gewand damit auszumalen. Indessen solte doch billig eine Sinfonie, wie oben schon gedacht worden, einigen Zusammenhang mit dem Inhalte der Oper, oder zum wenigsten mit dem ersten Auftritte derselben haben; und nicht allezeit mit einem lustigen Menuet, wie mehrentheils geschieht, schließen. Ich bin zwar nicht willens hiervon ein Muster vorzuschreiben: weil man nicht alle Umstände, die bey dem Anfange einer jeden Oper vorkommen können, in eine Classe bringen kann. Dessen ungeachtet glaube ich doch, daß hierinne sehr leicht ein Mittel zu finden wäre. Es ist ja eben nicht nothwendig, daß eine Sinfonie vor einer Oper allezeit aus drey Sätzen bestehen müsse: man könnte ja auch wohl mit dem ersten oder zweyten Satze schließen. Z. E. Der erste Auftritt hielte heroische oder andere feurige Leidenschaften in sich: so könnte der Schluß der Sinfonie mit dem ersten Satze geschehen. Kämen traurige oder verliebte Affecten darinne vor: so könnte man mit dem zweyten Satze aufhören. Hielte aber der erste Auftritte gar keine besondern Affecten in sich, sondern diese kämen erst in der Folge der Oper, oder am Ende vor: so könnte man mit dem dritten Satze der Sinfonie schließen. Auf solche Art hätte man Gelegenheit, einen jeden Satz der Sache gemäß einzurichten. Die Sinfonie aber bliebe doch noch auch zu andern Absichten brauchbar.

44. §.

Ein Quatuor, oder eine Sonate mit drey concertirenden Instrumenten, und einer Grundstimme, ist eigentlich der Probierstein eines ächten Contrapunctisten; aber auch eine Gelegenheit, wobey mancher, der in seiner Wissenschaft nicht recht gegründet ist, zu Falle kommen kann. Der Gebrauch davon ist noch niemals sehr gemein geworden; folglich kann er auch nicht allen so gar bekannt seyn. Es ist zu befürchten, daß endlich diese Art von Musik das Schicksal der verlohrnen Künste werde erfahren müssen. Zu einem guten Quatuor gehöret: 1) ein reiner vierstimmiger Satz; 2) ein harmonischer guter Gesang; 3) richtige und kurze Imitationen: 4) eine mit vieler Beurtheilung angestellete Vermischung der concertirenden Instrumente; 5) eine recht baßmäßige Grundstimme; 6) solche Gedanken die man mit einander umkehren kann, nämlich, daß man sowohl darüber, als darunter bauen könne; wobey die Mittelstimmen zum wenigsten einen leidlichen, und nicht mißfälligen Gesang behalten müssen. 7) Man muß nicht bemerken können, ob diese oder jene Stimme den Vorzug habe. 8) Eine jede Stimme muß, wenn sie pausiret hat, nicht als eine Mittelstimme, sondern als eine Hauptstimme, mit einem gefälligen Gesange wieder eintreten: doch ist dieses nicht von der Grundstimme, sondern nur von den dreyen concertirenden Oberstimmen zu verstehen. 9) Wenn eine Fuge vorkömmt; so muß dieselbe, mit allen vier Stimmen, nach allen Regeln, meisterhaft, doch aber dabey schmackhaft ausgeführet seyn.

Sechs gewisse Quatuor für unterschiedene Instrumente, meistentheils Flöte, Hoboe, und Violine, welche Herr Telemann schon vor ziemlich langer Zeit gesetzet hat, die aber nicht in Kupfer gestochen worden sind, können, in dieser Art von Musik, vorzüglich schöne Muster abgeben.

45. §.

Ein Trio erfodert zwar nicht eine so mühsame Arbeit, als ein Quatuor; doch aber von Seiten des Componisten fast eben dieselbe Wissenschaft, wenn es anders von der rechten Art seyn soll. Doch hat es dieses voraus, daß man darinne galantere und gefälligere Gedanken anbringen kann, als im Quatuor: weil eine concertirende Stimme weniger ist. Es muß also in einem Trio 1) ein solcher Gesang erfunden werden, der
eine

eine singende Nebenstimme leidet. 2) Der Vortrag beym Anfange eines jeden Satzes, besonders aber im Adagio, darf nicht zu lang seyn: weil solches bey der Wiederholung, so die zweyte Stimme machet, es sey in der Quinte, oder in der Quarte, oder im Einklange, leichtlich einen Ueberdruß erwecken könnte. 3) Keine Stimme darf etwas vormachen, welches die andere nicht nachmachen könnte. 4) Die Imitationen müssen kurz gefasset, und die Passagien brillant seyn. 5) In Wiederholung der gefälligsten Gedanken muß eine gute Ordnung beobachtet werden. 6) Beyde Hauptstimmen müssen so gesetzet seyn, daß eine natürliche und wohlklingende Grundstimme darunter statt finden könne. 7) Soferne eine Fuge darinne angebracht wird, muß selbige, eben wie beym Quatuor, nicht nur nach den Regeln der Setzkunst richtig, sondern auch schmackhaft, in allen Stimmen ausgeführet werden. Die Zwischensätze, sie mögen aus Passagien oder andern Nachahmungen bestehen, müssen gefällig und brillant seyn. 8) Obwohl die Terzen= und Sextengänge in den beyden Hauptstimmen eine Zierde des Trio sind; so müssen doch dieselben nicht zum Misbrauche gemachet, noch bis zum Ekel durchgepeitschet, sondern vielmehr immer durch Passagien oder andere Nachahmungen unterbrochen werden. Das Trio muß endlich 9) so beschaffen seyn, daß man kaum errathen könne, welche Stimme von beyden die erste sey.

46. §.

Ein Solo zu machen, hält man heutiges Tages für keine Kunst mehr. Fast ein jeder Instrumentist giebt sich damit ab. Hat er selbst keine Erfindung: so behilft er sich mit entlehneten Gedanken. Fehlet es ihm an Kenntniß der Compositionsregeln: so läßt er sich den Baß von einem andern dazu machen. Hierdurch kommen nun, anstatt guter Muster, viele Misgeburthen zum Vorscheine.

47. §.

Es ist eben nicht eine so gar leichte Sache, ein gutes Solo zu machen. Es giebt Componisten, welche die Setzkunst vollkommen verstehen, auch in vollstimmigen Werken glücklich sind; aber schlechte Solo machen. Andern hingegen gerathen die Solo besser, als die vollstimmigen Sachen. Glücklich ist der, dem beydes gelingt. So wenig aber, um ein gut Solo zu setzen, eben nöthig ist, alle die innersten Geheimnisse der Composition zu besitzen: so wenig geht es auch an, ohne von der Harmonie

monie etwas zu verstehen, was Gescheides in dieser Art zu Wege zu bringen.

48. §.

Soll ein Solo dem Componisten und dem Ausführer Ehre machen, so muß: 1) das **Adagio** desselben an und vor sich singbar und ausdrückend seyn. 2) Der Ausführer muß Gelegenheit haben, seine Beurtheilungskraft, Erfindung, und Einsicht zu zeigen. 3) Die Zärtlichkeit muß dann und wann mit etwas Geistreichem vermischet werden. 4) Man setze eine natürliche Grundstimme, worüber leicht zu bauen ist. 5) Ein Gedanke muß weder in demselben Tone, noch in der Transposition, zu vielmal wiederholet werden: denn dieses würde nicht nur den Spieler müde machen, sondern auch den Zuhörern einen Ekel erwecken können. 6) Der natürliche Gesang muß zuweilen mit einigen Dissonanzen unterbrochen werden, um bey den Zuhörern die Leidenschaften gehörig zu erregen. 7) Das Adagio muß nicht zu lang seyn.

49. §.

Das **erste Allegro** erfodert: 1) einen fließenden, an einander hangenden, und etwas ernsthaften Gesang; 2) einen guten Zusammenhang der Gedanken; 3) brillante, und mit Gesange wohl vereinigte Passagien; 4) eine gute Ordnung in Wiederholung der Gedanken; 5) schöne ausgesuchte Gänge zu Ende des ersten Theils, welche zugleich so eingerichtet seyn müssen, daß man in der Transposition den letzten Theil wieder damit beschließen könne. 6) Der erste Theil muß etwas kürzer seyn, als der letzte. 7) Die brillantesten Passagien müssen in den letzten Theil gebracht werden. 8) Die Grundstimme muß natürlich gesetzet seyn, und solche Bewegungen machen, welche immer eine Lebhaftigkeit unterhalten.

50. §.

Das **zweyte Allegro** kann entweder sehr lustig und geschwind, oder moderat und arios seyn. Man muß sich deswegen nach dem ersten richten. Ist dasselbe ernsthaft: so kann das letzte lustig seyn. Ist aber das erste lebhaft und geschwind: so kann das letzte moderat und arios seyn. In Ansehung der Verschiedenheit der Tactarten muß das, was oben von den Concerten gesagt worden ist, auch hier beobachtet werden: damit nicht ein Satz dem andern ähnlich werde. Soll überhaupt ein Solo einem jeden gefallen; so muß es so eingerichtet seyn, daß die Gemüthsneigungen eines jeden Zuhörers darinne ihre Nahrung finden. Es muß weder durch=

durchgehends pur cantabel, noch durchgehends pur lebhaft seyn. So wie sich ein jeder Satz von dem andern sehr unterscheiden muß; so muß auch ein jeder Satz, in sich selbst, eine gute Vermischung von gefälligen und brillanten Gedanken haben. Denn der schönste Gesang kann, wenn vom Anfange bis zum Ende nichts anders vorkömmt, endlich einschläfern: und eine beständige Lebhaftigkeit, oder lauter Schwierigkeit, machen zwar Verwunderung, sie rühren aber nicht sonderlich. Dergleichen Vermischung unterschiedener Gedanken aber, ist nicht nur beym Solo allein, sondern vielmehr auch bey allen musikalischen Stücken zu beobachten. Wenn ein Componist diese recht zu treffen, und dadurch die Leidenschaften der Zuhörer in Bewegung zu bringen weis: so kann man mit Rechte von ihm sagen, daß er einen hohen Grad des guten Geschmacks erreichet, und, so zu sagen, den musikalischen Stein der Weisen gefunden habe.

51. §.

Dieses sind nun die vornehmsten Eigenschaften der Hauptgattungen musikalischer Stücke, welche sich bey jedem derselben, nach seiner Art, finden müssen, wenn es ein Kenner für gut und des Beyfalls würdig erklären soll. Es wird aber immer doch noch eine Anzahl von Zuhörern übrig bleiben, denen es nicht möglich seyn wird, so viel Einsicht in die Musik zu erlangen, als deren nöthig ist, um die bisher angeführeten Kennzeichen der Güte eines Stückes an demselben bemerken zu können. Dergleichen Zuhörer müssen sich also nur an gewisse, nicht die Person der Ausführer, sondern die Musik überhaupt betreffende Nebenumstände halten, welche einigermaßen auch ein Zeugniß von der Güte eines Stückes ablegen können. Sie werden am sichersten gehen, wenn sie, bey großen Versammlungen, (es müssen aber solche Versammlungen seyn, die aus keiner andern Absicht, als nur um Musik zu hören, angestellet sind, und wo die Musik nicht als ein bloßes Nebenwerk angesehen wird, Versammlungen, wo die Zuhörer sowohl aus Kennern, als der Musik Unkundigen bestehen,) indem ein Stück gesungen oder gespielet wird; auf die Minen und Geberden der Zuhörer Achtung geben, und zu bemerken suchen: ob nur einige, oder der größte Theil der Anwesenden zur Aufmerksamkeit erwecket werde; ob einer dem andern seinen Gefallen oder Mißfallen zu erkennen gebe; ob sich einige den Ausführern der Musik nähern, oder von ihnen entfernen; ob dabey geschwiegen oder laut gesprochen werde; ob man mit dem Kopfe den Tact markire; ob man den Verfasser des Stückes zu wissen begierig

gierig sey; ob von den Anwesenden, wenn das Stück zu Ende ist, ein Verlangen gezeiget werde, daſſelbe noch einmal zu hören. Endlich müſſen ſie auch ihrer eigenen Empfindung in etwas nachgehen, und unterſuchen, ob die angehörete Muſik ſie ſelbſt gerühret habe; wenn ſie auch gleich nicht allemal die Urſache davon ſagen können. Finden ſich nun alle die hier bemeldeten vortheilhaften Umſtände bey einer Muſik; ſo kann auch ein der Muſik nicht kundiger Zuhörer ſicher ſchließen, daß das Stück gut geſetzet, und gut ausgeführet worden ſey.

52. §.

Der Unterſchied des Geſchmackes, der ſich bey verſchiedenen Nationen, welche an den Wiſſenſchaften überhaupt Geſchmack finden, nicht ſowohl in Anſehung des Weſentlichen, als vielmehr des Zufälligen der Muſik, äußert, hat in die muſikaliſche Beurtheilung den größten Einfluß. Es iſt alſo nöthig, dieſen Unterſchied des Geſchmackes, in der Muſik, noch etwas weitläuftiger zu unterſuchen: ob ich gleich ſchon im Vorigen, an verſchiedenen Orten, wo es nöthig war, etwas davon angeführet habe.

53. §.

Jede Nation, die anders nicht zu den barbariſchen gehöret, hat zwar in ihrer Muſik etwas, das ihr vor andern vorzüglich gefällt: es iſt aber theils nicht ſo ſehr von andern unterſchieden, theils nicht von ſolcher Erheblichkeit, daß man es einer beſondern Aufmerkſamkeit würdig ſchätzen könnte. Zwey Völker in den neuern Zeiten aber, haben ſich beſonders, nicht nur um die Ausbeſſerung des muſikaliſchen Geſchmackes verdient gemacht, ſondern auch darinne, nach Anleitung ihrer angebohrnen Gemüthsneigungen, vorzüglich von einander unterſchieden. Dieſes ſind die **Italiäner**, und die **Franzoſen**. Andere Nationen haben dem Geſchmacke dieſer beyden Völker den meiſten Beyfall gegeben, und entweder dieſem, oder jenem nachzufolgen, und etwas davon anzunehmen, geſuchet. Hierdurch ſind die gedachten beyden Völker auch verleitet worden, ſich gleichſam zu eigenmächtigen Richtern des guten Geſchmackes in der Muſik aufzuwerfen: und weil niemand von den Ausländern lange Zeit nichts dawider einzuwenden gehabt hat; ſo ſind ſie gewiſſermaßen, einige Jahrhunderte hindurch, wirklich die muſikaliſchen Geſetzgeber geweſen. Von ihnen iſt hernach der gute Geſchmack in der Muſik auf andere Völker gebracht worden.

54. §.

Daß in den alten Zeiten, die Musik, so wie die andern schönen Wissenschaften, wenn wir nicht bis zu ihrem ersten Ursprunge zurück steigen wollen, von den Griechen auf die Römer gekommen sey; daß sie ferner nach dem Untergange der Pracht des alten Roms, lange Zeit fast im Staube der Vergessenheit gelegen habe: ist gewiß. Welche Nation aber zuerst wieder angefangen habe, die Musik dem Untergange zu entreissen, und in ihrer erneuerten Gestalt wieder herzustellen: dieses ist vielem Streite unterworfen. Es würde indessen, bey einer recht genauen und eigentlichen Untersuchung, der Ausspruch vermuthlich zum Vortheile der Italiäner ausfallen müssen. Freylich ist eine lange Zeit dazu nöthig gewesen, um die Musik zu derjenigen Annäherung der Vollkommenheit zu bringen, worinne sie itzo steht. Es kann zu gewissen Zeiten diese, zu gewissen Zeiten aber eine andere Nation darinne etwas weiter fortgerücket, die andere aber ihr wieder nachgefolget seyn. Kaiser Karl der Große schon, erkannte, bey seiner Anwesenheit in Rom, den welschen Tonkünstlern, zumal in Ansehung der Singkunst, den Preiß zu; und ließ sogar deren viele nach seinem Hofe kommen. Er bemühete sich seine Musik nach der Welschen ihrer einzurichten.

55. §.

Man hat gegründete Ursache zu glauben, daß lange nach Kaiser Karls des Großen Zeiten, die Musik bey den Italiänern und Franzosen, bey Weitem nicht so unterschieden gewesen sey, als itziger Zeit. Man weis, daß Lülly, welchen die Franzosen fast als einen musikalischen Befehlshaber ansehen, und seinem Geschmacke noch bis itzo durch gantz Frankreich Beyfall geben, ja denselben, wenn etwan einige ihrer Landsleute davon abgehen wollen, sorgfältig wieder herzustellen, und ungeändert im Schwange zu erhalten bemühet sind, ein Welscher gewesen ist. Ich will zugeben, daß dieser berühmte Mann, weil er sehr jung nach Frankreich gekommen ist, sich der vorigen französischen Musik einiger maßen bequemet, und ihren Geschmack angenommen habe. Niemand wird aber darthun können daß es ihm möglich gewesen sey, den seiner Nation eigenthümlichen Geschmack, wovon er doch schon etwas in Welschland begriffen hatte, oder zum wenigsten sein Genie, gäntzlich zu verläugnen. Alles wird darauf hinauslaufen, daß er den Geschmack der einen Nation mit der andern ihrem vermischet habe. Da aber seit Lüllys Tode, der Geschmack in der Musik, wie jedermann bekannt ist, bey den Italiänern sich immer so merklich geändert hat; bey den Franzosen hingegen immer eben derselbe geblieben ist: so hat sich auch der Unterschied zwischen beyden, seit dieser Zeit, erst recht immer mehr und mehr gezeiget. Wir wollen denselben etwas näher beleuchten.

56. §.

Die Neigung der **Italiäner** zur Veränderung in der Musik, hat dem wahren guten Geschmacke viel Vortheil geschaffet. Wie viel berühmte große Componisten hat man nicht, bis zum Ende der ersten dreyßig Jahre dieses Jahrhunderts, unter ihnen aufzuweisen gehabt? Seit dem ein **Pistocchi**, gegen das Ende des vorigen Jahrhunderts, seine Singschulen eröfnet, und daraus der Welt so viele brave Sänger mitgetheilet hat; ist in eben diesen dreyßig erstern Jahren des itzigen Seculums, die Singkunst auf den höchsten Gipfel gestiegen, und fast alles, was nur die menschliche Stimme von Rührendem und Bewundernswürdigem hervorbringen kann, durch unterschiedene, mit Recht berühmte Sänger, gezeiget, und in Ausübung gebracht worden. Wie viele Gelegenheit haben nicht die guten Componisten daher genommen, die Singcomposition auch immer mehr und mehr zu verbessern. **Corelli** und seine Nachfolger suchten diesen, auf eine rühmliche Art, in der Instrumentalmusik nachzueifern (*).

(*) Diesen italiänischen Geschmack, so wie er bis auf den oben gedachten Zeitpunct, in Italien, durch so viele gründliche Männer nach und nach aufgebracht, und nachgehends durch einige berühmte Ausländer, welche diesen gefolget sind, noch mehr ins Feine gebracht worden, verstehe ich vorzüglich, wenn ich des italiänischen Geschmacks erwähne.

57. §.

Jedoch die Veränderung des Geschmackes in der Musik hat sich, ohngefähr seit den fünf und zwanzig letztvergangenen Jahren, bey den Tonkünstlern der welschen Nation, auch auf eine ganz andere Art gewiesen. In den gegenwärtigen Zeiten unterscheidet sich der Geschmack ihrer Sänger und Instrumentisten überaus sehr von einander. Sie sind darinne gar nicht mehr einig. Obwohl die italiänischen Instrumentisten, vor anderer Völker ihren, den Vortheil voraus haben, daß sie in ihrem Lande, von Jugend auf, so viel Gutes singen hören: so gewöhnen sie sich in den itzigen Zeiten dennoch, einen von den Sängern so sehr unterschiedenen Geschmack anzunehmen, daß man sie kaum für einerley Volk halten sollte. Dieser Unterschied aber besteht größtentheils im Vortrage, und

und in einem überhäuften Zusatze der willkührlichen Auszierungen. Er hat von einigen berühmten Instrumentisten seinen Ursprung genommen, welche sich von Zeit zu Zeit in der Setzkunst, besonders aber auf ihren Instrumenten, durch Ausführung vieler Schwierigkeiten, hervorgethan haben. Sie müssen aber dabey auch von so unterschiedener Gemüthsbeschaffenheit gewesen seyn, daß der eine dadurch auf diesen, der andere auf einen andern Geschmack verführet worden; welchen nachgehends ihre Anhänger immer weiter fortgepflanzet haben: so daß dadurch endlich aus einem gründlichen, ein frecher und bizarrer Geschmack entstanden ist. Die Eifersucht, welche in Welschland zwischen den Sängern und Instrumentisten, und zwischen den Instrumental= und Vocalcomponisten immer herrschet, kann auch etwas zu dieser Absonderung beygetragen haben. Die Sänger wollen den Instrumentisten den Vortheil nicht gönnen, durch das Sangbare, so wie sie, zu rühren: sie maßen sich ohnedem, ohne Unterschied, eines Vorzugs über die Instrumentisten an. Diese aber wollen jenen nichts nachgeben; sie suchen also, ob es nicht möglich sey, mit einer andern Art, eben so gut als jene zu gefallen. Dadurch sind sie aber, zum Schaden des wahrhaftig guten Geschmackes, fast auf das Gegentheil verfallen.

58. §.

Zweene berühmte lombardische Violinisten, welche ohngefähr vor etlichen und dreyßig Jahren, nicht gar lange nach einander, angefangen haben bekannt zu werden, haben hierzu insonderheit viel beygetragen. Der erste war lebhaft, reich an Erfindung, und erfüllete fast die halbe Welt mit seinen Concerten. Obwohl **Torelli**, und nach ihm **Corelli** hierinne einen Anfang gemachet hatten: so brachte er sie doch, nebst dem **Albinoni**, in eine bessere Form, und gab davon gute Muster. Er erlangete auch dadurch, so wie **Corelli** durch seine zwölf Solo, einen allgemeinen Credit. Zuletzt aber verfiel er, durch allzuvieles und tägliches Componiren, und besonders da er anfieng theatralische Singmusiken zu verfertigen, in eine Leichtsinnigkeit und Frechheit, sowohl im Setzen, als Spielen: weswegen auch seine letztern Concerte nicht mehr so viel Beyfall verdieneten, als die erstern. Man saget von ihm, daß er einer von denen sey, die den sogenanten **lombardischen Geschmack,** welcher darinne besteht, daß man bisweilen, von zwo oder drey kurzen Noten, die anschlagende kurz machet, und hinter die durchgehende einen Punct setzet s. V. Hauptst. 23. §, und welcher Geschmack ohngefähr im

Jahre 1722 seinen Anfang genommen hat, erfunden haben. Es scheint aber diese Schreibart, wie einige Merkmaale zu erkennen geben, der Schottländischen Musik etwas ähnlich zu seyn; sie ist auch schon wohl zwanzig Jahre vor ihrem Aufkommen in Italien, von einigen deutschen Componisten, hier und da, ob wohl nicht so häufig, angebracht worden: folglich könnte sie bey den Welschen nur als eine Nachahmung der itztbenennten angesehen werden. Dem sey nun wie ihm wolle, so hat doch diese Veränderung der Art zu denken, den gedachten berühmten Violinisten, vor seine Person, in den letzten Zeiten seines Lebens, von dem guten Geschmacke fast ganz und gar abgeführet.

59. §.

Der andere der oben erwähnten beyden lombardischen Violinisten, ist einer der ersten und größten Meister Schwierigkeiten auf der Violine zu spielen. Er hat, wie man vorgiebt, sich einige Jahre der musikalischen Gesellschaft ganz und gar entzogen, um einen aus ihm selbst fließenden Geschmack hervor zu bringen. Dieser Geschmack ist aber so gerathen, daß er nicht nur des vorigen seinem, in gewisser Art, ganz entgegen ist, sondern auch im Singen unmöglich nachgeahmet werden kann; folglich nur denen Violinisten, die von der wahren guten Singart vielleicht wenig Empfindung haben, allein eigen bleibt. Wie aber jener durch die Vielheit seiner musikalischen Werke in eine Leichtsinnigkeit und Frechheit verfiel; und durch solche sich von dem Geschmacke der andern merklich unterschied: so ist dieser hingegen, in Ansehung der Singart, oder vielmehr durch Verbannung des Guten und Gefälligen so dieselbe hat, von allen andern ganz und gar abgegangen. Deswegen hat auch seine Composition nicht, mit der vorerwähnten, ein gleiches Schicksal erhalten. Es sind in derselben fast nichts, als trockene, einfältige, und ganz gemeine Gedanken anzutreffen, welche sich allenfalls besser zur komischen, als zur ernsthaften Musik, schicken möchten. Sein Spielen hat zwar, weil es etwas neues zu seyn geschienen, bey denen, die das Instrument verstehen, viel Verwunderung, bey andern aber desto weniger Gefallen erwecket. Und weil er vielerley Arten und Schwierigkeiten des Bogenstriches erfunden, wodurch sein Vortrag sich von allen andern unterscheidet: so ist es denn auch geschehen, daß verschiedene deutsche Violinisten, aus Neugierigkeit, aber nicht eben zu ihrem Vortheile, unter seine Information gerathen sind. Viele haben seine Art zu spielen angenommen und beybehalten: einige hingegen haben dieselbe, weil sie nachhero

hero durch die gute Singart eines bessern überzeuget worden, wieder verlaßen. Wie aber nur selten eine Copey dem Urbilde ganz ähnlich wird; man aber oftmals in dem Scholaren den Meister zu hören glaubet, und jenen auf dieses seine Unkosten zu schätzen pfleget: so kann es gar wohl seyn, daß einige von dieses berühmten Violinisten seinen Scholaren, deren er seit geraumer Zeit eine ziemliche Anzahl gezogen, ein vieles zu seinem Nachtheile beygetragen haben. Sie haben vielleicht, entweder seine Art zu spielen nicht recht begriffen; oder sie sind durch die Verschiedenheit der Gemüthsart verleitet worden, dieselbe noch bizarrer zu machen, und also denen, die wieder von ihnen gelernet haben, in einer viel verschlimmerten Gestalt beyzubringen. Folglich ist wohl zu glauben, daß er selbst vieles, an Unterschiedenen, die sich rühmen in seinem Geschmacke zu spielen, nicht gut heißen würde.

Es ist deswegen einem jeden jungen Musikus anzurathen, nicht eher nach Italien zu gehen, als bis er das Gute vom Bösen in der Musik zu unterscheiden weiss; denn wer nicht von musikalischer Wissenschaft etwas mit hinein bringt; der bringe auch, zumal itziger Zeit, schwerlich was mit heraus. Ein angehender Musikus muß ferner, in Italien, immer mehr von Sängern, als von Instrumentisten, zu profitiren suchen. Wen aber nicht etwan das Vorurtheil verleitet, der findet nunmehro das, was er sonst in Italien und in Frankreich sich hätte zu Nutzen machen können, in Deutschland.

60. §.

Ich habe die vorhin erwähnten beyden berühmten, und, in mehr als einer Betrachtung, braven Männer nicht angeführet, um ihre Verdienste zu schätzen, oder das, was sie wirklich Gutes haben, zu verkleinern. Ich habe es nur gethan, um einiger maßen den Ursprung zu entdecken, woher es gekommen ist, daß die heutigen welschen Instrumentisten, besonders aber die Violinisten, mehrentheils einen besondern, der guten Singart so sehr entgegen stehenden Geschmack angenommen haben: da doch der wahre und gute Geschmack allgemein seyn sollte. Einigen unter ihnen fehlet es zwar weder an der Erkenntniß, noch an der Empfindung dessen, was zum guten Singen gehöret: dennoch suchen sie solches auf ihren Instrumenten nicht nachzuahmen: sondern, was sie bey den Sängern für was Vortreffliches halten, das finden sie auf dem Instrumente zu schlecht, und zu gering. Sie loben den Sänger, wenn er deutlich und ausdrückend singt; sie hingegen finden es für gut, wenn sie auf dem Instrumente dunkel und ohne Ausdruck spielen. Sie billigen an dem Sänger einen modesten und schmeichelnden Vortrag; der ihrige hingegen ist wild und frech. Machet der Sänger, im Adagio, nicht mehr Auszierungen, als es die Sache leidet; so sagen sie, er singe meisterhaft: sie hingegen überhäufen das Adagio mit so vielen Manieren und wilden Läufern, daß man es eher für ein scherzhaftes Allegro halten sollte, und die Eigenschaften des Adagio fast gar nicht mehr daran wahrnehmen kann.

61. §.

Man findet auch, daß die itzigen italiänischen Violinisten fast alle in einerley Geschmacke spielen: wodurch sie sich aber von ihren Vorfahren nicht auf die beste Art unterscheiden. Der Bogenstrich, welcher auf diesem Instrumente, wie der Zungenstoß auf Blasinstrumenten, die Lebhaftigkeit der musikalischen Aussprache wirken muß, dienet ihnen öfters nur, wie der Blasebalg bey einer Sackpfeife, das Instrument auf eine leyernde Art klingend zu machen. Sie suchen die größte Schönheit da, wo sie nicht zu finden ist, nämlich in der äußersten Höhe, am Ende des Griffbretes; sie klettern darauf immer in der Höhe, wie die Mondsüchtigen auf den Dächern herum, und verabsäumen darüber das wahre Schöne, das ist, sie berauben das Instrument mehrentheils seiner Gravität und Anmuth, welche die dicken Saiten zu wirken fähig sind. Das Adagio spielen sie zu frech, und das Allegro zu schläfrig. Sie halten es im Allegro für was besonders, eine Menge Noten in einem Bogenstrich herzusägen. Die Triller schlagen sie entweder zu geschwind und zitternd, oder wohl gar in der Terze; welches sie doch bey den Sängern für einen Fehler halten. Mit einem Worte, ihr Vortrag und ihre Art zu spielen ist so beschaffen, daß es klingt, als wollte ein geschickter Violinist, einen ganz altväterischen, auf eine lächerliche Art, vorstellen. Diejenigen Zuhörer, welche von gutem Geschmacke sind, müssen deswegen öfters alle Mühe anwenden, um das Lachen zu verbergen. Wenn dergleichen neumodische italiänische Violinisten also, in einem Orchester, als Ripienisten gebrauchet werden sollen; so verderben sie gemeiniglich mehr, als sie Gutes stiften.

Man könnte deswegen gewisse berühmte Orchester, deren Mitglieder mit Italiänern vermischet sind, zum Beyspiele anführen. Man kann in denselben bemerken, daß wenn etwa eine, bey ihnen sonst ungewohnte, Unordnung, oder ungleicher Vortrag verspüret wird, solches mehrentheils von einem ohne Augen und Ohren spielenden Italiäner herrühre. Sollte nun allenfalls ein gutes Orchester das Unglück treffen, durch einen solchen Italiäner, wie ich ihn hier beschrieben habe, angeführet zu werden: so hätte man wohl nichts gewissers zu gewarten, als daß

dassel-

daſſelbe ſeinen vorigen Glanz gänzlich verlieren würde. Glücklich iſt alſo das Orcheſter, welches davon befreyet bleibt. Zu verwundern aber iſt, daß ſolche italiäniſche Inſtrumentiſten, von denen hier die Rede iſt, oftmals bey ſolchen Muſikverſtändigen Beyfall und Schutz finden, von welchen man es am allerwenigſten vermuthen ſollte; bey ſolchen Tonkünſtlern, deren Einſicht und gereinigter Geſchmack, über dergleichen bizarre Art zu ſpielen, viel zu weit erhaben iſt, als daß ſie einigen Gefallen daran finden könnten. Oftmals geſchieht es wohl nur aus Verſtellung, oder, wer weis, aus was noch für andern Urſachen.

62. §.

In der Compoſition der itzigen italiäniſchen Inſtrumentiſten, wenige davon ausgenommen, findet man mehr Frechheit und verworrene Gedanken, als Beſcheidenheit, Vernunft und Ordnung. Sie ſuchen zwar viel Neues zu erfinden; ſie verfallen aber dadurch in viele niederträchtige und gemeine Gänge, die mit dem, was ſie noch Gutes untermiſchen, wenig Gemeinſchaft haben. Sie bringen nicht mehr ſolche rührende Melodien vor, als ehedem. Ihre Grundſtimmen ſind weder prächtig noch melodiſch, und haben keinen ſonderlichen Zuſammenhang mit der Hauptſtimme. In ihren Mittelſtimmen findet man weder Arbeit, noch etwas gewagtes, ſondern nur eine trockene Harmonie. Auch in ihren Solo können ſie einen Baß, der zuweilen einige melodiſche Bewegungen machet, nicht ausſtehen. Sie lieben es vielmehr, wenn der Baß fein trocken einhergeht, nur ſelten anſchlägt, oder immer auf einem Tone trommelt. Sie geben vor, daß der Concertiſt dadurch am wenigſten bedecket werde. Sie ſchämen ſich aber vielleicht zu ſagen, daß ſie den Baß deswegen auf ſolche Art ſetzen, oder ſetzen laſſen, damit der, der Harmonie und ihrer Regeln ganz unkundige Virtuoſe, nicht ſo oft Gefahr laufe, ſeine Unwiſſenheit zu verrathen. Auf den ganzen Verhalt der Sache, und auf das Metrum, geben ſie wenig Achtung. In der Modulation nehmen ſie ſich zu viel Freyheit. Sie ſuchen nicht die Leidenſchaften ſo auszudrücken und zu vermiſchen, wie es in der Singmuſik üblich iſt. Mit einem Worte, ſie haben den Geſchmack ihrer Vorfahren, in der Inſtrumentalmuſik, zwar verändert, aber nicht verbeſſert.

63. §.

In der Vocalcompoſition der heutigen Nationalitaliäner iſt die Rolle der Singſtimme das Beſte. Hierauf wenden ſie den meiſten Fleiß; ſie machen ſie dem Sänger bequem, und bringen darinne nicht ſelten artige

tige Einfälle und Ausdrücke an. Oefters aber verfallen sie auch dabey in das Niederträchtige und Gemeine. Was die Begleitung der Instrumente betrifft, so unterscheidet sie sich nicht viel von der im vorigen §. beschriebenen Instrumentalcomposition. Das Ritornell ist meistentheils sehr schlecht, und scheinet manchmal gar nicht zu dieser Arie zu gehören. Das richtige Metrum fehlt auch sehr öfters. Es ist zu bedauren, daß die meisten der itzigen italiänischen Operncomponisten, deren einigen man das gute Naturell nicht absprechen kann, zu frühzeitig, ehe sie noch was von den Regeln der Setzkunst verstehen, für das Theater zu schreiben anfangen; daß sie sich nachgehends nicht mehr, wie ihre Vorfahren thaten, die Zeit nehmen, die Setzkunst aus dem Grunde zu studieren; daß sie dabey nachläßig sind, und mehrentheils zu geschwind arbeiten. Ich getrauete mir eben nicht das Gegentheil zu erweisen, wenn jemand behaupten wollte, daß sie vielleicht noch schlechter seyn würden, wofern nicht ein und der andere große Componist unter ihren nordischen Nachbarn, absonderlich ein berühmter Mann, dem sie den wahren guten und vernünftigen Geschmack in der Singmusik fast abgetreten zu haben scheinen, ihnen noch, durch seine häufig in Italien aufgeführten Singspiele, mit guten Exempeln vorgienge, und dadurch öfters Gelegenheit gäbe, sich mit seinen Federn auszuschmücken. So viel ist gewiß, daß die Anzahl der guten ingebohrnen welschen Componisten, vor mehr und weniger als zwanzig Jahren, durch das, nicht gar lange nach einander erfolgte, frühzeitige Absterben dreyer jungen Componisten, welche einen hervorragenden Geist spüren ließen, und große Hoffnung gaben, aber alle drey nicht völlig zur Reife gekommen sind, einen starken Verlust erlitten hat. Diese unterschieden sich, in ihrer Art zu denken merklich von einander. Der eine hieß: Capelli. Dieser war zum Prächtigen, Feurigen und Fremden aufgelegt. Der andere war: Pergolese. Dieser hatte zum Schmeichelnden, Zärtlichen und Angenehmen viel Naturell; und bezeigte dabey viel guten Willen zur arbeitsamen Composition. Der dritte hieß: Vinci. Er war lebhaft, reich an Erfindung, angenehm, natürlich, und öfters sehr glücklich im Ausdrucke: weswegen er auch in kurzer Zeit, durch nicht allzuviele Singspiele, in ganz Italien, schon einen allgemeinen Beyfall erworben hatte. Nur schien ihm die Geduld, und die Lust zur sorgfältigen Ausbesserung seiner Gedanken, etwas zu fehlen.

64. §. Uebri-

64. §.

Uebrigens, wenn man die Fehler der Componisten, von dem, was sie wirklich Gutes haben, absondert; so kann man den Italiänern überhaupt, die Geschicklichkeit im Spielen, die Einsicht in die Musik, die reiche Erfindung schöner Gedanken, und daß sie es im Singen zu einer größern Vollkommenheit gebracht haben, als irgend eine andere Nation, nicht absprechen. Nur Schade, daß seit einiger Zeit, die meisten ihrer Instrumentisten allzuweit von dem Geschmacke des Singens abgegangen sind: wodurch sie nicht nur viele, die ihnen nachzuahmen suchen, verführen, sondern auch so gar manchen Sänger verleiten, die gute Singart zu verlassen. Es ist daher nicht ohne Grund zu befürchten, daß der gute Geschmack in der Musik, welchen die Italiäner ehedem vor den meisten Völkern voraus gehabt haben, sich bey ihnen nach und nach wieder verlieren, und andern gänzlich zu Theile werden könne. Einige vernünftige, und von Vorurtheilen befreyete italiänische Musikverständige gestehen dieses selbst zu. Sie wollen noch dazu behaupten, daß solches, sowohl in Ansehung der Composition, als der Art zu spielen, bereits geschehen sey. Dem sey aber wie ihm wolle, so bleibt den Italiänern doch die gute Singart, welche sich auch sogar gewissermaßen bis auf ihre Gondelnführer ausbreitet, vor allen andern Völkern noch eigen.

65. §.

Bey den **Franzosen** findet sich das Gegentheil von dem, was ich von den Italiänern gesaget habe. Denn so wie die Italiäner in der Musik fast zu veränderlich sind; so sind die Franzosen darinne zu beständig, und zu sklavisch. Sie binden sich allzusehr an gewisse Charaktere, welche zwar zum Tanze und zu Trinkliedern, aber nicht zu ernsthaftern Stücken vortheilhaft sind: weswegen auch das Neue bey ihnen öfters alt zu seyn scheint. Die **Instrumentisten** absonderlich **Clavieristen** pflegen sich zwar mit Ausführung großer Schwierigkeiten, und mit vielen Auszierungen im Adagio, nicht weit einzulassen; doch tragen sie ihre Sache mit vieler Deutlichkeit und Reinigkeit vor: womit sie zum wenigsten die guten Gedanken des Componisten nicht verderben. Wegen ihres deutlichen Vortrages, sind sie in einem Orchester, als Ripienisten, besser zu gebrauchen, als die Italiäner. Es ist daher einem jeden angehenden Instrumentisten zu rathen, daß er mit der französischen Art zu spielen den Anfang mache. Er wird dadurch nicht allein die vorgeschriebenen Noten, und die kleinen Auszierungen, reinlich und deutlich vortragen lernen; sondern auch mit der

Zeit, den französischen Schimmer mit der italiänischen Schmeicheley zu vermischen, fähig werden, und eine um so viel gefälligere Art zu spielen erlangen.

66. §.

Die **französische Art zu singen** ist so beschaffen, daß dadurch nicht, wie bey den Italiänern, große Virtuosen können gezogen werden. Sie erschöpfet das Vermögen der menschlichen Stimme bey Weitem nicht. Ihre Arien sind mehr redend, als singend. Sie erfodern mehr Fertigkeit der Zunge, im Sprechen der Wörter, als Geschicklichkeit der Kehle. Der Zusatz der Manieren wird von dem Componisten vorgeschrieben: folglich haben die Ausführer nicht nöthig die Harmonie zu verstehen. Die Passagien sind bey ihnen im Singen fast gar nicht üblich: weil sie vorgeben, daß ihre Sprache dieselben nicht erlaube. Die Arien werden mehrentheils, wegen Mangel der guten Sänger, so gesetzet, daß sie ein jeder, wer nur will, nachsingen kann: welches zwar solchen Liebhabern der Musik, die nicht viel davon verstehen, ein Vergnügen machet; den Sängern aber keinen sonderlichen Vorzug giebt. Es bleibt ihren Sängern nichts besonderes eigen, als die gute Action, welche sie vor andern Völkern voraus haben.

67. §.

In der **Composition** verfahren die **Franzosen** sehr gewissenhaft. In ihren Kirchenmusiken findet man zwar mehr Bescheidenheit, aber auch mehr Trockenheit, als in den italiänischen. Sie lieben die natürlichen Gänge mehr, als die chromatischen. In der Melodie sind sie treuherziger, als die Italiäner; denn man kann die Folge der Gedanken fast immer errathen: an Erfindungen aber sind sie nicht so reich, als jene. Sie sehen mehr auf den Ausdruck der Wörter, als auf einen reizenden oder schmeichelnden Gesang. So wie die Italiäner die Schönheit der Composition, größten Theils, nur in der Hauptstimme anzubringen suchen; wodurch zwar die Grundstimme dann und wann verabsäumet wird: so legen hingegen die Franzosen meistentheils mehr Schimmer in die Grundstimme, als in die Hauptstimme. Ihr Accompagnement ist mehr simpel, als erhaben. Ihr Recitativ singt zu viel, die Arien hingegen zu wenig: weswegen man in einer Oper nicht allemal errathen kann, ob man ein Recitativ oder ein Arioso höre. Wofern auf ein französisches Recitativ eine zärtliche Arie folget, wird man ganz und gar eingeschläfert, und verliert alle Aufmerksamkeit: da doch der Endzweck einer Oper

und eine Musik zu beurtheilen sey.

erfodert, daß die Zuhörer beständig mit einer angenehmen Abwechselung unterhalten, und immer aus einer Leidenschaft in die andere versetzet, ja daß die Leidenschaften selbst bisweilen auf einen gewissen Grad der Stärke getrieben werden, und wieder abnehmen sollen. Dieses kann aber der Dichter, ohne Beyhülfe des Componisten, nicht allein bewerkstelligen. Doch was den französischen Opern, wegen des geringen Unterschieds, der sich zwischen Arien und Recitativen findet, an der Lebhaftigkeit abgeht; das ersetzen die Chöre und Tänze. Wenn man den ganzen Zusammenhang einer französischen Oper genau betrachtet, so sollte man fast glauben, als wenn die allzuähnliche Vermischung der Arien und Recitative mit Fleiß so eingerichtet würde, um die Chöre und Ballette desto mehr zu erheben. Ungeachtet nun diese, sowohl als die Auszierungen des Schauplatzes, nur als ein Nebenwerk einer Oper anzusehen sind; wie denn absonderlich die Chöre in den italiänischen Opern wenig geachtet werden; so sind sie nichts desto weniger fast die größte Zierde der französischen Singspiele. Es ist unstreitig, daß die Musik der Franzosen, sich, zu den in seiner Vollkommenheit betrachteten Tänzen, viel besser schicket, als keine andre: da hingegen die italiänische zum Singen und Spielen eine bessere Wirkung thut, als zum Tanzen. Doch ist auch nicht ganz zu läugnen, daß man in der französischen Instrumentalmusik, vornehmlich aber in ihren charakterisireten Stücken, wegen des an einander hangenden und concertirenden Gesanges, viele gefällige und annehmliche Gedanken antrifft, die sich, im italiänischen Geschmacke, mit prächtigen und erhabenen Gängen sehr wohl vermischen lassen.

68. §.

Alle italiänischen Opern sind, wenn man sie im Ganzen betrachtet, auch nicht lauter Meisterstücke. Obgleich ihre vornehmsten Operndichter, sich, absonderlich seit dem Anfange dieses Jahrhunderts, alle Mühe gegeben haben, die Singspiele von vielen Ausschweifungen zu reinigen, und dem vernünftigen Geschmacke des französischen Tragödientheaters, so viel, als möglich ist, ähnlich zu machen; ob man wohl in Italien eine Menge vollkommen schöner Opernpoesieen aufzuweisen hat: da hingegen die Franzosen, in ihren meisten Opern, noch immer an den Fabeln kleben, und an einer Menge unnatürlicher und abentheuerlicher Vorstellungen sich belustigen: so werden doch noch in Italien, sowohl durch manche Poeten, als durch die Componisten und Sänger, große Fehler begangen. Die Poeten verbinden z. E. die Arien nicht allemal mit der

Hauptsache: so daß manche Arie, die mit dem Vorigen nicht den gehörigen Zusammenhang hat, nur von ohngefähr eingeschoben zu seyn scheint. Manchmal mag es einigen Dichtern wohl an der Beurtheilung oder an der Empfindung gefehlet haben: zuweilen aber kann es seyn, daß sie dem Componisten zu Gefallen, und nach gewissen Nebenabsichten haben dichten müssen; wenn nämlich die Worte nicht bequem in die Musik zu bringen gewesen sind; woran der Poet schuld ist; oder wenn etwan der Componist eine Arie schon fertig hat, deren Worte sich nicht an den Ort, wo sie hinkommen soll, schicken, und der Dichter also eine Parodie darüber machen muß; welche freylich nicht allemal zum besten geräth. Bisweilen müssen sich die Dichter nur bemühen, Worte mit solchen Selbstlautern ausfindig zu machen, die sich gut zu Passagien schicken: wodurch denn, wenn die Dichter nicht reich an Veränderungen der Gedanken und der Ausdrücke sind, dem Zusammenhange der Sache, und der Schönheit der Poesie, freylich nicht allezeit gerathen wird. Doch wird man wahrnehmen, daß die großen Operndichter, den einzigen **Metastasio** ausgenommen, gemeiniglich bey Weitem nicht so bequeme Arien zur Musik machen, als die mittelmäßigen. Diese müssen sich dem Componisten wohl bequemen, wenn sie anders fortkommen wollen: jene aber wollen sich, auch öfters nicht einmal in billigen und nothwendigen Stücken, zum Vortheile der Musik, von ihrer vermeynten Höhe herablassen: ob es gleich gar wohl möglich ist, daß die Poesie und Musik sich mit einander so vereinigen können, daß keine dabey zu kurz komme; wie nur noch erst kürzlich, in einem eigenen deutschen Werke: **von der musikalischen Poesie**, mit besonderer Gründlichkeit ist gezeiget worden.

69. §.

Die Franzosen legen den Italiänern, nicht ganz und gar ohne Grund, zur Last, daß sie in den Arien, ohne Unterschied, zu viel Passagien anbringen. Es ist zwar wahr, daß wenn es der Sinn der Worte erlaubet, und der Sänger die Fähigkeit besitzt, Passagien lebhaft, egal, rund, und deutlich heraus zu bringen, die Passagien eine ausnehmende Zierde im Singen sind. Es ist aber auch nicht zu läugnen, daß die Italiäner hierinne bisweilen zu weit gehen, und weder einen Unterschied der Worte, noch der Sänger machen; sondern nur mehrentheils der hergebrachten Gewohnheit, ohne Beurtheilung, nachgehen. Die Passagien mögen wohl Anfangs, einigen guten Sängern zu Gefallen, so häufig eingeführet worden seyn, um die Geschicklichkeit ihrer Kehle zu zeigen. Es ist aber

aber nachher ein Misbrauch daraus erwachsen; so daß man glaubet, eine Arie ohne Passagien sey nicht schön, oder ein Sänger singe nicht gut, oder tauge gar nichts, wenn er nicht auch gleich, wie ein Instrumentist, viele schwere Passagien zu machen wisse: ohne zu bedenken, ob der Text Passagien erlaube, oder nicht. Es ist absonderlich nichts ungereimter, als wenn in einer sogenannten Actionarie, worinn ein hoher Grad des Affects, er mag klagend oder wütend seyn, liegt, und die mehr sprechend, als singend seyn sollte, viele Passagien vorkommen. Diese unterbrechen und vernichten an diesem Orte den ganzen Ausdruck der Sache: zu geschweigen, daß dergleichen Arien bey vielen Sängern unbrauchbar werden. Sänger, welche die Fähigkeit haben, Passagien, mit völliger Stärke und **ohne Fehler** der Stimme, rund und deutlich heraus zu bringen, sind rar; da hingegen viele Sänger, ohne diese Geschicklichkeit und Naturgabe zu besitzen, dennoch gut seyn können. Ehe man zu einer Leichtigkeit in den Passagien gelanget, muß ein großer Fleiß und besondere Uebung vorher gehen. Diejenigen Sänger aber, welchen, ungeachtet alles angewendeten Fleißes, die Natur doch diese Leichtigkeit versaget, dürften nur, anstatt daß sie sich, um die Mode mit zu machen, mit Passagien martern, ihre Zeit auf etwas bessers wenden, nämlich schmackhaft und ausdrückend zu singen; welches sonst öfters dabey versäumet wird. Aus der übertriebenen Lust Passagien zu singen, entsteht auch öfters noch das Uebel, daß um einiger Sänger willen, denen zuwider zu seyn die Klugheit nicht allemal erlaubet, dem Componisten und dem Dichter, die Freyheit ordentlich zu denken, benommen wird. Doch es scheint, daß ißo, der an den meisten Orten in Welschland eingerissene Mangel fertiger Sänger, den Passagien öfters fast gar zu enge Gränzen setzen werde.

70. §.

Der Ursachen, warum nicht alle Opern in Italien vernünftig und gut ausgeführet werden, kann es noch viel mehrere geben. Taugt vollends die ganze Erfindung und Ausführung der Oper, von Seiten des Poeten, nicht viel; denn nicht einmal alle Materien sind der Musik bequem: so kann es auch dem besten Componisten fehl schlagen: weil er selbst durch die Poesie nicht angefeuert wird. Wendete er auch alle seine Kräfte an, um etwas Gutes hervor zu bringen; so kann dessen ungeachtet seine Composition doch nicht den erwarteten Beyfall erhalten: weil die meisten, bisweilen aus Irrthum, den guten oder schlechten Erfolg einer Oper nicht dem Poeten, sondern dem Componisten allein zuschreiben:

ob gleich der eine eben so viel, als der andere beytragen muß, wenn die Oper von Seiten der Verfasser, vollkommen seyn soll. Eine gute, und durch den Dichter wohl ausgeführte Materie eines Singspiels, kann eine mittelmäßige Musik erheben: eine schlecht abgehandelte hingegen, kann verursachen, daß eine darüber sehr wohl gesetzte Musik, wenn man sie öfters höret, Verdruß und lange Weile machet: besonders wenn die Sänger und Accompagnisten das Ihrige nicht auch gehörig dazu beytragen.

71. §.

Wenn aber der Poet eine gute Materie gewählet, und selbige nach aller möglichen Wahrscheinlichkeit ausgeführet hat; wenn er die Charaktere der aufgeführten Personen wohl von einander unterschieden, und solche, so viel als möglich ist, den Fähigkeiten, dem Alter, den Gemüthsneigungen, und der Gestalt der Sänger gemäß eingerichtet hat; wenn er einen jeden so sprechen läßt, wie es dem Charaktere, den er vorstellet, zukömmt; wenn die Recitative nicht gar zu weitläufig, und die Worte der Arien nicht zu lang, noch zu hochtrabend sind: wenn in den Arien zwar zuweilen einige, mit der Musik bequem nachzumalende Gleichnisse, vornehmlich und unumgänglich aber die Sprache der Leidenschaften, eingeführet worden; wenn die Leidenschaften, so wohl an ihrer zu= und abnehmenden Stärke, als an ihrer Verschiedenheit, geschickt mit einander abwechseln: wenn bequeme Versarten zu den Arien erwählet worden sind; wenn auch auf die zum Singen vorzüglich bequemen Wörter eine vernünftige Absicht gerichtet worden, die ungeschickten aber, nach Möglichkeit vermieden sind; wenn ferner der Componist einen gereinigten Geschmack, und das Vermögen hat, die Leidenschaften, den Worten gemäß, mit der Musik auszudrücken; wenn er einen jeden Sänger nach seiner Stärke, und ohne Partheylichkeit eingekleidet hat; wenn er alles in seinem gehörigen Zusammenhange wohl mit einander verbunden, dabey aber eine billige Kürze beobachtet hat; wenn die Sänger ihre Rollen dem vorzustellenden Charaktere, und der Absicht des Componisten gemäß, mit Ernst und Eifer ausführen; wenn die Accompagnisten der Vorschrift des Componisten und ihrer Pflicht nachkommen; wenn endlich die Auszierungen des Theaters und die Ballette mit dem Inhalte der Oper wohl übereinstimmen: so ist kein Zweifel, daß nicht eine solche italiänische, oder nach italiänischer Art eingerichtete Oper, jedermann gefallen, und für eines der angenehmsten Schauspiele gehalten werden könne.

62. §. Hier=

und eine Musik zu beurtheilen sey.

72. §.

Hierüber aber kann weder ein Italiäner, noch ein Franzose, wenn er zumal niemals aus seinem Lande gekommen, und nur immer einerley Art von Musik gewohnet gewesen ist, ein richtiges Urtheil fällen. Ein jeder wird die, welche seiner Landesart gemäß ist, für die beste halten, und die andere verachten. Es wird ihn immer, entweder eine lange Gewohnheit, oder ein eingewurzeltes Vorurtheil verhindern, das Gute des Gegentheils, und das Schlechte seiner Parthey einzusehen. Ein dritter hingegen, wenn er anders Einsicht und Erkenntniß besitzet, und unpartheyisch ist, kann hierbey den sichersten Ausschlag geben.

73. §.

In Italien sind meines Wissens niemals, weder französische Opern öffentlich, noch Arien oder andere französische Singstücke insbesondere aufgeführet, noch weniger französische Sänger dahin berufen worden. In Frankreich hingegen hat man, zwar keine italiänische Oper öffentlich, doch aber italiänische Arien, Concerte, Trio, Solo, u. d. m. insbesondere aufgeführet; auch italiänische Sänger dahin kommen lassen, und unterhalten: wovon unter andern das italiänische Concert an der Tuillerie, und verschiedene neuere Vorfälle Zeugniß geben. In Deutschland sind schon von mehr, als siebenzig Jahren her, sowohl französische als italiänische Opern, und, von noch längern Zeiten her, andere, in beyderley Geschmacke verfertigte Musiken, öffentlich und ins besondere aufgeführet worden: folglich hat man sich auch italiänischer und französischer Sänger dazu bedienet. Nachdem es aber die Italiäner im Geschmacke immer weiter getrieben haben, die Franzosen hingegen immer auf einer Stelle geblieben sind: so hat man fast seit 20 oder 30 Jahren, außer den Balletten, weder französische Opern, noch andere von dieser Art Musik in Deutschland mehr gehöret. Sowohl die im italiänischen Geschmacke gesetzten Opern, als Instrumentalstücke, finden nicht nur bis itzo in ganz Deutschland, sondern auch in Spanien, Portugall, England, Pohlen und Rußland Beyfall. Der Franzosen ihre Sprache, Schriften, Poesie, Sitten, Gebräuche, Moden, und was sie sonst Gutes vorzubringen wissen, wird von den meisten europäischen Völkern, besonders aber von den Deutschen, geliebet: nur die Musik nicht mehr, wie ehedem; ausgenommen von einigen jungen Leuten, deren erste Ausflucht nach Frankreich geht, und die allda etwan ein Instrument zu spielen

spielen anfangen, die französische Musik aber bequemer zu spielen finden, als die italiänische.

74. §.

Man hat sich zwar seit etlichen und zwanzig Jahren, insonderheit in Paris, bemühet, den italiänischen Geschmack mit dem französischen zu vermischen. Allein man findet von dem guten Erfolge bis itzo noch keine sonderlichen Merkmaale. In der Singmusik entschuldiget man sich immer mit der Sprache, daß dieselbe zu der italiänischen Singart nicht bequem sey. Vielleicht aber hat es noch an geschickten Componisten, und guten Sängern gefehlet, um es gehörig ins Werk zu setzen. Man hat ja wohl über deutsche und engländische Worte, welche bey den Franzosen noch weniger im Credite stehen, mit gutem Erfolge im italiänischen Geschmack Musik gesetzet; warum sollte es denn nicht auch über die so sehr beliebte französische Sprache angehen? Um den Franzosen dieses Vorurtheil zu benehmen, sollte man durch einen Componisten, der in der italiänischen Art eine schöne Arie zu machen weis, und der die französische Sprache so gut, als die italiänische versteht, über französische Worte, die nach der italiänischen Weise eingerichtet wären, eine Arie verfertigen, und dieselbe durch einen guten italiänischen Sänger, der aber eine gute französische Aussprache haben müßte, absingen lassen Dieses könnte zu einer Probe dienen, ob die Schuld an der Sprache, oder an der Unwissenheit der französischen Componisten liege, wenn Musik im italiänischen Geschmacke sich nicht zur französischen Sprache schicken will.

75. §.

In der Instrumentalmusik möchten es die Franzosen noch eher zu etwas bringen, wenn sie sowohl in Ansehung der Composition, als der Ausführung, gute Muster von andern Völkern bey sich hätten: oder wenn ihre Componisten, Sänger, und Instrumentisten mehr Liebhaber wären, andere Länder zu besuchen, um eine vernünftige Vermischung im Geschmacke zu machen. So lange sie sich aber noch von Vorurtheilen vor ihr eigenes Land beherrschen lassen; auch keine rechten ächten und guten Beyspiele von Italiänern, oder andern Nationen, die schon in einem vermischeten Geschmacke setzen, singen oder spielen, in ihrem Lande haben; so lange sie den vermischeten Geschmack in andern Ländern nicht zu erlangen suchen: werden sie entweder bleiben wie sie vor langen Zeiten gewesen sind; oder es steht zu befürchten, daß sie, wegen des Mangels guter Muster, wenn sie ja was neues einführen wollen, aus der allzugroßen

großen Modestie, endlich in eine desto größere Frechheit verfallen, und den ihnen immer noch eigen gewesenen netten und deutlichen Vortrag, in eine bizarre und dunkele Art zu spielen, verwandeln möchten. Bey einer neuen und fremden Sache, wendet man mehrentheils nicht Zeit genug zur Untersuchung derselben an; sondern man fällt gemeiniglich von einem äußersten Ende aufs andere: absonderlich wenn es auf die Wahl junger Leute ankömmt, welche durch alles, was nur neu ist, verblendet werden können.

76. §.

Wollte man endlich die italiänische und französische Nationalmusik, wenn man jede von der besten Seite betrachtet, in der Kürze charakterisiren, und den Unterschied des Geschmackes gegen einander halten; so würde diese Vergleichung, meines Erachtens, ohngefähr also ausfallen:

Die **Italiäner** sind in der **Composition** uneingeschränket, prächtig, lebhaft, ausdrückend, tiefsinnig, erhaben in der Denkart, etwas bizarr, frey, verwegen, frech, ausschweifend, im Metrum zuweilen nachläßig; sie sind aber auch singend, schmeichelnd, zärtlich, rührend, und reich an Erfindung. Sie schreiben mehr für Kenner, als für Liebhaber. Die **Franzosen** sind in der **Composition** zwar lebhaft, ausdrückend, natürlich, dem Publikum gefällig und begreiflich, und richtiger im Metrum, als jene; sie sind aber weder tiefsinnig noch kühn; sondern sehr eingeschränket, sklavisch, sich selbst immer ähnlich, niedrig in der Denkart, trocken an Erfindung; sie wärmen die Gedanken ihrer Vorfahren immer wieder auf, und schreiben mehr für Liebhaber, als für Kenner.

Die **italiänische Singart** ist tiefsinnig, und künstlich; sie rühret, und setzet zugleich in Verwunderung; sie beschäftiget den musikalischen Verstand; sie ist gefällig, reizend, ausdrückend, reich im Geschmacke und Vortrage, und versetzet den Zuhörer, auf eine angenehme Art, aus einer Leidenschaft in die andere. Die **französische Singart** ist mehr simpel als künstlich, mehr sprechend, als singend; im Ausdrucke der Leidenschaften, und in der Stimme, mehr übertrieben, als natürlich; im Geschmacke und im Vortrage ist sie arm, und sich selbst immer ähnlich; sie ist mehr für Liebhaber, als für Musikverständige; sie schicket sich besser zu Trinkliedern, als zu ernsthaften Arien, und belustiget zwar die Sinne, den musikalischen Verstand aber läßt sie ganz müßig.

Die italiänische Art zu spielen ist willkührlich, ausschweifend, gekünstelt, dunkel, auch öfters frech und bizarr, schwer in der Ausübung; sie erlaubet viel Zusatz von Manieren, und erfordert eine ziemliche Kenntniß der Harmonie; sie erwecket aber bey den Unwissenden mehr Verwunderung, als Gefallen. Die französische Spielart ist sklavisch, doch modest, deutlich, nett und reinlich im Vortrage, leicht nachzuahmen, nicht tiefsinnig noch dunkel, sondern jedermann begreiflich, und bequem für die Liebhaber; sie erfordert nicht viel Erkenntniß der Harmonie, weil die Auszierungen mehrentheils von den Componisten vorgeschrieben werden; sie verursachet aber bey den Musikverständigen wenig Nachdenken.

Mit einem Worte: die italiänische Musik ist willkührlich, und die französische eingeschränket: daher es bey dieser mehr auf die Composition, als auf die Ausführung, bey jener aber, fast so viel, ja bey einigen Stücken fast mehr, auf die Ausführung, als auf die Composition ankömmt, wenn eine gute Wirkung erfolgen soll.

Die italiänische Singart, ist ihrer Art zu spielen, und die französische Art zu spielen, ihrer Singart vorzuziehen.

77. §.

Die Eigenschaften dieser beyden Musikarten, könnten zwar noch weitläuftiger ausgeführet, und noch genauer untersuchet werden. Allein dieses würde vielmehr in eine eigene und besondere Abhandlung davon, als hierher gehören. Inzwischen habe ich mich doch bemühet, die vornehmsten Wahrheiten und Kennzeichen derselben, und des dazwischen befindlichen Unterschiedes, in der Kürze zu bemerken. Ich lasse einem jeden die Freyheit, aus dem Angeführten den Schluß zu ziehen, welcher Geschmack von beyden mit Recht den Vorzug verdiene. Ich habe aber zu der Billigkeit meiner Leser das Vertrauen, daß sie mich um soviel weniger hierbey einer Partheylichkeit beschuldigen werden: da dasjenige, was ich etwan selbst von Geschmacke erlanget habe, sowohl aus dem französischen, als aus dem italiänischen geflossen ist; da ich beyde Länder, in der ausdrücklichen Absicht, mir das Gute von beyden in der Musik zu Nutzen zu machen, durchreiset bin; und da ich also von beyden Musikarten einen Augen= und Ohrenzeugen abgeben kann.

78. §.

Wenn man die Musik der Deutschen, von mehr als einem Jahrhunderte her, genau untersuchet: so findet man zwar, daß die Deutschen es schon vor geraumer Zeit, nicht nur in der harmonisch richtigen Setzkunst, sondern

dern auch auf vielen Instrumenten, sehr weit gebracht hatten. Vom guten Geschmacke aber, und von schönen Melodien, findet man, außer einigen alten Kirchengesängen, wenig Merkmaale; sondern vielmehr, daß sowohl ihr Geschmack, als ihre Melodieen, länger als bey ihren Nachbarn, ziemlich platt, trocken, mager, und einfältig gewesen.

79. §.

Ihre **Composition** war, wie gesagt, harmonisch und vollstimmig, aber nicht melodisch und reizend.

Sie suchten mehr künstlich, als begreiflich und gefällig; mehr für das Gesicht, als für das Gehör zu setzen.

Die ganz Alten brachten, in einem ausgearbeiteten Stücke, zu viele und zu überflüßige Cadenzen nach einander an: indem sie fast aus keiner Tonart in die andere, ohne vorher zu cadenziren, auszuweichen pflegten: durch welche Aufrichtigkeit aber das Gehör selten überraschet wurde.

Es fehlete ihnen an einer guten Wahl und Verbindung der Gedanken.

Die Leidenschaften zu erregen und zu stillen, war ihnen etwas unbekanntes.

80. §.

In ihrer **Singmusik** suchten sie mehr die bloßen Wörter, als den Sinn derselben, oder den damit verknüpfeten Affect, auszudrücken. Viele glaubten dieserwegen schon eine Gnüge geleistet zu haben, wenn sie z. E. die Worte: Himmel und Hölle, durch die äußerste Höhe und Tiefe ausdrücketen: wodurch denn oft viel Lächerliches mit unterzulaufen pflegete. In Singstücken liebten sie sehr die äußerste Höhe, und ließen in derselben immer Worte aussprechen. Hierzu mögen die Falsetstimmen erwachsener Mannespersonen, welchen die Tiefe gemeiniglich beschwerlich ist, einige Ursache gegeben haben. Den Sängern gaben sie unter geschwinden Noten viele Worte nach einander auszusprechen; welches aber der Eigenschaft des guten Singens zuwider ist, den Sänger verhindert die Töne in ihrer gehörigen Schönheit hervor zu bringen, und sich von der gemeinen Rede allzuwenig unterscheidet (*) Ihre Singarien bestunden mehrentheils aus zwo Repriesen; sie waren sehr kurz; aber auch sehr einfältig und trocken.

(*) Obgleich einige wenige Deutsche, durch Nachahmung des italiänischen Geschmackes, diesen Fehler, welcher nur in der komischen Musik eine Schönheit ist, abgeleget haben: so ist er doch, auch zu itziger Zeit, noch nicht gänzlich ausgerottet.

Wie die Singart der Deutschen in den alten Zeiten beschaffen gewesen sey, kann man, noch bis auf diese Stunde, in den meisten Städten, an den Chor- oder Schul-Sängern abnehmen. Diese bringen es zwar im Notenlesen weiter, als viele galante Sänger anderer Völker; allein mit der Stimme wissen sie fast gar nicht umzugehen. Sie singen daher meistentheils ohne Licht und Schatten, in einerley Stärke des Tones. Die Nasen- und Gurgelfehler kennen sie kaum. Die Vereinigung der Bruststimme mit dem Falset ist ihnen eben so unbekannt, als den Franzosen. Mit dem Triller begnügen sie sich so, wie ihn die Natur giebt. Von der italiänischen Schmeicheley, welche durch geschleifte Noten, und durch das Vermindern und Verstärken des Tones gewirket wird, haben sie wenig Empfindung. Ihr unangenehmes, übertriebenes, allzurauschendes Stoßen mit der Brust, wobey sie sich der Fertigkeit der Deutschen das h auszusprechen rechtschaffen zu Nußen machen, und bey allen Noten: ha ha ha ha hören lassen, verursachet, daß die Passagien alle gehacket klingen; und ist von der Art, mit welcher die welschen Brust-Ammen die Passagien vortragen, weit entfernet. Den simpeln Gesang hängen sie nicht genug an einander, und verbinden denselben nicht durch vorhaltende Noten; weswegen ihr Vortrag sehr trocken und einfältig klingt. Es fehlet diesen deutschen Chorsängern zwar weder an natürlichen guten Stimmen, noch an der Fähigkeit etwas zu lernen: es fehlet ihnen vielmehr an der guten Unterweisung. Die Cantores sollen, wegen der mit ihrem Amte immer verknüpfeten Schularbeiten, zugleich halbe Gelehrte seyn. Deswegen wird öfters bey der Wahl mehr auf das leßtere, als auf die Wissenschaft in der Musik gesehen. Die nach solchen Absichten erwählten Cantores treiben deswegen die Musik, von der sie ohnedem sehr wenig wissen, nur als ein Nebenwerk. Sie wünschen nichts mehr, als bald durch eine gute fette Dorfpfarre, von der Schule, und zugleich von der Musik erlöset zu werden. Findet sich auch ja noch hier und da ein Cantor, der das Seinige versteht, und seinem musikalischen Amte rechtschaffen vorzustehen Lust hat: so suchen an vielen Orten die Obersten der Schule, einige geistlichen Aufseher derselben, unter denen viele der Musik aufsäßig sind, nicht ausgenommen, sowohl den Cantor, als die Schüler, an Ausübung der Musik zu hindern. Auch sogar in denen Schulen, welche, besage ihrer Gesetze, hauptsächlich in der Absicht gestiftet worden sind, daß die Musik darinne vorzüglich soll gelehret und gelernet, und musici eruditi gezogen werden, ist öfters der durch den Vorsteher unterstüßete Rector der abgesagteste Feind der Musik. Gerade als wenn ein guter Lateiner und ein guter Musikus Dinge wären, deren eins das andere nothwendiger Weise aufhebt. Die mit den Cantordiensten verknüpfeten Vortheile, sind an vielen, ja an den meisten Orten, so gering, daß ein guter Musikus Bedenken tragen muß, einen solchen Dienst, ohne Noth, anzunehmen. Da es nun, auf solche Art, in Deutschland an guter Anweisung, vornehmlich in der Vocalmusik, fehlet; da derselben auch noch dazu an vielen Orten unübersteigliche Hindernisse in den Weg geleget werden: so können auch nicht leicht gute Sänger erzogen werden. Es ist bey diesen Umständen zu vermuthen, daß bey den Deutschen die

gute

gute Singart niemals so allgemein werden dürfte, als bey den Italiänern; bey welchen, schon von vielen Zeiten her, dießfalls die besten Anstalten vorhanden sind: es wäre denn, daß große Herren Vorschub thäten, Singschulen anzulegen, in welchen die gute und ächte italiänische Singart gelehret würde.

81. §.

Die Instrumentalmusik der Deutschen in den vorigen Zeiten, sah mehrentheils auf dem Papier sehr bunt und gefährlich aus. Sie schrieben viele drey- vier- und mehrmal geschwänzten Noten. Weil sie aber dieselben in einer sehr gelassenen Geschwindigkeit ausführeten: so klangen ihre Stücke dessen ungeachtet nicht lebhaft, sondern matt und schläfrig.

Sie hielten mehr von schweren, als leichten Stücken, und suchten mehr Verwunderung zu erwecken, als zu gefallen.

Sie beflissen sich mehr, den Gesang der Thiere, z. E. des Kukuks, der Nachtigall, der Henne, der Wachtel, u. s. w. auf ihren Instrumenten nachzumachen; wobey der Trompete und der Leyer auch nicht vergessen wurde: als der Menschenstimme nachzuahmen.

Oefters war ein sogenanntes Quodlibet, wobey entweder in Singstücken lächerliche Worte, ohne Zusammenhang, vorkamen, oder, in Instrumentalstücken, die Sangweisen gemeiner und niederträchtiger Trinklieder unter einander gemischet wurden, ihr angenehmster Zeitvertreib.

Auf der Geige spieleten sie mehr harmonisch, als melodisch. Sie setzeten viele Stücke, wozu die Violinen umgestimmet werden mußten. Die Saiten wurden nämlich, nach Anzeige des Componisten, anstatt der Quinten, in Secunden, Terzen, oder Quarten gestimmet; um die Accorde desto leichter zu haben: welches aber bey den Passagien eine nicht geringe Schwierigkeit verursachte.

Ihre Instrumentalstücke bestunden meistentheils aus Sonaten, Partien, Intraden, Märschen, Gassenhauern, und vielen andern oft lächerlichen Charakteren, deren Gedächtniß itzo verloschen ist.

Das Allegro bestund mehrentheils vom Anfange bis zum Ende aus lauter Passagien, da fast immer ein Tact dem andern ähnlich war, und von einem Tone zum andern, durch die Transpositionen, wiederholet wurde; welches aber endlich nothwendig einen Ekel verursachen mußte. Oefters blieben sie nicht länger, als nur wenige Tacte bey einerley Tempo: sie vermischeten vielmehr, in einem Satze, bald etwas Langsamers, bald wieder etwas Geschwinderes, mit einander.

Ihr Adagio hatte mehr eine natürliche Harmonie, als gute Melodie. Sie macheten darinne auch wenig Manieren; außer daß sie dann und wann die springenden Intervalle mit laufenden Noten ausfülleten. Die Schlüsse ihrer langsamen Stücke waren einfältig. Anstatt daß man itziger Zeit, wenn man z. E. in C. schließen will, den Triller auf dem D oder H schlägt: so schlugen sie denselben auf dem C, welchem sie die Zeit einer punctirten Note gaben, und ließen das H als eine kurze Note nur simpel hören; der Endigungsnote C aber wurde noch eine, um einen Ton höher stehende Note, als ein besonderer Zierrath angeschleifet. Ihre Cadenzen waren ohngefähr in der Ausführung so beschaffen, wie Tab. XXIII. Fig. 15. mit Noten ausgedrücket zu sehen ist. Von vorhaltenden Noten, welche den Gesang an einander zu binden, und, auf eine angenehme Art, die Consonanzen in Dissonanzen zu verwandeln dienen, wußten sie wenig oder gar nichts: weswegen ihre Art zu spielen nicht rührend noch reizend, sondern platt und trocken war.

Vielerley Instrumente, von denen man itzo kaum noch die Namen weis, waren bey ihnen üblich. Es ist daher zu vermuthen, daß man, wegen Vielheit derselben, mehr Ursache gehabt habe ihren Fleiß, als ihre Geschicklichkeit im Spielen, zu bewundern.

82. §.

So schlecht es aber in den vorigen Zeiten, bey aller gründlichen Einsicht der deutschen Componisten in die Harmonie, mit ihrem, und der deutschen Sänger und Instrumentisten ihrem Geschmacke ausgesehen haben mag: so ein anderes Ansehen hat es doch nunmehr nach und nach damit gewonnen. Denn wenn man auch von den Deutschen nicht eben sagen kann, daß sie einen eigenthümlichen, und von den andern Nationalmusiken sich ganz unterscheidenden Geschmack hervor gebracht hätten: so sind sie hingegen desto fähiger, einen andern, welchen sie nur wollen, anzunehmen; und wissen sich das Gute von allen Arten der ausländischen Musik zu Nutzen zu machen.

83. §.

Es fiengen schon im vorigen Jahrhunderte, seit der Mitte desselben, einige berühmte Männer, welche theils Italien oder Frankreich selbst besuchet, und darinne profitiret hatten, theils aber auch die Arbeiten und den Geschmack der verdienten Ausländer zu Mustern nahmen, an, die Ausbesserung des musikalischen Geschmackes zu bearbeiten. Die Orgel= und Clavierspieler, unter den letztern vornehmlich **Froberger**, und nach ihm

Pach=

Pachhelbel, unter den erstern aber Reinken, Buxtehude, Bruhns, und einige andere, setzeten fast am ersten die schmackhaftesten Instrumentalstücke ihrer Zeit für ihre Instrumente. Absonderlich wurde die Kunst die Orgel zu spielen, welche man großen Theils von den Niederländern empfangen hatte, um diese Zeit schon, von den obengenannten und einigen andern geschickten Männern, sehr weit getrieben. Endlich hat sie der bewundernswürdige Johann Sebastian Bach, in den neuern Zeiten, zu ihrer größten Vollkommenheit gebracht. Nur ist zu wünschen, daß dieselbe nach seinem Absterben, wegen der geringen Anzahl derer, die noch einigen Fleiß darauf wenden, sich nicht wieder dem Abfalle, oder gar dem Untergange, nähern möge.

Man kann zwar nicht läugnen, daß es in gegenwärtigen Zeiten unter den Deutschen viele gute Clavierspieler gebe: die guten Organisten aber sind anitzo in Deutschland viel rarer, als vor diesem. Es ist wahr, daß man noch hier und da einen und den andern braven und geschikten Orgelspieler findet. Allein es ist auch eben so gewiß, daß man öfters, so gar in manchen Hauptkirchen großer Städte, die Orgeln von solchen, durch ordentliche Vocation dazu berechtigten Stümpern mishandeln höret, welche kaum werth wären, Sackpfeifer in einer Dorfschenke zu seyn. Es fehlet so weit, daß dergleichen unwürdige Organisten etwas von der Composition verstehen sollten; daß sie vielmehr nicht einmal einen wohlklingenden und richtigen Baß zu der Melodie eines Chorals ausfinden können; geschweige daß sie dazu zum wenigsten noch zwo richtige Mittelstimmen zu treffen fähig wären. Ja nicht einmal die simple Melodie eines Choralgesanges kennen sie. Oefters sind die blökenden Currentjungen ihre Vorsänger und Muster, nach deren Fehlern sie die Melodien, wohl alle Monate, immer wieder aufs Neue verhunzen. Unter Orgel und Clavicymbal machen sie keinen Unterschied. Das der Orgel eigene Tractament ist ihnen so unbekannt, als die Kunst, ein geschicktes Vorspiel vor einem Gesange zu machen: ungeachtet es nicht an gestochenen und geschriebenen Mustern fehlet, woraus sie beydes, wenn sie wollten, erlernen könnten. Sie ziehen lieber ihre eigenen, aus dem Stegreife erschnappeten Gedanken, den besten, mit Vernunft und Ueberlegung ausgearbeiteten Orgelstücken berühmter Männer, vor. Mit ihren ungeschickten bockpfeiferhaften Coloraturen, welche sie zwischen jedem Einschnitte eines Chorals herleyern, machen sie die Gemeine irre, anstatt ihren Gesang in Ordnung zu erhalten. Von der Art, wie man das Pedal brauchen soll, hat mancher nicht einmal reden hören. Der kleine Finger der linken Hand, und der linke Fuß, stehen bey vielen in solcher Verbindung mit einander, daß niemals einer, ohne des andern Vorwissen und Uebereinstimmung, einen Ton anzuschlagen sich getrauet. Ich will nicht einmal gedenken, wie sie öfters eine ohnedem schlecht genug ausgeführte Kirchenmusik, durch ihr elendes Accompagnement, noch schlechter machen. Schade! wenn Deutschland den Vorzug des Besitzes guter Orgelspieler nach und nach wieder verlieren sollte. Freylich geben die an den meisten Orten gar zu geringen Besoldungen eine schlechte Aufmunterung zu dem Fleiße in der Orgelwissenschaft. Freylich wird auch mancher geschickter Organist durch den Hochmuth und Eigensinn einiger seiner geistlichen Befehlshaber niedergeschlagen.

84. §.

Den merkwürdigsten Zeitpunct, worinne absonderlich der Geschmack der Deutschen in Ansehung der Vocalcomposition angefangen hat, eine bessere Gestalt zu gewinnen, könnte man ohngefähr um das Jahr 1693. setzen; als zu welcher Zeit, nach des um die Vertheidigung und die Geschichtskunde der Musik ausnehmend verdienten Herrn Matthesons Berichte, im musikalischen Patrioten, S. 181 und 343. der Capellmeister Cousser die neue oder italiänische Singart in den Hamburgischen Opern eingeführet hat. Um eben diese Zeit fieng der berühmte Reinhard Keiser an, sich mit seinen Operncompositionen hervorzuthun. Dieser schien zu einem mit reicher Erfindung verknüpfeten, angenehm singenden Wesen gleichsam gebohren zu seyn; er belebte also die neue Singart damit auf eine vorzügliche Weise. Ihm hat der gute Geschmack in der Musik in Deutschland unstreitig viel zu danken. Die in Hamburg und Leipzig nach dieser Zeit ziemlich lange in blühendem Zustande gewesenen Opern, und die berühmten Componisten, welche zugleich nebst Keisern von Zeit zu Zeit, ungeachtet der öfters schlechten, und nicht selten gar niederträchtigen Texte, für dieselben gearbeitet haben, haben zu dem Grade des guten Geschmackes, in welchem die Musik in Deutschland gegenwärtig steht, gute Vorbereitungen gemacht. Es könnte als ein Ueberfluß angesehen werden, wenn ich diejenigen großen Männer, welche sich in den itztgenannten Zeiten, sowohl in den Kirchen- Theatral- und Instrumentalcomposition, als auch auf Instrumenten, unter den Deutschen berühmt gemacht haben, und deren einige entschlafen, einige noch am Leben sind, alle mit Namen anführen wollte. Ich bin versichert, daß sie in und außer Deutschland schon alle so bekannt sind, daß ihre Namen, meinen musikliebenden Lesern, ohne vieles Nachdenken, gleich beyfallen werden. So viel ist gewiß, daß ihnen diejenigen, welche zu unsern Zeiten in der Tonkunst hervorragen, den größten Dank schuldig sind.

85. §.

Bey allen diesen Bemühungen braver Tonkünstler aber, fanden sich in Deutschland doch noch immer unterschiedene Hindernisse, welche dem guten Geschmacke im Wege standen. Man war öfters nicht so bemüht, den

Erfindungen dieser berühmten Männer den gehörigen Beyfall zu geben, und ihnen nachzufolgen, wie es wohl hätte seyn sollen. An vielen Orten bekümmerte man sich nicht einmal darum: sondern blieb immer bey dem Alten stehen. Ja, was noch mehr ist, es fanden sich vielmehr unterschiedene Widersacher, welche, aus einer ungereimten Liebe zu dem Alterthume, schon darinne, weil die Ausarbeitungen gedachter Männer von der alten Art abgiengen, Ursache, genug zu haben glaubten, alles als Ausschweifungen zu verwerfen. Wie lange ist es her, daß man noch die alte Weise in Deutschland mit großer Hitze, obgleich desto schwächern Gründen, zu vertheidigen suchte? Viele, die auch noch Lust gehabt hätten zu profitiren, hatten weder das Vermögen, an solche Orte zu reisen, wo die Musik im Flore war, noch auch sich Musikalien von da zu verschreiben. Es ist nicht zu läugnen, daß durch die Einführung des Cantatenstyls, in die Kirchen der Protestanten, dem guten Geschmacke auch ein besonderer Vortheil zugewachsen ist. Allein wie viel Widerspruch hat es nicht zu überwinden gekostet, ehe die Cantaten und Oratorien in der Kirche einen festen Fuß haben fassen können? Vor wenigen Jahren gab es noch Cantores, die in ihrem mehr als funfzigjährigen Amte, sich noch nicht hatten überwinden können, ein Kirchenstück von **Telemannen** aufzuführen. Es ist daher nicht zu verwundern, wenn man zu gleicher Zeit an einem Orte in Deutschland gute, am andern aber sehr unschmackhafte und ungesalzene Musik angetroffen hat. Wer nun von Ausländern etwa, zum Unglücke, an einem der letztern Orte Musik gehöret hatte, und alle Deutschen hiernach beurtheilete; der konnte sich freylich von ihrer Musik nicht die vortheilhaftesten Begriffe machen.

86. §.

Die Italiäner pflegeten vor diesem den deutschen Geschmack in der Musik: un gusto barbaro, **einen barbarischen Geschmack**, zu nennen. Nachdem es sich aber gefüget, daß einige deutsche Tonkünstler in Italien gewesen, und allda Gelegenheit gehabt haben, von ihrer Arbeit sowohl Opern, als Instrumentalmusik, mit Beyfalle aufzuführen; da wirklich die Opern, an welchen man in Italien zu itzigen Zeiten den meisten Geschmack, und zwar mit Rechte, findet, von der Feder eines Deutschen herkommen: so hat sich das Vorurtheil nach und nach verlohren. Doch muß man auch sagen, daß die Deutschen sowohl den Italiänern, als auch eines Theils den Franzosen, wegen dieser vortheilhaften Veränderung ihres Geschmackes, ein Vieles zu danken haben. Es ist bekannt, daß an verschiedenen deutschen Höfen, als: in Wien, Dresden, Berlin, Hannover, München, Anspach, u. a. m. schon vor hundert Jahren her, italiänische und französische Componisten, Sänger und Instrumentisten in Diensten gestanden sind, und Opern aufgeführet haben. Es ist bekannt, daß einige große Herren viele von ihren Tonkünstlern nach Italien und Frankreich haben reisen lassen, und daß, wie ich schon oben gesaget habe, viele der Verbesserer des Geschmackes der Deutschen, entweder eines, oder beyde dieser Länder besuchet haben. Diese haben also sowohl von dem einen, als von dem andern, den Geschmack angenommen, und eine solche Vermischung getroffen, welche sie fähig gemachet hat, nicht nur deutsche, sondern auch italiänische, französische, und engländische Opern, und andere Singspiele, eine jede in ihrer Sprache und Geschmacke zu componiren, und mit großem Beyfalle aufzuführen. Weder von den italiänischen noch französischen Tonkünstlern kann man dergleichen sagen. Nicht daß es ihnen an Talente dazu fehlete: sondern weil sie sich wenig Mühe geben, fremde Sprachen zu erlernen; weil sie allzusehr von Vorurtheilen eingenommen sind; und weil sie sich nicht überreden können, daß, außer ihnen, und ohne ihre Sprache, etwas Gutes in der Singmusik hervorgebracht werden könne.

87. §.

Wenn man aus verschiedener Völker ihrem Geschmacke in der Musik, mit gehöriger Beurtheilung, das Beste zu wählen weis: so fließt daraus ein vermischter Geschmack, welchen man, ohne die Gränzen der Bescheidenheit zu überschreiten, nunmehr sehr wohl: den deutschen Geschmack nennen könnte: nicht allein, weil die Deutschen zuerst darauf gefallen sind; sondern auch, weil er schon seit vielen Jahren, an unterschiedenen Orten Deutschlandes, eingeführet worden ist, und noch blühet, auch weder in Italien, noch in Frankreich, noch in andern Ländern, misfällt.

88. §.

Wofern nun die deutsche Nation von diesem Geschmacke nicht wieder abgeht: wenn sie sich bemühet, wie bishero ihre berühmtesten Componisten gethan haben, darinne immer weiter nachzuforschen; wenn ihre neuangehenden Componisten sich mehr, als itziger Zeit leider geschieht, befleißigen, nebst ihrem vermischeten Geschmacke, die Regeln der Setzkunst, so wie ihre Vorfahren, gründlich zu erlernen; wenn sie sich nicht an der puren Melodie, und an der Verfertigung theatralischer

Arien

und eine Musik zu beurtheilen sey.

Arien allein begnügen, sondern sich, sowohl im Kirchenstyle, als in der Instrumentalmusik, auch üben; wenn sie wegen Einrichtung der Stücke, und wegen vernünftiger Verbindung und Vermischung der Gedanken, solche Componisten, welche einen allgemeinen Beyfall erhalten, sich zu Mustern vorstellen, um ihrer Art zu setzen, und ihrem feinen Geschmacke nachzuahmen: doch daß sie sich dabey nicht gewöhnen, wie es von sehr vielen geschieht, sich mit fremden Federn zu schmücken, und etwa den Hauptsatz, oder den ganzen Zusammenhang, von diesem oder jenem auszuschreiben, oder aufzuwärmen; wenn sie vielmehr ihre eigene Erfindungskraft daran strecken, um ihr Talent ohne Nachtheil eines Andern zu zeigen, und aufzuräumen, und um nicht, anstatt Componisten zu werden, immer nur Copisten zu verbleiben; wenn **die deutschen Instrumentisten** sich nicht, wie oben von den Italiänern gesaget worden ist, durch eine bizarre und komische Art auf Irrwege führen lassen: sondern die gute Singart, und diejenigen, welche in einem vernünftigen Geschmacke spielen, zum Muster nehmen; wenn ferner **die Italiäner und die Franzosen** den Deutschen in der Vermischung des Geschmackes so nachahmen wollten, wie die Deutschen ihnen im Geschmacke nachgeahmet haben; wenn dieses alles, sage ich, einmüthig beobachtet würde: so könnte mit der Zeit **ein allgemeiner guter Geschmack in der Musik** eingeführet werden. Es ist auch dieses so gar unwahrscheinlich nicht: weil weder die Italiäner, noch die Franzosen, doch mehr die Liebhaber der Musik, als die Tonkünstler unter ihnen, mit ihrem puren Nationalgeschmacke selbst mehr recht zufrieden sind; sondern schon seit einiger Zeit, an gewissen ausländischen Compositionen mehr Gefallen, als an ihren inländischen, bezeiget haben.

80. §.

In einem Geschmacke, welcher, so wie der itzige deutsche, aus einer Vermischung des Geschmackes verschiedener Völker besteht, findet eine jede Nation etwas dem ihrigen ähnliches; welches ihr also niemals misfallen kann. Müßte man auch gleich, in Betrachtung aller, über den Unterschied des Geschmackes bisher angeführten Gedanken und Erfahrungen, dem puren italiänischen Geschmacke, vor dem puren französischen, einen Vorzug einräumen: so wird doch jedermann eingestehen, weil der erste nicht mehr so gründlich, als vor diesem ist, sondern sehr frech und bizarr geworden, der andere hingegen gar zu simpel geblieben ist, daß deswegen ein von dem Guten beyder Arten zusammengemengesetzter und vermischter Geschmack ohnfehlbar allgemeiner und gefälliger seyn müsse. Denn eine Musik, welche nicht in einem einzelnen Lande, oder in einer einzelnen Provinz, oder nur von dieser oder jener Nation allein, sondern von vielen Völkern angenommen und für gut erkannt wird, ja, aus den angeführten Ursachen, nicht anders als für gut erkannt werden kann, muß, wenn sie sich anders auf die Vernunft und eine gesunde Empfindung gründet, außer allem Streite, die beste seyn.

ENDE.

Register
der vornehmsten Sachen.

Die römische Zahl weiset auf das Hauptstück; die deutsche Ziffer auf den §.

Wenn aber zwo römische Zahlen beysammen stehen, so zeiget zwar die größere das Hauptstück, die kleinere aber den Abschnitt desselben an.

Das E bedeutet die Einleitung.

A.

Abnehmen der Stärke des Tones, s. Ton.

Abzug eine kleine wesentliche Manier, VIII. 4.

Accompagnement einer Hauptstimme, XVII. wo es am besten erlernet werde, XVII. IV. 12. auf dem Clavicymbal insbesondere, XVII. VI. 1. u. f. eines Recitativs XVII. VII. 59.

Adagio, die Art dasselbe auszuführen ist zweyerley XIV. 2. wie es auszuführen ist XIV. 5. u. f. die unterschiedenen Arten desselben XIV. 7. das Zeitmaaß dieser Arten XVII. VII. 49.51. wie es zu begleiten XVII. VII. 25. 37. auf dem Flügel insbesondere XVII. VI. 28. 30. 31. dessen Vortrag auf Bogeninstrumenten XVII. II. 12. 14. eines Concerts XVIII. 35.37. eines Solo XVIII. 48. wie es in alten Zeiten gesetzet wurde XVIII. 36.

" " cantabile sein Zeitmaaß XVII. VII. 49.51.

" " di molto dessen Vortrag XIV. 8.16. Bogenstrich XVII. II. 26. Zeitmaaß XVII. VII. 49.51.

" " spiritoso dessen Vortrag XIV. 8.19. Bogenstrich XVII. II. 26.

Ad libitum s. Fermate.

Aeltern fehlen oft in Erwählung der Lebensart der Kinder E. 3.

Affecten s. Leidenschaften.

Affettuoso sein Bogenstrich XVII. II. 26.

Albinoni ein welscher Componist XVIII. 58.

Allabrevetact wie er bezeichnet wird V. 13. XVII. VII. 50. sein Zeitmaaß XVII. VII. 50. 58.

Alla

Register

Alla Siciliana s. Siciliana.

Allegretto dessen Bogenstrich XVII. 11. 26. Zeitmaaß XVII. vII. 49. 51.

Allegro verschiedene Arten desselben XII. 1. 2. wie es auszuführen ist XII. 3. u. f. Bogenstrich dabey XVII. 11. 26. XVII. iv. 5. Anmerkungen bey desselben Begleitung XVII. vII. 38. für das Clavier insbesondere XVII. vi. 32. das Zeitmaaß der verschiedenen Arten desselben XVII. v 1. 49. 51.

Allegro, erstes eines Concerts fürs Große XVIII. 33. 34. eines Solo XVIII. 49.

•• letztes eines Concerts XVIII. 38. 39. eines Solo XVIII. 50.

Altstimme Triller derselben IX. 6. Anm.

Andante dessen Vortrag XIV. 21. Bogenstrich XVII. 11. 26.

Anfang eines Stückes, Anmerkung dabey XVII. 1. 5. XVIII. vII. 42.

Anfänger in der Musik s. Musikus und Flötenspieler.

Anführer der Musik sind oftmals schlecht beschaffen E. 8. XVII. 1. 2. die Eigenschaften eines guten XVII. 1. 3. u. f.

Ansatz auf der Flöte traversiere IV. 6. u. f. wie er zu erlangen IV. 8. u. f. Hindernisse des guten IV. 6. 8. 15. auf dem Hoboe und Fagot VI. Anh. I. 4.

Anschlag eine sogenannte willkührliche Auszierung XVII. 41. harter beym Singen XVIII. 11.

Anschlagende Noten s. Noten.

Anthems der Engländer XVIII. 20.

Application s. Fingerordnung.

Applicatur auf Bogeninstrumenten, s. mezzo manico des Contraviolonisten XVII. v. 6.

Arien wie sie zu beurtheilen sind XVIII. 25. 26. mit Action XVIII. 24. 26. 69. französische XVIII. 66. italiänische 63.

Arioso dessen Vortrag XIV. 20. Bogenstrich XVII. 11. 26. Zeitmaaß XVII. vII. 51.

Athemholen Regeln davon VII. 1. u. f. XII. 13. XIV. 12.

Aufmunterung zum Fleiße in der Musik E. 8. XVI. 33.

Ausdruck im Singen ist nöthig XVIII. 69.

•• der Leidenschaften VI. 1. 11. XI. 15. 16. XII. 24. 25.

Aussprache Fehler derselben beym Singen XVII. 11.

Ausziehen der Mittelstücken der Flöte I. 13.

Auszierungen wesentliche VIII. 1. u. f. IX. 1. u. f. XII. 26.

•• willkührliche XII. 27. XIII. 8. u. f. wenn sie anzubringen sind XIII. 9. XIV. 14. XVII. iv. 3. sind immer abzuwechseln XIII. 29. dürfen nicht übereilet werden XIV. 16. allzuhäufige werden verworfen XI. 6. 7. 18. dunkle e. d. Vorsicht, die dabey nöthig ist, XVI. 24. wo sie zu vermeiden sind XVII. iii. 6. XVII. iv. 3. XVII. vi. 7. 23. XVII. vII. 15. wo sie bey einem Concert können angebracht werden XVI. 27. bey einem Quatuor XVI. 24. bey einem Solo XVI. 29. bey einem Trio XVI. 24. beym concertiren mit einer Singstimme XVI. 30.

•• Beyspiele davon über alle Arten der Intervalle XIII. 11. u. f. über Bindungen XIII. 28. 29. über die halbe

Cadenz

der vornehmsten Sachen.

Cadenz XV. 33. 34. über die Einschnitte der Melodie XIII. 35. 39. über die Fermaten XIII. 36. über langsame punctirte Noten XIII. 40. über ein ganzes Adagio XIV. 23. 24. und 41. 43.
— des Theaters XVIII. 71.

B.

Bach (Johann Sebastian) seine Art die Finger auf dem Claviere zu setzen XVII. VI. 18. hat die Orgelkunst zur Vollkommenheit gebracht. XVIII. 83.

Bände auf dem Violoncell XVII. IV. 11. sind auf dem Contraviolon nöthig XVII. V. 4.

Ballette XVIII. 71.

Barre (la) ein französischer Flötenspieler I. 6.

Baß s. Grundstimme.

Bassett wie es auf dem Flügel zu accompagniren XVII. VI. 27.

Basson dessen Ursprung XVII. VII. 6. wie er zu halten ist VI. Anh. 6. dessen Ansatz VI. Anh. 1. u. f. Beschreibung und Gebrauch des Zungenstoßes auf demselben VI. Anh. 1. u. f. Triller auf demselben IX. 6. Anm. wie der Ton darauf höher oder tiefer gemacht wird XVII. VII. 7. 9. wodurch er unrein wird XVII. VII. 7.

Bassonisten Fehler derselben VI. Anh. 5. ihr Platz bey einer Musik XVIII. 1. 13. 15.

Baßstimme Triller derselben IX. 6. Anm.

Battement eine kleine wesentliche Manier VIII. 15.

Bau inwendiger der Flöte, was er zum Tone beyträgt IV. 4.

Bauernstolz in der Musik schädlich XVII. VII. 36.

Begleitung einer Hauptstimme s. Accompagnement.

Bescheidenheit, zur Unzeit affectirte wird getadelt XVI. 32.

Beurtheilung einer Musik wie sie anzustellen XVIII. 1. 8. 9. 10. Fehler dabey XVIII. 2. 6.

Bewegung des Tactes s. Zeitmaaß

Beyfall der Zuhörer wozu er dienet XVI. 33.

Billigkeit ist bey Beurtheilung einer Musik zu beobachten XVIII. 7. 10.

Bindungen in der Grundstimme ihr Vortrag XVII. IV. 8. XXII. VI. 28. auf dem Flügel XVII. VII. 29. willkührliche Auszierungen darüber XIII. 28. 29.

Blasinstrumente s. Instrumente.

Blavet ein französischer Flötenspieler I. 6.

Bockstriller IX. 3.

Bogen über den Noten VI. I. 10. 11. XVII. II. 12. mit dem Puncte XIII. 26. der Instrumente, seine Stärke und Schwäche XVII. II. 28. wo er auf jedem Instrumente zu führen XVII. II. 28. des Violoncells XVII. IV. 1.

Bogeninstrumente s. Instrumente.

Bogenstrich Lehren davon XVII. 6. XVII. II. 3. 28. auf der Bratsche insbesondere XVII. III. 7. u. f. auf dem Contraviolon XVII. V. 5. auf dem Violoncell insbesondere XVII. IV. 2. 9. 10. bey der französischen Tanzmusik XVII. VI. 58. der neumodischen italiänischen Violinisten XVIII. 61.

Bombart I. 5. XVII. VII. 6.

Uu Bourr̀e

Register

Bourrée ihr Zeitmaaß und Vortrag XVII. VII. 58.
Bratsche Triller auf derselben IX. 6. Anm. wo der Bogen darauf zu führen ist XVII. II. 28. XVII. III. 9.
Bratschist dessen Platz bey einer Musik XVII. I. 13. 15. seine Pflichten XVIII. III. 1. u. f.
Brillant f. Schimmer.
Bruhns ein Orgelcomponist XVIII. 83.
Brust ihre Bewegung trägt etwas zum Tone der Flöte bey VI. 25. Gebrauch derselben VI. I. 11.
Brustsstimme menschliche IV. 17. 18. deren Vorzüge XVII. VII. 52.
Büffardin ein französischer Flötenspieler I. 6.
Buxtehude ein Orgelcomponist XVIII. 83.

C

Cadenz XV. 1. ihr Ursprung XV. 2. Misbrauch XV. 3. 4. 6. Absicht XV. 5. ihre Fehler XV. 18. ihr Schluß XV. 29. 36. was die Accompagnisten dabey zu beobachten haben XVII. VII. 44.
• • einfache XV. 9. Anweisung dazu XV. 7. 18.
• • doppelte XV. 9. Anweisung dazu XV. 19. 31.
• halbe XV. 32. 33. 34.
Cäsur der Melodie XVIII. 33. 34. 39.
Canarie ihr Vortrag XVII. 7. 58.
Cantabile dessen Bogenstrich XVII. II. 26. Vortrag XIV. 10.
Cantatenstyl in der Kirche XVIII. 19. 20. wird in Deutschland eingeführet XVIII. 85. in der Kammer XVIII. 27.

Cantores XVIII. 80. Anm. eigensinnige XVIII. 85.
Capelli ein italiänischer Componist, sein Charakter XVIII. 63.
Chaconne ihr Vortrag XVII. VII. 58.
Chorschüler deutsche XVIII. 80. Anm.
Chorton XVII. VII. 6.
Chronomètre v. Mr. Loulié XVII. VII. 46.
Clavicymbal dessen Platz bey einer Musik XVII. I. 13. 15. verschiedener Ton desselben XVII. VI. 18.
Clavierist seine Pflichten beym Accompagnement XVII. VI. 1. u. f. berühmte deutsche XVIII. 83.
Componisten angehende müssen den Contrapunct gründlich erlernen E. 16. XVII. 88.
• • deutsche Erinnerung an dieselbe E. 15. XVIII. 88. berühmte werden angeführet XVIII. 84. haben den Geschmack verbessert XVIII. 83. 84. haben von den Ausländern Nutzen gezogen XVIII. 83. 86. ihre Vorzüge XVIII. 86. Vorzüge eines berühmten XVIII. 63.
• • gute ihre Pflichten XVII. VII. 60.
• • italiänische einige Fehler derselben E. 14. XVIII. 24. 62. 63. 68. große XVIII. 56.
• • Opern-XVIII. 24. 71. berühmte deutsche XVIII. 84. dürfen nicht partheyisch seyn XVIII. 71. Fehler der heutigen welschen XVIII. 63. 68.
• • selbstgewachsene ihre Fehler E. 14. 15. X. 21.
• • unwissende ihre Fehler. E. 20.
Composition ihre Erlernung wird angerathen X. 19. XVII. IV. 7. wie sie zu beurtheilen ist XVIII. 5. 16 u f. der alten Deutschen XVIII. 79. 80.
• • Instrumental- der heutigen Italiäner XVIII. 62.

Com-

der vornehmsten Sachen.

Composition Vocal. wird verbessert XVIII. 56. der Franzosen XVIII. 67. der heutigen Italiäner XVIII. 62.

Concert dessen Ursprung XVIII. 30. Verbesserung XVIII 58. unterschiedene Arten desselben, e. d. ihre Beschreibung XVIII. 30. 40. was für willkührliche Auszierungen dabey statt finden XVI. 27. für einen großen Ort XVI. 18. XVIII 31. 33. 40. für einen kleinen Ort XVI. 19. XVIII. 41. wie es auf dem Flügel zu begleiten XVII. VI. 5.

Concertisten ihre Pflichten s. Flötenspieler, sind in einem guten Orchester zu erziehen XVII. I. 12.

Concerto grosso seine Eigenschaften. XVIII. 30. 31.

Contrapunct was darunter verstanden wird E. 16. dessen Nutzen e. d. dessen Misbrauch e. d.

Contraviolon muß Bände haben XVII. V. 4. wo der Bogen darauf zu führen ist XVII. II. 28. XVII. V. 5. rechte Größe XVII. V. 2. 3. Triller IV. 6. Anm.

Contraviolonist dessen Bogenstrich insbesondere XVII. V. 5. Pflichten XVII. V. u. f. Platz bey einer Musik XVII. I. 13-15.

Copisten ihre Pflichten XVII. VII. 60.

Corelli wird gerühmet XVIII. 56. 58. eine Sonaten werden angeführet XV. 2.

Curante ihr Vortrag XVII. VII. 58.

Cousser ein berühmter deutscher Componist XVIII. 84.

Currentjungen in deutschen Städten XVIII. 83.

D.

Dämpfer ihr Gebrauch XVII. II. 29. 30. welche die besten sind, e. d.

Daumen Gebrauch derselben bey Haltung der Flöte II. 3. 4.

Deutsche ihr Geschmack in der Musik in den vorigen Zeiten XVIII. 78. 82. in den itzigen Zeiten XVIII. 83. 89. ihre alte Singart XVIII. 80. Anm. ihre alte Instrumentalmusik XVIII. 81.

Deutsche Componisten s. Componisten.

Di eine Art des Zungenstoßes VI. 2. dessen Beschreibung und Gebrauch VI. I. I. u. f. Stücke so dazu dienen X. 6. auf dem Hoboe und Bassoon VI. Anh. 2.

Diebe musikalische E. 14.

Did'll eine Art des Zungenstoßes s. Doppelzunge

Diri eine Art des Zungenstoßes, VI. II. 7. 8.

Discant s. Sopran.

Discretion beym Accompagnement wo sie statt findet XVII. VI. 31. XVII. VII. 44. 59.

Dissonanzen, ihre unterschiedenen Wirkungen XVII. VI. 12. 16. ihre unterschiedener Vortrag XVII. IV. 7. XVII. VI. 12. 16.

Dolce dessen Bogenstrich XVII. II. 26.

Doppelschlag eine kleine wesentliche Manier VIII. 14.

Doppelzunge oder Zungenstoß mit did'll VI. 2. deren Beschreibung und Gebrauch VI. III. 1. 2. 4. 5. auf der Flöte VI. I. 9. VI. III. 3. 7. u. f. was für Stücke dazu dienen X. 8. was dabey zu verhüten ist X. 9. deren Gebrauch auf dem Bassoon VI. Anh. 3.

Double s. Doppelschlag.

Duetten deren Uebung wird einem Anfänger angerathen X. 14. für die Singstimme XVIII. 27.

Dunkelheit des Vortrages X. 19. XI. 6. 7.

Durchgehende Noten s. Noten.

E.

Eigenliebe ist im Zaume zu halten E. 20. übelgeordnete, deren Schaden e. d.

Register

Eigensinn schädlich XVII. VII. 18.
Eilen bey der musikalischen Ausführung ist zu vermeiden XII. 5. 6. 7. Mittel dawider X. 9. XII. 5. XVII. VIII. 32.
Eingebildete Virtuosen E. 14. 20.
Einklang willkührliche Auszierungen darüber XIII. 12. XIV. 26.
Einschnitte, der Melodie s. Cäsur willkührliche Auszierungen darüber XIII. 35. 39. des Recitativs, was bey Begleitung derselben zu beobachten XVII. VII. 19.
Eintheilung der Noten in den Tact, wie sie zu erlernen V. 17. u. f. ist ein nöthiges Stück des guten Vortrages V. 16. XVII. I. 5.
Eintritte des Hauptsatzes XVII. VI. 32. XVII. VII. 28.
Embouchûre s. Ansatz und Mundloch.
Entré ihr Vortrag XVII. VII. 58.
Erfahrung ist nöthig bey der Musik E. 14. XVII. VI. 14.
Erfindung der Flöte traversiere I. 1. 2.
Es des Bassons XVII. VII. 7.

F.

Fagott s. Basson
Fagottist s. Bassonist
Falset dessen Gebrauch IV. 17. 18.
Feinde wozu sie dienen XVI. 33.
Fermate, willkührliche Auszierungen darüber XII. 36. ihr Ursprung XV. 2. im Anfange eines Stücks wie sie zu machen und auszuzieren ist XV. 35. Anmerkungen über die Währung XVII. VII. 43.
Fertigkeit, auf der Flöte wie sie zu erlangen ist X. 10. Misbrauch derselben XVI. 16.
Flügel s. Clavicymbal.
Finger was für welche zur Flöte geschickt sind, E. 4. 18. ihre Bezeichnung II. 3. wie sie beym Flötenspielen zu setzen sind II. 3. u. f. einige Misbräuche derselben beym Flötenspielen II. 7. 8. 9. X. 3. wie sie auf dem Claviere zu halten sind XVII. VI. 18. der linken Hand, ihr Gebrauch auf Bogeninstrumenten XVII. II. 32.
Fingerordnung auf der Flöte traversiere III. 4. u. f. auf dem Hoboe, ist von jener unterschieden III. 12.
Fistel s. Falset.
Fleiß ersetzet oft den Mangel des Unterrichts E. 3.
Flöte traversiere ihr Ursprung I. 1. 2. wird von den Franzosen verbessert I. 4. 6. woraus sie verfertigt wird I. 18. ihre Gattungen I. 16. wird in Deutschland beliebt I. 7. wie sie zu reinigen I. 19. wie ihre Stücke zusammen zu setzen sind II. 2. ihre Haltung beym Blasen II. 2. u. f. XVI. 10. gleichet der menschlichen Luftröhre IV. I. 17. wie der Ton darinne gezeuget wird IV. 2. 4. ihr inwendiger Bau IV. 4. ihr Ansatz IV. 6. u. f. wie sie einzustimmen ist XVI. 1. 10. wie der Ton darauf höher oder tiefer wird XVII. VII. 9. wodurch sie unrein wird XVII. VII. 7. kann gar wohl rein gespielet werden IX. 10. wie ihre Unvollkommenheiten zu verbessern sind IV. 16. 23. was darauf schwer zu spielen ist XVIII. 14. ihre Ausübung schadet der Gesundheit nicht E. 21.
Flötenist s. Flötenspieler.
Flötenmacher, Fehler der meisten IV. 4. XVII. VII. 7.
Flötenspieler ein angehender seine Naturgaben und Eigenschaften E. 4. u. f. was er zu beobachten hat X. 1. 22. wie lange er täglich spielen müsse X. 23.

der vornehmsten Sachen.

Kehle der meisten E. 9. X. 10.
Flötenspieler mechanische IV. 14. ihre Fehler IV. 16.
— ein concertirender was er bey öffentlichen Musiken zu beobachten hat XVI. 1. u. f. sein Platz daselbst XVII. 1. 13. 15.
Forte und seine unterschiedenen Grade beym Accompagnement werden beschrieben XVII. VII. 19.39. ihre Bezeichnung XVII. VII. 19. wie sie auf dem Claviere ausgedrückt werden XVII. VI. 17. Abwechselung derselben mit dem Piano s. Ton.
Französische Musik s. Musik und Oper.
Franzosen haben die Flöte traversiere verbessert I. 4. 7. ihre Fehler im Eingang IV. 17. ihre Art das Adagio auszuführen XIV. 2. 3. 4. ihr Bogenstrich beym Accompagnement wird angepriesen XVII. II. 26. haben zum Theil den Geschmack in der Musik verbessert XVIII. 53. 55. ihr Geschmack in der Musik wird beschrieben XVIII. 65. 67. 74. 75. und mit dem italiänischen verglichen XVIII. 76. 89.
Frechheit ihr Ausdruck in der Musik XII. 24. 26.
Freunde derselben Werth XVI. 33.
Froberger ein berühmter deutscher Claviercomponist XVIII. 83.
Fugen muß ein Anfänger in der Musik fleißig spielen X. 14. Regeln von derselben Ausführung XVII. VII. 23.
Füßgen der Flöte, dessen Theilung wird verworfen I. 14. kann nicht wohl verlängert werden. I. 16.
Furchtsamkeit ist einem Musikus schädlich XVI. 13.
Furie ihr Vortrag XVII. VII. 58.

G.

Gavotte ihr Vortrag XVII. VII. 58.
Gelassenheit ist bey der musikalischen Ausführung nöthig XVI. 14.
Gelehrsamkeit ihr Nutzen bey der Musik E. 19.
Geltung der Noten V. 8.
Generalbaß dessen Wissenschaft ist einem angehenden Musikus nöthig X. 18.
Generalpause s. Fermate
Geschmack in der Musik ist unterschiedlich XVII. 52. 53. wer ihn in den vorigen Zeiten ausgebessert hat XVIII. 53. 55. hat nach und nach zugenommen XVIII. 54. vermischter ist der beste. XVIII. 87. 89. allgemeiner guter wie er entstehen könne XVIII. 88.
— deutscher in den vorigen Zeiten XVIII. 78. 82. in den itzigen Zeiten XVIII. 83. 89. was er sey XVIII. 87. merkwürdigster Zeitpunkt seiner Verbesserung XVIII. 84. wird mit Unrecht barbarisch genennet XVII. 86. Hindernisse desselben XVIII. 80. Anm. 85.
— französischer wird beschrieben XVIII. 65. 67. Vorschläge zu dessen Verbesserung XVIII. 74. 75. wird mit dem italiänischen verglichen XVIII. 76. 89.
— italiänischer was man so nennen kann XVIII. 56. der vorigen Italiäner XVIII. 56. der heutigen italiänischen Instrumentisten XVIII. 57. 62. wird mit dem französischen verglichen XVIII. 76. 89.
— lombardischer, wer ihn aufgebracht hat XVIII. 58. was er ist V. 23.
Geschwindigkeit in der Ausführung ist nicht zu übertreiben X. 3. XII. 8. XVI. 6.
Gique ihr Vortrag XVII. VII. 58.
Glottis s. Kopf der Luftröhre.

Register

Gola s. Gurgel
Grave wie es vorzutragen ist XIV. 17.
dessen Bogenstrich XVII. II. 26.
Grimassen sind zu vermeiden X. 3.
Grundstimme wo sie willkührliche Auszierungen leidet XVII. IV. 3. die Pflichten ihrer Ausführer beym Recitativ
XVII. VII. 59.
Gurgelstimme IV. 1.
Gusto barbaro XVIII. 86.

H.

Hände wie sie auf dem Clavicymbal aufzuheben sind. XVII. VI. 30.
Händel ein berühmter deutscher Componist XVIII. 42.
Haltung einer Note wie sie zu machen XIV. 10. was der Accompagnist dabey zu beobachten hat XVII VI. 24.
Harmonie deren Erlernung wird angerathen X. 18. XVII. IV. 3. XVII. V. 1.
Harpeggiren wo es nicht statt findet
XVII. VI. 7. 23.
Hauchen mit der Brust beym Flötenspielen IV. 25. VI. I. 11. VI. III. 11.
Hauptnoten sind nicht zu verdunkeln
XIII. 7.
Hauptsatz eines Stückes, dessen Vortrag XII. 23. XIV. 14. XVII. III. 13. XVII. VI. 32. XVII. VII. 28.
Hindernisse des Wachsthums in der Musik E. 7. 8. 14. 20.
Hoboe dessen Ursprung I. 5. XVII. VII. 6. dessen Ansatz VI. Anh. 1. wie er zu halten ist VI. Anh. 6. dessen Fingerordnung ist von der auf der Flöte unterschieden III. 12. Zungenstoß auf demselben VI. Anh. 1. u. f. wie er unrein wird XVII. VII. 7. wie der Ton darauf höher oder tiefer wird XVII. VII. 9. Triller auf demselben IX. 6. Anm.
Hoboisten ihr Platz bey einer Musik
XVII. I. 13. 15.

Hotteterre le Romain ein französischer Flötenist I. 6.

J.

Imitationen s. Nachahmungen
Inganno XVII. VI. 11.
Instrumente wie sie bey einer Musik zu besetzen sind XVII. I. 13-17. ihre Eigenschaften muß ein Componist verstehen XVII. VII. 60. der vorigen Zeiten
XVII. VII. 6.
- Blas- wie sie zu stimmen sind XVII. VII. 5. wie sie zu dämpfen XVII. II. 30.
- Bogen- müssen gut bezogen seyn XVII. II. 1. wie sie zu stimmen sind XVII. VII. 1-4. wie sie rein zu spielen sind XVII. VII. 8. 9. wie sie zu dämpfen sind XVII. II. 29.

Instrumentalmusik ihre vornehmsten Arten XVIII. 28. u. f. wie sie zu beurtheilen ist e. b.
- altdeutsche XVIII. 81.
- französische XVIII. 65. Vorschläge zu ihrer Verbesserung XVIII. 75.
- italiänische XVIII. 56. 57. 62.

Instrumentist angehender s. Flötenspieler dessen Naturgaben E. 4.
Instrumentisten wie sie bey einer Musik zu stellen sind XVII. I. 13-17. wie sie zu beurtheilen sind XVIII. 13-15.
- deutsche Erinnerungen an die itzigen XVIII. 88. der vorigen Zeiten
XVIII. 81.
- französische ihre Eigenschaften
XVIII. 65.
- italiänische ihre Fehler IX. 4. XVIII. 57. 62. schaden dem guten Geschmacke XVIII. 57. 62. richten in guten deutschen Orchestern Unheil an XVIII. 61. Anm. werden oft zur Unzeit in Schutz genommen XVIII. 61. Anm.

der vornehmsten Sachen.

Instrumentmacher ihre Fehler XVII. VII 7.
Intermezzo s. komische Musik.
Italiäner ihre Art das Adagio auszuführen XIV. 2. 3. 4. ihre Vorzüge im Singen IV. 17. XVIII. 64. ihr Bogenstrich beym Accompagnement wird widerrathen XVII. 11. 26. haben den Geschmack in der Musik verbessert XVIII. 33. 56. sind darinne zur Veränderung geneigt XVIII. 56. 57. ihr Geschmack in der Musik wird beschrieben XVIII. 56-63. mit dem französischen verglichen XVIII. 76.
Italiänische Componisten und Sänger s. Componisten und Sänger, Instrumentisten s. Instrumentisten

K.

Kälte ihre Wirkung auf die Instrumente XVI. 3. 6.
Kammerconcerte XVIII. 30. 32. 41.
Kammermusik Stellung der Ausführer dabey XVII. 1. 15.
Kammerstyl XVIII. 21. 22. 27.
Kammerton XVII. VII. 7.
Karl der Große liebt die Musik der Welschen XVIII. 55.
Keiser (Reinhard) ein berühmter deutscher Operncomponist XVIII. 84.
Kenner der Musik was für Stücke vor ihnen zu spielen sind XVI. 20. 21.
Kennzeichen zufällige der Güte einer Musik XVIII. 51.
Kinn dessen Bewegung beym Flötenblasen IV. 9. u. f.
Kirchenmusik ihre unterschiedenen Arten und Eigenschaften XVIII. 19-21. ihr Vortrag XVII. VII. 12. was bey ihrem Zeitmaaße zu beobachten XVII. VII. 53. XVIII. 21.

Kirchenstyl XVIII. 21. 22. 27.
Klappe an der Flöte traversiere ihre Erfindung I. 4. wird in Deutschland eingeführet I. 7. der zweyten Erfindung I. 8. Nutzen III. 8. 9. keine darf zur Unzeit eröfnet werden II. 9.
Kneipen der Saiten auf Bogeninstrumenten XVII. 11. 31.
Komische Musik ihr Vortrag XVII. VII. 13.
Kopf wie er beym Flötenspielen zu halten ist II. 5.
Kopf der menschlichen Luftröhre IV. 1. dessen Gebrauch beym Falset IV. 17.
Kopfstück der Flöte traversiere I. 10. kann geheilt werden I. 15.

L

Länge eines Concerts XVIII. 40.
Larghetto dessen Vortrag XIV. 21.
Largo dessen Vortrag und Bogenstrich XVII. 11. 26.
Lehrmeister in der Musik ist nöthig X. 1. die Schuldigkeiten desselben E 9. 10. 11. 16. Fehler XI. 8. muß nicht oft abgewechselt werden E. 11. auf der Flöte E. 9. 11.
Leidenschaften wie sie in der Musik zu erregen und zu stillen sind VIII. 16. XV. 18. XVII. VI. 10-13. wie sie in einem Stücke zu erkennen und zu unterscheiden sind XI. 15. 16. ihr Ausdruck XII. 24.
Lento assai dessen Vortrag XIV. 8. 16. Bogenstrich XVII. 11. 26.
Licht und Schatten in der Musik, ein Theil desselben XIV. 9.
Liebhaber der Musik ihre Fehler im Urtheilen XVIII. 1. 7.
Ligaturen s. Bindungen
Lippen welche zum Flötenblasen geschickt sind E. 14 ihre Fehler IV. 7. ihre Bewegung

Register.

gung beym Flötenblasen IV. 8. u. f. 19. u. f. ihr Gebrauch beym Blasen des Hoboes und des Bassons VI. Anh. 2. 4. 5.

Lombardischer Geschmack s. Geschmack.

Loulié sein Chronomêtre wird angeführet XVII. VII. 46.

Loure ihr Vortrag XVII. VII. 58.

Luftröhre menschliche, wie der Ton darinne hervorgebracht wird IV. 1. 17. 18.

Lülly XV. 2. XVIII. 42. 55.

Lustigkeit ihr Ausdruck in der Musik XII. 24. 26.

M

Madrigal XVIII. 27.

Maestri italiänische E. 14.

Manieren kleine wesentliche VIII. 14. u. f. müssen nicht überhäufet werden VIII. 19. XI. 18.

Mannigfaltigkeiten des Vortrags wird ausführlich erläutert XIV. 25. 43.

Marsch sein Vortrag XVII. VII. 58.

Mattei (Nicola) XV. 2.

Mattheson seine Verdienste um die Musik XVIII. 84. 85.

Menschenstimme wie sie den Ton bildet IV. 1.

Menuet sein Vortrag XVII. VII. 58.

Messa di voce wie sie zu machen ist XIV. 10. wie sie mit dem Clavicymbal zu begleiten XVII. VI. 24.

Messe Musik dabey XVIII. 19.

Mesure s. Tact

Metastasio ein großer Operndichter XVIII. 68.

Metrum musikalisches XVIII. 33. 34. Fehler dawider XVIII. 62. 63.

Mezze tinte XIV. 25.

Mezze forte wie es auf dem Clavicymbal auszudrücken XVII. VI. 17. wie es bezeichnet wird XVII. VII. 19.

Mezzo manico XVII. II. 33.

Mittelstücken der Flöte traversiere I. 9. was beym Auseinanderziehen derselben zu beobachten I. 13.

Mordant eine kleine wesentliche Manier VIII. 14. wo er zu vermeiden ist XVII. II. 12.

Moteten was sie sind XVIII. 19.

Monvement s. Zeitmaaß.

Müsette ihr Vortrag XVII. VII. 58.

Mundloch der Flöte traversiere, dessen Größe IV. 11. Regeln von Oefnung desselben IV. 8. 11. 13. 15.

Musici, alte, ihre Fehler XVII. 1. 5. XVII. VII. 16. junge, ihre Fehler XVI. 16. XVIII. 1. 5. 12. XVII. VII. 16. große, ihre Fehler XVI. 23.

Musik wie sie zu beurtheilen ist XVIII. 1. u. f. etwas vom Unterschiede der alten und neuen XVII. 3. ihre Feinde XVIII. 80. Anm. Unterschied des Geschmackes in derselben XVIII. 52. u. f.

Musik der Deutschen XVIII. 78. 86.

‧ französische ist sklavisch X. 13. 19. XVIII. 76. ist gut für Anfänger X. 13. wird mit der italiänischen verglichen XVIII. 76.

‧ italiänische ist frey X. 13. 19. XVIII. 76. in Frankreich XVIII. 73. wird mit der französischen verglichen XVIII. 76.

‧ Kirchen s. Kirchenmusik.

‧ Römische s. Römische Musik.

‧ Theatralische s. Theatralisch.

Musiken öffentliche, was ein Concertist dabey zu beobachten hat XVI. 1. u. f.

Musikus, ein angehender, seine Naturgaben und Eigenschaften E. 4. u. f. ein gebohrner wer es sey E. 5. wie einer zu beurtheilen ist XVIII. 1. 15.

Nach-

der vornehmsten Sachen.

N.

Nachahmungen XV. 23. 28. was bey deren Vortrage zu beobachten XVII. III. 13. XVII. IV. 3. XVII. VI. 26.

Nachforschen eifriges in der Musik wird angerathen E. 12. dessen Gegenstände E. 17.

Nachschlag des Trillers IX. 7. wo er nicht statt findet XV. 35.

Nasenstimme IV. 1.

Naturgaben ersetzen oft den Mangel des guten Unterrichts E. 3. 11. müssen wohl geprüfet werden E. 6. sind allein nicht hinreichend einen guten Musikus zu machen E. 14. wodurch man dem Mangel derselben zu Hülfe kommen kann XVIII. VI. 14. eines Componisten E. 4. eines Instrumentisten e. d. eines Ripienisten E. 7. eines Sängers E. 4.

Noten ihre Geltung V. 8. müssen in der Ausführung von einander unterschieden werden XI. 12. welche vornehmlich im Vortrage zu erheben sind XVII. II. 15. XVII. III. 13. XVII. IV. 7. 6. XVII. VI. 10. 16. anschlagende XV. 12. durchgehende XV. 12. geschwinde ihr Vortrag VI. III. 1. 15. XI. 12. XVII. VII. 40. ihr Bogenstrich XVII. II. 8. u. s. lange ihr Vortrag XII. 18. 19. XIV. 10. XVII. II. 15. XVII. III. 13. langsame punctirte willkührliche Auszierungen darüber XIII. 40. punctirte ihr Vortrag IV. 17. V. 21. 22. 23. VI. II. 3. VIII. 8. 9. XII. 24. XVII. II. 13. 16. XVII. IV. 10. XVII. VII. 58. synkopirete ihr Bogenstrich XVII. II. 8.

Notenlesen, Fertigkeit darinn ist nöthig E. 17. XVIII. II. Mittel dazu zu gelangen X. 14.

O.

Octaven wie sie auf der Flöte herauszubringen sind IV. 14. 18. 19. wie sie auf Blasinstrumenten unrein werden XVII. VII. 7.

Octavensprünge, willkührliche Auszierungen darüber XII. 21. und XIV. 33.

Oper erfodert einen erfahrnen Componisten E. 15. ihre vornehmsten guten Eigenschaften XVIII. 24. 25. 71. deutsche in Leipzig und Hamburg XVIII. 84. französische wird beschrieben XVIII. 67. ihre Fehler XVIII. 68. in Deutschland XVIII. 73. italiänische ihre Fehler XVIII. 68. Ursachen derselben XVIII. 70. ist in andern Ländern beliebt XVIII. 73.

Operncomponisten s. Componisten.

Opernpoesie wie sie beschaffen seyn soll XXIII. 71.

Opernpoeten ihre Fehler XVIII. 68. 70. ihre Pflichten XVIII. 71.

Opernstyl wird gemisbraucht E. 15.

Oratorium XVIII. 19. 20.

Orchester wie es in Ordnung zu erhalten XVII. I. 5. 6. wie es zu besetzen und zu stellen ist XVII. I. 13. 17. wie es zu üben ist XVII. I. 11.

Ordnung in den musikalischen Gedanken E. 14.

Organisten berühmte deutsche XVIII. 83. gute fangen an rar zu werden XVIII. 83. schlechte e. d.

Orgelkunst von wem sie die Deutschen empfangen haben XVIII. 83. wer sie zur Vollkommenheit gebracht hat XVIII. 83.

Ort trägt viel zur Ausnahme der Musik bey XVIII. 8. 25. 26.

Ouvertüre ihre Eigenschaften XVIII. 42.

Register

P.

Pachhelbel (Johann) ein berühmter deutscher Tonkünstler XVIII. 83.
Partheylichkeit bey der musikalischen Ausführung XVII. I. 10. XVII. VII. 7. der Componisten XVIII. 29. 71.
Passagien wie sie auszuführen sind X. 8. u. f. XII. 4. 16. sind fleißig zu üben X. 10. wie sie auf dem Flügel auszuführen sind XVII. VI. 18. schwere für die Flöte XVIII. 14. für die Violine, e. d. wie sie ein Sänger auszuführen hat XVIII. 11. ihr Misbrauch im Singen XVIII. 69.
Passecaille ihr Vortrag XVII. VII. 58.
Passepied sein Vortrag XVII. VII. 58.
Pausa generalis s. Fermate.
Pausen ihre Geltung V. 10. 24. Vorsicht bey deren Ausführung XII. 11. XVII. I. 5. XVII. VII. 34. beym accompagnirten Recitativ XVII. VII. 58.
Pausiren Erleichterung desselben XVII. VII. 34.
Pedanten musikalische XVI. 23.
Pergolese ein italiänischer Componist sein Charakter XVIII. 63.
Pfeifen des Windes auf dem Basson, wie es zu verhüten ist VI. Anh. 5.
Pfropf im Kopfstücke der Flöte traversiere, dessen Nutzen I. 10. 11. 12. IV. 26.
Phisibert ein französis. Flötenspieler I. 6.
Pianissimo XVII. VI. 17.
Piano dessen unterschiedene Grade, u. Zeichen derselben XVII. VII. 19. beym Accompagnement XVII. VII. 19. 30. wie es auf dem Clavicymbal auszudrücken XVII. VI. 17. wie es mit dem Forte abwechseln müsse s. Ton.
Pianoforte ein Instrument XVII. VI. 9. 17.
Pin é s. Mordant.
Pistocchi ein vortrefflicher italiänischer Sangmeister XVIII. 56.
Pizzicato wie es zu machen XVII. II. 31.
Poesie, musikalische XVIII. 68. 71.
Pomposo dessen Bogenstrich XVII. II. 26.
Pracht, deren Ausdruck in der Musik XII. 24. 26.
Prätorius (Michael) wird angeführet I. 3.
Presto Bogenstrich dabey XVII. II. 26.
Propretäten französische in der Ausführung VIII. 18.
Psalmen XVIII. 19. 20.
Pulsschlag ist ein Mittel den Tact einzutheilen V. 17. kann eine Richtschnur des Zeitmaaßes seyn XVII. VII. 47. u. f.
Punct hinter einer Note, seine Geltung und Ausdruck V. 9. 20. 23. über einer Note, dessen Ausdruck VI. 1. 11. XVII. II. 12. 27.
Punctirte Noten s. Noten.

Q.

Quartensprünge, willkührliche Auszierungen darüber XIII. 23. und XIV. 35. XIII. 34. 38.
Quartflöten I. 17.
Quatuor Eigenschaften eines guten XVIII. 44. was für willkührliche Auszierungen dabey statt finden XVI. 24. Regeln zur Ausführung desselben XVII. III. 14.
Querflöte s. Flöte traversiere.
Querpfeife I. 3.
Quintensprünge, willkührliche Auszierungen darüber XIII. 21. 39. XIV. 33. XIII. 24. und XIV. 36.

R.

Recitativ Regeln davon IV. 17. theatralisches wie es zu begleiten ist XVII. VI. 33. XVII. VII. 59. der Franzosen XVIII. 67.
Redlichkeit bey der musikalischen Ausführung XVII. I. 10.
Reinken ein berühmter Organist XVIII. 83.

Rei-

der vornehmsten Sachen.

Reinigkeit der Flöte IV. 4. 24. Hindernisse derselben IV. 15.
Reinigung der Flöte I. 19.
Reisen ist einem Musikus nützlich E. 3. XVII. I. 4. Vorsichtigkeit dabey XVIII. 59. Anm.
Rigaudon sein Vortrag XVII. VII. 58.
Ripienisten ihre Naturgaben E. 7. ihre Pflichten XI. 8. XVII. gute sind rar XVII. 4. 5. alte, ihre Fehler XVII. I. 5. XVII. VII. 16. junge, ihre Fehler XVII. I. 5. XVII. VII. 16. Regeln des guten Vortrags für sie XI. 8. XVII. VII. 10 u. f.
Ripienviolinisten insbesondere s. Violinisten.
Ritornell, wie es vorzutragen ist XVII. II. 20. XVII. VII. 4L. Pracht desselben XVIII. 34. Fehler desselben in Arien XVIII. 24. leidet keine willkührlichen Auszierungen XVII. VII. 15.
Rohr am Hoboe und Basson, dessen Beschreibung und Gebrauch IV. Anh. 2. 4. 5.
Rondeau sein Vortrag XVII. VII. 58.

S.

Saal, wie die Ausführer einer Musik darinne zu stellen sind XVII. I. 14.
Sänger seine Naturgaben E. 4. seine vornehmsten Eigenschaften XVIII. 11. 12. 69. muß die Regeln des Athemholens wohl verstehen VII. 1. u. f. muß die kleinen Manieren gut zu machen wissen VIII. 1. u. f. muß einen guten Triller schlagen IX. 1. u. f. sein Platz bey einer Kammermusik XVII. I. 14 wie ihm das Recitativ zu erleichtern XVII. VI. 33. was bey dessen Cadenzen von den Accompagnisten zu beobachten XVII. VII. 44. wie bequem für ihn zu componiren ist XVII. VII. 60. XVIII. 24. wie er zu beurtheilen ist XVIII. 11. 12. muß nicht durch Partheylichkeit unterdrückt werden XVIII. 71.

Sänger, deutsche, ihre Fehler XVIII. 80. Anm. französische, ihre Fehler IX. 3. XVIII. 68. italiänische ihre Vorzüge IV. 17. XVIII. 76. Fehler derselben VIII. 19. XVIII. 11.
Sangmeister, ein berühmter, XVIII. 56.
Sarabande, ihr Vortrag XVII. VII. 56.
Scala s. Tonleiter.
Schauspielkunst, muß ein Componist verstehen E. 19.
Schimmer in der Ausführung, was ihn befördert VIII. 15. 18. IX. 1. XII. 14.
Schlüssel an der Flöte traversiere s. Klappe
— — musikalische V. 1. 2.
Schluß der Cadenzen XV. 29. 36.
Schmeicheley ihr Ausdruck in der Musik XII. 24. 26. XVII. II. 26.
Schraube am Kopfstück der Flöte I. 11.
Schulen, Verfall der Musik in den deutschen XVIII. 80. Anm.
Schweizerpfeife I. 3.
Schwitzen des Mundes beym Flötenblasen, wie ihm abzuhelfen XVI. 13.
Schwung der Saiten XVII. V. 4.
Secundengänge, willkührliche Auszierungen darüber XIII. 13. 20. und XIV. 27. 32. XIII. 28. 29. 30. 33.
Serenate XVIII. 27. eine schlecht in Musik gebrachte XVIII. 24.
Septimensprünge willkührliche Auszierungen darüber XIII. 21. und XIV. 33. XIII. 26. 27. und XIV. 38. 39.
Sextensprünge, willkührliche Auszierungen darüber XIII. 25. und XIV. 37.
Saiten müssen gut seyn XVII. VII. 1. wie sich die Töne darauf verjüngen XVII. VII. 6.
alla Siciliana, dessen Vortrag XIV. 22. XVII. VII. 9. Zeitmaß XVII. VII. 51.
Sinfonie, ihre Eigenschaften XVIII. 43.

Register

Singart der alten Deutschen XVIII. 80. Anm. französische wird beschrieben XVIII. 66.76. italiänische XVIII. 76. neue wird in Deutschland üblicher XVIII. 84.

Singcomposition wird verbessert XVIII. 56.

Singkunst, ihr Wachsthum XVIII. 56. ist angehenden Instrumentisten zu erlernen nöthig X. 18.

Singmusik, ihre Gattungen XVIII. 18. 27. wie sie zu beurtheilen, e. d. was bey ihrem Zeitmaaße zu beobachten XVII. VII. 52. der alten Deutschen XVIII. 80.

Soave, dessen Bogenstrich XVII. II. 26.

Solo Eigenschaften eines guten XVIII. 46. 50. was für willkührliche Auszierungen dabey statt finden XVI. 29. Regeln zu desselben Begleitung XVII. III. 16. XVII. VI. 7.

Solocantaten XVIII. 27.

Solospielen auf dem Violoncell XVII. IV. 12.

Sopran, dessen Triller IX. 6. Anm.

Sordinen, ihr Gebrauch XVII. II. 29. 30.

Sostenato dessen Bogenstrich XVII. II. 26. wie es auf dem Claviere zu begleiten XVII. VI. 30.

Spielart Unterschied der französischen und italiänischen X. 29.

Spielen, allzubuntes wird verworfen XIII. 9. übermäßiges auf Instrumenten ist schädlich X. 23.

Sprache, französische, ob sie zur italiänischen Musik bequem sey XVIII. 74.

Sprachen, ausländische, muß ein Musikus lernen E. 19.

Sprünge, wie sie vorzutragen sind XII. 17. auf dem Basson VI. Anh. 3. dürfen auf den Baßinstrumenten nicht versetzt werden XVII. IV. 5. XVII. V. 6.

Sprünge, wie sie mit durchgehenden Noten willkührlich auszufüllen sind XIII. 42. 43. in die Terze, willkührliche Auszierungen darüber XIII. 22. und XIV. 34. XIII. 24. und XIV. 36. XIII. 31. 37. in die Quarte, dergl. XIII. 23. und XIV. 35. XIII. 34. 38. in die Quinte, dergl. XIII. 21. und XIV. 33. XIII. 24. und XIV. 36. XIII. 39. in die Sexte, dergl. XIII. 25. und XIV. 37. in die Septime, dergl. XIII 21. und XIV. 33. XIII. 26. 27. und XIV. 38. 39. in die Octave, dergl. XIII. 21. und XIV. 33.

Staccato, dessen Vortrag XVII. II. 27.

Stärke, ab- und zunehmende des Tones, s. Ton.

Stellung der Ausführer bey ieder Musik XVII. I. 13. 15.

Stimme, menschliche, ihre Hauptfehler im Singen IV. I. XVIII. II.

Stimmung, der Ton derselben ist unterschieden I. 9. XVIII. 6. 7. reine ist nothwendig XVI. 2. XVII. VII. 1-3 wie sie in einem Orchester zu erhalten XVII. I. 8.

• • der Flöte, wie sie mit andern Instrumenten gleich zu erhalten IV. 26. XVI. 2. 9.

Strich auf Bogeninstrumenten siehe Bogenstrich.

Striche über den Noten, was sie bedeuten XI. 1. 10. XVII. II. 12. 27.

Structur, inwendige der Flöte traversiere IV. I. 4.

Studien sind einem Musikus dienlich E. 19.

Stücke der Flöte traversiere I. 9.

• • musikalische, welche zur Uebung der Anfänger dienen X. 5. 13. sind sorgfältig zu wählen XVI. 17. 23. für einen großen Ort XVI. 18. XVIII. 31. 32. für einen kleinen Ort XVI. 19. XVIII. 32. sehr schwere vor wem sie zu spielen sind

der vornehmsten Sachen.

sind XVI. 21. gute sind zu sammlen X. 21.

Subsemitone, wie sie auf Bogen- und Blasinstrumenten heraus zu bringen sind XVII. VII. 9. was der Claviriſt deswegen zu beobachten hat XVII. VI. 20.

Subordination, billige, iſt bey einem Orcheſter nöthig XVII. 5. 7. XVII. VII. 16.

Synkopation, ſ. Noten.

T.

Tact, deſſen Beſchreibung und Eintheilungen V. 11. 14. wie die Haltung deſſelben zu lernen V. 16. 26. Vortheile dazu X. 14.

Tadelſucht XVI. 33.

Talent, muſikaliſches, ſ. Naturgaben.

Tamburin, ſein Vortrag XVII. VII. 58.

Tanzmuſik, franzöſiſche, ihr verſchiedenes Zeitmaaß, Bogenſtrich, und Vortrag XVII. VII. 56. 58.

Telemann ſeine Trio werden angeprieſen X. 14. 15. ſeine Kirchenſtücke XVIII. 85. übertrifft die Franzoſen in ſeinen Ouvertüren XVIII. 42. ſeine Quatuor XVIII. 44.

Temperament hat einen Einfluß in die Muſik XVIII. 55.

Temperatur des Claviers XVII. VII. 9.

Tempo maggiore XVII. VII. 50.

Tempo minore XVII. VII. 50.

Tenor deſſen Triller IX. 6. Anm.

Tenuta ſ. *Messa di voce*

Terzenſprünge willkührliche Auszierungen darüber XIII. 22. und XIV. 34. XIII. 24. und XIV. 36. XIII. 31. 37.

Terzentriller IX. 4.

Terzett XVII. 27.

Theatraliſche Muſik, ihre Gattungen XVIII. 23.

Thema ſ. Hauptſatz.

Theorbiſt, ſein Platz in einem Orcheſter XVII. I. 13.

Tiehne Art des Zungenſtoßes auf der Flöte VI. 2. ihre Beſchreibung und Gebrauch VI. 1. u. f. iſt fleißig zu üben X. 3. was für Stücke dazu dienlich ſind X. 5. auf dem Hoboe und Baſſon VI. Anh. 2.

Tiri, eine Art des Zungenſtoßes auf der Flöte VI. 2. deſſen Beſchreibung und Gebrauch VI. II. 1. u. f. was für Stücke dazu dienen X. 7.

Töne, ihre Zahl und Benennung III. 2. 3. wie ſie auf Bogeninſtrumenten rein zu greifen ſind XVII. VII. 8. 9.

— halbe ihr Unterſchied III. 5. 8. Vortrag XVII. II. 14. XVII. VI. 11.

— hohe, wie ſie auf der Flöte traverſiere herauszubringen ſind IV. 13. 14. X. 3. im Singen XVIII. 11.

Ton wie er in der menſchlichen Luftröhre entſteht IV. 1. Zeugung deſſelben in der Flöte traverſiere IV. 2. 4. der gefälligſte auf der Flöte IV. 3. Urſachen der Verſchiedenheit deſſelben auf der Flöte IV. 4. 5. 25. Hinderniſſe des guten auf dem Baſſon IV. Anh. 5. auf dem Contravioloñ XVII. V. 2. 3. 4. guter auf dem Claviſymbal XVII. VI. 18. 30. auf Bogeninſtrumenten XVII. II. 28. ab- und zunehmende Stärke deſſelben, wie ſie zu wirken IV. 22. X. 3. ihr Gebrauch bey einer concertirenden Stimme wird beſchrieben XII. 18. XIV. 9. 10. 11. XIV. 24. 43. wo ſie beym Accompagnement anzubringen XVII. II. 34. 35. XVII. VII. 11. 12. 13. XVII. VI. 24. 25. XVII. VII. 30. wie ſie auf Bogeninſtrumenten zu wirken XVII. II. 28. 32. wie ſie auf dem Claviſymbal herauszubringen XVII. VI. 9. 17.

— der Stimmung im Orcheſter iſt verſchieden XVII. VII. 6. Pariſer XVII. VII.

Register

VII. 6. 6. römischer e. d. venetianischer XVII. VII. 6. welcher der beste sey XVII. VII. 7.

Tonarten, V. 4. ihre verschiedenen Wirkungen XIV. 6. sind ein Kennzeichen der herrschenden Leidenschaft eines Stückes XI. 16.

— — schwere, wenn man daraus spielen soll XVI. 21.

Tonkünstler s. Musikus.

Tonleitern III. 2. 3. V. 6. 7.

Torelli, wird für den Erfinder der Concerte gehalten XVIII. 30. 58.

Transposition der Passagien X. 16.

Triller ist nothwendig IX. 1. Erleichterung desselben II. 4. 7. dessen rechte Geschwindigkeit IX. 2. 3. 6. Eigenschaften IX. 5. 7. Fehler IX. 3. 4. Nachschlag IX. 7. Vorschlag IX. 8. 9. 10 in der Terze wird verworfen IX. 4. Bogenstrich beym Triller XVII. II. 24. fleißige Uebung desselben wird angerathen X. 10. Beschreibung aller Triller auf der Flöte IX. 11. 12.

— — halber VIII. 14. XII. 14. wo er Statt findet XIII. 32.

— — beym Schlusse der Cadenzen XV. 36. wenn ihn die Accompagnisten zu unterbrechen haben XVII. VII. 44.

Trio Eigenschaften eines guten XVIII. 45. sind einem Anfänger dienlich zu spielen X. 14. von Telemannen werden angepriesen X. 14. 15. Regeln zur Ausführung der Trio XVII. III. 14. 16. XVII. VI. 6. Vorsichtigkeit dabey XVI. 24. 26.

Triolen ihre Beschreibung V. 15. ihre Eintheilungen gegen punctirte Noten V. 22. ihr Vortrag XII. 9. 10. willkührliche Auszierungen darüber XIII. 32.

Trompeter E. 21.

U

Uebersetzen der linken Hand auf Bogeninstrumenten s. *mezzo manico*.

Uebung vor sich, Regeln dazu, X. 3. 5. 13. eines Orchesters XVII. I. 11.

Umgang mit geschickten Leuten ist nützlich E. 3. XVII. I. 4.

Unison wie er vorzutragen XVII. II. 24. XVII. V. 6. XVII. VII. 27. 39. wo er gute Wirkung thut XVIII. 31. 32.

V.

Vaucanson wird widerleget IV. 14.

Veränderungen s. Auszierungen

Verbesserung einiger Blasinstrumente I. 5.

Vermischung des musikalischen Geschmacks XVIII. 87. 88. 89.

Verstellungskunst, löbliche XVII. VII. 17.

Vibration s. Schwung.

Vinci, ein italiänischer Componist, sein Character XVIII. 63.

Violine muß gut bezogen seyn XVII. II. 1. wie sie zu stimmen ist XVI. 7. XVII. VII. 4. wo der Bogen darauf zu führen ist XVII. II. 28. wie sie rein zu spielen ist XVII. VII. 8. 9. was darauf unbequem ist XVIII. 24. Triller auf derselben IX. 6.

Violinisten wie sie bey einer Musik zu stellen sind XVII. I. 13. 15. ihre Pflichten beym Accompagnement XVII. II. 2.

— heutige italiänische, ihre Fehler XVIII. 58. 61. richten Unheil an XVII. 61.

— zweene berühmte lombardische werden charakterisiret XVIII. 51. 60

Violon s. Contraviolon.

Violonist s. Contraviolonist.

Violon.

der vornehmsten Sachen.

Violoncell, wie es zu beziehen ist XVII. IV. 1. wo und wie der Bogen darauf zu führen ist XVII. II. 28. XVII. IV. 2. Triller auf demselben IX. 6. Anm. vom Solospielen darauf XVII. IV. 12. wie es mit dem Claviere zu begleiten XVII. VI. 21.

Violoncellist, dessen Platz bey einer Musik XVII. I. 13. 15. seine Pflichten XVII. VI. 1. u. f.

Virtuosen, eingebildete E. 14. 20.

Vittoria d'Imeno eine schlecht componirte Serenate XVIII. 24.

Vivace, dessen Bogenstrich XVII. II. 26.

Vocalmusik s. Singmusik.

Vorschlagen der rechten Hand auf dem Claviere bey kurzen Pausen XVII. VI. 32. beym Recitativ XVII. VI. 33.

Vorschlag, eine kleine wesentliche Manier VIII.

Vorschläge, sind nothwendig VIII. 1. ihre Bezeichnung VIII. 2. ihr Grund VIII. 3. ihr Vortrag VI. 1. 9. VIII. 4. Bogenstrich dabey XVII. II. 19. 23. anschlagende Vorschläge VIII. 5. 7. durchgehende, VIII. 5. 6. Vorschläge bey punctirten Noten VIII. 8. 9. bey Trillern VIII. 10. IX. 8. 9. 10. ihr eigentlicher Sitz VIII. 12. ein Exempel davon VIII. 13. wo sie Statt finden XIII. 32. wo sie nicht Statt finden IX. 13. müssen nicht zu häufig angebracht werden VIII. 9. was der Clavierist deswegen beym Accompagnement zu beobachten hat XVII. VI. 19.

Vortrag, musikalischer wird mit dem in der Redekunst verglichen IX. 1. 2. 3. der geschleiften Noten auf der Flöte VI. 1. 10. der punctirten Noten V. 21. 22. 23 der Vorschläge VI. 1. 9. VIII. 3. u. f. bey der Kirchenmusik XVII. VII. 12. bey der komischen Musik XVII. VII. 13. bey der Tanzmusik XVII. VII. 58. der neumodischen italiänischen Violinisten XVIII. 60. 61.

· gleicher in einem Orchester XVII. I. 7. 9. 10. wie er zu erlangen XVII. I. 11.

· guter, ein Theil desselben VIII. 18. die vornehmsten Eigenschaften desselben XI. 10. 20. ist nöthig X. 22. XI. 5. im Adagio XIV. 5. u. f. im Allegro XII. 3. u. f. auf dem Clavicymbal XVII. VI. 5. auf dem Contraviolon insbesondere XVII. V. 8. der Ripienisten XI. 8. XVII. VII. 10. 18.

· schlechter XI. 6. 7. dessen Kennzeichen XI. 21.

Vorurtheil, darf nicht bey Beurtheilung einer Musik herrschen XVIII. 2. 5. 10. von der Schädlichkeit des Flötenspielens, wird widerlegt E. 21. wider die Möglichkeit des Reinspielens der Flöte, wird widerlegt. IX. 10.

W.

Wachsen der Stärke des Tones s. Ton.

Wärme, ihre Wirkung auf die Instrumente XVI. 3. 6.

Wahl, der Lebensart ist behutsam anzustellen E. 1. 3. musikalischer Gedanken E. 14. der Instrumentisten zu einem Orchester, Fehler dabey XVII. I. 2.

Waldhornisten, ihr Platz bey einer Musik XVII. I. 13. 15.

Worte, wie in der Singcomposition damit umzugehen IV. 17. Anm. XVIII. 71. 80. Anm.

Register der vornehmsten Sachen

Z.

Zähne eines Flötenspielers E. 4. IV. 7.

Zeichen, musikalische, werden erkläret III. 3. V. 27.

Zeitmaaß, was es sey V. 11. wer dessen Gleichgewicht bey der Musik am besten unterhalten kann XVII. IV. 6. XVII. V. 1. Vortheile zu dessen Haltung auf dem Flügel XVII. VI. 30 die unterschiedenen Arten desselben werden beschrieben XVII. VII. 49. 50. Regeln davon XVII. VII. 31. 44. wie bey jedem Stücke das rechte zu treffen XVII. VII. 45. u. f. Fehler so dabey vorgehen XVII. VII. 32. 45.

Zögern in der Ausführung XVII. VII. 32.

Zuhörer sind von einem Concertisten in Betrachtung zu ziehen XVI. 20. 23. wozu ihr Beyfall dienen soll XVI. 33.

Zunehmende Stärke des Tons s. Ton.

Zunge, ihr Gebrauch beym Blasen der Flöte VI 1.

Zungenstoß, dessen Eintheilungen VI. 2. Fehler XII. 6.

. . einfacher oder mit di und ti VI. 2. dessen Beschreibung VI. 1. 2. 3. 4. Gebrauch VI. 1. 1. 5. 6. 10. Stücke so zur Uebung desselben dienen X. 6. auf dem Hoboe und Basson VI. Anh. 2.

. . mit diri, dessen Gebrauch VI. II. 7. 8.

. . mit tiri, dessen Beschreibung VI. 2. VI. II. 2. 4. Gebrauch VI. 1. 9. VI. II. 3. u. f. Stücke die dazu dienen X. 5.

. . doppelter oder mit did'll VI 2. dessen Beschreibung VI. III. 1. 2. 4. 5. Gebrauch VI. 1. 6. VI. III. 3. 7. u. f. Stücke so dazu dienen X. 8. Vorsichtigkeit dabey X. 9. dessen Gebrauch auf dem Basson VI. Anh. 3.

Zwischenfarben, musikalische, XIV. 25.

Zwischenspiel. s. Romische Musik.

Exempel

zu

Johann Joachim Quantzens

Versuch einer Anweisung

die

Flöte traversiere

zu spielen.

Auf XXIV. Kupfertafeln.

Dieser Titel kömmt vor die Kupfertafeln.

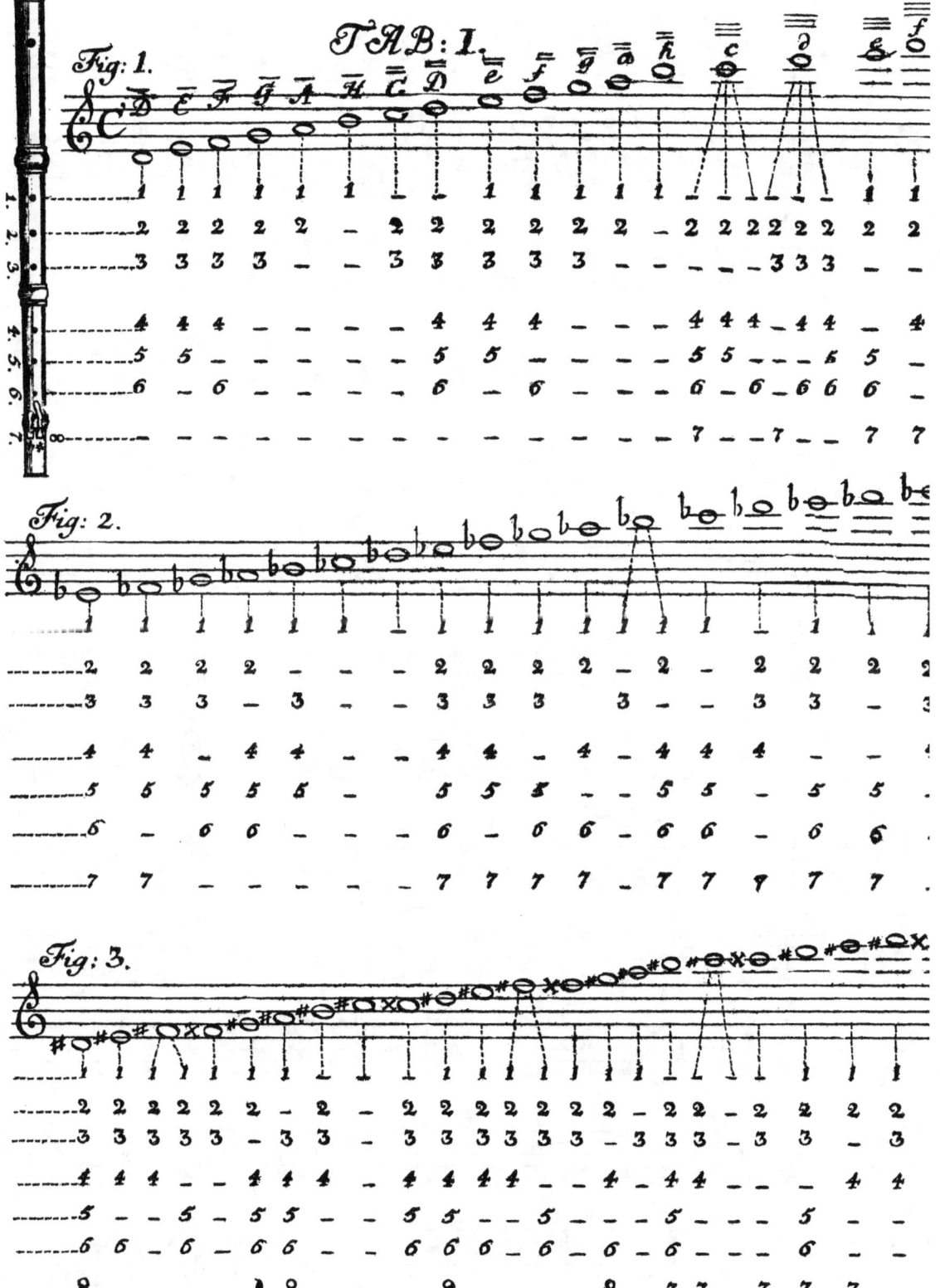

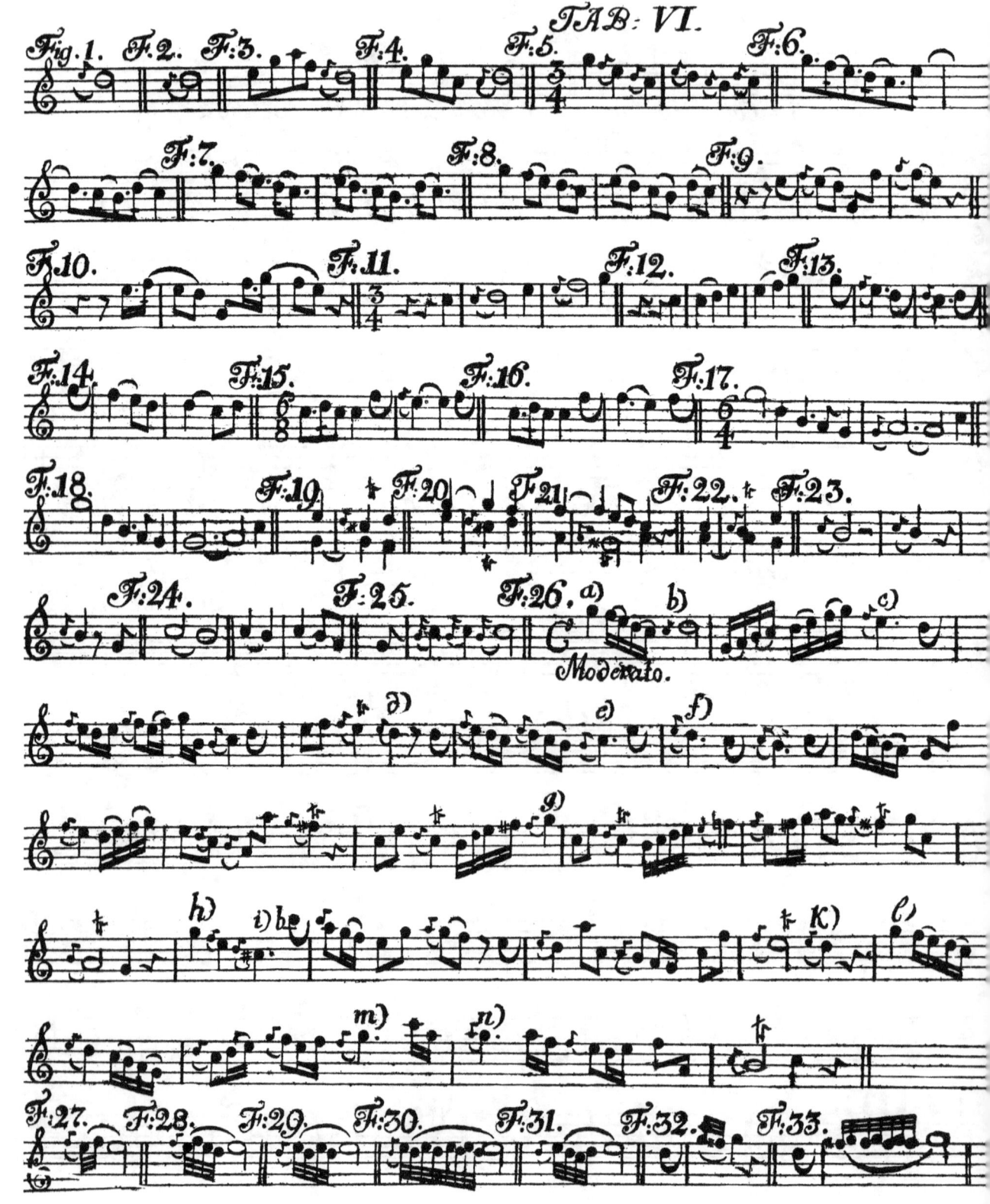

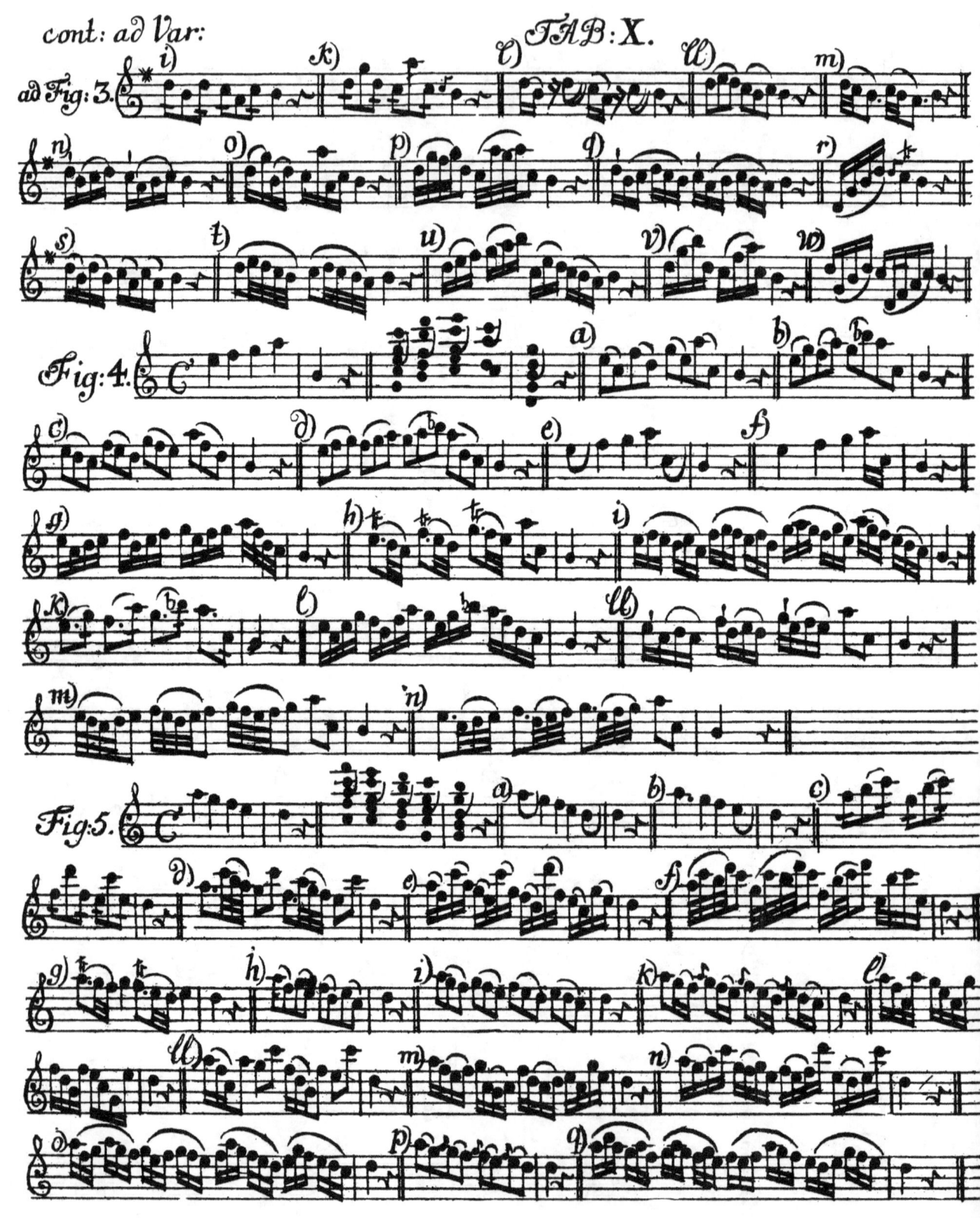

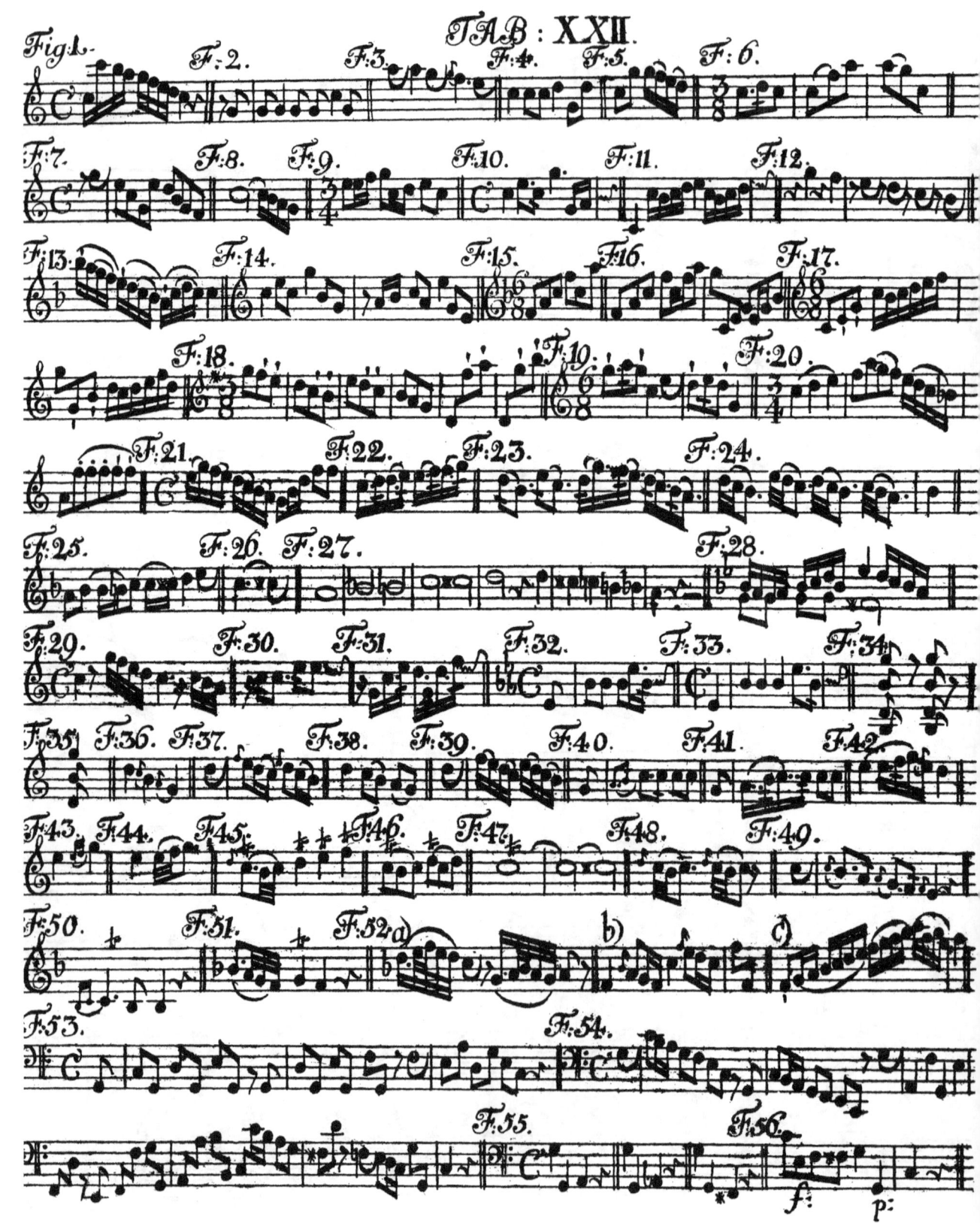

Titles published by Travis & Emery Music Bookshop:

Bathe, William: A Briefe Introduction to the Skill of Song
Bax, Arnold: Symphony #5, Arranged for Piano for Four Hands by Walter Emery
Burney, Charles: An Account of the Musical Performances in Westminster-Abbey
Burney, Charles: The Present State of Music in France and Italy
Burney, Charles: The Present State of Music in Germany, The Netherlands …
Crimp, Bryan: Dear Mr. Rosenthal … Dear Mr. Gaisberg …
Crimp, Bryan: Solo: The Biography of Solomon
Frescobaldi, Girolamo: D'Arie Musicali per Cantarsi. Primo Libro & Secondo Libro.
Geminiani, Francesco: The Art of Playing the Violin.
Hawkins, John: A General History of the Science and Practice of Music (5 vols.)
Herbert-Caesari, Edgar: The Science and Sensations of Vocal Tone
Herbert-Caesari, Edgar: Vocal Truth
Isaacs, Lewis: Hänsel and Gretel. A Guide to Humperdinck's Opera.
Isaacs, Lewis: Königskinder (Royal Children) A Guide to Humperdinck's Opera.
Lascelles (née Catley), Anne: The Life of Miss Anne Catley.
Mainwaring, John: Memoirs of the Life of the Late George Frederic Handel
Malcolm, Alexander: A Treaty of Music: Speculative, Practical and Historical
Mellers, Wilfrid: Angels of the Night: Popular Female Singers of Our Time
Mellers, Wilfrid: Bach and the Dance of God
Mellers, Wilfrid: Beethoven and the Voice of God
Mellers, Wilfrid: Caliban Reborn - Renewal in Twentieth Century Music
Mellers, Wilfrid: François Couperin and the French Classical Tradition
Mellers, Wilfrid: Harmonious Meeting
Mellers, Wilfrid: Le Jardin Retrouvé, The Music of Frederic Mompou
Mellers, Wilfrid: Music and Society, England and the European Tradition
Mellers, Wilfrid: Music in a New Found Land: … … American Music
Mellers, Wilfrid: Romanticism and the Twentieth Century (from 1800)
Mellers, Wilfrid: The Masks of Orpheus: …… the Story of European Music.
Mellers, Wilfrid: The Sonata Principle (from c. 1750)
Mellers, Wilfrid: Vaughan Williams and the Vision of Albion
Playford, John: An Introduction to the Skill of Musick.
Purcell, Henry et al: Harmonia Sacra … The First Book, [1726]
Purcell, Henry et al: Harmonia Sacra … Book II [1726]
Quantz, Johann: Versuch einer Anweisung die Flöte traversiere zu spielen.
Rastall, Richard: The Notation of Western Music.
Rimbault, Edward: The Pianoforte, Its Origins, Progress, and Construction.
Rubinstein, Anton : Guide to the proper use of the Pianoforte Pedals.
Simpson, Christopher: A Compendium of Practical Musick in Five Parts
Spohr, Louis: Grand Violin School
Tans'ur, William: A New Musical Grammar; or The Harmonical Spectator
Tosi, Pier Francesco: Observations on the Florid Song.
Van der Straeten, Edmund: History of the Violoncello, The Viol da Gamba …
Van der Straeten, Edmund: History of the Violin, Its Ancestors… Vol.1.
Van der Straeten, Edmund: History of the Violin, Its Ancestors… Vol.2.

Travis & Emery Music Bookshop
17 Cecil Court, London, WC2N 4EZ, United Kingdom.
Tel. (+44) 20 7240 2129

© Travis & Emery 2009

www.ingramcontent.com/pod-product-compliance
Lightning Source LLC
Chambersburg PA
CBHW082105230426
43671CB00015B/2609